KB151490

나의 자료 읽기, 나의 역사 쓰기

나의 자료 읽기, 나의 역사 쓰기

김인걸·양진석 외

경인문화사

책을 내며

30여 년간 늘 학생들과 생각을 공유하며 곁에서 지도해 주시던 김인걸 교수님께서 어느덧 정년을 맞이하셨습니다. 세월의 무상함이 새삼 엄습해 오는 일상의 사건을 계기로, 그 동안 교수님께 도움을 받았던 후배와 제자들이 모여 교수님과 함께 하나의 책을 엮어보기로 뜻을 모았습니다. 여럿이 머리를 맞대고 상의한 끝에, 후배들에게 도움이 될 수 있는 책, 우리의 경험에서 우러나온 이야기를 담은 책을 만들어보자는 안이 가장 많은 이들의 환영을 받았습니다. 더불어, 글의 전체적인 방향에 있어서는 교수님께서 늘 강조해 오신 '자료'의 중요성이야말로 연구자라면 누구나 공감할 만한 것이기에, 각자가 검토한 자료를 연구에서 어떻게 활용했는지 소개하는 글들을 책에 담기로 하였습니다.

연구 과정에서 자료를 통해 각자가 전달하고 싶었던 이야기들은 당연히 모두 제각각일 것입니다. 이 자리에서는 그것들을 하나의 일관된 이야기로 정리하려 하지 않았습니다. 책을 꾸리게 된 필진들의 연구 영역도 제각각이지만, 동시에 모두가 각자 나름의 생각과 관점을 지니고 있는 개성 있는 연구자들이기 때문입니다. 이들의 다양한 생각과 관점을 굳이 하나의 방향으로 모으려 애쓰지 않은 것은 교수님의 평소 지도 철학을 반영하는 것이기도 하지만, 한편으로는 우리가 공부하고 있는 역사 연구의 풍부하고 확장된 모습을 보여주는 하나의 사례가 될 수 있지 않을까 하는 기대의 결과물이기도 합니다.

자료의 내용을 중심으로 그것이 담고 있는 이면의 이야기를 꺼낼 수 있었다면 더욱 좋았겠습니다만, 우리들의 접근이 충분하지는 않을 것입니다. 그러나 나름의 한계가 있다하더라도 자료를 이용하여 역사를 연구할 수 있는 방법에 대한 각자의 고민들을 담아 보려 하였습니다. 비록 수준의 차이는 있을지언정 교수님을 포함하여 우리는 언제까지나 현재 진행형의 연구자입니다. 짤막한 글에 그간의 작업을 모두 담을 수야 없는 일입니다만, 필자들은 각자 책에 실을 글을 준비하면서 다시 초심으로 돌아가 그 동안의 연구생활을 되돌아 볼 수 있었습니다.

우리의 이러저러한 경험들이 이제 막 역사 연구에 발을 들이는 후배들에게도 자그마한 도움이 되었으면 합니다. 체계적인 안내서는 아닐지라도 조금 먼저 시작한 선배들의 경험이 때로는 경계가, 혹은 위안이 되었으면 하는 소망을 책에 담아 보았습니다. 미흡한 책이지만 오늘 우리의 이런 고민과 소망이 독자 여러분께 전달되었으면 좋겠습니다.

2017년 12월
필자들을 대표하여
양진석 씀

차 례

글 쓰며 산다는 것
-『나의 자료 읽기, 나의 역사 쓰기』에 부쳐

김 인 걸(金仁杰)*

공부의 조건

30년 넘게 재직해 온 대학에서 정년을 맞는다고 하니 지난 세월 여러 생각을 나누어 온 석·박사과정 후배 제자들이 자그마한 책자를 같이 만들자는 제안을 해 왔다. 그간의 경험을 전하여 이 방면의 관심도 높이고 후배들이 공부하는데 도움을 줄 수 있었으면 좋겠다는 뜻에서 나온 제안이다. 생각해보면 공부의 방법에 대해 자상하게 설명해준 적도 그리 많지 않고, 게다가 그에 관한 변변한 안내서 하나 만들어주지 못한 터에 이 자리에서 무에 더 특별한 얘기를 더한다는 것이 어설픈 일이 될 것 같아 사양했다. 그렇지만, 그 뜻이 좋고 필자가 대학에서 지난 10여 년간 '한국

* 서울대학교 국사학과 명예교수.
대표논저 :『조선후기 공론정치의 새로운 전개-18, 19세기 향회, 민회를 중심으로』(서울대학교 출판문화원, 2017),『조선후기 향촌사회 지배구조의 변동』(경인문화사, 2017),『조선시대 사회사와 한국사 인식』(경인문화사, 2017).

사를 보는 관점과 자료'라는 교과목을 거의 전담하다시피 강의해 왔던 터라 결국 그 제안을 물리칠 수 없어 책 앞머리에 한 꼭지를 보태기로 하였다.

사실 공부라는 것이 누가 시킨다고 되는 일이 아니고 자기가 좋아서 하는 일이다. 요즈음 환경이 많이 달라졌지만, 전에는 친척 댁을 방문하거나 시집간 누이 집을 가보면 그 많은 아이들 가운데도 어느 한둘은 꼭 남 아랑곳 하지 않고 책만 보는 아이들을 볼 수 있었다. 왜 책만 보냐고 하면 '그냥 재미있어서'라고 하였다. 책 보는 것과 공부하는 것이 꼭 같은 것은 아닐지라도 공부 역시 재미가 있어야 한다. 한문 문장 가운데 학생들에게 가장 친숙한 『논어』 학이편의 첫 문장, "학이시습지 불역열호(學而時習之 不亦悅乎)"라는 말은 여전한 진리이다. 그런데 성년이 되어서 공부를 계속하고, 그것도 잘 할 수 있으려면 상당한 조건이 전제가 되어야 한다.

필자가 국사학과에 입학할 적에도, 그 뒤 학부를 졸업하고 대학원에 진학하고자 했을 때에도 면접장에서 선생님들은 으레 형제는 몇이냐는 질문과 함께 '집안은 넉넉한가?'를 물으셨다. '책 속에 본디 천 종이나 되는 많은 곡식(녹봉)이 들어 있다[書中自有千鐘粟]'라고 한 중국 송나라 진종 황제의 권학문에 나오는 말은 옛날 얘기고, 요즈음 같은 사정에선 경제형편이 뒷받침되지 않으면 공부하기 힘들고, 역사공부 해서는 먹고살기가 쉽지 않다는 당신들의 경험에서 하시는 말씀이었다. 어느 때부터인가 그런 질문은 관두었지만 필자도 대학에서 학생들을 가르치면서 한참 동안 같은 질문을 던졌다. 그리고 한참 뒤에 그 질문은 교수 자신의 삶이나 경험과 무관한 듯한 어감을 주는 '학문후속세대 양성'이라는 말로 대치되었다.

대학 학부시절 선생님들은 깜냥도 못되는 '촌놈'들에게 한문선생님을 붙여 일주일에 한번씩 『통감(通鑑)』을 익히도록 배려도 해주시었다. 공부를 하려면 낫 놓고 기역자도 몰라서야 되겠는가? 무척 걱정이 되셨던 것이다. 옛날이면 혹 몰라도, 집안의 형편이나 격으로 볼 때 언감생심 독선생은 생각도 할 수 없던 우리들은 현 한국고전번역원의 전신인 민족문화추진회 연수부 1기생이신 김도련 선생을 모시고 제법 열심히 옥편도 찾고 읽어서 『통감절요』로부터 시작하여 『대학』, 『중용』에 까지 나갈 수 있었다. 죽일 살(殺) 자가 촌수가 멀어질수록 복(服) 입는 정도가 줄어진다는 쇄(殺)로도 읽힌다는 것을 알게 된 것은 대학 3학년 때까지 익힌 한문수업의 결과이다.

대학원에 진학해서는 우리들 스스로 성백효 선생을 모시고 『서경(書經)』 등 삼경 공부를 이어갔다. 새로 옮긴 관악캠퍼스 1동 2층에 자리 잡은 한국문화연구소 공간을 방과 후에 조교선생의 배려로 '비법적'으로 활용하였다. 이 자리에는 타 대학 학생들도 참여하였는데, 본교생보다 더 열심으로 실력을 발휘하곤 하였다. 그리고 같은 권학문에 있는, '책 속에 여인이 있으니 얼굴이 옥같이 아름답다[書中有女顔如玉]'는 말대로 몇몇은 삼경을 읽으면서 그 시간에 '미인'을 찾아 짝을 이루었다. 스스로 모여 책을 읽었던 한국문화연구소는 『고문진보(古文眞寶)』의 첫 머리 권학문에 나오는 얘기, 즉 책 속에 바라는 모든 것이 있으니 부자가 되려고 비옥한 땅을 찾는다거나 미인을 얻기 위해서는 좋은 중매장이를 구할 필요가 없다는 말이 빈 말이 아님을 증명하는 장소였던 셈이다.

역사는 총체적으로

경제형편이 되고 공부하겠다는 마음을 먹고 나서, 각종 연구서들이나 일차 사료들을 볼 수 있는 기초적 어학실력을 갖추게 되었다고 하더라도 누구나 다 좋은 성과를 낼 수 있는 것은 아니다. 여기에는 우선 수많은 시간과 공력이 들어가야 하는데, 오랫동안 많이만 본다고 되는 것이 아니라 계통적이고 체계적으로 읽고 정리할 수 있는 기술이 필요하다. 그리고 무엇보다 왜 자신이 이 공부를 하는가에 대한 자기 자신만의 독자적인 고민과 생각이 담겨야 한다. 대학원 시절 관악 교정에서는 직접 지도받지 못하여 청강을 통해 간혹 타대학 대학원 강의에 참여했던 적이 있는데, 강의 시간에 대학원생들이 준비하여 연구사를 검토할 때 해당 논저 필자의 이력과 학문 배경을 포함시켜 발표하였던 것이 기억에 깊이 남아있다. 그것이 나름의 의도를 가진 것이었음은 물론이다. 필자 자신 역시 그 같은 방식을 시도해 보았으나 철저히 지켜나가지 못한 점이 아쉬움으로 남는다.

필자는 조선시대를 연구해보겠다고 찾아오는 학생들에게, 혀가 짧아 "나는 '바담 풍(風)'해도 너희는 '바담 풍'해라."라던 옛날 어느 서당 선생 같은 말을 많이 해왔다. 평소 자신이 제대로 실천하지 못한 말 가운데 이번에 펴내는 본서와 관련된 것으로 두 가지만 예들어 보기로 한다. 하나는, 하루에 2시간 이상 필히 연대기를 읽어나가라는 것이고, 다른 하나는 연구 대상 시기의 1차 사료가 그 어떤 연구서들보다 중요하니 원자료를 가능한 많이 보라는 것이었다.

연대기를 꾸준히 보고 그때그때 새로 알게 된 사실이나 느낀 생각들, 의문들을 자기만의 방식으로 정리해 나가라고 한 말은 연대기를 보아야 그 시대 전체를 볼 수 있는 안목을 기를 수 있고, 자신의 방식으로 정리해 두어야 훗날 연구를 하거나 글을 쓰는데 도움을 받을 수 있다는 뜻에서 나온 것이다. 연대기 전체를 보면서 당시 대내외적인 조건과 그 시대를 살아가는 사람들의 생각이나 대처 방식, 시대 분위기를 파악하지 못하면 간혹 엉뚱한 해석을 내려 혼란을 초래할 수 있다.

요즈음 사정이 크게 달라져 인터넷을 이용하여 『조선왕조실록』이나 『승정원일기』에서 자신이 궁금해 하는 사실이나 어휘의 용례를 쉽게 검색할 수 있다. 금석지감을 느끼게 해주는 일이다. 그런데 이 같은 조건의 변화를 제대로 활용하기 위해서는 그 위험성을 잘 알고 세심한 주의를 기울일 필요가 있다. 위험을 줄이는 방법은 번역본에만 의존하지 않고 자신이 직접 원문을 보아나가는 것 외에 다른 길이 없다. 물론 자료의 번역과 전산화를 통해 연구가 활성화되고 개인적인 수작업에서 오는 비능률과 오류를 수정할 수 있게 된 점은 아무리 강조해도 지나치지 않다. 필자 역시 조선왕조실록의 전산화에서 큰 도움을 받은 적이 있다.

필자가 석사논문을 쓸 때는 왕조실록 전체를 옆에 놓고 메모를 해가면서 읽을 수 있는 형편이 못되었다. 조선후기를 연구 대상 시기로 삼는다고 하였기 때문에 일차적으로 『숙종실록』부터 『철종실록』까지 읽기로 작정하고 어렵게 구입해서 우선 영·정조 년간을 중심으로 읽기 시작하였다. 한참 뒤에 『태조실록』부터 『중종실록』까지는 갱지로 인쇄된 보급판을 구입하고, 석사논문을 제출하고 난 뒤 대학에 취직해서야 그 다음 『인종실록』부터 『현종실록』까지 양장본으로 구입하여 완질을 만들었다. '고종순종실록'과 함께. 전체로 보아 세 번에 나누어 '실록'을 겨우 갖추게 된 것이다. 게다가 조선후기 사회변동의 현장이라고 할 수 있는 향촌사회의 실상을 파악하기 위하여 각종 지방사 자료와 문집을 두서없이 '조사'해 나가는 가운데 연대기를 꼼꼼히 챙겨나가는 것은 어려웠고, 큰 사회경제적 변동이나 정치사의 변동에 관한 이해는 선배들의 연구에 의존하였다. 그러니 연대기를 읽어나가는 가운데 지방사 자료들에서 그 가닥을 잘 찾기 어려운 용어의 용례로서 '향전(鄕戰)' 등 '향(鄕)'자가 들어간 문장들이 더 자주 또렷이 눈에 들어오는 것은 어쩔 수 없는 일이었다.

영·정조 시대 향전에 특히 주목한 것은 영조대 편찬된 『속대전』에 실린 '향전률(鄕戰律)' 때문이기도 하였다. 중앙의 당전(黨戰)과 대비되는 용어로서 각 지방의 향전이 중앙에서 문제가 되고 법전에까지 새롭게 오르게 된 것은 당인(黨人)들과 연결된 지방세력 사이의 대립이 탕평책을 추진하는 국왕의 입장에서 용인될 수 없었기 때문이었다고 이해되었다. 영남에서 김상헌 서원의 건립을 둘러싸고 구가세족(舊家世族)과 그보다 못한 층이 대립하던 점,[1] 아울러 그 대립이 중앙 정권의 향배와 무관한 것이 아님을 고려했을 때, 당시 향전은 지방사회에서 왕권강화에 저해가 되는 신·구세력의 대립으로 규정해도 큰 무리는 없을 것으로 판단하였다.

과연 향전은 영·정조 시대에 집중적으로 문제시되고 있었고, 대부분의 경우 거기에는 관권(수령권)이 개입하고 있었다. 그리고 사족 내부의 갈등이나 서원(書院)을 둘러싼 대립 등은 특별한 경우가 아니면 향전으로 다루어지지 않았기 때문에 이 문제는 부차적인 것으로 다루었다. 그런데 뒤에 『조선왕조실록』의 전산화로 검색 기능을 활용하여 '향전'을 확인하니 현종 1년(1660) 9월 및 숙종 6년(1680) 5월에 각각 보이는 '송도향전'과 '청주향전'을 추가로 확인할 수 있었다. 이른 시기의 기록으로 특수한 경우이기는 하지만 효종대에도 향전 기록이 보이는데 여기서 향전은 '경전(京戰)'과 대비되어 한 짝으로 사용되고 있었다. 물론 단서를 달아두긴 했었지만 재설명을 하기까지 상당한 시간이 걸리게 된다.[2]

위와 같이 자료의 전산화에 따라 검색이 가능하게 된 것은 자료 해석의 실증적 기반을 보완해줄 뿐만 아니라 새로운 연구 주제의 개척에도 도움을 줄 수 있다. 연대기를 꼼꼼히 읽어나간다 하더라도 눈에 들어오는 내용이 읽는 사람의 인식 범위를 크게 벗어날 수 없는 것이기에 읽으면서 새로운 문제의식을 갖는 데는 한계가 있다. 그렇지만 원자료의 문맥을 살

1 정만조, 1982 「영조 14년의 안동 김상헌서원 건립 시비 -탕평하 노소론 분쟁의 일단-」 『한국학연구』 1, 동덕여자대학 한국학연구소 참조.

2 김인걸, 2017 『조선후기 향촌사회 지배구조의 변동』, 경인문화사, 185~187쪽 참조.

피며 읽어보지 않고 주어진 고정관념이나 특정한 주제에 대한 관심에 따라 단순히 검색하여 얻은 결과를 가지고 해당시기 정치 사회 사상이나 문화를 그려내서는 독자들을 오도함이 크고 심각하다는 점을 지적하지 않을 수 없다.

해당 시기 자료들을 꾸준히 읽어서 그 시대 사회문화 풍토를 익히는 경험을 갖지 못한 이들이 엉뚱한 해석으로 혼란을 야기하는 경우를 주변에서 왕왕 목도하게 된다. 안타까운 일이 아닐 수 없다. 하루 2시간 이상 연대기를 읽어 시대를 제대로 읽어낼 수 있는 안목을 갖추라는 얘기도 그래서 용도폐기될 얘기만은 아닌 것이다. 이는 연구서보다 원자료를 더 많이 보라는 얘기와도 밀접한 관련이 있다.

연구서와 함께 원자료를 항상 가까이

공부를 시작할 때는 누구나 선인들이 남긴 사서(史書)와 스승 및 선배들의 안내서를 나침반 삼아 미지의 세계로 나아간다. 그래서 대학원에서 글쓰기를 시작할 때는 의례 연구사적 검토를 가장 중히 여긴다. 그 가운데 자신이 본받아야 할 모범을 찾고 한동안은 거기에서 제시된 길을 충실히 따라가게 되는 것이다. 마치 아이들이 말을 배울 때 부모나 조부모님의 입모양과 억양을 따라 가듯, 서도(書道)에 입문할 때 글 본과 서체를 익히는 데서 출발하듯이.

관련 연구서들을 충실히 검토하여 정리해 나가는 것을 습관화해야만 여기에서도 엉뚱한 길로 가지 않고 연목구어(緣木求魚) 신세를 면할 수가 있다. 알고도 무시하는 것은 더욱 나쁜 일이지만, 앞 사람이 기껏 밝혀놓은 것을 모르고 사료더미 속에서 헤매는 수고를 덜기 위해서는 필히 앞서 어떠한 연구들이 있었는가에 대해 철저하게 검토하는 작업이 선행되어야 한다. 그런데 자기 자신의 목소리가 묻어나는 글을 쓰기 위해서는 여기에 머물러서만은 안된다. 아니 제대로 된 문제 제기를 위해서도 원자료들에 대한 광범위한 지식과 이해가 필요한 것이다. 사학개론의 한 모범을 보이신 양병우 선생이 인용한 콜링우드의 말을 빌리면, "역사가가 질문을 할 때는 언제나 그 질문에 답할 수 있다고 생각하기 때문에, 다시 말해서 어떤 증거를 이용할 수 있으리라는 예비적이고 잠정적인 아이디어를 이미 가지고 있기 때문에 그렇게 묻는" 것이라고 하지 않았던가.[3]

우리가 원자료들을 읽어나가는 것은 논문을 쓰는 데만 필요한 것이 아니다. 원자료는 당대의 실상을 전해줄 뿐만 아니라 실상을 제대로 보려하지 않고 틀에 박힌 사고를 하는 사람들이 갖는 온갖 편견들에서 벗어나게 해준다. 그것은 주어진 조건 속에서 그 조건을 잘 활용하는 한편 기존 체제가 갖는 각종 제약들에서 벗어나 보다 나은 삶을 추구해 온 인간의 능동적 역할을 총체적으로 볼 수 있는 안목을 가질 수 있도록 인도한다.

아날로그시대에 공부를 시작했던 필자는 원자료에 대한 수집열로 실로 무모한 시도를 많이도 벌였고 시행착오가 한두 번이 아니었다. 1987년 80년대의 사회적 성취와 요구를 바탕으로 출발한 한국역사연구회의 공동연구반이었던 사회사연구반 반원들이 벌였던 조선시대 문인들이 남긴 문집(文集) 탐색작업은 그 가운데 대표적인 예의 하나일 것이다. 모든 문집 가운데 사회사 관련 자료들을 전체적으로 모아보자는 욕심으로 규장각·장서각 도서는 물론 국립중앙도서관과 시내 주요 대학 소장 문집을 3년여 동안 방학기간을 이용하여 찾아다녔던 일이 기억에 새롭다.

예외가 없지 않았지만 사서(司書) 분들이 귀찮은 내색도 않고 필자 일

3 梁秉祐, 1998『歷史의 方法』, 民音社, 26쪽.

행이 기특하게 보였든지 원하는 대로 책을 다 보여주었다. 한적(漢籍)을 직접 찾는 이들이 부쩍 줄어든 탓도 있겠으나 몇몇 대학에 대여섯 명이나 되었던 전문 사서들이 거의 다 없어지고 요즈음은 대부분 대학에서 미리 예약을 해야 제한된 부수만 열람할 수밖에 없다고 한다. 금석지감을 금할 수 없다. 이래가지고는 한국문화의 기반을 제대로 구축하는 일은 요원해질지도 모를 일이다.

작금 중국에서는 우리 고대사 분야와 관련된 동북공정을 일차 마무리짓고 이른바 '한적공정(漢籍工程)'이라 이름붙일 수 있을 작업을 진행해오고 있다고 한다. 고전적을 전 지구적으로 수집해서 새로 가공하여 제공하는 것을 목표로 하고 있으니 앞으로는 그들이 제공하는 기준에 따라 자료들을 읽어야 할 때가 올지도 모르겠다. 이 소용돌이에 휩쓸리지 않고 한국문화의 개성과 한국인들이 일구어 온 지혜의 보고를 지키고 그것을 제대로 가공하여 현대문화의 튼튼한 기반을 구축하기 위해서는 전국적 차원에서 원자료에 대한 체계적 수집 정리 노력이 있어야 할 것이고, 그 같은 과제를 수행할 수 있는 전문 인력을 기르는 데 국가적 차원의 대책 마련이 절대적으로 요청된다.

그런데, 도서관에 소장된 자료들은 언젠가는 정리될 수 있다는 희망이라도 있지만, 아직도 민간에 수집되지 못하고 광범위하게 존재하고 있는 멸실 위기의 자료들의 미래를 생각하면 무슨 특단의 방도라도 찾아야 할 듯하다. 석사과정생 만이 아니라 아예 대학 학부에서도 졸업논문에 일차 자료들을 정리 분석하여 제출하는 과제를 부과해보는 것도 하나의 방법이 될 수 있지 않을까? 꼭 어려운 문자로 된 것이 아니어도 좋다. 그러면 앞으로 대학에서 한국사를 전공하겠다고 지망하는 학생들이 없어질까? 아니면 새로운 문화풍토가 만들어질까? 쉽게 접근할 수 있는 정리된 자료만이 아니라 원자료라면 어디든 달려갈 수 있는 부지런함이 더 절실해짐을 느낀다. 우리 문화의 유전자를 찾아내는 일을 다른 누구의 손에 맡길 것인가.

글 쓰며 산다는 것

앞서 연구서와 자료 얘기를 길게 언급한 것은 그것이 바로 역사가들이 궁극적인 목표로 삼아야 할 역사책, 사서(史書)를 구상하는 일의 기초가 되는 것이기 때문이다. 우리는 흔히 역사책 하면 으레 '국사'니 '한국사'니 하는 통사를 생각하는데, 옛 선생님들은 그 통사 하나를 가지는 것을 '사명'으로 삼으셨던 것 같다. 그런데 그 통사라고 하는 것이 국민 교육용 도서로 출발했고, 교과서적인 수준을 넘어 하나의 '사서(史書)'의 반열에 오르는 것을 기대하기가 쉽지 않은 것 또한 우리의 현실이었다. 이는 식민 지배를 거치고 외세에 의해 민족이 반쪽으로 갈라져 싸우는 가운데 온전한 역사관을 가질 수 없었던 우리의 근현대사와 밀접한 관련을 가지는 것이지만, 사학사적으로 본다면 그간 전근대 사서들을 검토하는 자세와도 무관하지 않은 것 같다.

『삼국사기』나 『고려사』, 『고려사절요』 같은 관찬사서는 그렇다고 하더라도 여러 사찬 사서, 특히 역사학이 하나의 독립된 분야로 자리잡기 시작했다고 하는 조선후기의 사서들을 검토할 때도 대부분은 그것을 사학사의 체계를 세우는 도구로 삼거나, 경우에 따라서는 사학사 연구자의 주장을 뒷받침하는 하나의 연구 자료로 이용하였지 그 '사가(史家)'의 고뇌와 역사관을 정면으로 문제 삼는 경우는 드물었던 것이 아닌가 한다. 조선시대에 왜 그 많은 사서들이 만들어졌는지, 혹은 결코 많다고 할 수 없는 사서밖에 남아있지 않은지? 그 사서의 작자가 하나의 사가의 반열에 오를 수 없었다고 한다면 사가를 탄생시킬 수 없었던 조선의 정치사상사적 풍토는 어떻게 설명해야 할까? 보다 근본적인 물음을 물어야 우리도 장래 어디에 내놓아도 손색 없는 하나의 사가를 가질 수 있는 가능성을 확보할 수 있는 것이 아닐까?

역사를 공부하는 사람은 날마다 글을 쓰고, 또 써야 한다. 한 편의 논문, 한 권의 한국 '통사'를 넘어 역사 자체에 도전하는 호연지기를 길러보는 것은 어떨까. 앞서 많은 이들이 제기해 온 것이지만 '역사란 무엇인가'라는 필수적인 물음은 한시도 그칠 수가 없다. 글을 쓰기 위해 항시 자료를 끼고 살아야 하고, 기존의 좋은 연구서들을 읽어 나가면서 생각하고 또 생각하면서 글을 쓴다. 자신의 언어로 적어두고 자신의 머리로 정리하지 않은 '복사물'들은 저술에 이용되기 어려울 뿐만 아니라 결국 폐기물이 되고 만다. 책과 함께 있어야 편하고, 날마다 생각하고 틈틈이 적어가며 글을 쓰니 글과 함께 벗하는 것이다. 글을 쓰며 살아가는 것이다.

연구생활 초년에는 해당 주제에 관한 통설에 의문을 던지며 최신 연구동향에 항시 촉각을 곤두세워야 한다. 그와 동시에, 아니 그보다도 먼저, 자신이 다루는 시대 사람들의 삶과 생각을 살피기 위해 끊임없이 자료더미들과 씨름해야 한다. 미지의 자료 바다를 헤쳐 나가야 하니 꿈속에서도 자료를 찾고 역사를 쓴다. 필자가 대학원 초년생 시절 새로 이사하신 신림동 선생님 댁을 찾아뵈었을 때, 지금은 고인이 되신 김철준 선생이 가끔 자다가도 일어나 한참씩 서가를 살피곤 한다는 말씀을 하신 것이 잊혀지지 않는다. 필자가 대학원에서 첫 논문을 쓰면서 겪었던 경험이 기억을 더 선명하게 만들었을 것이다. 이 모든 것이 하루아침에 되는 것이 아니고, 게다가 억지로 누가 시킨다고 되는 일은 더더욱 아니다.

남이 쓴 글을 읽고 거기에서 문제를 발견하고 문제를 해결할 수 있는 자료를 찾아다니는 연구자의 생활을 하다보면 내가 논문 쓰는 기계인가

하는 생각을 할 수도 있을 것이다. 도대체 나는 무엇 때문에 이 일에 뛰어들었나. 요즈음같이 교수 능력 평가를 논문 편수에 따라 결정하여 성과급과 연결지우는 세태는 더러 초심을 시험하기도 할 것이다. 필자가 대학원에 진학하였을 때 옛 선생님들은 논문을 쓸 때 미리 하나의 저서를 염두에 두고 체계적으로 써 나갈 것을 권장하셨는데, 워낙 글쓰는 습관이 '잘못 박혀' 원고 마감에 임박해서야 발동이 걸리는 터라 선생님의 말씀을 따르지 못한 죄스러움이 아직까지 가시지 않고 있다. 요즈음은 기 발표 논문을 모아 책을 내는 것 자체가 불가능하게 되었지만, 그럼에도 불구하고 항상 하나의 체계를 구상하고 꾸준히 글을 써 나가야 한다는 것은 여전한 진리임에 틀림없다.

아무런 글도 쓰지 않다가 하루아침에 일필휘지로 학위논문이 써지는 것이 아니라는 것은 누구나 경험해 온 일이다. 그래서 필자는 논문을 준비하는 연구생에게 하나의 과제를 부과해보기도 하였다. 박사학위 논문을 제출하려면 그 전에 연구사정리 1편과 기본 자료에 관한 자료 소개 1편, 최소 2편을 학회지에 실어 먼저 검증을 받아야 한다는 것이다. 학위를 마친 다음에는? 논문 편수 늘리기라는 세속에 휘둘리지 않으려면? 하나의 책을 구상하고 자신의 작업 속도에 맞추어 꾸준히 그 내용을 채우는 글을 써 나가야 할 것이다.

유장한 역사를 생각하는 사람은 흔들리지 않는다. 송(宋)나라 때 범중엄은 「악양루기(岳陽樓記)」에서, "선천하지우이우(先天下之憂而憂) 후천하지락이락여(後天下之樂而樂歟)"라고 하였다. 사대부들의 자부심이 묻어나는 글로서 지식인, 선비의 사회에 대한 책임감과 선비가 지녀야 할 도덕적 규범의 귀감이 되어온 말이다. 지식인은 자신의 처지만을 생각할 수가 없다. 조선의 사대부, 특히 향촌 사족들은 자기절제를 강조하고 관권과의 마찰을 경계하였지만 그것은 일신의 안위를 위해서가 아니라 관권의 자의

적 행사를 견제하고 시비를 분명히 하기 위한 매우 정치적인 성격의 것이었다.[4] 그리고 그들은 군신공치(君臣共治)의 한 주체로서 거가(居家)·거향(居鄕)·거관(居官, 處世)의 문제를 총체적이고 유기적으로 사고하고 행동하였다. 오늘날 시인(詩人)이 그런 역할을 할까? 시인은 세상을 남보다 앞서 보고 세상의 아픔을 온 몸으로 앓는다.

장편 서사시 『금강』으로 유명한 '껍데기는 가라'의 시인 신동엽 시 가운데 나는 '종로5가'를 학생들에게 가끔 소개하곤 하였다. 「종로오가(鐘路五街)」는 1967년 작(作)인데, 충청북도 보은 속리산, 아니면 전라남도 해남 땅 어디쯤에서 올라 온 아이 하나가 이슬비 오는 날 종로 5가 서시오판 옆에서 동대문을 묻는 장면으로 시작한다. 한 참 전에 서울 올라간 누이를 찾아온 것일까. 오면서 지고 온 고구마가 그 소년의 등에서 흙묻은 얼굴을 맞대고 비에 젖고 있었다. 그 낯선 소년이 궁금하여 가로수 하나를 걷다가 돌아보는데 안 보였다. 그 장면을 시인은 노동자들 사이로 사라졌다고 표현하였다. "노동자의 홍수 속에 묻혀 그 소년은 보이지 않았다." 노동으로 지친 시인의 가슴에서도 도시락 보자기가 비에 젖고 있었다. '전태일 열사'의 분신으로 대학생들의 발걸음이 노동운동으로 향하기 시작한 1972년보다 5년 전의 일이다. 그는 시인을 일러 '인생과 세계의 본질을 그 맑은 예지만으로써가 아니라 다스운 감성으로 통찰하여 언어로 승화시키는 사람'이라고 하였다.[5]

우리 역사 연구자들 역시 올곧은 선비와 온 몸으로 세상과 씨름하는 시인의 마음을 닮을 수가 있어야 역사가의 반열에 오를 자격을 갖출 수가

4 김인걸, 1994 「조선후기 재지사족의 '거향관(居鄕觀)' 변화」 『역사와 현실』 11(2017 『조선시대 사회사와 한국사 인식』, 경인문화사 재수록).

5 신동엽, 1975 『申東曄全集』, 創作과 批評社, 392쪽.

있을 터이다. 힘든 일이지만 그런 꿈마저 꿀 수 없어서야 되겠는가. 기원전 1세기에 사마천은 '천(天)과 인간의 관계를 구명하고 고금(古今)의 변화를 관통하는 (원리를 밝혀) 스스로 독자적인 입론(立論)의 체계를 이루려는 것[成一家之言]'을 자신의 임무로 삼았기에 그 참을 수 없는 인간적 굴욕을 이겨내고 『사기』로써 일가를 이루었고, 아직도 그를 크게 넘는 이를 찾는 것이 쉽지 않다.[6] 20세기에 들어 마르크 브로흐는 한 소년의, "역사란 무엇에 쓰는 것이어요?"라는 질문에 답하기 위해 『역사를 위한 변명』을 쓰면서, '사람이란 그들의 부모보다는 더욱 많이 그들의 시대를 닮는다'는 동양(아라비아)의 지혜를 잊는다면 과거에 대한 연구는 신뢰를 잃을 것이라고 했다.[7] 개인적 경험도 중요하지만 시대를 읽어내는 힘을 기르지 않으면 안 된다는 사실을 각성시키는 말이다. 역사를 '시간 속의 인간에 관한 학문'으로 설명하는 그는 역사적 현상은 결코 시간과 떼어놓고 이해될 수 없는 것임을 강조하였다.

시대의 흐름을 읽고 온 몸으로 세상과 씨름하는 자세를 가진다는 것이 더없이 중요한 것은 물론이지만, 그 생각과 자세가 글로써 표현되지 못한다면 꽃피워 열매 맺지 못하는 나무와 다를 바 없다. 다시 서당 훈장 같은 얘길 반복하자면 공부하는 사람은 공부로써, 글 쓰는 사람은 글로써 세상을 상대한다는 자세를 확고히 할 필요가 있다. 항상 누군가에게 소용이 되는 나만의 작품을 벼려나가야 한다. 필자가 좋아하는 선배 시인은, '세상에 입 가진 자 저마다 떠들어대서', '참고 말 안하는 버릇을 들이다가', '마침내는 시를 쓰는 것도 잊어버리고 살다가', '시인이 시를 안 쓰고 말

6 이성규, 1987 「史記解說」 『司馬遷 史記 -中國古代社會의 形成-』, 서울大學校出版部(2007 『수정판 사마천 사기』, 서울대출판문화원) 참조.

7 마르크 브로끄, 정남기 옮김, 1979 『역사를 위한 변명』, 한길사, 51쪽.

도 안하면 무엇에 쓰겠냐고 누가 혀를 차는 바람에' 10여 년 만에 다시 말을 처음 배우는 어린애마냥 시 쓰는 것을 시작했다고 한다.[8] 선배 시인의 말대로 세상이 바뀌어 '내 말은 때가 묻어 천지와 귀신을 감동시키지 못하'더라도, 삶의 전부인 시를 포기할 수는 없고, 애써 겨우 마련한 시 두 편을 누가 달라고 해서 덜렁 털어버릴 수는 없지 않은가.[9]

이 책에 같이 글을 싣고 있는 20여 명의 연구자들은 모두 글을, 역사를 쓰며 살아가기로 작정을 한 사람들이다. 남이 달라고 해서 어쩔 수 없이 가지고 있던 한 편의 글을 덜렁 주어버리고 가난해 질 사람들이 아니다. 그렇다고 해서 여러 편을 가지고 있다가 남이 달라는 대로 기다렸다는 듯이 내주는 사람들은 더욱 아니다. 이들은 마음 한 구석이 태어날 때부터 비어 있어 언어마저 굳어진 채, 어려운 시절을 버텨내고 있기 때문이다. 시인이 시를 써야 하듯 역사 연구자들은 역사를 써야 한다. 그런데 역사는 흔히 이해하듯 과거를 다루는 학문만이 아니다. 과거와 현재, 그리고 미래를 같이 생각하는 학문이다. 역사는 인간의 삶의 발자취를 추적하는 일인 동시에 어떠한 삶을 살아갈 것인가를 탐구하고 실천하는 일이다. 그러기에 오늘날 같은 한국 현실에서 글 쓰는 작업이 쉽지만은 않을 것이다. 그렇지만 아무리 밖에서 부르는 곳이 많더라도 우리 연구자들은 '역사쓰기'로 승부를 걸었으면 좋겠다. 필히 무수한 자료들에 도전하면서, 생각을 다잡고 '역사 쓰기'로 새로운 장을 펼쳐나가기 바란다.

아직 부족한 말들이지만, 이 책에 수록된 글들을 읽고 동반자로 함께 할 이들이 용기를 가졌으면 좋겠다. 많은 젊은이들의 관심과 참여를 기대한다.

---

8 정희성, 2001 「말」 『詩를 찾아서』, 창작과비평사, 9쪽.

9 정희성, 「민지의 꽃」, 「차라리 시를 가슴에 묻는다」, 위의 책, 11쪽, 15쪽.

고려인의 눈과 조선인의 눈
-『고려사』 식화지의 두 가지 시선

이 민 우(李民友)*

고려시대 토지제도 연구와 『고려사』 식화지 전제

『고려사(高麗史)』 식화지(食貨志) 전제(田制)는 고려시대 토지제도 연구의 가장 기본적인 자료이다. 『고려사』는 기전체의 형식에 따라 세가(世家)·지(志)·표(表)·열전(列傳)의 구성을 갖춘 역사서이다. 제도와 문물 등에 관한 사실을 기록한 「지」에는 경제에 관한 내용을 수록한 식화지가 포함되어 있고, 식화지 가운데에는 토지제도에 관한 내용을 독립적인 항목으로 다루는 전제가 별도로 마련되어 있다. 다른 사료가 절대적으로 부족하다는 사실을 고려하면, 『고려사』 식화지 전제에 수록된 내용에 근거하지 않고 고려시대 토지제도에 관해 설명하기란 거의 불가능한 일이다.

『고려사』는 고려시대사 연구의 모든 분야를 막론하고 가장 중요하고

* 서울대학교 규장각한국학연구원 학예연구사.
대표논저 : 「19세기 수리시설의 私占과 水稅 갈등」(『한국사론』 55, 2009), 「고려말 私田 혁파와 과전법에 대한 재검토」(『규장각』 47, 2015).

기본적인 사료라고 할 수 있다. 그렇지만 고려를 무너뜨린 조선 건국자들에 의해 공식적으로 집필된 역사서이기 때문에 사료라는 관점에서 『고려사』를 읽는 데는 주의가 필요할 것이다. 더구나 우리가 잘 알고 있는 것처럼 고려 말 토지제도 개혁이 조선 건국의 가장 직접적인 계기가 되었다는 사실을 고려하면, 특히 토지제도를 대상으로 하는 『고려사』 식화지 전제의 서술은 개혁을 주도한 조선 건국자들의 관점에 따라 이루어졌으리라고 추측할 수 있다.

물론 승리자가 편찬한 역사라고 할 때 흔히 떠올리는 것처럼 『고려사』가 허위와 날조, 악의적인 편집으로 이루어진 것은 절대로 아니다. 『고려사』는 오히려 고려시대의 기록을 한데 모아서 사실을 남긴다는 관점에 따라 철저하게 기존의 사료를 모아 편집하는 방식으로 편찬되었다. 『고려사』 식화지 전제에 수록된 내용들 역시 고려시대 토지제도에 관련된 조(詔)·교(敎) 및 여러 신하들의 서(書)·소(疏)가 전부이며, 이것들은 모두 실제로 고려 당대에 만들어진 기록이다.

우리는 『고려사』를 조선인들이 고려시대의 문물과 제도, 역사에 관해 남겨준 일종의 '사료집'이라고 여기고, 여기에 수록된 내용들을 고려 당대의 객관적인 사실로 이해해도 좋은 것일까? 이 글에서는 필자가 『고려사』 식화지 전제를 읽고 생각했던 경험을 간단하게 적어보고자 한다.

『고려사』 식화지 전제를 읽으면서 느낀 위화감

고려시대 토지제도에 대해 관심을 가지고 공부를 한다고 하면서도 필자가 『고려사』 식화지 전제의 전문을 모두 읽어본 것은 박사과정을 수료한 뒤였으니 상당히 늦은 편이었다. 고려시대 토지제도에 관한 사료가

『고려사』 식화지 전제로 한정되기 때문에 연구 논문들을 몇 편만 읽어도 중요한 기록들이 반복적으로 인용된다. 공부가 불철저한 탓이겠지만, 연구 환경이 그러하다 보니 시간을 들여 원문 전체를 직접 보는 일은 뒤로 미룬 채 흥미 있는 구절들과 이를 둘러싼 논쟁에만 더욱 집중했던 것 같다. 그래도 결국은 과정을 수료한 지 얼마 지나지 않아 도서관에서 1996년에 출간된 『역주 고려사 식화지』를 대출해서 식화지 서문부터 시작해서 전제 서문과 본문을 순서대로 읽어보게 되었다.

중요한 사료들은 이미 개별적으로 거의 찾아본 상태였기 때문에 내용이 낯선 상태는 아니었는데, 그렇게 처음부터 순서대로 사료를 읽어가다 보니 문득 묘한 느낌이 들기 시작했다. 녹과전에 관한 기록을 읽어나가다가 말미쯤에 이르러 고려 말 토지제도 개혁에 관한 내용들이 왜 녹과전 항목에 수록되었을까 궁금해졌다. 그렇게 생각하고보니 그보다 먼저 등장한 항목들의 구성도 이상하게 느껴졌다. 그때 처음으로 『고려사』 식화지 전제의 구성이 상당히 낯설다는 생각을 했다. 『고려사』 식화지 전제의 구성이 필자가 상식적으로 알고 있는 고려시대 토지제도에 대한 설명과 비교할 때 꽤나 동떨어져 있었던 것이다.

식화지 전제는 별도의 서문에 이어서 경리(經理), 전시과(田柴科), 공음전시(功蔭田柴), 공해전시(公廨田柴), 녹과전(祿科田), 답험손실(踏驗損實), 조세(租稅), 공부(貢賦)의 순서로 항목을 나누어 각각에 해당하는 고려시대 당대의 규정과 역사적 사실들을 싣고 있다. 나중에 확인하게 된 것이지만, 경리－전시과－공음전시－공해전시－녹과전－답험손실－조세－공부로 이어지는 구성은 식화지 전제 서문의 서술 내용과 정확히 대응한다. 이러한 사실은 편찬자들이 의식적으로 항목을 위와 같이 구성하고 여기에 맞추어 서문을 서술했음을 의미한다.

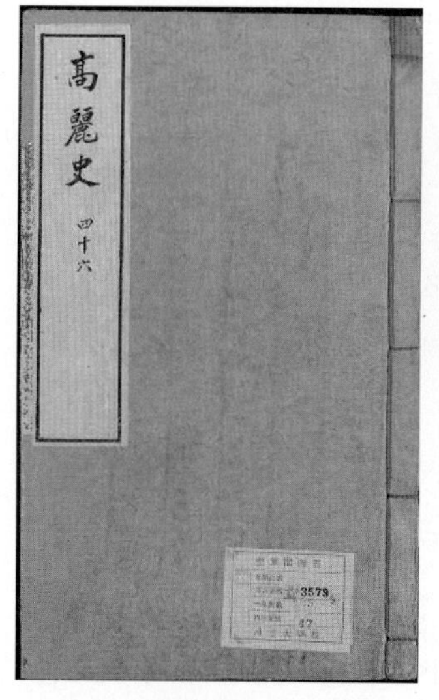

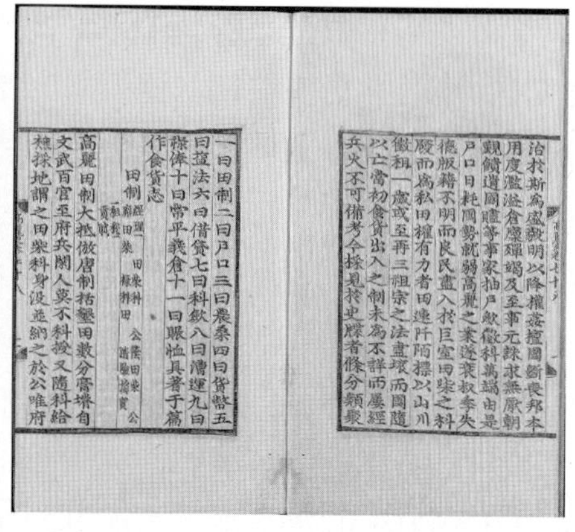

治於斯爲盛毅明以降權姦擅國斲喪邦本
用度濫溢倉廩殫竭及至事元誅求無厭朝
覲餽遺圖贐等事家抽戶斂徵科萬端由是
戶口日耗國勢就弱高麗之業遂衰叔季失
德版籍不明而良民盡入於巨室田柴之科
廢而爲私田權有力者田連阡陌標以山川
徵租一歲或至再三祖宗之法盡壞而國隨
以亡當初食貨出入之制未爲不詳而屢經
兵火不可備考今採見於史牒者條分類聚

一曰田制二曰戶口三曰農桑四曰貨幣五
曰鹽法六曰借貸七曰科斂八曰漕運九曰
祿俸十曰常平義倉十一曰賑恤具著于篇
作食貨志
田制 經理 田柴科 功蔭田柴 公廨田柴 祿科田 踏驗損實 租稅 貢賦
高麗田制大抵倣唐制括墾田數分膏塉自
文武百官至府兵閑人莫不科授又隨科給
樵採地謂之田柴科身沒並納之於公唯府

[그림 2]『고려사』 식화지 전제의 구성

[그림 1]『고려사』 표지
(규장각한국학연구원 소장)

토지의 구획과 양전에 관한 규정 등의 내용을 담은 경리가 제일 먼저 나오고, 수취를 위한 규정을 담은 답험손실, 조세, 공부가 뒤로 이어지는 구성은 크게 어색하지 않다. 그렇지만 고려시대 토지제도의 핵심적인 내용을 전시과로부터 공음전시, 공해전시, 녹과전에 이르는 항목으로 구분하는 것은 고려시대 토지제도에 대한 오늘날의 이해에 비추어 자연스럽지 않다. 이 점은 현대 연구자들의 고려시대 토지제도 이해를 종합적으로 살펴볼 수 있는 개론서의 목차와 대조해 보면 바로 드러난다. 국사편찬위원회가 1993년에 출간한『한국사 14 -고려전기의 경제구조』가운데 토지제도에 관한 내용을 묶은「전시과 체제」는 다음과 같은 목차로 구성되어 있다.

1. 전시과제도
2. 공전·사전과 민전
   1) 공전과 사전, 2) 민전
3. 공전의 여러 유형
   1) 장·처와 내장전, 2) 공해전, 3) 둔전과 학전·적전
4. 사전의 여러 유형
   1) 양반과전, 2) 공음전, 3) 한인전, 4) 구분전 (이하 줄임)
5. 전시과 체제 하의 토지지배관계에 수반된 몇 가지 문제

국사편찬위원회『한국사』는 고려시대 토지제도를 크게 공전과 사전으로 나누고 그 내부의 여러 유형들을 구분하고 있음을 쉽게 알 수 있다. 이에 반해『고려사』식화지 전제는 공전과 사전이라는 항목을 별도로 두지 않을 뿐만 아니라『한국사』가 공전 혹은 사전의 세부 유형으로 설정한 공해전과 공음전을 전시과와 대등한 항목으로 제시한다. 국사편찬위원회『한국사』목차에 그대로 나타나듯이 고려시대 토지제도가 크게 공전과 사전으로 나뉜다는 것은 기본적인 상식과 같다. 그런데 놀랍게도(?) 고려시대 토지제도 연구의 가장 중요한 기초 사료인『고려사』식화지 전제는 전혀 다른 구성을 택하고 있었다.

앞서 식화지 전제의 서문이 본문의 구성을 그대로 반영하고 있다고 하였는데, 식화지 전제의 서문 어디에도 공전과 사전이라는 개념은 전혀 언급조차 없었다. 더욱 놀라운 것은 식화지의 서문에서는 고려 후기 토지제도의 문란상을 "전시과가 폐하여 사전이 되었다(田柴之科廢而爲私田)"고 표현한다는 사실이었다. 전시과가 사전으로 구분된다는 것은 고려시대 토지제도가 공전과 사전으로 나뉜다는 것만큼이나 기초적인 상식인데,『고려사』식화지는 서문에서 전시과가 폐하여 사전이 되었다는 전혀 엉뚱한 설명을 제시하고 있었던 것이다.

『고려사』 편찬자들의 시각

당연한 이야기이지만, 식화지 전제 본문에 수록된 고려 당대의 규정들에서는 공전과 사전이라는 구분이 중요하게 활용되고, 공전과 사전이라는 표현 자체도 곳곳에서 등장한다. 그렇지 않았으면 현대의 역사학자들이 애초에 고려 토지제도를 공전과 사전으로 나누어 이해할 수 없었을 것이다.

앞서 간략히 언급한 바와 같이 『고려사』는 비록 조선 건국 이후의 산물이기는 하지만, 고려 당대의 기록을 그대로 옮겨 싣는다는 원칙에 따라 편찬되었다. 그럼에도 불구하고 이러한 편찬의 원칙에서 벗어나 있는 부분들이 있다. 그 가운데 하나가 바로 각각의 「지」마다 가장 앞에 실리는 '서문'이다. 식화지 전제와 같이 본문의 분량이 많고 중요한 경우는 식화지 전체의 서문과 별도로 독자적인 서문을 붙이기도 하였다. 식화지의 서문과 식화지 전제의 서문은 본문에 수록된 기록들과 달리 고려 당대의 직접적인 사료라기보다는 조선 건국 이후 편찬 과정에서 별도로 작성한 기록으로 이해할 필요가 있다.

서문은 해당 본문의 내용을 요약해서 설명하는데, 본문에 수록된 고려 당대의 기록에서 무엇을 핵심적인 특징으로 파악하는가는 편찬자의 관점에 따라 달라질 수 있었다. 서문의 성격을 이렇게 이해하고 보면, 본문에 실린 기록들이 고려 당대의 것들이라고는 하지만 이러한 사료들을 특정한 범주로 나누어 구분하는 작업 역시 『고려사』 편찬자들의 관점이 반영되었으리라는 점에 금방 생각이 이르게 된다. 『고려사』에 실린 고려 토지제도에 관한 기록들이 실제로 고려시대에 어떠한 범주로 구분되었는지를 정확히 알 수는 없다. 그렇지만 적어도 고려시대에 통용되었던 구분법이 『고려사』 식화지 전제의 그것과는 서로 달랐을 가능성이 매우 크다고 생각한다.

『고려사』 식화지 전제 본문에 실린 기록들이 고려 당대 토지제도에 관한 사실(史實)을 그대로 실어놓은 것인데 반해, 식화지 전제의 구성과 본문의 핵심 내용을 요약하는 서문은 조선 건국 이후 『고려사』 편찬자들의 관점을 반영한다. 『고려사』 편찬자들은 고려 당대의 기록들을 최대한 객관적으로 분류하고 요약한다고 생각하였지만, 애초에 이러한 분류와 요약에는 편찬자의 관점이 반영될 수밖에 없다.

본문의 내용과 서문 및 구성 사이의 편차는 아마도 『고려사』의 다른 부분들에서도 발견될 것이다. 그러한 차이는 대상을 바라보는 고려인과 조선인의 시각차를 반영하는 것일 텐데, 조선 건국으로 인한 변화의 폭에 따라 분야마다 그 정도는 서로 다를 것이라고 생각한다. 필자는 토지제도를 다루는 식화지 전제의 경우는 그 차이가 본질적이라고 이해한 셈이다. 그리고 이러한 차이에 대한 인식은 고려 말 토지제도 개혁과 조선 건국을 통해 토지제도가 근본적으로 변화하였다는 생각에 단초를 제공해주었다.

『고려사』 식화지와 『조선경국전』의 유사성

그렇다면 『고려사』 식화지 전제의 서문과 목차 및 구성에 반영된 조선인들의 시각은 본문에 실린 고려 당대의 기록들을 남긴 고려인들의 시각과 얼마나 달랐던 것일까? 식화지 서문에 실린 "전시과가 폐하여 사전이 되었다(田柴之科廢而爲私田)"는 구절은 고려시대 토지제도를 바라보는 조선인들의 관점을 집약한다. 반면에 식화지 전제 본문을 근거로 현대 역사학은 고려 전시과는 사전의 대표적인 유형이라고 이해한다. 필자는 이와 같이 직관적으로 드러나는 바를 포함해서 둘 사이에는 근본적인 차이가 있다고 생각한다. 아래에서는 『고려사』 편찬자들이 편찬 작업에 전거로 활용한 책들이 무엇인지를 보여줌으로써 두 시각 사이의 차이를 드러내보고자 한다.

『고려사』 범례를 보면, "역대 사서의 지(志)를 살펴보건대 시대마다 각각 다른 것이 「당지(唐志)」에 까지 이르렀는데, 사실(事實)만으로 엮어 편(篇)을 만들었기 때문에 상고하여 밝히기 어려웠다. 이제 『고려사』 「지」를 편찬하면서 『원사(元史)』를 기준으로 하여 조목별로 나누고 비슷한 것을 모아 읽는 사람들이 쉽게 살피도록 하였다"는 기록이 있다. 관련 연구에 따르면, 중국에서 『당서(唐書)』를 포함한 이전 시기 역사서의 「지」들은 단순히 사실만을 시기 순으로 정리하는 형식이었다가 『송사(宋史)』 이후에 비로소 내용별로 항목을 독립시켰다고 한다. 『고려사』는 『송사』 이후 비로소 나타난 조목별로 내용을 분류하여 서술하는 방식을 채택하되, 『원사』를 기준으로 삼은 것이다.

식화지에 한정해 보자면, 『고려사』 식화지는 항목 구성이 『원사』 식화지와 상당히 유사할 뿐만 아니라 특정 항목의 경우는 『원사』의 서문을 그대로 차용하기도 하였다고 한다. 그런데 『원사』 식화지는 육전체제를 따르는 원 최대의 법전인 『경세대전(經世大典)』의 부전(賦典)을 거의 그대로 옮겨 놓았기 때문에 결과적으로 『고려사』 식화지는 『경세대전』 부전과도 체재가 거의 유사하다. 한편, 정도전이 저술한 『조선경국전(朝鮮經國典)』 역시 『경세대전』의 영향을 크게 받아 유사한 체재를 갖추었다. 실제로 『고려사』 식화지와 『조선경국전』 부전은 구성이 거의 유사한데, 이는 두 책이 모두 『경세대전』의 체재를 모범으로 삼았기 때문이다.

『고려사』 식화지와 『조선경국전』 사이의 유사성은 체재와 구성에서 뿐만이 아니라 내용 서술에서도 찾아볼 수 있다. 앞서 살펴본 바와 같이 『고려사』 식화지 서문에 실린 "전시과가 폐하여 사전이 되었다"와 같은 표현은 고려시대 토지제도에 대한 일반적인 이해에 견주어 매우 독특한 것이다. 그런데 중국 송말 원초의 저술인 『문헌통고(文獻通考)』 전부고(田賦考)에 실린 당의 토지제도에 대한 글에는 이와 유사하게 "공전이 변해서 사전이 되었다"는 표현이 등장한다. 물론 표현상의 유사성만으로 『고려사』 식화지 서문의 서술이 『문헌통고』를 참조했다고 확증할 수는 없다. 그렇지만 필자는 정도전이 『조선경국전』 부전에서 토지제도에 관해 기술할 때 『문헌통고』에 실린 같은 글을 크게 참조했음을 확인할 수 있었다. 두 책이 동일하게 『경세대전』을 기준으로 삼아 체재를 마련다는 점을 고려하면, 서술 내용의 전거를 같은 책에서 구하였다고 보아도 무리는 아닐 것이다.

『고려사』 식화지와 『조선경국전』 부전은 형식과 내용에서 유사성이 크고, 이는 두 책이 동일한 전거를 활용하기 때문이다. 이러한 사실은 『조선경국전』과 『고려사』 식화지가 공통의 지적인 배경을 바탕으로 이루어진 저술이라는 점을 잘 보여준다. 고려 후기에는 중국으로부터의 영향을 바탕으로 고대의 이상적인 제도를 깊이 연구하고, 이를 당대의 현실에서 복구하고자 하는 지향이 나타나는데, 조선 건국이라는 역사적 사건은 이러한 지식인들의 새로운 지적 경향을 사상적 배경으로 한다. 『고려사』 식화지 역시 이러한 맥락에서 이루어진 산물이라면, 편찬자들이 고려 토지제도를 바라보는 시각은 고려인들과 상당히 달랐을 것이다.

현재에 담기지 않는 과거, 과거에 담기지 않는 현재

『고려사』 편찬자들은 자신들이 생각할 때, 고려 토지제도를 가장 정확하게 반영한다고 생각하는 방식에 따라 항목을 나누고, 서문을 붙였다. 그렇지만 이들이 토지제도를 바라보는 시각은 과거에 비해 크게 달라졌다.

그 결과 본문을 구성하는 항목들은 고려 토지제도의 내용을 온전히 담아내지 못하는 측면이 있다. 필자가 보기에 고려 토지제도에 대한 학문적 논쟁들 대부분은 이러한 연유에서 기인한다.

고려시대에 존재한 다양한 지목들 가운데는 사전으로 분류할지, 공전으로 분류할지 모호한 것들이 있다. 사전과 공전의 구분을 중요하게 여겼던 고려인들에게 특정한 지목이 사전인지 공전인지는 분명한 일이었을 것이다. 그렇지만 『고려사』 식화지 전제는 고려 토지제도를 사전과 공전으로 나누어 서술하지 않기 때문에 고려인들에게 분명했던 사실들이 오늘날의 우리에게 명확하게 전달되지 않는다.

『고려사』 식화지에 등장하는 전호(佃戶)의 성격을 소작인으로 볼 것인지, 농민 일반으로 볼 것인지는 고려시대 토지제도와 농업경제를 이해하는 데 중요한 차이를 낳는다. 전호를 농민 일반을 가리키는 표현으로 이해하는 연구에서는 이 기록이 『고려사』 식화지 전제의 '조세' 항목에 포함되어 있다는 사실을 근거 가운데 하나로 제시한다. 조세에 수록된 내용이므로 경영 방식을 가리키는 표현이 아니라는 것이다. 그런데 식화지 전제에 조세라는 항목을 설정하고, 이 기록을 그렇게 분류한 것은 고려인들이 아니라 조선인들이다. 해당 기록은 고려인들 역시 국가와 농민의 관계로 이해했던 것일까? 아니면 이 역시 고려인들과는 다른 시각에서 분류가 이루어져서 오해를 낳는 것일까?

다른 한편으로 『고려사』 식화지 전제에는 고려 말 토지제도 개혁에 대한 내용이 수록되어 있다. 토지제도 개혁이 조선 건국 이전 고려 말에 이루어진 것이기 때문에 여기에 함께 수록된 것이다. 그런데 고려 말 토지제도 개혁은 고려 토지제도를 근본적으로 수정하는 방향으로 진행되었다. 고려시대의 것과 성격이 다른 토지제도 개혁의 내용은 식화지 전제에서 어디에 배치되어야 했을까?

『고려사』 편찬자들은 그 내용을 '녹과전(祿科田)'이라는 항목에 분류해서 넣었다. 고려시대 녹과전은 몽골 간섭기 이후에 출현한 것으로, 여기에서 녹과전 자체에 대한 서술은 1/3이 채 되지 않는다. 오히려 고려 말 토지제도 개혁에 대한 서술이 녹과전에 수록된 덕분에 해당 항목은 식화지 전제에서 가장 긴 분량을 차지한다. 우리는 이러한 항목의 구성을 근거로 고려 말 토지제도 개혁은 고려 후기의 녹과전과 관련된 문제를 가장 중요하게 다루었다고 이해할 수 있을까? 또한 개혁 과정에서 제정된 과전법이 녹과전을 계승하는 것이라고 규정해도 좋은 것일까?

고려 말의 개혁에 대한 내용은 비록 녹과전이라는 항목에 배치되었지만, 거기에서 다루어지는 내용은 단순히 녹과전만을 다루는 것이 아니라 고려 토지제도 전반과 관련된다. 토지제도 개혁에 대한 서술이 녹과전에 배치된 것은 어쩌면 고려 토지제도를 대상으로 하는 식화지 전제의 구성에 고려시대와 단절하는 개혁의 내용이 적당하게 배치될 자리가 없었기 때문은 아닐까? 물론 『고려사』 편찬자들이 고려 말 토지제도 개혁에 대한 서술을 녹과전에 배치한 것은 개혁의 내용이 녹과전과 가장 관련이 크다고 여겼기 때문일 것이다. 그렇다면 이들이 개혁 내용을 다른 항목이 아니라 녹과전으로 분류한 이유는 무엇일까?

『고려사』 식화지 전제를 읽으면서 필자가 느낀 위화감은 식화지 전제의 전체 구성과 본문에 별도로 붙인 서문의 내용이 본문에 수록된 기록들과 딱 맞아 떨어지지 않는다는 사실에서 비롯된 것이었다. 여기에서 출발한 사료 읽기는 여기에 적은 것 이외에도 많은 질문으로 이어졌다. 같은 사료를 두고도 다양한 관점과 해석이 존재하겠지만, 필자는 여러 가지 궁금함을 낳는 접근법은 어쨌든 유익한 것이라고 믿는다.

〈참고문헌〉

강진철, 1980 『고려토지제도사연구』, 일조각.

국사편찬위원회, 1994 『한국사 14-고려 전기의 경제구조』, 국사편찬위원회.

김기섭, 1990 「高麗末 私田捄弊論者의 田柴科 인식과 그 한계」 『역사학보』 127.

김인호, 1999 『고려후기 사대부의 경세론 연구』, 혜안.

_____, 2002 「여말선초 육전체제의 성립과 전개」 『동방학지』 118.

김태영, 1983 『조선전기 토지제도사연구』, 지식산업사.

도현철, 2013 『조선전기 정치 사상사 : 《삼봉집》과 《경제문감》의 실증적 분석을 중심으로』, 태학사.

이경식, 1986 『조선전기토지제도사연구』, 일조각.

이민우, 2015 「여말선초 私田 혁파와 토지제도 개혁 구상」, 서울대학교 박사학위 논문.

이영훈, 1999 「高麗佃戶考」 『역사학보』 161.

한국정신문화연구원, 1996 『譯註『高麗史』食貨志』, 한국정신문화연구원.

뻔한 사료의 새로운 읽기
-정도전의 경복궁 전각명 기문

장 지 연(張志連)*

"A rolling stone gathers no moss." 이 속담을 처음 배웠을 때의 충격을 잊지 못한다. 굴러다니는 돌에는 이끼가 끼지 않는다는 이 말을, 나와 친구들은 더러운 이끼가 끼지 않기 때문에 좋은 상태를 의미한다고 생각했다. 그런데 그게 아니라 이끼는 좋은 것을 상징하기 때문에, 이 속담은 정착을 제대로 못하는 안 좋은 상태를 의미한다는 것이 아닌가! 설명을 듣고서도 우리 모두는 "이끼가 왜 좋은 거야?"라며 한참을 갸웃갸웃하였다.

기록은 이러하다. 시대와 사회가 바뀌어 맥락이 단절되면, 있는 글을 읽고 해석해도 진짜 그 의미를 이해할 수 없다. 눈으로 보고 입으로 읽어도 뜻을 모르게 된다. 정도전이 지은 경복궁 전각명 기문은 한동안 그런 자료였다고 생각한다.

* 대전대학교 역사문화학과 교수.
대표논저 : 『고려·조선 국도풍수론과 정치이념』(신구문화사, 2016), 「조선 전기 개념어 분석을 통해 본 수도의 성격」(『서울학연구』 52, 2013), 「조선 초 중앙 사직단 단제의 형성과 그 성격」(『서울학연구』 43, 2011).

[그림 1] 『삼봉집』(문화재청 제공)

[그림 2] 『삼봉집』 목판(평택 삼봉기념관 소장, 문화재청 제공)

도전의 이유

정도전의 경복궁 전각명 기문은 너무나도 뻔한 자료였다. 원래 기문이라는 문장 형식이 수사도 많지 않고 평이한 설명문인데다, 이 글은 번역된 지도 이미 오래요, 궁궐 관련 대중서에서는 거의 빠지지 않고 인용되어 온 글이었다. 한 마디로 모르는 사람도 없고, 모를 내용도 없는 것 같은 그런 사료였다. 지금도 그러하지만, 우리 분야에선 '새로운' 사료 '발굴'을 제일로 치지 않던가? 그런 기준에 비추어볼 때 이 자료는 대중서에 있어 보이게 집어넣기는 좋아도, 그럴싸한 논문거리가 되기엔 너무나도 시시한 것이었다.

이런 시시한(?) 자료에 도전해볼만하다는 생각이 들었던 것은 성리학에 대해서 공부하면서였다. 성리학을 이해하지 않고 조선시대를 이해할 수 없다는 것은 자명한 사실이다.(종종 무시되는 사실이기는 해도) 궁궐과 수도계획에 대해 관심을 갖고 박사논문을 준비하던 때여서, 당대의 정치이념인 성리학이 어떻게 공간에 반영되었는지, 어떻게 공간구성을 추동하였는지를 설명하고 싶다는 것이 나의 고민이었다.

그 전까지 대부분의 궁궐이나 수도계획 연구들은 우주의 중심이 어쩌고 별자리가 저쩌고 라고 하거나, 권력을 위계화해서 표현해서 유교적이고 어쩌고 하는 이야기들이 대부분이었다. 우주 중심도 좋고 별자리도 좋다. 그러나 당대인의 기록에서 확인되지 않는다면 그것은 그냥 연구자의 생각일 뿐이지 않은가? 둥그런 돌을 신성한 알이라고 생각해서 숭배했는지 야구공이라고 생각해서 아꼈는지는 당대의 기록에서 어떻게든 증명되어야 한다. 한편 대부분의 연구에서 유학과 성리학이 구분되지도 않았을 뿐만 아니라, 성리학은 차별적 위계의 철학이고 – 연구자들은 보통 예제(禮制)라고 지칭하고 넘어간다 – 궁궐이나 수도계획은 그러한 차별적 위계를 철저히 반영했다는 식의 연구가 많았다. 답답하긴 매한가지였다. 권력 공간이 위계를 통해서 표현되지 않는 곳이 동서고금에 어디 있단 말인가. 권력 자체가 위계 아닌가. 하다못해 고인돌도 크기로 권력을 드러내는데. 아마존의 밀림에 미안하지는 않을 '설명'이 되려면 위계가 표현되는 방법과 내용에 대한 서술이 필요하다고 생각하였다.

이러한 생각에서 성리학에 대해 제대로 이해하기 위해 이것저것 사상사 저서들도 읽고 사료도 보았다. 그러던 중 전각명 기문에 인용된 경전의 몇몇 편이 성리학에서 주목되거나 성리학자들에 의해 새롭게 해석되었다는 점들을 알게 되면서, 새로운 아이디어가 떠올랐다. 기문에 인용된 경전 해당 편들의 맥락을 전체적으로 다 파보면 어떨까? 그렇게 한다면 정도전의 지향을 조금 더 정확히 읽을 수 있지 않을까? 당대 지식인들에게는 인용된 경전들이 너무나도 상식이었기 때문에 굳이 주석을 달지 않아도 되었을, 그러나 우리에겐 단절된 그 행간을 읽어낼 수 있지 않을까. 이러한 기대가 이 자료를 잡게 된 이유였다.

행간의 맥락을 찾아서

정도전의 기문 중에서도 제일 처음 주목을 한 글은 침전인 강녕전(康寧殿) 기문이었다. 강녕은 『서경(書經)』 홍범(洪範)편에 나오는 오복(五福) 중 하나로서 정도전은 강녕 하나를 들면 나머지가 모두 포섭되기 때문에 이를 선택했다고 하였다. 대부분의 대중서들이나 이전 연구들에서는 여기까지가 설명의 전부였다. 그렇다면 강녕은 침전이니까 편안히 쉬라는 의미인 것인가? 그러면 그 뒤에 인용해놓은 시나 다른 말들은 무엇 때문에 붙여놓은 말인가?

글을 좀더 읽어 보면, 이 글에서는 오복을 얻으려면 임금이 "마음을 바루고 덕을 닦아 대중지정(大中至正)한 도를 세워야 한다"는 것이 핵심 명제임을 알 수 있다. 그러나 온갖 사료에서 유학적 언사들을 익숙히 봐온 연구자 입장에서 임금이 마음을 바루고 덕을 닦아야 한다는 말만큼 진부하고 당연한 말은 없다. 그런 눈에서 본다면 이 기문은 그냥 뻔한 임금에 대한 충언이 담긴 밍숭맹숭한 글에 그친다.

평범한 해독을 좀더 파고 들어갈 수 있는 단서는 정도전이 인용한 것이 다름이 아닌 『서경』 홍범편이었다는 점에 있었다. 이 편은 천(天)과 군주의 수신을 연결시키는 성리학적 경세관을 구축하는 데 중요한 글로서, 사상사 공부를 통해 송대 신유학자들이 『대학』과 『중용』에 이어 홍범편에 대해 가장 많은 주석서를 편찬하였다는 점을 알게 되었다.

한편 이 기문은 번역의 위험성을 깨우쳐준 사료이기도 하였다. 위 따옴표 속 인용문은 한국고전번역원의 『삼봉집』 번역을 그대로 옮긴 것이다. 여기서 "대중지정한 도"로 번역된 원문은 "황극(皇極)"으로서, 송대 이전 경학에서는 대체로 이렇게 해석을 해왔기 때문에, 이 번역이 틀린 것은 아니었다. 그런데 이 단어 해석의 변화야말로 송대 홍범편 이해의 중요한 변곡점이었기 때문에 번역대로 이를 해석하는 것은 문제가 있었다. 이전에 홍범편은 오행에 대한 이해가 중심이었으나, 송대 신유학자들이 황극을 중심으로 이 편을 새롭게 이해하는 해석들을 내놓기 시작하였다. 그중에서도 황극을 군주의 심법(心法)으로 해석한 주희(朱熹)의 해석이 지지를 얻으면서 황극은 군주의 수신으로서 천도와 연결될 수 있었다. 이런 지점들은 그냥 정도전 기문을 읽는 것만으로는 알 수가 없다. 여기에 바로 경전 해석의 역사나 주석을 파고 들어야 할 필요성이 있었다.

『서경』 홍범편과 황극에 대한 이해 다음에 해결되어야 할 고리는 주희와 같은 성리학자들이 주장했던 대로 정도전도 이 편을 황극을 중심으로 보았는가, 그리고 군주의 수신과 천도의 연관성을 주장하기 위해 이 글을 썼는가의 문제였다. 이 부분이 해결되지 않는다면 이런 식의 해석 역시 주희 얘기를 갖다 붙인 나의 주장에 그칠 것이었다. 다행히도 정도전이 황극을 언급한 다른 글을 논거로 삼아, 정도전 역시 송대 성리학자들과 같은 입장에서 이 글을 인용한 것이었다고 서술할 수 있었다.

강녕전이라는 침전의 이름이 천도와 연관 속에서 군주의 수신을 강조하기 위해 지어졌음을 확인하고 나자 기문의 다른 부분들이 지닌 맥락이 보이기 시작하였다. 군주는 수신을 해야 한다는 명제를 제시한 이후의 글은 사족이 아니었다. "수신을 하려면 어떻게 해야 하는가? 무엇보다 한가하게 혼자 있을 때가 중요하다. 임금에게 그러한 때는 언제인가? 바로 이 연침에 머무르는 때이다." 라는 매우 정연한 논리적 구성에 따른 글들이었다.

구성의 논리적 이해 뿐만 아니라, 인용편들의 주석들을 확인하면서 글이 주장하는 깊은 함의까지 확인할 수 있었다. 큰 쓸모는 없어보였던 위(衛) 무공(武公)의 시가 수록되었던 『시경』 해당 편의 주석이 그러한 단서를 주었다. 이 편의 주석에서 홀로 있을 때의 경계하는 마음이 바로 '정심성의(正心誠意)'의 공부라고 하였는데, 정심과 성의는 『대학』의 8조목에 해당한다. 그렇다면 정도전은 강녕전의 기문에서 군주의 정심성의에 기초한 수양에 대해 이야기하고 싶었던 것인가? 이 생각은 이 기문의 마지막 구절에서 좀더 굳어졌다. 정도전은 마지막 구절에서 전하께서 "안일을 조심하고 경외를 보존하여 황극의 무궁한 복을 누리"라고 하였다. 안일을 조심하고 경외를 보존한다는 말도 매우 일반론 같은 느낌이지만, 이는 『대학연의(大學衍義)』에서 성의정심편에 해당하는 편목의 제목과 한두 글자만 바꾸었을 뿐 동일한 것이었다.

『대학』의 8조목 중 시작에 해당하는 성의정심이 이 전각에 담긴 뜻이었다는 점은 매우 의미심장하였다. 이는 이후 전각명을 분석하는 데 큰 방향을 제시해주는 것이기도 하였다. 편전인 사정전(思政殿)이 경연과 일반 정사를 논의하는 장소라는 점을 통해 8조목의 다음에 해당하는 격물치지(格物致知)를 연상할 수 있었고, 이는 근정전(勤政殿)에 대한 이해까지 연장될 수 있었다.

이러한 분석들을 통해 정도전이 한 이야기는 나에게 이렇게 풀이되었다. 임금이 마음을 바르게 하고 덕을 닦아 황극을 세우는 것이 정치의 근본이다. 그것의 시작은 임금이 홀로 머무는 바로 이 연침이며, 이때 수신을 위한 한쪽 방법이 성의정심이다. 다음으로 경연의 장소인 편전을 통해 수신의 다른 방법인 격물치지가 쌍두마차로 구성되며, 이러한 임금의 수신을 바탕으로 정전에서 치국평천하를 표방한다. 수신부터 치국평천하까지 연속성을 담보하는 것은, 정치철학으로서 성리학이 거둔 중요한 성과 중 하나였다. 태조대 세워진 가시적인 궁궐 전각에서 드디어 비가시적이었던 성리학이라는 당대 이념을 읽어낼 수 있었던 – 적어도 나는 읽어냈다고 자부하는 – 지점이었다.

행간을 찾아간 절차

앞에서 대충 볼 수 있듯이, 이 기문들을 읽어간 방법은 일단 정도전이 인용한 경전들을 허투루 보지 않는 것에서부터 시작하였다.

1. 인용한 문구가 어디에서 나왔는지를 먼저 확인한다.
   - 자료들의 전산화는 게으르고 기억력 나쁜 연구자도 계속 공부할 수 있는 힘을 준다. 출처를 따로 밝히지 않았어도 문구를 확인할

수 있고, 또 그 문구가 다른 경전의 주석 등에서 활용되는 것 역시 찾을 수 있다. 이는 인용 문구를 좀더 깊이 이해할 수 있게 해준다.

2. 해당 문구를 담고 있는 경전 등의 전후 본문과 주석들을 읽으면서 무슨 맥락에서 추출된 문구인지를 이해한다.
   - 출전의 원 맥락을 이해하는 것은 매우 중요하다. 사전적 뜻만으로는 충분하지 않다.
3. 해당 경전이나 편에 대한 사상사 분야 등의 연구 저작들을 최대한 찾아서 읽으며 이해를 다진다.
   - 경전의 편별로 사상사 연구들이 이루어지는 것은 아니다 보니, 내가 필요로 하는 연구를 바로 찾기는 힘들다. 그래도 홍범편 같은 경우엔 대만인 연구자가 쓴 단독 저서가 있을 정도로 비교적 연구성과가 있는 편이었다. 마침 옆 방 동양사학과 자료실에 있었던 이 책을 제본할 수 있게 대여해주었던 TA에게 이 자리를 빌어 깊은 감사를 드린다.
4. 자, 이제 1~3의 공부를 바탕으로 정도전이 쓴 글의 전체 문맥을 다시 읽으며, 이러한 인용들을 가지고 정도전이 하려고 한 이야기가 무엇인지를 곰곰히 생각한다.
   - 어떤 연구들에서는 인용문 출처들만 밝혀 놓으면 그 사상이 다 구성된다고 믿는 것 같기도 하다. 그렇지만 해커스 Vocabulary를 베껴놓은 내 영어 노트를 보고 내가 해커스가 되고 싶어 했다고 누군가 생각한다면 나는 무척 슬퍼질 것 같다.
5. 일반적으로는 4에서 잘 궁리를 하는 것으로 끝나겠지만, 궁궐의 전각을 대상으로 한 만큼 이 기문이 어떠한 성격의 전각에 붙여진 것인지 역시 빠뜨릴 수 없는 고리였다.

– 특히 사정전의 경우가 이에 해당되었다.

이렇게 단순화시키면 명쾌하지만, 의외로 출전의 원 맥락을 이해하는 것이 쉽지는 않다. 모든 출전에 대해 정리된 연구들이 존재하는 것은 아니기 때문이다. 하지만 온갖 경전들을 종횡무진 인용하면서 자신의 주장을 완곡하면서도 수사적으로 표현하곤 하는 옛날 문인들의 글을 이해하는 데 있어서 이 이상의 방법은 없을 것 같다. 그리고 의외로 제대로 우물을 파면 너무나도 논리적으로 그들의 글이 새롭게 구성된다. 결국 역사학자의 작업이란 읽고 또 읽으면서 사실들 사이에 시냅스를 구성하고 의미를 읽어내고 재구성하는 것이 아닐까.

여기서 명심할 것은 이렇게 문집도 남기고 거대한 사상저작을 남기는 옛날 지식인들 대부분은 나보다 머리가 훨씬 좋을 가능성이 높다는 점이다. 물론 퀜틴 스키너가 지적하였듯이 저술가들이 모두 일관된 저술을 남긴다고 상정하는 것 역시 또 다른 오류일 수도 있다. 이러한 모든 가능성을 열어 놓고, 이렇게 인용문들을 찾고 열심히 읽어도 경전 해석의 역사나 콘텍스트를 그들만큼 익숙히 알 수 없고 나의 생각이 내 눈을 가리고 있기 때문에 여전히 오독의 가능성은 높다.

소재의 확장을 넘어, 가설의 설계

연구분야를 잡을 때 제일 편한 방법 중에 하나가 남들 안 한 것을 잡는 것이다. 연구자가 많지 않고 연구성과가 많이 축적되지 않았을 때 이 방법은 익히 사용된 전략이었다.(아직도 이 방법은 유용하다.) 그러면서도 새로운 분야나 소재에 대한 제시에는 보수적으로 구는 것이 우리 바닥의 특징이기도 하다. 아니, 그보다는 이미 분야나 소재에 대한 서열이 연구자들의 머리 속에 존재하고 있다는 것이 좀더 맞는 설명일 것이다. 그래서 나처럼 근본없이, 이상한 분야에 발을 담근 사람들은 자기 주제와 소재가 쓸 만하다는 것부터 증명을 시작해야 하는 부담이 있다. 외교사나 경제사를 하는 사람들한테는 아무도 묻지 않고 요구도 하지 않는 그 증명을.

주제에 대한 서열화는 문제라 하더라도, 소재 확장에 대한 보수적 태도는 이해할 수 없는 것은 아니다. 있던 물컵에 소재 하나를 더 넣어서 마시는 것에 불과한 경우도 많기 때문이다. 마시던 물의 색깔에도, 맛에도 아무 영향도 못 주고 그저 이물질 하나가 동동 뜰 수도 있는데, 그런 음료를 비싼 값에 팔 수는 없는 노릇이다.

그래서 경복궁 전각명 기문을 다루면서 이 소재를 통해 당대를 이해하는 데 있어서 필수적인 중요한 설명에까지 접근하고 싶었다. 이 소재가 기존의 음료를 더욱 풍부하면서도 새로운 맛으로 바꾸어 줄 수 있다고 증명하고 싶었던 것이다. 고려 말 조선 초라는 왕조의 교체기는 역시 정치 이념의 내용과 실천을 해명하는 것이 중요한 편이고, 정도전의 기문은 그에 접근할 수 있는 길이라고 생각하였다.

이를 위해서 먼저 정도전의 기문들을 하나하나 분석한 후에 이것을 다시 종합하였다. 그리고 그것을 당대의 학자관료들인 권근이나 윤소종 등과 꾸준히 연결시켜보았다. 정도전의 다른 저작뿐만 아니라 『고려사』나 권근의 『입학도설(入學圖說)』 같은 저작들을 다시 검토하였다.

정도전과 동시대 다른 인물들을 비교하면서 주의했던 지점들은 이런 것이었다. 첫째 온건 개혁파 대 급진 개혁파 같은 단순한 이분법적 구도를 지양할 것, 둘째 성리학의 이해 농도를 따지는 연구 태도를 지양할 것, 셋째 당대의 현실 속에서 이들 주장의 의미나 내적 동기를 파악할 것 등이었다.

다시 말하자면 가설 설계의 유의점 같은 것으로, 기존 연구들을 보면서 불만을 품었던 부분이었다. 먼저 온건 개혁파와 급진 개혁파의 이분법적 구도 속에서 이들의 차이점을 계속 분간해내려는 기존의 연구 태도. 이들이 최종적인 정치적 선택을 두고 갈린 것은 맞지만, 차이점만큼이나 당대인으로서 공유하였던 에피스테메 역시 섬세하게 밝혀줘야 하지 않을까? 그런 측면에서 볼 때 정치적 선택의 층위와 정치 지향의 층위는 구별할 필요가 있다는 생각이었다. 인간의 삶은 다면·다층적이고 역사 서술은 그러한 다면/다층성을 충분히 두텁게 묘사해야 한다고 믿기 때문이다.

두번째로 이 시기 성리학은 불완전한 이해 수준이었는데, 조선 전기를 지나며 성리학이 단계적으로 이해될 수 있었다는 관점. 이것은 아무리 생각해도 이상하다. 너무너무 어려운 지식이라 그걸 이해하는 데 몇 백 년씩 걸린 사례가 인류 사회에 존재하던가? 지식이란 게 사람을 바꾸고 세대를 바꿔 가며 연속적으로 이해되는 것인지, 그럴 만큼의 열망이 세대를 거듭해 이어질 수 있는 것인지도 모르겠다. 거기다 어떤 이념의 완벽한 구현 상태라는 것이 어디에 존재한단 말인가. 그건 책 속에나 있을까? 심지어는 그 책도 매번 새롭게 해석되는데? 따라서 성리학의 이해 농도를 따질 것이 아니라, 당대 현실 속에서 어떤 점에 가장 문제의식을 갖고 성리학적 이념의 어떤 부분을 적용하려 했는지를 밝히는 것이 필요하다는 생각이었다.

마지막으로 가장 문제가 있다고 생각하는 태도는 원·명의 권위 아래 성리학이 수용됐다고 하는 시각이었다. 당대 중심에서 유행하거나 영향력이 있는 문화는 주변에 영향을 미친다. 그러나 그런 영향을 미칠 수 있는 이유는 주변에서 중심의 그 문화를 지향하는 태도가 먼저 존재하기 때문이다. 그다지 성리학적 사회도 아니었던 원·명에서, 성리학보다 더 정치적으로 권위 있고 문화적 영향력이 컸으나 고려와 조선에서 전혀 받아들이지 않은 것도 많다. 왜 원 대도의 그 멋진 백탑은 고려가 따라하지 않았는가? 도교적 음악 전통이 강했던 명의 의례는 조선이 왜 따라하지 않았는가? 마루야마 마사오가 지적했듯이 "영향은 주는 자의 것이 아니라 받는 자의 것"이기 때문이다. 그렇다면 성리학 수용을 놓고 원·명의 권위를 강조하는 것은 아무런 설명이 되지 않는다. 문제는 왜 고려 내부에서 당대 제일 똑똑하다는 사람들이 그토록 그것을 갈망하면서 받아들이고자 했는지에 있다.

이러한 문제의식 속에서 설정한 가설은 다음과 같았다.

1. 정도전이나 권근 등은 정치 행로에서는 갈렸지만, 군주관이나 정치관에 있어서 공통된 지향을 가지고 있는 부분이 있었을 것이다.
2. 그들 사이의 이념적 차이 역시 존재하는데, 그것이 어떠한 층위에서 벌어졌는지를 살펴본다.
3. 이들이 성리학적 주장을 펼치는 데 가졌던 특징들은 당대 정치현실에서 이들이 지닌 문제의식과 밀접한 관련을 맺고 있었을 것이다.

이러한 가설을 입증하기 위해서는, 전각명 기문만이 아니라 당대 인물들의 주요 저작이나 연대기 자료들이 넓게 활용해야 했다. 전각명 기문 읽기가 "깊게 읽기"였다면, 위 가설을 입증하기 위한 읽기는 "넓게 읽기"였다.

넓게 읽기는 새로운 시냅스를 형성하였다. 정도전이나 권근이나 군주의 정심(正心)을 중시했던 점은 동일하였다. 아니, 찾아보니 당대에 '정심'은 유행어였다. 풍수 술사도, 불교 승려도 들먹이던 것이 '정심'이었다. 또 하나의 유행은 '무일(無逸)'이었다. 흥미로운 것은 '정심'이 이 시기 새로운 트렌드였다면 '무일'은 고려 전통에서 뼈대가 굵은 단어였다는 점이다.

정도전이 근정전 기문에서 인용하였던 『서경』 무일편은 태조 왕건의 훈요에서부터 거론되어 왔으니, 가히 500년 전통을 지녔다 할 만하였다. 그런데 흥미로운 점은 정도전과 권근을 위시한 당대의 지식인들이 이 편을 새롭게 해석하고 싶어 했다는 점이다. 심지어 정도전을 죽인 태종이 새 전각에 붙인 이름이 무일전(無逸殿)이기도 할 정도로. 스키너가 지적했듯이 개념의 새로운 해석을 선취하는 것은 이데올로기 전환의 전략, 더 나아가서는 정치체제의 변화 시도와 관련이 깊다. 이 부분은 나중에 다시 확장하여 새로운 논문으로 쓸 수 있었다.

이처럼 당대 관료 지식인들의 공통된 에피스테메를 드러내려하면서 이들이 군주의 수신이나 자질, 품성에 집착하였으며 서로 다른 여러 형태의 글이나 상소들을 통해 이를 주장하였음을 알 수 있었다. 또 이것이 원간섭기 이래의 불안정하며 문제적인 상황을 해결하려고 한 데서 비롯하였음도 역시 확인할 수 있었다. 이러한 지점들을 제도화하려고 했다고 해서 이 시대가 성리학 이해가 미흡했던 시대라고 할 수 있는가? 정면 사진만이 제대로 된 사진인 것은 아니지 않은가? 시대의 요청에 따라 옆 모습 사진을 찍었다고 해서, 그것을 틀리다고, 부족하다고 볼 수는 없는 일이다. 그런 점에서 볼 때 권위 있는 원의 관학이 성리학이었기 때문에 고려에서 이를 수용하였다는, 그리고 그 시대 그 이해는 미흡했다는, 오래되고도 널리 퍼진 이 관점이야말로 문제적이다.

"낯선 세상"에 대한 접근

얼마 전에 고속버스도, 기차도 안 다니는 시골로 시외버스를 타고 가야하는 일이 있었다. 터미널에서 모니터 화면 속의 자리를 보고 어느 자리가 가장 좋을까를 심도 있게 고민한 다음에 표를 끊고 차를 탔더니 내 자리에 어떤 할머니가 앉아 계셨다. 자리가 텅텅 비어 있던 그 버스에는 그 또래 할머니, 할아버지들 대여섯 분만 계셨다. 여기는 제 자리이니 비켜 달라는 말을 했다가 한 20분 동안 그 대여섯 분의 할머니, 할아버지들로부터 돌아가며 한 소리씩을 들었다. 자리도 많은데, 원래 아무 데나 앉는 건데, 그걸 비켜라 어째라 한다며. 아, 나는 무슨 잘못을 한 것일까를 되뇌이며 고개를 푹 숙이고 차를 타고 갔다. 21세기 서울의 법원에서 소송을 건다면 내가 이기겠지. 그러나 중요한 점은 역사가는 법원의 판사가 아니고, 그분들의 마을을 방문한 인류학자에 가깝다는 점이다.

정도전 기문에 대한 논문은 작은 소재에 대한 짧은 글이었기 때문에, 이것이 어떻게 확장될 수 있을지 모르겠다는 평을 듣기도 하였다. 그러나 적어도 내게는 가설의 설정과 확인 방식, 사료 읽기의 방법 등에 큰 기준점이 되었던 글이었다. 과거는 "낯선 세상"이기 때문에 그들을 판단하기에 앞서 먼저 이해하고자 – 적어도 그대로 드러나게 – 해야 한다는 생각, 그렇기 때문에 깊이 읽고 두텁게 서술해야 한다는 생각도 논문을 쓰면서 더욱 구체화시킬 수 있었던 지점이었다.

조금 더 공부가 깊어진다면, 가시적 공간에서 비가시적인 이념과 세계 질서가 어떻게 가시화되는지를 촘촘하게 입증하고 싶다는 희망, 이것이 당대 역사를 좀더 풍부하게 볼 수 있는 단서를 줄 것이라는 전망 같은 것도 실현이 가능할 것인가. 시간을 저며 내고, 인간의 복합성을 상상하며 공부하고 사료에 즉(卽)하는 것, 아직은 그럴 뿐이다.

〈참고문헌〉

제임스 탈리 외 저/유종선 옮김, 1999 『의미와 콘텍스트』, 아르케.

마루야마 마사오 저/김석근 옮김, 1998 『일본정치사상사연구』, 통나무.

장지연, 2008 「태조대 전각명에 담긴 의미와 사상적 지향」 『한국문화』 39.

_____, 2013 「고려~조선 초 『서경』 「무일편」과 「홍범편」 이해의 변화」 『사학연구』 113.

_____, 2015 『고려·조선 국도풍수론과 정치이념』, 신구문화사.

조선 전기 왕실의 토지 경영과 『조선왕조실록』

양 택 관(梁擇寬)*

주제를 어떻게 정할 것인가?

대학교 4학년 때 졸업 논문 주제를 무엇으로 할 것인가 고민하다가 당시 한참 논란이 되고 있던 대한제국 시기 고종황제의 광무 개혁에 관해서 써 보기로 했다. 고종이 양전지계 사업 등을 통해 황실 재정을 강화시키고 이를 바탕으로 황제 중심의 근대화를 추진해 가는 과정을 주제로 정하였다. 기존 연구 성과들을 읽고 규장각에 있던 각종 자료들을 찾아보면서 왕실과 궁방전(宮房田) 및 양안(量案) 등에 관심을 갖게 되었다. 그리고 대학원에 입학하여 국왕 및 왕실의 토지 소유 및 운영에 대해 연구를 해 보겠다고 마음먹었다. 대학원 입학 후 학부 졸업 논문을 준비하면서 보았던 자료들을 바탕으로 조선 후기 영·정조부터 고종 대까지의 왕실 토지 소유 및 재정 운영에 대해 연구해 보려고 했었다. 그런데 관련 논문을 읽고, 자료를 정리하는 과정에서 고민에 빠졌다.

* 서울대학교 국사학과 대학원 박사과정 수료, 서울 현대고등학교 교사.
대표논저 : 「朝鮮前期 王室農莊의 擴大와 財政運營」(서울대 석사학위논문, 2004).

첫 번째는 살펴보아야 할 자료가 너무 많았기 때문이었다. 우선 조선 후기 왕실 재정을 관장했던 내수사 및 각종 궁방 관련된 양안자료를 먼저 살펴보았다. 그런데 재정에 대한 연구는 재정 문제로 끝나는 것이 아니라, 당시의 정치·경제·사회의 모든 면을 살펴보아야 했다. 결국 조선 후기사 전반에 대한 이해가 필요한 상황에서 『조선왕조실록』, 『비변사등록』, 『승정원일기』 등 관찬서 외에도 각종 법전류, 지방지(地方志) 등 보아야 할 자료들이 너무나 방대하여 도저히 엄두가 나지 않는 상황이었다.

두 번째는 조선시대 및 조선 왕실에 대한 인식의 문제였다. 조선 왕조의 국가 성격, 국왕과 왕실의 지위와 그 위상 등에 대해 역사학계 내에는 다양한 주장이 있었다. 석사과정에서 그런 다양한 주장을 바탕으로 나만의 이론을 만들어 내는 것은 힘들겠다고 판단하였다.

결국 '왕실'과 '토지소유'라는 기존의 관심 주제는 그대로 하되 범위를 좀 더 좁히면서 문제에 접근하는 것이 좋겠다는 결론을 내렸다. 그리고 조선 왕조에서 왕실의 실체를 살펴보기 위해서는 시기적으로 고려 말부터 연구를 시작해야겠다고 결론지었다. 그렇다면 연구의 마지막 시점은 어디로 할 것인가? 조선왕조의 국가 체제가 큰 변화를 겪었던 시점을 왜란과 호란으로 생각해서 임진왜란 직전 시기까지 살펴보기로 하였다.

결국 석사 논문의 주제는 조선 건국 전후부터 임진왜란 직전까지 왕실의 토지 소유 및 운영에 관한 내용을 연구하는 것으로 정리되었다. 다만 토지 소유보다는 왕실 재정 전반에 대해서 살펴보되 주 내용을 토지 경영 쪽으로 해 보라는 지도 교수님의 의견에 따라 왕실 재정운영에 대한 내용으로 차후 수정되었다.

조선 시대 왕실 재정에 관한 연구는 이미 여러 연구자들의 논문이나 저서가 있었다. 특히 조선 후기 및 대한제국의 경우에는 『조선왕조실록』 외에도 양안관련 자료, 『비변사등록』 등 다양한 자료들의 분석을 통해 상당히 많은 연구가 이루어져 있었다. 그런데 조선 전기의 경우에는 그렇지 못한 상황이었다. 특히 자료의 측면에서 『조선왕조실록』 외에는 법전류나 개인 문집 자료 정도만 살펴볼 수 있었다.

결국 조선전기 왕실 재정에 관해 연구를 하겠다고 결정하고 주로 이용하게 된 것은 『조선왕조실록』이었다. 『태조실록』에서부터 『선조실록』까지 참고하게 되었다. 다만 건국 초기 왕실에 대해 살펴보기 위해서는 고려 말부터 살펴봐야 하는지라 고려사 관련 자료도 살펴보았다.

왕실 재정에 대한 기존 연구에서 『조선왕조실록』을 어떻게 이용했는가?

조선전기 왕실의 토지경영 및 재정운영과 관련된 연구는 이미 일제 강점기부터 시작되었다. 해방 후에는 조선왕조 재정사(財政史) 전반에 대한 연구를 비롯하여, 왕실 재정운영의 중심 기관이었던 내수사에 대한 개별 연구가 있었다. 그리고 송수환(宋洙煥) 씨에 의해 조선전기 왕실재정에 대한 종합적인 연구저서가 발간되었다.[1] 이 연구서는 공상제(供上制), 수조지(收租地), 사원전, 상의원, 사옹원, 내수사, 사유지(私有地), 장리(長利), 노비를 주제로 삼아 사료를 바탕으로 조선 전기 왕실 재정을 정리하고 마지막으로 그 역사적 성격을 규정하고 있다. 이 모든 연구에서 가장 중요한 자료로 이용되고 있는 것은 『조선왕조실록』이다. 즉 실록에 있는 자료를 통해서 해당 시기 왕실의 재정 운영을 분석하고 있다.

실록의 사료가 가장 중요한 연구 자료로 이용되고 있지만, 연구자가

1 宋洙煥 著, 2000 『朝鮮前期王室財政研究』, 集文堂.

기대하는 모든 자료를 실록에서 찾을 수 있는 것은 아니다. 실록에는 왕실의 토지 소유 상황을 직접적으로 알려주는 자료가 많지 않다. 아마도 왕실의 토지 소유는 사적 소유였기 때문에 소유권에 문제가 생기지 않는 한 구체적으로 언급하지 않았기 때문일 것이다. 즉 토지 소유나 집적 과정에 부정한 방법이 동원될 경우 이의 시정을 요구하는 사료가 제시될 수 있지만, 조선시대의 일상적인 토지 사유원칙에 어긋나지 않는 경우에는 구체적인 사료를 발견하기 어렵다. 결국 이 경우에는 약간의 단서를 제공하는 자료를 통해 추측할 수 밖에 없다.

본 연구 주제와 관련하여 송수환 씨도 왕실 또는 왕실 구성원들의 토지소유에 대해 일부 추측해 볼 수 있는 사료들을 이용하여 논지를 전개하였다. 예를 들면 다음은 세조대 왕손(王孫) 및 내명부(內命婦)에게 왕실 사재(私財)를 분급하는 내용으로 왕실의 토지 소유 현황을 다소 추측할 수 있는 자료이다.

> 내수소에 전지하여, 수빈에게 수전으로 종자 3석을 할 만한 땅과 농사(農舍) 2구, 벼·황두 아울러 1천 석을, 윤소훈에게 수전으로 종자 1석을 할 만한 땅을, 월산군 이정에게 종자 3석을 할 만한 땅과 농사 2구, 벼·황두 아울러 3천 석을, 자을산군·경근에게 수전으로 종자 2석을 할 만한 땅과 농사 1구, 벼·황두 아울러 3천 석을 내려 주게 하였다.[2]

> 내수사에 전지하기를,

2 『世祖實錄』 권45, 世祖 14년 3월 庚辰(국편 영인본 8책 171쪽) "傳旨內需所 賜粹嬪水田可種三石地農舍二區 稻黃豆幷一千石 尹昭訓水田可種一石地 月山君婷 水田可種三石地農舍二區 稻黃豆幷三千石 者乙山君 慶根 水田可種二石地 農舍一區 稻黃豆幷三千石".

"수빈에게는 고양 농장의 종 모지리의 벼·황두 아울러 6백 석, 온양 농장 종 득만의 벼·황두 아울러 4백 석과 고양 농사 종 철산이 받은 수전의 종자 3석을 할 만한 땅을, 윤소훈에게는 양주의 종 금삼이 받은 수전의 종자 1석을 할 만한 땅을, 월산군 이정에게는 공주 농장 종 원생의 벼·황두 아울러 1천 4백 석, 경산 농장 종 개질동의 벼·황두 아울러 1천 6백 석, 충주의 종 귀금이 받은 수전의 종자 3석을 할 만한 땅을, 자을산군에게는 직산 농장 종 말을생의 벼·황두 아울러 2천 석과 적성의 종 석을구지가 받은 수전의 종자 2석을 할 만한 땅을, 이경근에게는 충주 농장 종 귀금의 벼·황두 아울러 2천 석과 수전의 종자 2석을 할 만한 땅을 내려 주게 하라." 하였다.[3]

송수환 씨는 위 자료를 분석하며 왕실의 토지 소유 규모가 크지 않았을 것이며, 조선전기 일반적인 상속 관행에 따라 왕실의 토지 소유도 분할 상속되었을 것이라고 추측하였다. 그리고 실록의 자료상으로 세종 대 이후 왕자들의 토지 소유 사례가 없는 것으로 말미암아 세종 대 이후 왕실의 토지 소유는 소멸되었을 것이라고 추측하였다. 나아가 위와 같이 세조 말년에 사유지를 배분한 것도 세조가 왕실의 경제력을 보장하기 위하여 유산을 상속한다는 의미를 가진다고 언급하였다.

이처럼 조선 전기 왕실의 토지 소유관련 연구를 할 때 가장 중요한 자료는 『조선왕조실록』이다. 특히 왕실이라는 당시 최고 권력자인 왕과

3 『世祖實錄』 권46, 世祖 14년 4월 丙申(국편 영인본 8책 177쪽) "傳旨內需司 賜粹嬪 高陽農庄奴毛知里稻黃豆幷六百石 溫陽農庄奴得萬稻黃豆幷四百石 及高陽農舍奴哲山所受水田可種三石地 尹昭訓 楊州奴金三所受水田可種一石地 月山君婷 公州農庄奴元生稻黃豆幷一千四百石 慶山農庄奴介叱同稻黃豆幷一千六百石 忠州奴貴今所受水田可種二石地 者乙山君 稷山農庄奴末乙生稻黃豆幷二千石 積城奴石乙仇知所受水田可種二石地 慶根 忠州農庄奴貴今稻黃豆幷二千石 水田可種二石地".

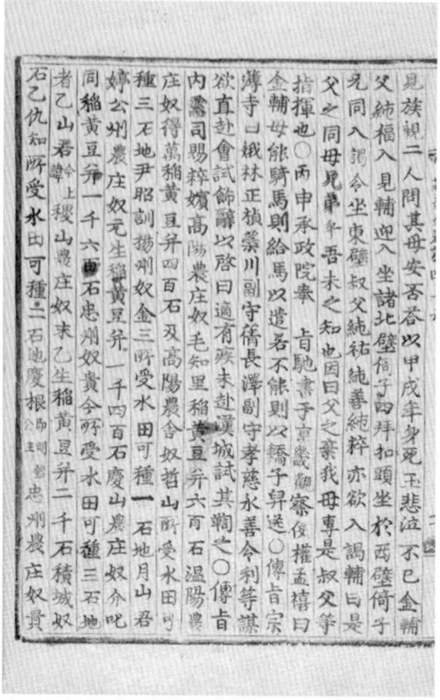

[그림 1] 『세조실록』 권46, 세조 14년 4월 병신 기사 부분

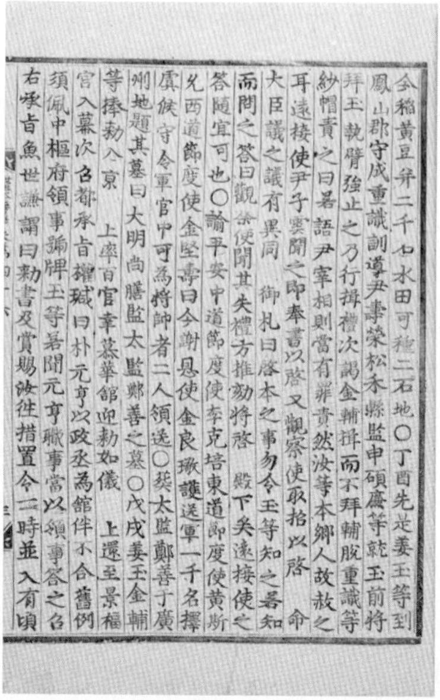

[그림 2] 『세조실록』 권46, 세조14년 4월 병신 기사 부분

그 가족들에 관한 자료는 다른 자료로서는 확인이 거의 불가능한 상황에서 실록이 유일하게 이용할 수 있는 자료이므로 일찍부터 관련자들은 실록을 이용하여 다양한 연구 활동을 전개하였다.

구체적 연구 과정과 『조선왕조실록』 다시 보기

전근대 신분제 사회에서 국왕 또는 왕실은 최고의 신분으로서 각종 특권을 가졌을 것이라고 생각하지만, 실제 그들이 사회경제적으로 어떠한 특권을 누렸는지에 대해서는 많은 연구가 이루어진 편은 아니었다. 특히 국왕과 왕실의 토지 소유 및 경영과 관련된 내용은 더욱 그러하였다. 다만 다음과 같이 추측하는 정도였다.

즉 신분제에 기반한 중세 왕조 국가에서 국왕을 포함한 왕실은 최고의 권력층이자 지배층으로서 신분적 특권을 가지고 있었을 것이다. 국왕은 국가의 최고 지배자이자 왕실 내에서는 왕실을 이끄는 가장의 역할을 하였다. 국왕이 가지고 있는 이러한 이중성으로 인해 국왕과 왕실은 공적으로 국가로부터 생활에 필요한 물품을 지원받을 뿐 아니라 사적으로도 지위와 특권을 이용하여 많은 토지와 노비를 지배하고 막대한 이득을 보았을 것이다. 이러한 가정을 바탕으로 연구를 진행하였다.

조선전기 왕실의 토지 경영에 대해 연구하기 위해서는 우선 개념들을 정확히 할 필요가 있었다. 그래서 먼저 왕실에 대해 알아보았다. 왕실의 의미와 범주 등에 대해서 기존 연구 자료를 통해서 개념을 명확히 하였다. 두 번째로 수조권·소유권의 개념에 대해 알아보면서 토지제도에 대한 기존의 연구 성과들을 살펴보았다.

전근대 시기 우리나라의 토지제도는 수조권과 소유권이 서로 중첩되어 간섭하고 있었다. 따라서 수조권과 소유권의 개념을 구분해야 할 뿐 아니라, 초기 국가가 발전하면서부터 등장했던 수조권적 토지 지배와 소유권적 토지 지배의 상관 관계를 정확히 이해할 필요가 있었다. 특히 이 부분은 수조권에 기반한 토지 지배가 소멸하고 소유권적 토지 지배가 더욱 확대 강화되었던 조선 전기의 상황을 이해하기 위해서는 반드시 필요한 과정이었다. 이를 위해 1960년대 이후 진행되었던 전근대 토지제도에 대한 선학들의 연구와 다양한 논의들을 꼼꼼히 살펴보았다. 그리고 제도사적 측면에서 초기 국가 성립 이후 개별 왕조들의 토지제도의 구체적인 내용과 변화 과정을 파악하고자 하였다.

세번째로 고려 말 조선 초의 정치 상황을 이해하고, 조선 건국 세력들의 국왕과 왕실에 대한 인식 및 국가 운영 원칙을 알아보기 위해 고려시대사와 관련된 자료와 연구서, 조선 건국에 중심 역할을 했던 정도전의 문집 및 그에 대한 연구 자료를 참조하였다.

왕실과 토지제도에 대한 기본 개념과 이해를 바탕으로 왕실 재정에 관한 연구 성과를 조사해 보았다. 조선 전기 왕실 재정 전반에 관한 연구 성과는 이미 출간되어 있었다. 그 연구 성과를 참고하면서 차이점을 찾고자 하였다. 가장 큰 차이점은 조선 전기를 바라보는 보는 관점과 왕실에 대한 인식 그리고 수조권과 소유권 개념에 기반한 당시 토지제도를 바라보는 관점 등 이었다. 다만 관점의 차이가 있다고 하더라도 이전 연구에서 참고하였던 사료들을 하나하나 다시 한 번 확인하였다. 거의 모든 사료들은 『조선왕조실록』에서 인용된 것들이었다. 조선 전기사 연구에서 『조선왕조실록』이 얼마나 중요한 자료인지 다시 한번 실감하였다.

본격적인 연구를 시작하면서 『조선왕조실록』에서 조선전기 왕실의 토지 소유에 관련된 자료를 찾아보았다. 실제 이 주제와 관련된 기존의 연구 성과에서도 이용한 사료는 '실록'이 대부분이었다. 관찬사료로써 '실록'은 여러 가지 한계가 있을 수 있겠지만, 조선 전기의 구체적인 사실을 알 수 있는 가장 기초적이면서도 중요한 자료일 수 밖에 없다. 특히 왕실에 대한 자료를 참고하려고 할 때에도 가장 기본적인 것은 실록일 수밖에 없다. 조선후기 궁방 관련 자료와 같이 왕실 관련 자료가 있으면 확실하겠지만, 그렇지 않은 상황에서 국가의 공식적인 활동을 기록한 실록이 그나마 왕실의 실체에 접근할 수 있는 자료였다.

그래서 『태조실록』에서 시작해서 『선조실록』까지 읽으면서 왕실의 토지 소유 및 재정운영과 관련된 자료를 찾으려고 노력하였다. 사료를 하나씩 읽어가면서 관련된다고 여겨지는 자료는 모두 별도로 체크하고 복사하여 자료집을 만들었다. 그리고 카드 형태로 분류하여 연대별로 정리하고 이를 다시 주제별로 재분류하였다. 자료집을 만들고 분류해보니 『조선왕조실록』에 왕실의 토지 소유와 경영을 구체적으로 보여 주는 사료는 많지 않은 편이었다. 그것은 아마도 소유권이 보장되고 있는 사회 구조 속에서 왕실이 정당한 방법을 통해 토지 소유를 확대하거나 경영하는 것에 대해서는 별다른 언급이 없었기 때문이었다. 결국 그나마 사료로 확인되는 소수의 자료를 바탕으로 왕실의 토지 소유 전체를 구성해야 하는 어려움이 있었다. 다만 이때 도움이 되는 몇몇 사료들이 있었다. 예를 들면 다음과 같이 왕실의 토지 소유 확대 또는 경영과정에 문제가 발생하자 그 시정을 요구하는 내용의 사료들이 있었다.

> 내수사 종이 채금(債金)을 거두는 것을 칭탁하여 함부로 민가의 전지와 재산을 빼앗기 때문에 백성이 심히 괴롭게 여기니, 아울러 엄하게 다스려 금단하라.[4]

내수사 노비가 백성의 토지와 재산을 빼앗는 것을 문제 삼는 대왕대비의 하교인데, 이를 통해 왕실 재정을 관리하던 내수사가 탈점을 통해 토지를 확보하고 있었음을 짐작할 수 있었다. 조선시대 왕실은 국가의 공식적인 지원 외에도 합법적인 방법으로 왕실의 토지를 확대하는데 많은 노력을 기울였을 것이다. 이 시기 가장 일반적으로 토지를 확대할 수 있었던 합법적 방법으로는 사여(賜與), 개간(開墾), 매득(買得), 상속 등이 있었다. 이러한 방법은 당시 양반 사대부층이나 일반 농민들의 토지 확보책과 별다른 차이가 없었을 것이다. 오히려 왕실은 자신들의 신분적 위세를 이

4 『成宗實錄』 권3, 成宗 元年 2월 丁巳(국편 영인본 8책 464쪽) "內需司奴 托以收債 濫奪民家田地財產 民甚苦之 竝痛治禁斷".

용하여 탈점(奪占), 병합(竝合) 등의 방법을 사용할 수 있었다. 위의 사료는 그러한 사례라고 볼 수 있었다.

많지 않은 실록의 내용들을 정리하는 과정의 또 다른 문제는 그나마 남아 있는 자료가 토지의 소유권과 관련된 내용인지 수조권과 관련된 토지에 대한 내용인지 파악해야 한다는 것이었다. 조선 전기까지 수조권적 토지지배가 계속되었고, 때문에 소유권적 토지지배와 관련된 사료보다는 수조권적 토지 지배와 관련된 사료가 상대적으로 많은 편이었다. 그런데 본래 연구의 주제로 삼고자 한 것은 왕실의 토지 지배로서 소유권과 관련된 내용이었다. 특히 16세기에 수조권에 기반한 토지지배는 국가정책상 소멸되어 가는 과정이었다. 이러한 정책 속에서 왕실은 정치·경제적인 우월 지위를 이용해서 나름대로 소유권적 토지 지배를 늘리기에 노력했을 것이라고 판단하였다. 더구나 봉건적인 왕조 국가에서 왕과 왕실은 최고의 신분이고 최대의 정치·사회·경제적인 혜택을 누렸을 것이라는 것은 의심의 여지가 없었다. 실제 조선후기의 여러 궁방전 관련 사료나 자료, 일제 식민지 시기 토지조사 사업 때 국가토지로 귀속되었던 수많은 왕실 토지의 존재 등을 고려한다면 그러한 양상은 이미 조선전기 – 시기를 거슬러 올라간다면 고대 왕조 국가 시기부터 – 부터 지속되었을 것이라고 생각하였다. 이러한 생각을 뒷받침해 줄 수 있는 자료를 실록에서 찾고자 하였다.

위와 같은 과정을 통해 조선전기 왕실의 토지 소유 및 경영에 대하여 연구하고 정리하려고 노력하였다. 다만 그 과정에서 한 두가지 어려움이 있었다.

첫째, 『조선왕조실록』에서 찾은 사료로 연구를 진행하였지만, 최종적인 연구 논문을 쓰기는 쉽지 않았다. 가장 큰 어려움은 역시 자료가 많지 않다는 점이었다. 많지 않은 자료를 어떤 관점에서 해석하고 분석하느냐는 결국 연구자 개인의 몫일 수밖에 없었다. 그런 의미에서 어떤 관점을 갖느냐가 아주 중요했다.

두 번째로는 『조선왕조실록』의 사료를 통해 조선왕조에서 국왕과 왕실의 정치적 위상을 명확히 제시하기 어려웠다. 일반적으로 왕조 국가에서 국왕은 국가의 최고 권력자이자 왕실 가장의 역할을 담당하고 있으며, 그 때문에 국가운영을 자신의 재산(집)처럼 운영한다고 하는 가산제(家產制) 이론이 널리 받아들여지고 있다. 그리고 그 관점에서 조선시대 왕실의 국가운영을 파악해 오곤 했다. 그렇지만 실제 사료를 통해 살펴보았을 때, 조선 왕실은 국가와 왕실을 분리하여 인식하고 있었음을 짐작할 수 있었다.

세 번째는 왕실의 토지소유 부분에 초점을 맞추다 보니 재정 전반에 대한 논의를 진행하지 못한 한계가 있었다. 조선 왕조는 국왕과 왕실에 대한 공적 지원을 위해 공상제를 운영하고 있었다. 그 공상제에 대해서 제대로 연구를 하지 못함으로써 왕실 재정을 종합적으로 파악하지 못한 한계가 있었다.

앞으로 연구에서 『조선왕조실록』을 어떻게 활용할 수 있을까?

『조선왕조실록』은 조선 전기 정치·경제·사회·문화적 현상이나 실태에 관한 연구 자료로서 가장 많이 이용되었던 자료이다. 본인이 연구하고자 했던 조선 전기 왕실의 토지 소유와 경영과 관련되어서도 이용할 수 있는 가장 명확한 자료이다. 물론 양반가문에서 작성한 분재기(分財記)와 같은 자료를 왕실에서 작성하여 보관하고 있다면 더 좋겠지만, 그런 자료가 없는 상황이라면 『조선왕조실록』은 조선 전기사 연구에 필수적인 자료로써 여전히 가장 중요하다고 생각한다. 다만 이 자료에 대한 접근 방법의 측면에서 더 미시적인 접근이 필요하리라 생각한다. 그리고 주어진 자료나 사료에 제한된 사고를 하기 보다는 조선 시대를 바라보는 새로운 관점을 가지고 다양하게 해석할 필요성이 있다. 또 그렇게 되어야 한다고 생각한다.

〈참고문헌〉

『朝鮮王朝實錄』.

김기덕 지음, 1998 『高麗時代 封爵制 硏究』, 청년사.

金玉根, 1984 『朝鮮王朝財政史硏究』, 일조각.

金容燮, 2000 『韓國中世農業史硏究－土地制度와 農業開發政策－』, 지식산업사.

宋洙煥, 2000 『朝鮮前期王室財政硏究』, 集文堂.

李景植, 1992 『朝鮮前期土地制度硏究』, 一潮閣.

_____, 1998 『朝鮮前期土地制度硏究[Ⅱ]』, 지식산업사.

韓永愚, 1999 『改訂版 鄭道傳思想의 硏究』, 서울대학교 출판부.

和田一郎, 1920 『朝鮮土地地稅制度調査報告書』.

朝鮮總督府, 1936 『李朝時代の財政』.

周藤吉之, 1934 「麗末鮮初に於ける農莊に就いて」 『靑丘學叢』 17.

_____, 1939 「高麗朝より朝鮮初期に至る王室財政－特に私藏庫の硏究－」 『東方學報』 10－1.

정치사 자료의 이면 읽기
-안로(安璐)의 기묘사림 저술과 그 다층적 함의

송 웅 섭(宋雄燮)*

들어가며

'나쁜 놈은 조선 전기에만 있다.' 언젠가 필자가 조선 후기를 전공하는 동료에게 한 말이다. 조선 전기는 정치세력의 재생산 기반이 약했기 때문에 기묘사화를 일으킨 남곤(南袞)과 심정(沈貞) 같은 인사는 그들을 신원해 줄 정치세력의 부재로 영원히 소인으로 규정될 수밖에 없다는 취지였다. 정파·학맥·가문 등으로 얽혀진 촘촘한 연망 속에서 활동하고 있던 조선 후기의 경우, 집권 붕당이 바뀌면 역적으로 규정된 인사들조차 충신으로 현창되는 상황을 보며 느낀 소회였다.

'조선 전기 명현(名賢)에 대해서는 시비 논쟁이 없다.' 앞의 상황과는

* 서울대학교 규장각한국학연구원 책임연구원.
대표논저 : 『조선 성종대 公論政治의 형성』(서울대 박사학위논문, 2011), 『16세기 - 성리학 유토피아』(공저, 민음사, 2014), 「조선 초기 '공론'의 개념에 대한 검토」(『한국학연구』 39, 2015).

정 반대 경우라고 할 수 있다. 조선 전기의 경우 명현으로 추앙된 인사에 대해서는 별다른 비방이 없다. 이에 비해 조선 후기 인사들은 제아무리 학식과 덕망을 갖춘 인사라도 상대 정파로부터 이러저러한 시비에 휘말리기 일쑤였다. 붕당이 생긴 이후의 시대를 살아갔던 인사들의 숙명이라고 할까?

기묘사림들의 행적을 정리하고 있는 안로(安璐)의 저술 가운데 『기묘록보유(己卯錄補遺)』는 흔히 필기류(筆記類)로 분류되고 있으나 내용상으로는 당론서(黨論書)에 가깝다. 하지만 이 책은 『동소만록』이나 『아아록』과 같이 여러 정파가 공존하는 가운데 자파를 중심으로 시비를 논하는 당론서들과는 성격이 다르다. 상대편과의 시비 논쟁이 없는 그래서 누구도 여기에 이의를 달지 않는 다소 일방적인 성격의 당론서라 할 수 있다. 누가 감히 명현으로서의 기묘사림의 위상에 이견을 표명할 수 있겠는가? 그런 측면에서 『기묘록보유』는 기묘사림에 편향되어 있지만 그것을 편향이라 부르지 않는 그런 역설적인 성격의 당론서라고 할 수 있다.

명현으로 추앙된 인물과 그를 뒷받침하는 사료들을 어떻게 독해할 것인가? 반대로 특정인을 소인으로 규정하는 자료는 또 어디까지 신뢰할 것인가? 이것이 안로의 저술을 통해 필자가 고민해보고자 하는 주제이다. 당연한 말이지만 한 인물에 대한 평가는 시대적 상황으로부터 자유롭지 못하다. 따라서 명현들의 행적에 대한 다면적인 접근뿐만 아니라, 그들을 명현으로 평가하고 있는 자료들이 저술되는 행간에 대해서도 검토가 요구된다. 단순히 수정주의적 시각에서 그들을 폄하하거나 그들과 대립했던 인사들을 높이고자 하는 것이 아니다. 사료가 생성되고 유통되는 상황에 대한 다각적인 접근을 통해, 해당 인물과 그 사회에 대한 이해도를 높여보자는 취지이다.

『기묘록보유』로 대표되는 안로의 기묘사림 관련 기록들은 한 때 역적으로까지 몰렸던 기묘사림이 신원과 추숭을 거쳐 명현으로 거듭나는 과정에서 저술되었다. 저자 안로의 경우 그의 부친이 기묘사화의 연장선상에서 일어난 신사무옥(辛巳誣獄)에 연루되어 그 역시 노비로 정속되기도 했다. 한편 그는 남곤과 심정 등을 사화를 일으킨 화매(禍媒)로 규정하고 그 정황을 소상하게 기록함으로써, 그들이 영원한 소인으로 기억되는데 일조하고 있었다. 필자는 기묘사림의 피화 사실을 기록하며 남곤 등을 소인으로 규정한 안로의 저술을 검토하여, 그의 저술이 갖고 있는 다양한 함의에 대해 고민해보는 계기를 삼고자 한다.

기묘사림 관련 안로의 저술과 사료적 가치

『기묘록보유』의 저자로 알려진 안로와 관련해서는 생몰년과 같은 기본적인 정보조차 확인하기 어려울 정도로 자료가 부족하다. 다만, 그가 조선 전기를 대표하는 순흥 안씨 출신이며 그의 조부와 부친이 기묘사림의 일원이라는 사실을 통해, 그의 생애와 기묘사림 관련 저술 배경을 가늠해보는 정도이다. 안로가 지은 기묘사림에 대한 기록은 보통 『기묘록보유』를 꼽지만, 필자가 조사한 바로는 저자미상의 『기묘록속집(己卯錄續集)』과 『기묘록별집(己卯錄別集)』 역시 안로에 의해 작성된 것으로 추정된다. 저술 사이사이에 『기묘록보유』의 저자와 동일인임을 나타내는 증거들이 보이고, 내용에 있어서도 3편이 일련의 기획 속에 밀접한 연관을 갖고 있음을 확인할 수 있다.

『기묘록보유』는 기묘사화 때 피화된 사람들에 대한 행적을 정리한 자료이다. 각각의 인물들을 전(傳)의 형태로 기술하여 상하 2권에 총 129명의 행적을 정리하고 있다. 기묘사림의 명단을 정리한 책자 중 가장 이른 것은 사재(思齋) 김정국(金正國, 1485~1541)의 「기묘당적(己卯黨籍)」이다. 김정국은 기묘사림의 일원이기도 한데, 피화된 사람들 가운데 93명을 추려 성명, 생년, 자, 호, 사마시 합격년, 문과 합격년, 최고 관직, 피화사실, 복권 여부 등을 기록하였다. 안로는 「기묘당적」이 소략하다고 판단했던 것 같다. 그리하여 「기묘당적」을 기초로 하면서도 「사재척언(思齋摭言)」·「음애일기(陰崖日記)」 등 관련한 기록들을 모두 채록하고, 여기에 자신이 직접 보고 들은 사실들을 추가한 『기묘록보유』를 저술했던 것으로 보인다. 『기묘록보유』는 당시까지 기묘사림에 대해 접할 수 있는 거의 모든 기록을 참고했다고 할 수 있으며, 「기묘당적」에서 빠진 36인을 추가하여 기묘사림에 대한 이해의 폭을 확장시켰다.

『기묘록속집』은 기묘사림 및 기묘사화와 관련된 주변 사실들을 기록하고 있다. 현량과에 추천된 사람들의 명단(京外官同遷人), 사화 직전과 직후의 의정부·육조·대간·시종·팔도방백 역임자들, 피화된 인물들 각각의 처벌 내용, 기묘사화의 배경과 신원 과정(構禍事蹟), 심정의 처벌 경위(誅奸罪目), 사화 주모자들의 행적(禍媒), 신원 상소 6편 등이 수록되어 있다. 『기묘록보유』가 개인 행적에 초점이 맞추어져 있다면 『기묘록속집』은 기묘사화의 전후 맥락을 이해할 수 있는 내용들을 중심으로 구성되어 있다. 한편, 『기묘록별집』은 '제현봉사(諸賢封事)'라는 이름 하에 기묘사림들이 작성한 상소 6편(신씨복위상소, 한충의 시폐소, 조광조의 소격서 혁파소, 사간원의 응지상소, 이약빙의 경빈 박씨 구원소, 태학생의 문묘배향소)이 수록되어 있다. 시정 현안에 대해 논하고 있는 기묘사림의 상소들을 통해, 그들의 지향과 체취를 엿볼 수 있는 구성이라고 할 수 있다. 한마디로 안로의 저술 3편은 일종의 '기묘사림 백과사전'의 성격을 띤 저술이라고 할 수 있다.

안로의 저술 3편이 갖는 사료적 가치는 매우 높다고 할 수 있다. 다른 데서는 찾아보기 어려운 중요한 사실들을 많이 수록하고 있기 때문이다. 첫째, 다양한 자료들을 통해 기묘사림들과 관련한 사실들을 총괄하고 있기 때문에 기묘사림 내에서 인지도가 떨어지는 사람들의 행적들까지도 어느 정도 확인이 가능하다. 실록의 특성상 인물 관련 기록은 주로 관직자들을 중심으로, 그리고 재직 시의 활동에 초점이 맞춰질 수밖에 없다. 또 시기적 특성상 이들 가운데 문집을 갖고 있는 경우가 많지 않다. 따라서 안로의 저술을 통해 실록에서 언급하고 있지 않은 기묘사림에 대해서도 확인할 수 있다는 점에서 이 자료가 갖는 의미는 크다고 할 수 있다.

둘째, 현량과에 추천된 사람들의 명단이 수록되어 있다. 『기묘록속집』 맨 첫머리에 '경외관동천인(京外官同遷人)'이라는 이름으로 78명에 대한 간단한 소개가 부기되어 있다. 현량과가 시행되는 과정에서 경외에서 총 120인이 추천되어 28명이 최종 선발되었다. 이 가운데 시험에 합격하지 못한 사람 중 78명이 『기묘록속집』에 수록되어 있다. 조선시대 유일하게 시행된 천거과를 이해하는데 매우 유용한 자료라 할 수 있겠다.

셋째, 기묘사화가 모의되는 과정에서 중종이 주모자들을 규합하기 위해 작성한 '중종의 밀지'가 수록되어 있다. 이 밀지에 대해서는 실록에서도 언급하고 있어 밀지의 존재 자체는 사실이라고 할 수 있다. 다만 밀지의 내용이 무엇인지와 관련해서는 구체적인 내용을 확인하는데 어려움이 있다. 『중종실록』에는 14년 12월 29일(기축) 일자의 사신논평에서 '중종이 조광조 등을 제거하기 위해 언문이 섞인 밀지를 홍경주에게 몇 차례 내렸다'는 사실이 간단하게 소개하고 있을 뿐이다. 반면에 『기묘록속집』에는 거의 전문에 가까운 중종의 밀지가 수록되어 있다. 대체적인 내용은 사신논평의 논조와 흡사한데, 수신자는 희빈홍씨(熙嬪洪氏)의 부친인 홍경주로, '주초(走肖)의 무리들이 조정을 장악하고 있어 이들을 제거해야 하는데 남곤 등과 일을 모의하도록 하라'는 내용이다. 안로 자신이 언문 편지를 번역하여 싣는다고 한 점도 언서가 섞여 있다는 사관의 기록과 일치한다는 점에서, 그리고 『기묘록속집』에만 중종의 밀지가 수록되어 있다는 점에서, 사료적 가치가 매우 높다고 생각할 수 있다.

기묘사화를 바라보는 안로의 시선

안로는 기묘사화와 기묘사림을 바라보는 몇 가지 독특한 관점을 가지고 있다. 먼저, 『기묘록속집』의 「화매禍媒」라는 항목을 설정하여 사화의 주모자인 남곤과 심정 등을 철저히 소인으로 규정하고 있다. 「화매禍媒」 외에도 「구화사적(構禍事蹟)」이나 기묘사림에 대한 서술들 사이사이에 이들의 악행을 상세하게 기록하는 한편 그들의 비극적 종말까지 기술하고 있다. 철저히 선악 구도의 관점에서 이들을 악인으로 규정하는 서술로서, 사화를 일으킨 주모자는 누구이며 그들이 어떻게 기묘사림을 음해했는지를 상세하게 드러내고 있다. 실록에서는 기묘사림의 한계가 지적되고 있어 이 시기 조정 관료들을 다양한 각도에서 이해할 수 있는데, 그의 저술에서는 이분법적 선악구도로 서술이 이루어져 남곤 등은 소인으로밖에 독해되지 않는다.

다음으로, 안로는 중종이 기묘사화 모의 과정에 매우 깊숙이 개입하고 있다는 사실을 의도적으로 드러내고 있다. 보통 기묘사화는 남곤과 심정 등이 외척 홍경주와 함께 모의하여 일으켰다고 알려져 있을 뿐, 사화 당시 중종의 역할에 대해서는 크게 주목하고 있지 않다. 기껏해야 중종이 남곤 등에게 '주초위왕(走肖爲王)'이라는 참문(讖文)에 속아 불가피하게 개입했다는 것이 일반적인 인식이다. 하지만 중종이 직접 작성한 밀지의 존재는 기묘사화 모의 과정에서 중종이 매우 적극적인 역할을 담당했음을 보여주는 증거이다.

밀서의 내용을 검토해 보면, 중종은 조광조 세력이 조정을 장악하여 이들을 처벌할 수 없는 곤란한 사정에 처해 있음을 밝히고 있다. 그 중에서도 유용근·한충·세희·윤자임 등은 모두 무예를 겸비한 자들로서 매우 두려운 존재들이며, 특히 유용근은 중종을 거만한 눈초리로 바라보기도 했던 자로서, 이들이 자신을 왕으로 생각하지 않고 있다는 불만을 토로하였다. 따라서 중종은 조광조 등과 대립하거나 소원한 관계라고 생각되는 인사들을 모의에 동참시킬 것을 지시하고 있다. 남곤·심정·정광필 등이 바로 그 같은 사람들인데 이장곤에 대해서는 처음에는 중종이 신임할 만했으나 근래에 조광조에게 기울었다는 판단 하에 그의 참여를 유보하였다.

안로는 중종의 밀서를 번역해 기록하는 것에 그치지 않고 이것이 중종이 직접 작성한 바로 그 밀서임이 분명하다는 사실을 부기하고 있다. 밀서 말미에 "상고하건대 본가에 내린 것은 언문 편지인데, 한문으로 번역하여 지금 싣는다. 사실이 이와 같은데 이것이 도리어 간흉한 무리의 문자라고 여기는가."라며 간사한 사람들이 허위로 작성한 문건이 아니라, 홍경주에게 보내진 언문 밀서를 한문으로 번역하여 실은 것이라는 사실을 강조하고 있다. 비록 세주(細註)의 형태이긴 하지만 안로 자신이 주어가 된 문장을 첨가하고 있는 셈인데, 그의 저술 대부분이 술이부작(述而不作)의 태도에 입각해 기술되다가 이 부분에 있어서는 자신을 직접 드러내는 이질적인 기술이라고 할 수 있다. 그만큼 이 밀지가 중종의 밀지라는 사실을 강조하는 것이라고 할 수 있으며, 또한 기묘사화 과정에서 중종이 매우 적극적으로 참여하고 있다는 사실을 보여주고 싶었던 것이라고 할 수 있다. 국왕의 치부를 드러내는 것이 쉽지 않은 상황이었음에도 안로는 중종의 사화 개입 사실을 분명하게 언급하여 사화의 주모자 중 한 사람으로 지목하고 있는 것이었다.

끝으로, 안로는 기묘사화의 원인을 신씨복위상소사건 때 관료들 사이에서 벌어진 갈등에서 시작되었다고 기록하고 있다. 현재 학계의 통설처럼 기묘사화의 원인을 사림파와 훈구파의 대립에서 찾는 것이 아니라, 중종 10년(1515) 장경왕후의 사망을 계기로 촉발된 신씨복위상소사건 때 상소를 작성한 김정과 박상을 처벌해야 한다는 부류와 처벌을 반대하는 부류 사이의 갈등이 세력 분기의 시작이라고 인식하고 있다.

『기묘록속집』에 수록된 「구화사적(構禍事蹟)」에는 사화가 일어나게 된 배경, 전개 과정, 피화인들의 신원, 사화 주모자들의 최후에 대해 서술하고 있다. 눈에 띄는 부분은 사화를 일으킨 측과 피화된 사람들 사이의 분열이 신씨복위상소사건으로부터 비롯된다고 인식하고 있는 점이다. 「구화사적(構禍事蹟)」의 시작은 중종반정에서부터 서술이 시작되고 있지만 반정 자체를 다루기 위해서라기보다는 신씨복위상소가 올라오게 된 과정, 즉 반정 직후 중종의 왕비인 신씨가 폐위되고 장경왕후가 새 왕비로 책봉되었다가 중종 10년 원자를 출산하면서 사망하여, 김정과 박상이 신씨를 복위시켜야 한다는 상소를 올리게 되었다는 상황을 설명하기 위해서였다.

안로는 박상과 김정을 처벌하자고 주장했던 대사간 이행, 대사헌 권민수, 홍문관 응교 이언호, 그리고 양시론(兩是論)을 주장했던 홍문관 직제학 김안로 등을 조광조 등과 구별하면서, 결국 조정의 논의가 조광조에게 기울게 되자 처벌을 주장했던 사람들은 조정에서 배척되고 옹호했던 사람들이 득세하게 되었다고 적고 있다. 그리고 이 때 조광조 등에게 배척받던 남곤과 심정·홍경주 등이 중종과 함께 기묘사화를 일으켰고, 신씨복위상소사건 때 실세한 이행 등이 여기에 합류하고 있음을 지적하였다. 아울러 사화 주모자들이 중종 후반에 실세하는 과정과 기묘사림이 복권되는 사실들도 정리하고 있는데, 중종대 정치사를 신씨복위상소사건을 중심에 놓고 이를 비판했던 사람들과 옹호했던 사람들 간의 반목으로 이해하고 있는 셈이다. 결국, 안로는 기묘사화가 일어나게 된 원인을 신씨복위상소를 계기로 관료들 사이에서 벌어졌던 갈등에서 찾고 있는 것이다. 그리고 이 같은 이해는 『중종실록』에서 '이 사건을 계기로 사림이 분열되었다'라고 한 기록과도 일치하는 인식이다.

안로의 이 같은 세력 구분은 현재 학계의 일반적인 이해와는 차이가 있다는 점에서 주목할 필요가 있다. 적어도 당시 사람들의 관점에서 사화가 일어나게 되는 원인은 중앙출신과 지방출신 간의 대립과 같은 맥락에 입각해 있지 않다. 오히려 조정에 진출해 있던 청요직 인사들 간의 반목이 갈등의 원인으로 지적되고 있다. 이 시기의 정치적 갈등을 이해하는데 유용한 자료가 아닐 수 없다.

저술의 이면들

안로가 『기묘록보유』를 비롯해 『기묘록속집』과 『기묘록별집』을 편찬한 일차적인 이유는 가문의 재건과 명예회복이지 않았을까 생각된다. 안로의 부친은 조광조와 친분이 깊었고 또 현량과에도 합격한 안처겸(安處謙)이었다. 그리고 그의 삼촌들인 안처근(安處謹), 안처함(安處諴)도 현량과에 합격한 인사들이었으며, 조부 안당(安瑭) 역시 조광조 등과 우호적인 관계를 갖고 있었다. 당시 세간에서는 안당이 재상감이 아니었으나 신씨복위상소사건 때 김정과 조광조 등의 편을 들었기 때문에 재상에 올랐다는 소문이 돌았다. 결국 안로의 집안은 그야말로 기묘사림과 인연이 깊은 집안이라고 할 수 있다.

하지만 기묘사화를 겪으며 안로의 집안은 격랑에 휘말리게 된다. 특히 기묘사화 2년 뒤에 일어난 '안처겸의 옥사(신사무옥)'를 거치며 집안이 풍비박산 난다. 사실 중종 14년(1519)에 일어났던 기묘사화 당시 공식적으로 사형에 처해진 사람은 조광조 한 사람밖에 없다. 적어도 가문이 송두리째 몰락하는 그런 류의 일은 일어나지 않았다.

상황이 크게 변한 것은 '안처겸의 옥사'가 일어나면서다. 명칭에서도 드러나듯이 이 사건은 안로의 부친 안처겸이 핵심 주모자로 지목된 사건이었다. 기묘사화 이후 안처겸 등은 간신들이 득세하는 시국을 개탄하다가 남곤과 심정을 제거해야 한다는 논의를 하게 된다. 함께 논의했던 사람은 평소 친분이 깊었던 시산정 이정숙과 현량과 합격자 권전, 안처겸의 일가붙이였던 서외사촌(庶外四寸) 송사련과 송사련의 처남 정상 등이었다. 논의가 진행되는 가운데 안처겸의 부친 안당이 모의 소식을 접하게 된다. 그러고는 황급히 안처겸을 데리고 음성의 별업으로 내려갔다. 얼마 전에 일어났던 김식의 망명 사건 역시 이와 비슷한 취지에서 벌어진 일이었기에 우려가 클 수밖에 없었다.

그렇게 일이 마무리되어 가는 듯 했으나 뜻밖에도 일가붙이였던 송사련이 모의 사실을 고변하면서 사단이 시작되었다. 송사련은 음성으로 내려가는 안처겸을 배웅 나갔다가 헤어지면서 그로부터 종이에 싼 육물(肉物)을 건네받았다. 한데 이를 먹으려다가 종이에 적힌 100여 명의 인사들을 발견하게 된다. 급기야 송사련은 이 인명건기를 근거로 안처겸이 대신을 모해하려한 증거를 삼아 이들을 고발 했다. 공초가 진행되는 초기만 하더라도 이 사건은 안처겸이 남곤 등을 제거하려 한 '대신위해사건' 정도로 종결될 것 같은 분위기였다. 하지만 도망갔던 종실(宗室) 인사 이정숙이 체포되면서부터 역모 사건으로 확대되었다. 남곤 등은 이를 계기로 미진했던 기묘사림들에 대한 처벌을 강화시키고자 했던 것이다. 결국 이정숙에 대한 22차례의 형신 끝에 이들이 중종을 폐위시키려 했다는 고백을 받아내었다. 역모사건이 되어버린 것이다. 송사련이 바친 인명건기에 수록된 사람들 전체가 처벌을 받았을 뿐만 아니라, 기묘사화 때 목숨을 겨우 부지했던 김정, 기준 등도 죄가 추가되어 사형에 처해졌다. 기묘사림들 전체가 역도라는 오명을 뒤집어쓰게 되었음은 물론이다.

주모자들에 대한 처벌은 혹심했다. 대신을 제거하고 중종을 폐위시키려 했다는 죄목으로 안처겸은 이정숙, 권전과 함께 능지처사되었다. 안처겸의 동생 안처근은 참형에, 부친 안당은 교형에 처해졌다. 다행히 안당의 세 아들 가운데 안처함 만이 목숨을 부지했으나 가산은 적몰되고 종으로 정속되었다. 안처겸의 맏아들이었던 안로 역시 종의 신분이 되었으며, 살던 집은 연산군의 부인 신씨에게 주어졌다. 신씨의 집이 물이 새 새로운 집을 주어야 했는데 줄 집이 없어서 못주다가 안당의 집이 적몰되면서 내려졌다고 한다.

부친의 옥사로 하루아침에 풍비박산난 안로의 집안은 이후 기묘사림의 복권과 궤를 같이하며 서서히 재기해 나갔다. 중종 32년 김안로가 축출되고 기묘인들에 대한 복권이 진행되는 과정에서 안로는 중종 35년 사면을 받았다. 명종 21년에는 안당의 또 다른 손자인 안윤(安玧)이 안당을 신원시켜 달라는 상소를 올려 허락을 받았다. 부친과 숙부들의 현량과 자격도 회복된다. 현량과 합격자들에 대한 복권은 인종 연간에 이루어졌으나 명종이 즉위하자 다시 박탈되었고, 선조 1년(1568) 10월에 이르러 완전히 회복되었다. 한편, 선조 3년 유희춘 주도하에 『국조유선록(國朝儒先錄)』이 저술됨으로써 기묘사림의 위상은 마침내 유선(儒先)의 반열에 오르게 된다. 부친의 옥사로 몰락했던 그의 가문이 명현의 반열에 오를 수 있는 기초가 마련된 것이기도 했다.

안로의 저술은 이처럼 그가 종의 신분에서 해방되어 가문을 재기하려는 노력이 한창이던 과정에서 저술되고 있었던 것이다. 안로는 이 책 말고도 「기묘년천과방목(己卯年薦科榜目)」이라는 현량과 방목을 간행하는 일도 주관하고 있었는데, 기묘사림과 관련한 일련의 작업들이 일차적으로는 기묘사림의 명예를 회복하기 위한 것이었지만, 동시에 그것은 몰락한 가문을 재건하기 위한 일이기도 했다.

한편 『기묘록보유』 등의 편찬이 준비되는 과정에서 안로의 집안은 또 한 차례 사건에 휘말리게 된다. 이번에는 공격을 받는 쪽이 아니라 공격을 하는 위치에 있었다. 구봉 송익필이 노비로 정속되었던 바로 그 사건이다. 선조 19년(1586) 안로 집안에서는 부친을 고변한 송사련이 자기 집안의 노비 신분임을 주장하면서 송사련의 자손들(송익필과 송한필 등)을 노비로 환속시켜 줄 것을 요청하였다. 당시 붕당 간의 대립이 치열해지는 상황에서 동인들이 서인측 모주(謀主)라고 인식했던 송익필을 곤경에 빠뜨리려는 목적으로 안로의 집안을 충동해 일어나게 되었다는 소문이 있었다. 덕분에 송익필 형제는 성명을 갈고 도피 생활을 하다가 자수하여 정배되는 고초를 겪는다. 중봉 조헌은 송익필을 변호하는 상소를 올렸는데, 송익필 형제가 이미 면천될 수 있는 자격을 얻었으므로 법적으로 종이 될 수 없다는 사실을 강조하였다.

안로가 정리한 책자들은 이 같은 상황에서 매우 요긴하게 활용되었을 가능성이 높다. 기묘사화 전말을 정리하고 있던 안로는 부친의 옥사를 무옥(誣獄)으로 규정하고 있음은 물론, 이 옥사로 처벌된 사람들을 기묘사림의 범주에 포함시키고 있다. 그의 저술에 근거할 때 적어도 송사련은 또 한 번의 사화를 일으킨 화매(禍媒)이자 악한(惡漢)으로서, 그의 자식들 역시 그 같은 대우를 받아야 함이 마땅한 것이었다. 이 시점에서 송사련이 실제 종의 신분이었는지, 따라서 그의 자식들이 종의 신분으로 환속되는 것이 맞는지는 중요하지 않게 된다. 송사련 일가는 조광조와 같은 유선(儒先)들을 모해한 악한들일 뿐이었다. 그것도 노비 신분의 서얼 친척을 거두어준 은혜를 원수로 갚은 배은망덕하기까지 한 악한들 말이다.

나가면서

『기묘록보유』·『기묘록속집』·『기묘록별집』은 기묘사림과 기묘사화에 대한 상세한 정보를 제공하고 있다는 점에서, 또한 이 책들에만 수록되어 있는 귀중한 사료들이 많다는 점에서 사료적 가치가 매우 높다고 할 수 있다. 그럼에도 안로의 저술 작업은 옥사로 풍비박산된 가문의 재건이라는 관점에서 서술이 시작되고 있다는 점에서, 또 사화를 일으킨 사람과 사화에 희생된 사람이라는 이분법적 프레임으로 기묘사화를 바라보고 있다는 점에서, 기묘사화를 둘러싼 당대의 복잡한 정치 지형을 이해하는 데는 한계를 드러내고 있다.

선악 판별에 문제가 없는 완벽한 자료가 있을 수 있을까? 그런 자료는 있을 수 없다고 생각한다. '언어로의 전환'이라는 역사학의 인식론적 전환 이후 텍스트를 통한 컨텍스트의 구축이라는 역사학의 위상 자체가 공격받고 있는 상황에서는 더더욱 그렇다. 그렇다고 남곤과 심정의 행위를 두둔하거나 중종의 태도에 동조하는 그런 단순한 수정주의적 접근을 제기하는 것이 아니다. 강조하고 싶은 점은 안로의 저술을 사료로 이용하는 과정에서 그 자료가 갖고 있는 한계를 명확하게 인지하고, 그를 보완하기 위한 노력이 필요하다는 점이다. 현재 기묘사화를 이해하는 통설적 이해는 과연 안로가 취한 선악구도로부터 얼마나 진전된 것일까? 필자가 묻고 있는 지점은 바로 그것이다.

〈참고문헌〉

이병휴, 1999 『조선전기 사림파의 현실인식과 대응』, 일조각.

이종범, 2006『사림열전』1·2, 아침이슬.
김우기, 2001『조선중기 척신정치 연구』, 집문당.
김 돈, 2009『조선중기 정치사 연구』, 국학자료원.
강응천 외, 2014『16세기－성리학 유토피아』, 민음사.
장영희, 1996「기묘록연구」, 성균관대학교 석사학위논문.
_____, 2004「16세기 필기의 일고찰－기묘록과 용천담적기」.
송웅섭, 2005「기묘사화와 기묘사림의 실각」『한국학보』119.

「학교모범(學校模範)」 다시 읽기

김 영 인(金映印)*

쉽고도 어려웠던 자료

「학교모범(學校模範)」은 1582년(선조15) 이이(李珥 : 1536~1584)가 학교 교육을 위해 지은 글로서, 그가 남긴 주요 저술 중 하나로 꼽히며, 조선시대 사상사나 교육사를 공부하는 현대 연구자들로부터도 일찍부터 주목을 받아 왔다. 하지만 16세기 조선시대 사상사를 연구하기 시작한 이래 한동안 이 자료에는 눈길이 잘 가지 않았었다. 이이의 주요 저술들을 섭렵하는 중에도 그러했고, 당대 학교 및 교육 관련 자료들을 살펴보는 중에도 마찬가지였다. 「학교모범」이 중요한 자료라는 인식은 있었기에 그 내용은 대략 알고 있었지만, 이 자료가 다른 자료들보다 특별히 더 매력적으로 느껴지거나 호기심을 자극하지는 않았고, 꼭 이 자료를 중심으로 연구해 볼 필요가 있겠다는 생각도 들지 않았다. 「학교모범」 자료를 가지

* 서울대학교 국사학과 대학원 박사과정 수료.
대표논저 : 「17세기 후반 조성기의 '사공' 중심 사유와 경세사상」(『한국사론』 54, 2008).

고 할 수 있는 이야기는 다른 자료들을 통해서도 가능하며, 다른 자료들에 더 집중함으로써 보다 의미 있고 풍부한 결과물을 도출해낼 수 있으리라는 판단이 있었기 때문이다.

사상사 공부를 시작한 초기에는 학자들의 성리학 사상과 학문론에 관심이 컸던지라, 「학교모범」 자료에 대해서도 역시 그와 관련된 내용에 주목했었다. 그러나 이이의 학문 수양 체계와 성리학 사상이 가진 특징을 파악하는 데 있어 「학교모범」은 단지 부차적 자료로 쓰일 뿐이었다. 「학교모범」에는 유학을 공부하는 선비들이 따라야 할 학문 수양의 기본 틀이 제시되어 있는데, 이이의 또 다른 저술인 「격몽요결(擊蒙要訣)」(1577)에 그와 유사한 내용이 대체로 더 상세하게 수록되어 있기 때문이다. 후에 조선 성리학자들의 학교제 논의에 관심을 가지면서 「학교모범」 자료를 이전보다는 눈여겨보게 되었다. 하지만 이이의 학교제 구상으로는 「동호문답(東湖問答)」(1569)에 나오는 것이 보다 파격적이고 이야기할 만한 소재가 많다고 생각되었다. 「학교모범」은 여전히 부차적 자료로만 여겨졌다.

「학교모범」은 분량도 길지 않고 내용도 복잡하거나 난해하지 않다. 배경지식이 별로 없는 사람일지라도 한 번 정도 집중해서 읽고 나면 대략적인 내용을 파악하는 데 크게 무리가 없을 법한 글이다. 때문에 자료에 대한 고민과 분석이 매우 부족했음에도 불구하고, 그 속에서 이이가 무슨 말을 하고 있는 것인지 이해하는 데에는 크게 문제가 없었다. 그런데 역설적이게도 바로 그 점이 「학교모범」 자료에 집중하지 못하도록 만드는 또 하나의 요인이었다. 「학교모범」은 연구사적으로 중요한 자료가 된 지 오래이므로, 이이의 학문과 사상, 또는 조선시대 학교와 교육 문제를 다룬 연구들 가운데 이 자료를 거론한 예를 다수 찾아볼 수 있다. 그 내용을 쉽게 이해할 수 있는 데다가 이미 충분히 유명하고 잘 알려진 자료라는 생각은, 이 자료를 가지고 새로우면서도 유의미한 이야기를 과연 더 끌어낼 수 있을지 의구심을 갖게 하였다.

자료의 연구 가치에 대한 인식은 자료 활용 방식과 연관되기 마련이다. 「학교모범」을 부차적 자료로만 다루는 동안, 그 글 전체가 하나의 자료로 취급되지 못했다. 그때그때 연구 주제와 관심사에 따라 관련 있는 내용들만 부분 부분 이용되었을 뿐이었다. 물론 이러한 일은 어떤 연구에서든 불가피한 면이 있다. 다만 문제는, 이 경우 그 자료 자체의 기본 성격과 맥락이 무시되기 쉽다는 것이다. 이는 결과적으로 자료의 오독 및 오용을 초래할 수 있다. 설사 그렇지는 않다 할지라도, 최소한 역사학적인 자료 활용은 못 된다고 할 수 있다. 결국, 그간 필자의 연구에서 「학교모범」은 전혀 역사학적으로 활용되지 못하고 있었던 셈이다.

앞서 「학교모범」은 이해가 쉬운 자료라고 했다. 그런데 이는 어디까지나 그 내용을 이해하기 쉽다는 말이었다. 자료 속 글자 하나하나로부터 눈을 떼어내고 조금 물러나서 자료 전체를 조망하려 하면 갑자기 시야가 흐려지는 기분이었다. 자료의 기본 성격을 어떻게 규정해야 할지부터 개념이 잘 잡히지 않았던 것이다. 기존 연구들에서는, 이이가 저술한 학문 수양 및 학교 교육 지침서, 혹은 이이가 제출한 학교 개혁안, 혹은 교육 훈규, 학령(學令)의 보완 규정 등으로 표현하고 있었다. 하지만 자료의 실제 내용으로 볼 때, 그 모두 정확히 맞아떨어지는 설명은 아니라는 생각이 들었다. 그동안 자료의 정체조차 제대로 알고 있지 못했다는 자각, 그것이 뒤늦게 자료에 대한 호기심을 불러 일으켰다. 「학교모범」에 대한 역사학적 접근은 자료의 성격에 대한 고민과 함께 비로소 시작되었다.

「학교모범」의 정체를 찾아서

士之規卿作事目以進爾退與三公會議商定又作
學校模範以補學令之未備者 上教以用意甚勤
從當擧行
學校模範 一曰立志謂學者先須立志以道自任
道非高遠人不自行萬善備我不待他求莫更遲
疑等待更莫畏難趑趄直以爲天地立心爲生民
立極爲往聖繼絶學爲萬世開泰平爲標的退托
自畫之念姑息自恕之習不可毫髮萌於胸次至
於毁譽榮辱利害禍福一切不動其心奮發策勵
必要作聖人而後已 二曰檢身謂學者旣立作聖

[그림 1] 『태학지』 속 「학교모범」(서울대학교 규장각한국학연구원 소장)

過失之籍必自立法後始錄若法前之惡皆勿追
論許其自新仍舊不改然後乃論罰 ○學校事目
一凡有學行爲人所推重可堪師表之任者每年
京則漢城府五部外則監司守令悉心聞見得其
實狀抄名啓下吏曹館堂上亦會館學諸生使之
公薦可合者抄名報吏曹吏曹更加詳察隨闕塡
差例受所居近邑觀其成效其中功績卓異不變
士風者陞品授實職其他稱職有效者卽通仕路
又其次則仕滿更遷他邑成效益著然後乃入仕
路一前啣朝官勿論罷職及出身與否擇其中可

[그림 2] 『태학지』 속 「학교사목」(서울대학교 규장각한국학연구원 소장)

「학교모범」은 학문 수양의 목적, 내용, 방법 등을 정리해 놓은 글로서, ①뜻을 세움[立志], ②몸을 검속함[檢身], ③글을 읽음[讀書], ④말을 조심함[愼言], ⑤마음을 보존함[存心], ⑥어버이를 섬김[事親], ⑦스승을 섬김[事師], ⑧벗을 택함[擇友], ⑨가정에 거함[居家], ⑩사람을 접함[接人], ⑪과거에 응시함[應擧], ⑫의를 지킴[守義], ⑬충을 숭상함[尙忠], ⑭경을 돈독히 함[篤敬], ⑮학교에 거함[居學], ⑯법을 읽음[讀法]의 총 16개 조목으로 구성되어 있다. 구체적인 학교생활과 관련된 내용은 마지막 2개 조목 정도이다. 내용만 놓고 보면, 역시 이이의 학문 수양 체계와 그 특징을 규명하는 데 가장 유용하게 활용될 법한 글이다. 그러나 「학교모범」을 학문 수양 지침서 정도로 간주하기에는, 간과할 수 없는 중요한 맥락이 이 자료에 있었다. 우선 이 글은 학교에서의 학문 수양을 위해 작성된 자료이고, 게다가 학교제 개혁을 위해 공식 제출된 자료였다는 사실이다.

「격몽요결」이 이이가 황해도 해주에서 개인적으로 강학 활동을 하던 중 학생들의 교육을 위해 지은 글인데 반해, 「학교모범」은 이이의 개인적인 동기와 목적에 따라 저술된 글이 아니었다. 구체적인 저술 계기는 바로 왕명이었다. 실록에도 관련 기사가 나온다. 1582년(선조15) 대제학(大提學) 이이가 경연 자리에서 선비들의 기풍과 교육이 쇠락한 문제를 언급하자 선조(宣祖)가 그 해결책을 올리도록 지시하였고, 이에 따라 이이가 작성해 올린 글이 바로 「학교모범」이었다. 제목 중의 '학교'는 나라에서 설립하고 운영하는 이른바 관학(官學), 즉 서울의 성균관(成均館)·사학(四學)과 지방의 향교(鄕校)를 지칭한다. 「학교모범」은 본래 국가 정책적 차원에서 학교제 개혁을 위해 제출된 자료였다. 이 같은 맥락을 고려하면, 「학교모범」 자료를 역사학적으로 연구하는 데 있어 핵심 과제는 학교제 개혁이라는 맥락 속에서 그 내용을 분석하는 것이 되어야 할 것이다.

그런데 「학교모범」에는 항상 함께 거론되는 자료가 있다. 바로 「학교사목(學校事目)」이다. 「학교모범」은 이이의 문집 『율곡전서(栗谷全書)』는 물론, 『태학지(太學志)』, 『증보문헌비고(增補文獻備考)』 등 학교 관련 자료들이 실린 여러 책에 실려 전해지고 있다. 수록 형태는 책마다 조금씩 다른데, 「학교모범」 뒤에 「학교사목」이 연속으로 실려 있는 경우가 많다. 현재 가장 널리 이용되는 『율곡전서』 수록본은, 「학교모범」 뒷부분에 별도의 제목 없이 '사목(事目)'이 첨부되어 있는 형태이다. 문제는, 이 때문인지 그간 두 자료를 분명히 구분하지 않고 「학교사목」의 내용까지 「학교모범」으로 간주하거나, 「학교사목」을 단지 「학교모범」에 부속된 자료 정도로 여기는 경우가 많았다는 것이다. 필자 역시 마찬가지였다. 당초

「학교모범」 중 일부 내용들에만 주목했을 뿐, 자료 자체에는 큰 관심을 두지 않았기에, 다른 책들에 수록된 자료와 비교해 볼 생각도 하지 않았고 자료의 구조를 유심히 살펴본 적도 없었다. 이로부터 비롯된 자료의 구조에 대한 오해가 자료의 성격 파악을 어렵게 한 결정적 요인이었다.

「학교사목」은 새로운 학교 운영 규정이 제시되어 있는 글로서, 「학교모범」과는 그 성격이 전혀 다르다. 총 10개 조목으로 구성되어 있는데, 앞의 5개 조목은 '스승을 선발하는 일[擇師]'에 관한 것으로 교관(敎官)의 선발과 임용, 처우 규정을, 뒤의 5개 조목은 '선비를 양성하는 일[養士]'에 관한 것으로 학생의 입학과 관리 규정을 담고 있다. 이에 '택사양사사목(擇師養士事目)'이라 칭해지기도 했다. '학교사목'이란 제목은 『태학지』와 『증보문헌비고』에 나오며, 이 책들에는 「학교모범」과 「학교사목」이 별도의 제목하에 나란히 수록되어 있다. 두 자료는 분리해서 보아야만 그 정체가 명확히 파악될 수 있다.

물론, 「학교모범」과 「학교사목」은 완전히 별개의 자료가 아니다. 여러 책들에 두 자료가 한 세트로 수록되었던 데에는 당연히 이유가 있다. 이이가 선조에게 올렸던 글이 이 두 편이었던 것이다. 그런데 자료의 작성 경위와 관련해 또 한 가지 중요한 사실은, 당시에 「학교모범」은 부차적으로 작성된 글이었다는 점이다. 주가 된 것은 「학교사목」이었다. 선조가 이이에게 명한 내용을 보다 구체적으로 옮기자면, '스승을 선발하고 선비를 양성하는 규정[擇師養士之規]'에 관해 '사목을 만들어 올리라'는 것이었다. 「학교모범」과 같은 자료는 선조가 직접 요구했던 바는 아니다. 이이가 왕명에 부응하여 작성한 것은 제도 개혁안인 「학교사목」이었다. 「학교모범」은 이이가 「학교사목」을 제출하면서 추가로 함께 올린 부속 자료였다. 「학교사목」이 「학교모범」의 부속 자료인 것이 아니라, 본래는 그 반대였던 것이다.

사실은 「학교모범」보다 「학교사목」이 더 중요한 자료였다고 말하려는 것이 아니다. 위와 같은 맥락을 분명히 함으로써, 「학교모범」 자료의 성격을 정확히 파악할 수 있는 실마리를 찾을 수 있었다는 이야기를 하고자 하는 것이다. 「학교사목」은 「학교모범」이라 지칭해서는 안 되며, 「학교모범」이 「학교사목」의 제도 개혁안을 실행에 옮기는 데 필요한 자료였다는 사실이 일단 분명해졌다. 그런데 또한 「학교모범」은 기본적으로 학교제를 설계 또는 운영하는 데 참고하라고 지은 글이 아니었다. 이이는 학교에 있는 선비들로 하여금 '몸가짐을 단속하고 일을 처리하는 규범[飭躬制事之規]'으로 삼게 하고자 지은 글이라고 밝힌 바 있으며, 「학교사목」에는 학생들로 하여금 「학교모범」으로써 행실을 삼가도록 한다는 등의 내용이 나온다. 「학교모범」은 실제 학교 현장에서 활용하게 할 목적으로 지은 글이었던 것이다. 한편, 『태학지』와 『증보문헌비고』에서는 「학교모범」이 '학령(學令)' 부문에 수록되어 있으며, 조선 초기에 제정된 성균관의 「학령」과 함께 조선시대 학령을 대표하는 자료였던 것으로 나타난다. 「학교모범」에 관한 자료들 가운데, 이이가 "「학교모범」 16조를 만들어 학령의 미비한 것을 보완하였다."는 기록도 있다. 요컨대, 「학교모범」은 「학교사목」에 따라 개혁된 학교에 새롭게 적용할 학령이었다. 사실, 「학교모범」 자료의 성격을 알려주는 기록들은 이렇듯 여러 곳에 있었다. 그러나 그간 「학교모범」의 내용적 특징 때문에, 또 자료의 구조에 대한 오해 때문에, 그러한 것들을 분명 보고서도 그 속에서 답을 구하지 못했던 것이다.

학령(學令)으로서의 「학교모범」

학교제 개혁안인 「학교사목」은 관학 중에서도 사학과 향교를 대상으로 한 내용이 주를 이루는데, 「학교모범」 자료와도 관련해 가장 흥미롭게 여겨진 부분은 학생 관리의 방식이었다. 「학교사목」 서문에서 이이는 학교가 학문 수양 공간으로서의 기능을 전혀 하지 못하고 한갓 피역(避役)의 수단으로 전락해 버린 현실을 지적한다. 그리하여 「학교사목」에서 '선비를 양성하는 일[養士]'에 관한 부분은, 학문 수양의 의지가 분명한 이들로 학교를 채우고 이들이 학교생활을 충실히 하도록 만드는 규정들로 구성되었다. 입학을 위해서는 학생 10인으로부터 천거를 받고 시강(試講)을 통과하도록 했고, 학생이 된 후에는 학규(學規)를 엄격히 준수하도록 했으며, 규정된 기간에 학교에 나오지 않으면 빠진 횟수에 따라 단계적으로 벌을 적용받도록 했다. 그리고 이 같은 학교생활을 꺼리더라도 피하기는 어렵도록, 학교에 이름을 올리지 않은 자는 과거시험을 보지 못한다는 원칙이 명시되었다.

학생들에 대한 관리책은 예전부터 다양하게 강구되었던 바 있다. 「학교사목」에서 특징적인 것은, 학생 사회의 역할을 강화시키는 방식을 취한다는 점이었다. 기존 학생들의 천거를 기초로 새 구성원을 들이게 한 것이나, 문제가 있는 학생에 대한 규제와 처벌을 학생 사회에서 주도하게 한 것, 학생 사회의 공론을 학생 평가의 근거로 이용하게 한 것 모두 그러한 방식에 해당한다. 이는 학생 사회의 자율성을 높이는 방식이었다고도 해석될 수 있다. 그런데 이것이 이이가 추구한 학교제 개혁의 주요 방향이라고 할 때, 그 구상의 근거를 이루는 생각과 논리는 무엇이었을까. 위와 같은 학교 공동체를 규율하는 규범으로 제시된 「학교모범」을 통해 그에 대한 답을 찾아나갈 수 있었다.

「학교모범」의 의의는, 이이가 자신의 성리학 사상에 근거하여 학교에서 이루어질 학문 수양의 요체를 새롭게 제시했다는 점에서 주로 찾아지곤 했다. 이이는 「학교모범」을 통해 유교적 인륜을 기초로 한 도덕성의 계발에 학문 수양의 초점을 맞추게 했으며, 이는 성리학적 학문관 및 교육론을 관학에까지 보다 철저히 적용하고자 했음을 의미한다. 그런데 「학교모범」에서 읽어낼 수 있는 개혁적 의의는 이것 말고도 더 있다. 「학교모범」에 담겨 있는 내용도 중요하지만, 그 형식 자체부터 큰 의미가 있는 것이었다. 「학교모범」을 학령의 범주에서 연구하기 시작한 후에야 발견할 수 있었던 사실이다.

기존의 학령은 성균관 학생들의 강학·독서·평가 관련 규정, 일상 예절과 규칙, 금기와 처벌 사항 등으로 구성되어 있었다. 내용만 보면, 「학교모범」은 이와 성격이 전혀 다른 자료로 느껴진다. 그간 「학교모범」을 학령과 관련지어 연구한 사례들이 있었음에도, 그 관계가 다소 모호하게 처리된 경우가 많았던 데에는 이러한 이유도 있었을 것이다. 그러나 「학교모범」의 의의는, 학문 수양의 요체를 학령의 형식으로 제시했다는 바로 그 점에 있다. 이러한 발상은 주희(朱熹)가 백록동서원(白鹿洞書院)의 학규(學規)를 지은 뜻과 통하는 것이었다. 「백록동서원게시(白鹿洞書院揭示)」라고도 불리는 이 글에서 주희는 학문 수양의 요체만을 명기함으로써, 학생들은 외부로부터 강제된 세세한 생활 규칙과 처벌 규정에 앞서, 학문 수양의 기본 원칙에 의해 인도되어야 한다는 학교 교육의 대원칙을 천명한 바 있다. 실제 내용에서도 백록동서원 학규의 내용을 쉽게 풀어 쓴 부분들이 포함되어 있어 그 영향관계를 분명히 확인할 수 있었다.

그런데 또한, 「학교모범」은 이 같은 내용이 전부가 아니다. 구체적인 학교 운영 방식과 관련된 내용도 들어 있다. 16개 조목 중 마지막 '독법' 조목은 앞의 조목들과 이질적인데, 그렇기 때문에 그동안은 그저 부수적인 내용으로만 여겨졌었다. 하지만 학령으로서 보자면 오히려 가장 자연스럽게 느껴지는 내용이었고, 이이의 개혁 구상에서 핵심적인 고민이 담겨 있는 부분이라 생각되었다. '독법'은 실제 학교생활 속에서 「학교모범」의 내용을 어떻게 익히고 실천해 나갈 것인지에 관한 규정으로서, 매달 두 번씩 선생과 학생들이 모두 모여 백록동서원 학규와 「학교모범」을 강론하고 그 내용을 서로 권면하는 시간을 갖도록 하는 내용이다. 이 두 편의 글이 학교의 '법'으로 간주되었던 사실도 여기에서 확인할 수 있다. 또 흥미로운 것은, 이 같이 독회를 열고 법을 강습하게 하는 것이 주로 향약(鄕約) 조직에서 통용되는 방식이라는 점이다. 「학교모범」 16개 조목 뒤에는 선악적(善惡籍) 및 상벌 운용에 관한 규정이 덧붙여져 있는데, 이 부분 역시 향약의 운영 방식과 유사하다.

「학교모범」을 준수하고 열심히 학문 수양에 임하여 뚜렷한 성취를 보이는 학생은, 학생회의 때 그에 대한 공론을 확인한 후 선적(善籍)에 기록되었다. 반대로 과실을 범한 학생은, 동료들의 규제와 경계가 먼저 있었음에도 고치지 않을 경우 면책(面責) 처벌을 받았고, 그래도 달라지지 않을 경우 중한 과실이면 악적(惡籍)에 기록되고 학교에 오지 못하는 출재(黜齋) 처벌을 받았다. 출재 후에 반성하고 잘못을 고치면 다시 학교 출입을 허락하고 악적에서도 지워주었으나, 끝내 잘못을 뉘우치고 반성하지 않을 경우에는 삭적(削籍), 즉 학생 명부에서 이름이 삭제 처리되었다. 과실의 범위는 학교생활에 관련된 것에 국한되지 않았다. 부모에 불효하거나 가족 및 이웃과 불화하는 것, 제사에 소홀한 것, 송사를 좋아하는 것, 조세 납부에 불성실한 것 등 일상생활 전반에 걸친 문제가 학교에서의 규제 및 처벌 대상이었다. 또한, 출재 이상의 처벌을 시행할 때에는 선생에게 고하도록 했지만, 처벌에 대해 논의하고 결정하는 주체는 학생들로 규정되어 있었다.

「학교사목」에도 이와 바로 연결되는 내용이 나온다. 과거시험 전에 학교에서 소속 학생들의 응시 자격을 심사하도록 규정한 부분인데, 심사의 주요 근거 자료로 활용하게 한 것이 바로 선악적이었다. 심사에는 지방

향교의 경우, 수령과 교관, 학생 임원인 당장(堂長), 장의(掌議), 유사(有司)가 참여하였으며, 행실에 하자가 있다고 평가된 자는 과거시험을 볼 수 없었다. 어떤 시험이나 학업 평가 결과 같은 것이 아니라, 학생들 사이의 공론을 바탕으로 작성된 선악적을 학생 평가의 제일 자료로 설정한 것이 인상적이다. 이러한 심사 절차는 인재 선발 과정에 도덕성을 검증하는 절차를 포함시킨다는 의미이기도 했다.

학교에서 학생들의 평소 행실과 일상에서의 도덕 실천 여부를 엄격히 관리하게 하는 것, 이것이 「학교모범」이 규정한 학문 수양의 내용과 부합함은 명백하다. 그런데 또 한 가지, 향약의 운영 방식을 차용한 것은 어떻게 해석해야 할까. 이 또한 학교 개혁의 전체적인 방향과 관련지어 생각해 볼 필요가 있다. 「학교모범」은 한 마디로, 도덕적 인간 되기를 목표로 하는 학문 수양을 요구한다. 문제는, 이러한 학문 수양은 독서나 강학의 방식만으로 성취 불가능하며, 시험과 같은 방식으로 성취도를 평가하는 것 역시 불가능하다는 데 있다. 학문 수양의 내용 변화에는 반드시 학교 운영 방식의 개혁이 수반되어야 한다. 새로운 학교제도를 구상하던 이이의 주요 고민도 여기에 있었을 것이다.

덕행을 갖추는 데에는 일상생활 속에서 배우고 익히는 과정이 필히 요구된다. 따라서 이 과정에는 학문 수양의 목표를 공유한 위에서 생활을 일정 정도 함께 하며 서로의 일상을 지켜봐주는 동료들이 필요하다. 도덕적 행위의 상호 권면, 비도덕적 행위의 상호 규제가 활발하고 꾸준하게 이루어지는 공동체에 속함으로써 학문 수양을 효과적으로 수행할 수 있고, 그 성취 역시 그 속에서의 공론을 통해 평가, 검증될 수 있다. 이 같은 논리로 보면, 이이가 학문 수양 공동체의 역할과 위상을 강화하고자 한 이유를 이해할 수 있다. 또 그러한 목적으로 향약의 운영 방식을 차용한 이유도 납득 가능하다. 향약의 기본 발상이 바로, 자율적 공동체 수립을 통해 그 구성원들로 하여금 도덕적 행위를 습득하고 실천하게 하고자 하는 것이기 때문이다.

마치며

개인적으로 「학교모범」에 대한 연구는, 역사 공부를 해나가는 여정 속에서 어느 한 단계를 마무리하는 연구가 아니라, 새롭게 또 한 단계를 시작할 수 있게 해준 연구였다. 당초 「학교모범」과 연관되는 자료로는 「격몽요결」과 「동호문답」 정도만 생각했었다. 그러나 이상과 같은 연구 과정을 거치는 동안 참고 자료들이 대폭 확장되었다. 이이가 지은 다른 학규들은 물론, 작성 시기와 장소를 달리하는 다양한 학령 및 학규 자료들이 비교 검토의 대상이 되었고, 후에는 이이가 만든 향약 자료들과 여기에 영향을 미쳤을 것으로 추정되는 다른 향약 자료들까지 연구 범주에 들어왔다. 이에 따라 연구의 시야도 넓혀질 수 있었다. 학교에서 이루어지는 학문 수양의 내용과 체계 부문에 국한되었던 관심이 학문 수양의 방식, 구체적인 학교생활 양상 등으로 확장되어 나갔고, 학교제 논의의 내용을 제대로 이해하기 위해서는 여타의 교화제도들에 관한 논의까지 포괄적으로 함께 살펴보아야 하겠다는 생각을 갖게 되었다.

「학교모범」을 지은 이이 역시 아마 이 같이 다양한 자료들을 참고하고 다각도로 학교 문제를 고민했을 것이다. 실제 이이는 「학교사목」과 「학교모범」을 저술하는 데 상당히 고심을 했던 것으로 보인다. 인재를 길러내고 세도를 만회할 일대 기회라 여겨 여러 달 동안 심사숙고한 끝에 초안을 잡았다고 전해진다. 내용을 확정하기까지 삼공(三公)과 여러 번 상의를 했다는 기록도 있다. 국가 정책으로 집행될 개혁안이었기에 이러한 과정이 반드시 필요했을 것이며, 단순한 정책 제안에 가까운 개혁안들을 만들 때에 비해 실현 가능성도 많이 고려했을 것으로 생각된다. 그러나 그 결과물을 제출한 후 정쟁으로 혼란한 와중에 얼마 안 있어 이이가 세상을 떠남에 따라, 결국 그의 개혁 구상은 실현을 보지 못했다. 하지만 「학교모범」 자료는 후대까지도 학교 문제를 논하거나 학교를 운영하는 이들로부터 지속적인 주목을 받았으며, 또 실제 교육 현장에서 활용되기도 하면서 조선시대 학교의 역사에서 결코 완전히 사라지지 않았다. 따라서 「학교모범」은 이이의 학교론을 연구하는 데 있어서만이 아니라, 16세기 이후 학교 논의의 전개 양상 및 학교제의 추이를 파악하는 데에도 중요한 자료가 된다. 자료에 대한 더욱 정확하고 깊이 있는 이해가 요구되는 이유이다.

〈참고문헌〉

강현구, 2012 「16세기 성균관 학령의 변화 연구」, 부경대학교 사학과 석사학위논문.

김경호, 2003 「학교모범에 나타난 율곡의 교육사상－교육이념과 내용을 중심으로」 『율곡사상연구』 6.

박종배, 2011 「조선시대 유학 교육과정의 변천과 그 특징」 『한국교육사학』 33－3.

박현순, 2008 「16~17세기 성균관의 유벌」 『역사와 현실』 67.

신창호, 2012 「율곡 교육론의 구조와 성격－『격몽요결』과 『학교모범』의 비교」 『동방학』 24.

정호훈, 2005 「16세기 말 율곡 이이의 교육론－『격몽요결』 『학교모범』을 중심으로」 『한국사상사학』 25.

조남국, 1986 「율곡 학교모범의 구조와 철학적 성격」 『윤리연구』 22.

한상인, 2007 「율곡의 관학교육개혁론」, 연세대학교 교육학과 석사학위논문.

황금중, 2006 「조선 중기 사림파의 교육사상과 실천」 『한국유학사상대계』 V(교육사상편).

율곡 이이가 『경연일기(經筵日記)』를 남긴 까닭은?

김 경 래(金慶來)*

『경연일기』 또는 『석담일기』

이이(1536~1584)의 『경연일기』는 명종 20년(1565)부터 선조 14년(1581년)까지의 정국에 대해 일기 형식으로 기록한 글이다. 「율곡연보」에 따르면, 이이는 평소 조정의 일들과 자신의 생각을 기록해 두었다가, 선조 14년 11월 해주 석담에 머무르며 『경연일기』를 완성하였다고 한다. 그리고 선조 15년과 16년의 기록도 '별록(別錄)'으로 작성했다는 주장도 있으나, 「연보」 작성 당시에 이미 전하지 않았다.

『경연일기』는 그 문제적 내용으로 인해, 한 동안 공개가 조심스러운

* 서울대학교 국사학과 강사.
대표논저 : 「인조대 조보(朝報)와 공론정치」(『한국사론』 53집, 2007), 「조선 공론정치론에 대한 비판적 검토와 제안 －이이의 공론 개념을 중심으로－」(『사학연구』 105집, 2012), 「율곡 이이의 『동호문답(東湖問答)』과 군신론(君臣論)」(『한국문화』 75집, 2016).

자료였다. 이이의 절친이었던 성혼은 이이 사후(死後), 함께 문집 간행을 준비하던 박여룡에게 '『경연일기』의 내용이 사람들 사이에 퍼지면, 큰 화가 일어날 수 있으니 훗날을 기약하자'는 의견을 표명하였다. 그리하여 광해군 3년(1611)에 간행된 이이의 첫 문집 『율곡집』에 『경연일기』는 실리지 않았다. 이후 숙종대 박세채(1631~1695)가 『율곡집』에 없는 내용을 수습하여 『외집(外集)』, 『속집(續集)』, 『별집(別集)』으로 간행할 때, 『외집』에 수록됨으로써 처음으로 공간(公刊)되었다. 그리고 영조대 이재(1680~1746)가 이이의 저술을 총망라하여 간행한 『율곡전서(栗谷全書)』(38권)에도 실리게 되었다. 현재 우리가 주로 이용하는 『율곡전서』(44권)는 홍계희(1703~1771)가 습유(拾遺)를 추가한 내용을 간행한 것이다.

『경연일기』는 국내외 여러 곳에 소장되어 있는데, 전하는 방식과 형태에 따라 크게 두 종류로 분류할 수 있다. 첫째, 『율곡전서』 등 이이 문집의 일부분으로 실려 있는 경우로, 이 경우에는 인쇄한 것이 대부분이다. 둘째, 단독본으로 유통되거나 야사 모음집인 『대동야승(大東野乘)』과 『패림(稗林)』에 실려 전하는 경우로, 이 경우에는 손으로 베껴 쓴 필사본이 많다. 흥미로운 점은 전하는 형태에 따라 책의 이름도 달라, 인쇄본의 경

[그림 1] 『경연일기』 표지와 속
(국사편찬위원회 한국사데이터베이스)

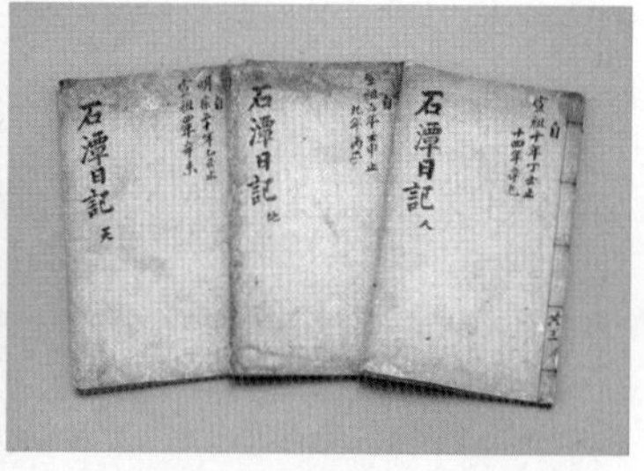

[그림 2] 『석담일기』 표지
(국립고궁박물관 소장)

우에는 『경연일기』, 필사본인 경우에는 『석담일기(石潭日記)』·『석담유사(遺事)』·『석담유사(遺史)』·『석담야사(野史)』등 '석담'으로 시작하는 사례가 많다는 사실이다.

박세채의 증언에 의하면, 그는 이이의 친필 『경연일기』를 직접 볼 수 있었는데, 당시 표지에 '경연일기'라 쓰여 있었다고 한다. 그는 이를 이이의 필적이 아니라 송강 정철(1536~1593)의 것이라 판단하였다. 그럼에도 박세채는 『율곡외집』을 간행하면서 해당 부분 원고에 『경연일기』란 이름을 붙였고, 이러한 호칭은 『율곡전서』로도 이어졌다. 한편, 이이의 친필 『경연일기』가 '김장생 → 송시열 → 권상하'로 이어지며, 사제(師弟) 간에 전해졌다는 이야기는 율곡 학통에서 『경연일기』가 차지하는 위상과 의미를 잘 보여준다.

'사실'의 기록, '의견'의 기록

『경연일기』의 내용은 크게 세 종류로 구분할 수 있다. 첫째, 제목 그대로, 경연에서 오간 대화와 토론이 많이 실려 있다. 이이는 선조 6년 9월부터 동왕 8년 12월까지, 홍문관과 승정원의 관원으로서 경연에 입시하였는데, 이 기간의 내용이 다른 기간에 비해 압도적으로 상세하다. 둘째, 당대 정국의 주요 사안들에 대해, 때로는 압축적으로, 때로는 매우 자세하게 서술하였다. 그 대상에는 자신이 조정에 있던 동안 일어났던 일 뿐만 아니라, 재야에 물러나 있을 기간의 일도 포함되었다. 셋째, 인사이동이나 졸기(卒記) 등 인물에 대한 기사가 많다. 이때 이이는 해당 인물에 대한 인물평을 남겼는데, 자신과 함께 조정에서 활약했던 당대의 인물들은 물론, 이미 사망한 과거의 인물에 대해서도 가차 없는 평가를 남겼다. 『경연일기』

가운데 가장 논란이 될 여지가 많은 부분이기도 하였다.

그런데, '경연일기'는 말 그대로 경연과 관련한 내용을 날짜별로 기록했다는 의미를 지니는 일반 명사이기도 하였다. 국왕과 신료들이 모여 경전에 대해 학습하고 토론하는 장이었던 경연에는 대신들과 홍문관 관원 등 경연을 진행하는 사람들뿐만 아니라, 사관(史官)이 참석하여 그 자리에서 오간 대화를 기록하였다. 그들의 기록을 '경연일기'라 하였는데, 실록을 만들 때 시정기(時政記)와 함께 1차 자료로 활용하였다. 그리고 이 '경연일기'를 바탕으로, 많은 인물들이 자신이 참여했던 경연에 대한 기록들을 남겼다. 이이와 같은 시기에 활동했던 인물들의 경우만 보더라도, 미암 유희춘(1513~1577), 고봉 기대승(1527~1572), 동강 김우옹(1540~1603)의 '경연일기'가 전한다.

일반적인 '경연일기'는 경연 장소, 참여 인사, 경연 교재와 진도, 경연 중의 대화로 이루어져 있다. 즉, 오로지 '경연'이라는 행사에 대한 '사실적' 기록만을 담고 있다. 그러나 이이의 『경연일기』는 앞서 언급하였듯이, 경연 이외의 내용도 많이 담고 있다는 점에서 보통의 '경연일기'와 구별된다. 거기에다 시국과 인물에 대한 이이 본인의 '주관적' 평가나 은밀한 사적 대화가 실려 있다는 점에서도 그것들과 다르다. 서술 방식에서도 『경연일기』는 대화와 평서문이 혼합되어 있다는 점에서 특징적이다. 전자는 주로 경연의 토론 내용을 기록할 때, 후자는 인사를 비롯한 정국 사안을 서술할 때 취하는 방식이었다. 이 중 평서문은 대체로 '핵심 한 문장-사안의 압축 정리-이이의 견해 제시'로 구성되었다. 가령, 선조 2년 2월의 한 기사를 보면, "이황이 문소전(文昭殿)의 태조 위패를 동쪽 방향으로 하고 소목(昭穆)의 위치도 바르게 할 것을 청하였으나 따르지 않았다"로 시작한다. 그런 다음 문소전에서 시행할 전례(典禮)를 둘러싼 논란과 선조와 이황의 상반된 견해를 간략하게 서술하고, 마지막으로 '근안(謹按)'을 달아 자신은 이황의 견해에 동의함을 밝히는 식이었다.

이처럼 『경연일기』에는 사실과 의견이 종합되어 있으며, 공적(公的) 사안이 내용의 중심을 이루면서 동시에 그에 대한 사적(私的) 견해가 풍부하게 담겨있다. 또, 대화와 평서문을 자유롭게 오가는 방식으로 서술되었다. 이런 점들로 볼 때, 『경연일기』는 유사한 예를 찾기 힘든, 매우 독특한 기록물이라 할 수 있다.

『경연일기』를 읽고, 정리하고, 생각하다.

의외로 『경연일기』에 대한 본격적인 관심과 연구는 최근에야 시작하였다. 판본과 간행 과정에 대한 서지학적 접근, 역사의식과 경세사상 등 그에 담긴 이이의 의식을 추출한 연구, 그리고 인물평을 분류한 연구가 행해졌다. 또, 선조대 초반의 정국 분석에 활용한 경우도 있었다. 그럼에도 불구하고 앞으로 탐구해야 할 과제가 여전히 많이 남아 있다. 먼저, 가장 기초적인 작업으로 국내·외의 『경연일기』 소장 상황에 대한 조사가 이루어질 필요가 있다. 또, 『경연일기』와 이를 활용하여 제작한 『선조수정실록』의 관계도 면밀하게 밝혀야 한다. 무엇보다 형식적, 내용적 측면 모두에서 독특한 '역사서'인 『경연일기』의 특징과 의미를 보다 선명하게 드러낼 필요가 있다. 이를 위해서는 앞으로 『경연일기』를 공시적, 통시적 맥락 속에서 유사한 기록물들과 비교 검토하는 작업이 행해져야 한다.

나는 이이의 개혁론에 대한 박사학위논문을 준비하면서 본격적으로 『경연일기』를 읽기 시작하였다. 그 목적은 두 가지였다. 첫째, 이이가 활동했던 선조대 초반의 정국에 대한 기초적 이해를 위해서였고, 둘째, 그에 대한 이이의 인식을 알기 위해서였다. 그러나 『경연일기』에 등장하는 무수한 사건과 인물들 속에서 곧 길을 잃고 말았다. 이에 『경연일기』의 내용을 체계적으로 분류하고 정리할 필요성을 느끼고, 작업을 시작하였다. 먼저 일기의 주요 내용을 연도별, 월별로 정리하고, 다음에는 여러 인물들에 대한 이이의 평가를 정리하였다. 그리고 여러 차례 읽기를 반복한 결과, 선조대 초반의 정국에 대해 조금씩 이해가 되기 시작하였다. 그리고 이이라는 인물의 캐릭터도 보다 생생하게 느낄 수 있었다.

먼저, 『경연일기』는 선조대 초반의 정국에 대해 많은 정보들을 제공하는데, 유달리 자세한 선조 6년 9월~선조 8년 12월의 기사가 특히 그러하다. 이 기간 조정에서는 향약(鄕約) 시행이 결정되었다가 취소되었고, 명종비 인순왕후(仁順王后)의 장례 때 복제(服制)를 둘러싸고 격렬한 논쟁이 벌어졌으며, 사림의 동서 분열이 표면화하는 등 굵직굵직한 여러 사건들이 벌어졌다. 그러나 『선조실록』에서 그 사안을 찾아보면, 해당 달의 기사 전체가 없거나 있어도 매우 소략한 것을 확인할 수 있다. 그렇기에 『경연일기』의 상세한 기록은 더욱 소중할 수밖에 없다. 이이가 향약 시행을 반대한 이유, 복제 주장의 구체적 근거와 논리, 동서 갈등의 배경에 대한 파악이 모두 『경연일기』의 독해를 통해 가능하다. 이는 훗날 제작되는 『선조수정실록』 기사의 원형을 읽는 작업이기도 하다.

다음으로, 『경연일기』의 탐독을 통해 그려 본 이이는 다음과 같은 인물이었다. 첫째, 그는 자신의 입장과 원칙을 분명하게 밝히고, 그로 인한 갈등과 대립을 조금도 회피하지 않는 인물이었다. 예를 들어, 그는 조정 대부분의 인사들이 동의한 향약 시행을 예외적으로 반대하였다. 둘째, 이이는 참된 앎이란 말과 글에 머무르는 것이 아니라, 반드시 실천을 포함한다고 생각했던 행동파였다. 그렇기에 위사공신(衛社功臣)의 삭훈 운동을 앞장서서 전개하고, 민생 관련 폐법의 개혁을 줄기차게 요구하며 '말로만 도(道)를 읊조리는 자'들을 강하게 비판하였다. 셋째, 이이의 인물 평가는 매우 까다롭고 날카로웠다. 『경연일기』에 등장하는 무수한 인물들은 예외 없이 이이의 비판 대상이 되었는데, 그가 유이(唯二)하게 존경을 표한 조광조와 이황조차도 거기서 벗어나지 못했다. 선명한 입장 표명과 과감한 실천, 엄격한 인간관계, 이이가 시대와 불화한 것은 어쩌면 당연한 운명이었으리라.

'적'과 '동지', 그리고 위기의식

독일의 저명한 정치학자이자 법학자인 칼 슈미트(Carl Schmitt, 1888~1985)는 '정치적인 것'이란 '적과 동지의 구분'이라 규정한 바 있다. 그런 기준에서 본다면, 이이야말로 정치의 본질에 가장 충실했던 정치가였다고 평가할 수 있다. 그는 동시대 조정에서 함께 활동했던 여러 인물들을 '적'과 '동지'로 나누고, 그들 사이의 긴장과 갈등을 그 누구보다 예민하게 감지한 인물이었다.

『경연일기』에서 이이는 일관되게 '적'은 '류속(流俗)', '동지'는 '사류(士類)'라 표현하였다. 이이가 조정에서 활동하기 시작한 명종대 말~선조대 초반은, 개혁세력이 대두하여 윤원형과 같은 외척세력이 구축한 질서를 종식시키고 새로운 질서를 구축하기 위해 노력하던 때였다. 중종대 조광조의 정신과 정책을 계승하고자 하였던 그들은, 국왕 선조에게 새로운 인재등용 방식의 도입, 지방관 등 관료 조직 운영의 변화, 고례(古禮)에 충실한 왕실 전례(典禮)의 시행 등 각종 제도의 변화를 요구하였다. 그러나 이에 대해 국왕 선조와 대신(大臣)들은 신중론을 내세우며 반대하였고, 그 결과 이이를 비롯한 개혁세력의 시도는 번번이 좌절되기 일쑤였다. 이런 상황에서 이이는 당대의 대신들을 공공(公共)보다는 자신만을 위하고, 변화보다는 현상 유지에 급급한 '류속(流俗)'이라 비판하고, 개혁세력이야말로 진정한 선비[眞儒]라며 '사류(士類)'라 지칭하였다.

문제는 중국과 조선의 역사적 경험에서 보건대, '진정한 선비'인 '사류'가 성공한 적이 단 한 번도 없거니와 언제나 화를 당하기만 했다는 사실이었다. 멀리 중국 역사에서는 한나라 때의 당고의 화[黨錮之禍]와 당나라 때의 백마역(白馬驛) 참변이 있었고, 가까이 조선 역사에서는 중종대 기묘사화와 명종대 을사사화의 경우가 그러하였다. 그리하여 『경연일기』를 관통하는 정서는 '위기의식'이다. 지금의 조정에서도 언제든 '류속' 대신들에 의해 '사류'가 화를 당할 수 있다는 불안감의 표출이었다.

일찍이 선조 2년에 자신의 개혁청사진을 담은 『동호문답』에서 분명하게 제시하였듯이, 이이는 '사류'가 대신과 같이 책임 있는 자리에 안착해야 개혁의 목표 달성도 가능하다고 생각하였다. 즉, 이이에게 정치적 조건의 마련은 개혁을 위한 필요조건이자 선행요건이었다. 그러나 미처 그런 상황이 오기도 전에, '사류'는 선조 8년을 기점으로 분열하기 시작하였다. 이에 이이는 '지금 우리끼리 싸울 때가 아니다. 우리의 적은 류속 대신이다'라며 사태의 진정과 양측의 화해에 노력하였다. 그러나 선조 11년부터 사류 간의 갈등은 더욱 확장되고 격화되는 양상을 띠었다. 게다가 이때에는 후배사류 동인의 힘이 강해지자, '류속' 인사들이 그들에게 합류하여 이이를 곤혹케 하였다. 결국, 선조 12년 동인이 서인을 '소인(小人)'이라 지목하면서 동서 갈등은 돌이킬 수 없는 지경에 이르렀다.

아래와 같이, 우리는 『경연일기』의 곳곳에서 반복적으로 '류속'을 경계하는 이이의 목소리를 들을 수 있다.

> 이때 사류가 비록 청요직을 차지하고 있었으나 대신은 모두 류속이라, 대신(大臣)과 소신(小臣) 간에 논의가 서로 충돌하여 조정에 맑

고 조화로운 기운은 없고, 간사한 자로서 뜻을 이루지 못한 자가 자못 틈을 노리고 있었다.(『경연일기』, 선조 4년 7월)

천하의 일은 바르면서 이기는 경우는 항상 적고, 바르지 않으면서 이기는 경우는 항상 많다. … 을해년과 병자년 사이(선조 8~9년)에는 류속 인사들이 조정에 가득하여 매번 조정의 논의가 있을 때마다 사악한 논의가 무리지어 시끄럽게 굴고 올바른 논의는 약했다. … 거기에다 상의 마음이 사류를 깊이 미워하여 설사 공자, 관자, 제갈량이 조정에 있더라도 어찌할 수 없었다.(『경연일기』, 선조 9년 9월)

류속의 구신 가운데 일찍이 서인에게 버림받았던 자들이 요직에 있으면서 권력을 부리고 감정을 풀면서, 자신들의 논의를 준엄하게 함으로써 스스로 동인에게 충성을 바칠 것임을 분명히 하였다. 서인은 비록 착한 선비라도 모두 쓰이지 않고, 청명한 선비가 도리어 류속과 하나 되어 청탁(淸濁)이 섞이니 분별할 수 없었다.(『경연일기』, 선조 11년 10월)

세상의 풍속이 쇠퇴하여 선비에게 조금이라도 학문을 향한 성의가 있으면 군주가 학문을 미워한다. 그리하여 유자(儒者)는 꺾이고 류속은 뜻을 얻으니 이것이 말세의 공통된 근심이다. … 성상의 마음이 류속과 깊이 일치하여 끝내 선(善)을 좋아하는 싹을 보존하지 못할까 한스럽다.(『경연일기』, 선조 12년 12월)

서인 명사들은 침체되고 억눌리어 뜻을 펴지 못하나, 용렬한 자들은 높은 자리에 오르고 류속이 뜻을 얻으니, 상의 마음이 어디에 있는지 알 수 없다.(『경연일기』, 선조 13년 윤4월)

'사류'가 조정에 본격 진출하기 시작한 선조 즉위 초에도, '사류'의 동서 분열이 극심해진 선조 12년 이후에도, 이이의 '주적'은 언제나 '류속'

대신들이었다. 이이는 『경연일기』 전반을 통해, '류속'과 '사류'의 구별짓기, 그리고 '류속' 대신들과 그들에게 친화적인 선조에 대한 비판을 계속하고 있다. 이로써, 그는 무엇을 얘기하고 싶었던 것일까?

이이는 왜?

『경연일기』는 발생 당시의 기록을 바탕으로, 사후 이를 회고적으로 정리하며 내용을 부가한 결과물이다. 이이가 『경연일기』를 완성한 선조 14년 말이라는 시점은, 출사 이래 진퇴를 반복했던 그의 관직 경력 중 마지막 시기이자 사망 2년 전이기도 하였다. 그는 자신의 관직 생활, 나아가 인생을 정리하는 느낌으로, 후세 사람들에게 무언가를 전하기 위해 『경연일기』를 남겼던 것이다. 그렇다면 이이는 왜 그러한 상황과 시점에서 『경연일기』를 남겼을까? 그리고 과연 그가 전하려고 했던 바는 무엇일까?

결과적으로, 임진왜란으로 인해 많은 사료가 소실되면서, 『경연일기』는 선조대 초반의 정국에 대해 알려주는 귀중한 자료의 하나가 되었다. 인조대 서인(西人)의 『선조수정실록』 편찬 사업을 주도했던 택당 이식(1584~1647)은 주요 자료로 '『석담야사』'를 활용했음을 기록으로 남겼다. 자료의 이름으로 추측하건대, 공간(公刊) 이전에 일부 이이의 후학들 사이에서 유통되고 있던 필사본을 이용한 것 같다. 실제, 『선조수정실록』의 많은 부분에서 『경연일기』의 내용을 그대로 옮겨 적은 것을 확인할 수 있다. 그러나 이러한 사실적 정보의 제공은 어디까지나 '역사적 우연'에 의한 결과로서, 그것이 이이의 본래 목적이었다고 보기는 어렵다.

『경연일기』에서 이이의 방점은 시국 사안이나 인물에 대한 자신의 생각과 평가에, 즉, '주관'과 '의견'에 있었다. 이는 '근안'의 서술이 이루어진 시점을 통해 미루어 알 수 있다. 내용이나 서술 방식으로 보건대, '근안'의 내용은 선조 14년에 작성한 것으로 보인다. 그는 수시로 사건과 인물에 대한 기록을 정리한 다음, 최종적으로 그에 대한 자신의 생각을 분명히 보여주기 위해 '근안' 작업을 하였던 것이다. 국왕 선조와 '류속' 대신들의 비협조, 그리고 동료 '사류' 동인과의 갈등 속에서 끝내 자신이 추구했던 바를 이루지 못하자, 이이의 시선은 이제 현재가 아니라 미래를 향하였다. 그리고 이는 『경연일기』에서 언제든 '사류'에게 닥칠 수 있는 위험을 경고하고, 정치의 장에서 피아(彼我) 구별의 중요성을 강조하는 것으로 이어졌다. 훗날 이이를 추앙했던 한 선비는 이이의 친필 『경연일기』를 감격 속에서 읽으며, '군자와 소인의 분별'에 주목함으로써 이이의 노력에 화답하였다.

〈참고문헌〉

고민정, 2008 「이이의 『석담일기』에 대한 서지학적 검토」 『전북사학』 32.

김경래, 2015 『선조대 초반의 정국과 율곡 이이의 개혁론』, 서울대 국사학과 박사논문.

김우형, 2009 「『경연일기』에 나타난 율곡의 재이관」 『율곡사상연구』 18.

김태완, 2012 『경연, 왕의 공부』, 역사비평사.

신하령, 2009 「『경연일기』를 통해 본 율곡의 당대 인물평 -졸기를 중심으로」 『율곡사상연구』 18.

오항녕 역, 2016 『경연일기, 난세의 기록』, 너머북스.

유성선, 2009 「『경연일기』의 판본 및 표제에 관한 서지적 검토」 『율곡사상연구』 18.

______, 2011 「『석담야사, 일기』에서 『경연일기』까지 간행과정의 사상적 추이 연구」 『한문고전연구』 22.

최영성, 2008 「『석담일기』의 필법과 율곡의 경세사상」 『유교문화연구』 13.

______, 2009 「『석담일기』의 역사의식과 서술방법」 『율곡사상연구』 18.

「인조교서(仁祖敎書)」와 척화(斥和)의 시대

허 태 구(許泰玖)*

사료 읽기와 역사 쓰기

사료(史料)를 한자 그대로 풀어 해석하면, '역사의 재료' 정도가 될 것이다. 그리고 여기에서의 역사는 과거에 벌어진 사건 전체를 가리키는 추상적 개념의 그것(History as past)이 아니라, 과거의 사건을 역사가가 다시 자신의 관점과 입장에서 재구성한 역사서술(History as historiography)을 의미한다. 우리가 추상적 개념의 역사를 인식하기 위해서는 반드시 구체적 역사서술이란 필터를 거쳐야만 한다. 한편, 사료는 역사가가 역사서술을 위해 동원·분석하는 것 모두를 지칭하며, 그 안에 각종의 문헌이나 유물을 포함하는 광범위한 개념이다. 하나의 내러티브로서 문학과 구별되

* 가톨릭대학교 인문학부 국사학전공 조교수.
대표논저 : 「병자호란 강화(講和) 협상의 추이와 조선의 대응」(『조선시대사학보』 52, 2010), 「병자호란 강화도 함락의 원인과 책임자 처벌 – 김경징 패전책임론의 재검토를 중심으로 –」(『진단학보』 113, 2011), 「병자호란 이해의 새로운 시각과 전망 – 호란기 척화론의 성격과 그에 대한 맥락적 이해 –」(『규장각』 47, 2015).

는 역사(서술)의 가장 큰 특징은, 후자의 경우 반드시 사료에 근거해야한다는 점이다.

이처럼 사료는 과거의 역사를 만나기 위한, 더 구체적으로 말하면 과거의 역사를 서술하기 위한 매우 중요한 도구이다. 이 도구를 잘못 사용할수록, 우리는 과거의 참된 역사에서 점점 멀어져 허구의 이야기 속을 헤매게 된다. 그러나, 전문 역사학의 관점에서 볼 때 사료를 '적절하게' 다루기란 보통 어려운 일이 아니다. 이 작업이 누구나 할 수 있을 정도로 용이하였다면, 유사 이래로 역사학의 독자 영역이 강고하게 존속하기 어려웠을 것이다.

역사가의 전문적인 작업을 거칠게 나열해보면, 사료 자체의 진위 여부를 판별하기, 사료를 현대의 언어로 번역하기, 다른 사료와 비교·대조하기, 사료의 정치성(政治性)과 모순성을 파악하기, 파편적인 여러 사료를 자신이 세운 하나의 맥락－일종의 가설 또는 이론?－속에 배치하여 개연성 있는 이야기를 만들어 내기, 역사적 의미 부여와 평가하기 등등 정도가 될 것 같다. 이러한 작업의 질과 숙련도는 당연히 역사가의 능력에 비례한다. 따라서, 방대한 사료를 수집·정리·독해·비판·해석하고 하나의 역사서술을 만들어냄으로써 과거를 재현하는 데에는, 전문적 지식의 방대한 축적과 함께 다 방면의 오랜 훈련이 필요하다.

학계에 종사하는 역사학자는 주로 논문이라는 형태로 자신의 역사서술을 발표한다. 역사학 논문의 우수성을 가늠하는 가장 중요한 잣대는, 다른 학문 분야와 마찬가지로 창의성이다. 이것은 문제 제기, 논증 과정, 해답과 결론 부분에서 끊임없이 요구되고 검증받는다. 즉, 기존 연구와 차별되는 지점을 부각하는 것이 학술 논문의 성패를 가르는 관건이 된다. 창의적 역사서술을 집필하기 위해서는 당연히 '새로운' 사료가 필요하다.

그런데, 이 '새로운' 사료를 구사하는 데에는 크게 두 가지 길이 있다.

첫 번째, 유물 발굴이나 해외 사료의 수집 등을 통하여 기존에 없던 사료를 그야말로 새롭게 확보하는 방법이다. 특히, 고대사 같은 경우는 문헌 사료의 부족으로 인하여 유물 발굴과 같은 고고학적 접근 방식을 차용한 새로운 역사서술의 생산이 이미 오래 전부터 활발하게 이루어져 왔다. 두 번째, 이미 존재하였지만 주목받지 않았던 사료를 이전과 다른 시각에서 접근하고 기존과 다른 맥락에서 조합함으로써 활용하는 방법이다.

이 글의 목적은, 바로 후자의 방법과 연관된 나의 사료 읽기 및 역사 쓰기 체험을 독자와 공유하려는 데에 있다. 개인적으로 역사학자가 가장 큰 희열을 느끼는 순간을 꼽으라면, 고유한 문제의식이 발전하고 당대 역사를 보는 본인의 시각이 발전함에 따라, 이전에는 아무 의미 없이 스쳐 지나간 사료들이 하나의 맥락 속에서 착착 연결됨을 느낄 때라고 생각한다. 나 역시 박사학위논문을 준비하면서, 그리고 이와 연관된 후속 논문들을 작성하면서, 기존의 사료가 달리 독해 – 단순한 번역이 아니라 의미와 맥락의 부여라는 관점에서 – 되는 즐겁고 신기한 체험을 조금이나마 하게 되었다. 이글에서는 조선의 제16대 국왕인 인조(재위 : 1623~1649)의 교서(敎書) 7편을 '새롭게' 독해한 경험에 대하여 이야기해보고자 한다.

계해년(癸亥年 : 인조 원년, 1623)의 교서 두 편

병자호란과 관련된 박사학위논문[1]을 준비하면서, 내가 관심을 기울였던 주제는 주화론(主和論)이 아니라 척화론(斥和論)이었다. 후금(청)과의 강

1 허태구, 2009『丙子胡亂의 정치·군사사적 연구』, 서울대학교대학원 국사학과 박사학위논문.

화(講和)를 끝까지 반대한 척화론자들은 왜 그런 선택을 했는가? 왜, 그들은 명에 대한 의리(義理)를 지키기 위해 나라가 망해도 어쩔 수 없다는 식의 극단적 주장을 하였는가? 병자호란의 참패에도 불구하고, 어떻게 송시열과 같은 척화론의 계승자들이 조선후기 역사의 승리자로 남았나? 광해군과 달리 인조반정의 집권 세력은 국제 정세에 무지하였고 국방 강화에 무관심하였기 때문에 전쟁을 자초하였나?

이러한 류의 질문 속에 쌓여 허덕이고 있을 때 접한 글이, 인조반정(仁祖反正)의 명분이 후대에 어떻게 인식되었는지 추적한 논문[2]이었다. 이 논문은 주로 시기에 따라, 붕당의 처지에 따라, 연구자의 입장에 따라 반정의 명분을 어떻게 해석하고 평가하였는가라는 주제를 다루었는데, 새롭게 배우며 공감이 가는 부분이 적지 않았다. 그 가운데서 가장 큰 감명을 받은 부분은, 이른바 반정의 3대 명분[3] 중 하나인 '배명친후금(排明親後金)'의 외교가 주도 세력만의 특정한 사상적 지향 때문이라기보다, 그것이 바로 당대 조선 사대부들의 가장 보편적인 불만을 대표하였기 때문에 선택되었다고 지적한 대목이었다.[4] 이같은 저자의 통찰은, 나로 하여금 병자호란과 척화론이라는 주제를 광해군과 인조의 대비라는 구도에서 벗어나 17세기의 조선사회라는 좀 더 구조적이고 거시적인 시야에서 바라보게 하는 또 하나의 계기가 되었다. 이 논문의 서두에서 집중적으로 분석한 사료가 바로 인조의 즉위교서였다. 인조의 즉위와 관련하여 두 편의 교서가 『인조실록』에 남아 있다. 하나는 인목대비의 이름으로,[5] 다른 하나는

2 계승범, 2008 「계해정변(인조반정)의 명분과 그 인식의 변화」 『남명학연구』 26, 경상대학교 경남문화연구원 남명학연구소.

3 폐모살제(廢母殺弟), '배명친후금' 외교, 민생의 피폐와 내정(內政)의 문란.

4 계승범, 2008 앞의 논문, 443~453쪽.

5 『仁祖實錄』 권1, 인조 1년 3월 甲辰(14일) 일곱 번째 기사.

인조의 이름으로 반포되었지만,[6] 실은 두 편 모두 정사공신(靖社功臣) 2등에 녹훈된 당대의 문장가였던 장유(張維)가 작성한 것이었다. 양자 공히 인조 즉위와 반정의 정당성을 천명하는 내용이었는데, 전자가 후자보다 훨씬 상세하였으므로 위 논문의 저자는 전자의 교서를 세밀하게 분석하여 자신의 논지를 전개하였다.

역대의 국왕은 각종 국가의 중대사마다 교서를 반포함으로써, 신료와 백성들에게 자신의 입장을 전달하고 이해와 지지를 구하였다. 이처럼 공식적이고 의례적인 성격으로 말미암아, 국왕 교서는 몇몇 사례－고려 충선왕 즉위교서, 조선 태조의 즉위교서 등－를 제외하면 주요 사료로서 논문에 활용되는 경우가 드물었다. 교서는 주로 국왕을 포함한 집권세력의 입장과 의도를 담고 있는데, 이같은 내용은 정권 변동 등의 특별한 사건을 제외하면 교서 아닌 다른 사료에 더 풍부하고 자세히 실려 있기 마련이기 때문이다. 그러나, 앞서 언급한 인조 즉위교서의 분석 사례에서 알 수 있듯이 국왕 교서라는 텍스트 고유의 성격은 이러한 사료를 역으로 활용할 수 있는 길을 열어준다. 이 경우, 교서는 작성자 또는 반포자의 지향보다 텍스트가 작성된 시대의 분위기를 감지하는 시료(試料)가 된다.

대명의리(對明義理) 또는 대명사대(對明事大)에 대한 당대 조선사회의 절대적이고 보편적인 지지는 인조의 즉위교서뿐만 아니라 다른 연대기·문집 사료 등에서도 어렵지 않게 확인된다. 정묘·병자호란 전후에 척화론을 강경하게 주도한 이들은, 반정공신이라기보다 연소한 언관(言官)이거나 재야의 유생(儒生)이었다. 반정을 모의한 자들의 대다수는 전황(戰況)을 관망하다가 인조나 김류(金瑬)처럼 주화론의 손을 결국 들어주었다. 한편, 반정세력의 핵심 중 한 부류인 이귀(李貴)나 최명길(崔鳴吉)은 안민(安民)과

6 『仁祖實錄』 권1, 인조 1년 3월 甲辰(14일) 여덟 번째 기사.

보국(保國)을 명분으로 후금(청)과의 강화가 불가피하다고 시종일관 주장하였다.[7]

정묘년(丁卯年 : 인조 5년, 1627)의 교서 두 편

위와 같은 방법론은, 나로 하여금 국왕 교서를 독해할 때 작성자나 반포자의 정치적 의도만을 파악하기보다, 시대를 읽는 창(窓)으로 활용하게 함으로써 망외의 소득을 가져다주었다. 이전에 흥미 없이 훑어보기만 하였던 인조의 교서들이 하나의 맥락 속에 엮어지면서, 작성중인 논문의 논지를 강화시켜주는 신기한 경험을 여러 번 반복하였다. 다음은 그 깨달음과 체험에 관한 첫 번째 이야기이다.

인조는 정묘호란 발발 이후 전세가 급격히 기울자 강화도 피난을 결심한다. 반정 이후 도성을 비우는 쉽지 않은 조치가 이괄의 난에 이어 두 번째로 시행되면서, 동요하는 민심을 달래기 위한 애통(哀痛)의 교서가 반포되었다. 장유의 손을 빌어 작성한 이 교서는 국왕의 실정(失政)을 자책하며 향후의 국정 운영 방향을 제시하는 내용을 담았다. 그러므로, 교서를 통해 집권세력의 정국 인식뿐만 아니라 당시 사족(士族)과 백성의 불만이 무엇인지 역으로 추적해 볼 수 있었다.

인조는 자신이 민심을 잃어버린 이유로 크게 네 가지를 지적하였다. 첫 번째, 즉위 직후 시행한 개혁 조치의 과실이 백성들에게 실질적으로 돌아가지 못하였다는 점을 언급하였다. 두 번째, 연이은 고변(告變)과 옥

7 허태구, 2013 「崔鳴吉의 主和論과 對明義理」 『한국사연구』 162, 한국사연구회, 92~96쪽 참조.

사로 무고하게 연루된 자가 많은 점을 지적하였다. 세 번째와 네 번째는 모두 군사 문제와 연관된 실정(失政)에 대한 자신의 소회(所懷)를 진술하였다. 다음 사료는 이 교서의 일부이다.

> 서쪽 변경에 오랜 동안 군사를 주둔시키고 모문룡(毛文龍)의 진영에서 군량을 독촉하는 바람에, 길 떠나는 사람은 짐을 싸고 집에 있는 사람은 보낼 준비를 하였다. 사람들의 머리수에 따라 조세를 거두어 들이니, 백성들은 곤궁에 빠지고 국고는 탕진되어 안과 밖이 소동을 겪었다. 비록 부득이한 일이었지만 백성들이 어떻게 감당할 수 있었겠는가? 이것이 내가 민심을 잃어버린 세 번째 일이다.
>
> 호패법(號牌法)은 본래 도망갔거나 죽은 자들의 결원(缺員)을 보충하고 인족(隣族)의 폐해를 제거하고자 한 것이었으며, 백성들을 괴롭히려는 것이 아니었다. 그러나, 1백 년 동안이나 폐지되었던 법을 갑자기 거행하여 숱한 놀고먹는 사람을 강제로 단속하였으며 일을 추진하는 데 급급하여 점진적으로 하지 못하였다. 구속하기를 지나치게 엄정하게 하고 독촉하기를 너무 치밀하게 함으로써 사람들이 그 불편한 점을 많이 말하였으나, 나의 독단으로 [호패법을 : 필자] 중지시키기는 어려웠다. 따라서, 뭇사람들의 분노를 샀으니 누가 나의 본심을 헤아리겠는가? 유생(儒生)의 고강(考講)은 실제 처음 시행한 것이 아니라 고전(古典)에 의거한 일이었으나, 역시 시의(時宜)에 맞지 않았다. 뜻은 비록 장려에 있었으나 사람들은 도리어 그 가혹하고 각박함을 의심하였다. 이것이 내가 민심을 잃어버린 네 번째 일이다.[8]

위의 사료에서 보이듯이, 당시 인조정권이 인심을 일어버린 가장 큰 이유는 후금에 대한 방어 소홀이 아니었다. 오히려, 당시의 집권세력은 후금과의 군사적 긴장의 고조됨에 따라 군량 확보를 위한 증세를 시행하고,

8 『仁祖實錄』 권15, 仁祖 5년 1월 丁亥(19일).

불법으로 누락된 군역(軍役) 자원을 색출하기 위한 조치를 취하려다가 민심의 역풍을 맞이하였던 것이다. 군역이 이미 고역화(苦役化)·천역화(賤役化) 되어버린 사회문화적 환경에서, 후자의 조치는 특히 사족(士族)들의 강력한 반발을 샀다.

적군의 침입으로 도성까지 버리고 피난가야 하는 절박한 상황이었지만, 군비 증강을 위한 호패법 시행은 민심의 불만을 달래고 사족층의 의병 봉기를 유도하기 위해 유명무실화되고 말았다. 이 교서의 말미에서, 인조는 호패의 파기와 새로이 작성된 성적(成籍 : 호적대장)의 소각을 명하였다. 이것은 군비 증강과 민간의 이해가 충돌하는 딜레마적 상황을 보여주는 대표적 사례이다. 또 한편으로는, 군비 확충의 광범위한 공감대를 형성하고 재원 분담을 위한 사회 제 집단의 이해관계를 조율하는 데에 당시 적지 않은 난관이 있었음도 보여준다. 나아가, 왜란과 호란을 극복할 만한 국방력의 질적 전환이 집권세력의 의지보다 좀 더 구조적인 차원에서 해결되어야만 하는 사안임을 의미한다.

인조는 강화도로 피난을 완료한 뒤 다시 교서를 반포하여, 불리한 전황을 알리면서 대소 신민(臣民)의 적극적 참전을 독려하였다. 홍명형(洪命亨)이 작성한 이 교서 역시 전반부에는 자신의 책임을 강조하는 내용을 담고 있었다. 다음 사료는 이때 작성된 교서의 중반부이다.

> 내가 덕이 없어 큰 난리를 만나 부득불 태왕(太王)이 양산(梁山)을 넘었던 일[9]을 따라 잠시 흉봉을 피하려고, 이에 종묘 사직(의 신주神主 : 필자)과 자전(慈殿 : 인목대비)을 받들고 강도(江都)로 왔다. 도

9 주 문왕(周文王)의 할아버지 태왕(太王), 즉 고공단보(古公亶父)는 적인(狄人)의 침입을 받아 당시 수도인 빈(豳) 지역을 버리고 양산(梁山)을 넘어 기산(岐山) 아래에 도읍을 정하였다.

성 사람들이 도로에 넘어지고 온갖 일이 질서를 잃어 팔도가 진동하였으니, 마음이 아프고 낯이 뜨거움은 물론 그 죄가 실로 나에게 있는데 무슨 말을 하겠는가? 적이 안주(安州)를 통과한 이후부터 차인(差人)이 호서(胡書)를 여러 차례 보내와 우호를 통하자고 요구하고 있다. **개돼지 같은 그들의 말을 비록 믿을 수 없지만 우리가 임기응변하여 잠시 전쟁의 화를 완화시키는 계책으로 삼는 것은 부득이한데, 오랑캐의 마음은 헤아릴 수가 없어 심지어 천조(天朝 : 명나라)를 거절하라는 말을 하였다. 군신(君臣)은 하늘과 땅 같아 대의(大義)가 분명하니, 나라가 멸망하더라도 이 제안을 감히 따를 수 없다**[강조는 필자].[10]

위의 사료에서 강조된 부분은, 대명의리 또는 대명사대에 대한 인조의 절대적이고 당위적 지지를 담고 있다. 여기에서 놓치지 말아야 할 것은 이러한 내용보다, 바로 이 교서가 작성된 시점이다. 이와 같은 메시지가 전쟁 직후 성난 민심을 달래기 위한 국왕의 자책(自責) 교서에 실렸다는 점에서 당대의 주류적 심성(心性)이 무엇이었는지 역으로 추정해 볼 수 있다고 단언한다면 무리일까? 대명의리와 척화는 결코 인조반정 주도 세력만의 지향이 아닌 당시 조선 사대부 전체가 공유하는 이념이자 가치였다는 점을, 이 사례를 통하여 다시 한 번 확인할 수 있었다.

병자년(丙子年 : 인조 14년, 1636)의 교서 두 편

대청(大淸) 체제로의 전환 직전인 인조 14년(1636) 2월, 후금은 대규모 사신단을 파견하여 그들의 황제 존호 진상(進上)에 형제국 조선도 동참하도록 압박하였다. 그러나, 후금의 이러한 강압은 조선 조야(朝野)의 광범

10 『仁祖實錄』 권15, 仁祖 5년 2월 辛丑(4일).

위하고 격렬한 반발만 불러 일으켰다. 다음의 두 사료는 양국의 갈등이 깊어지던 병자년 봄에 작성된 교서의 일부이다. 첫 번째, 두 번째 교서 모두 작자는 미상이다.[11]

> 우리나라가 갑자기 정묘호란을 당하여 부득이 임시로 화친할 것을 허락했는데, 오랑캐의 욕구는 한이 없어서 공갈이 날로 심해지고 있다. 이는 참으로 우리나라에 전에 없던 치욕이다. 그러니 치욕을 참고 통한을 견디면서 장차 한번 기운차게 일어나 이 치욕을 씻기를 생각함이 어찌 끝이 있겠는가. **요즈음 이 오랑캐가 더욱 창궐하여 감히 참람된 칭호를 가지고 의논한다고 핑계를 대면서 갑자기 글을 가지고 나왔다. 이것이 어찌 우리나라 군신(君臣)이 차마 들을 수 있는 것이겠는가? 이에 강약과 존망의 형세를 헤아리지 않고 한결같이 정의(正義)로써 결단을 내려 그 글[존호 진상에 동참하라는 내용 : 필자]을 물리치고 받아들이지 않았다**[강조는 필자]. 호차(胡差) 등이 여러 날 요청을 했으나 끝내 받아들여지지 않자 성을 내고 가게 되었다. 도성(都城) 사람들은 전쟁의 화가 조석(朝夕)에 박두해 있다는 것을 알고 있으면서도 오히려 그들을 배척하여 끊은 것을 통쾌하게 여기고 있다.[12]

> 아, 정묘년의 변란에 기미(羈縻)의 계책[≒화친책 : 필자]은 대체로 부득이하여 나왔다. 그런데 10년 사이에 공갈이 날로 심하더니, **이제는 차마 듣지 못할 말로써 의논한다는 핑계로 나를 시험하고 있다. 이에 나는 강약을 따지지 않고 의리에 의거하여 배척해 끊었는바, 전쟁이 조만간 닥칠 것이다. 이 또한 내가 당초 화친을 허락한 데서 말미암은 소치이다**[강조는 필자]. 생각이 여기에 이름에 후회한들 무슨 소용이

---

11 당시 실록기사(인조 14년 3월 20일)의 문맥을 보면, 두 번째 교서를 당시 대제학 김상헌(金尙憲)이 찬술하였을 가능성도 있으나 확실하지 않다. 그의 문집인 『청음집(淸陰集)』에는 이 교서가 실려 있지 않다.

12 『仁祖實錄』 권32, 仁祖 14년 3월 丙午(1일).

있겠는가? 무릇 조정에 있는 신하 및 초야(草野)에 있는 선비들은 반드시 가슴 속에 말하고 싶은 것이 있을 것이다. 위로는 임금의 잘못에서부터 아래로는 백성들의 고통에 이르기까지 남김없이 다 말하여 나의 부족한 점을 바로잡아 구제하라.[13]

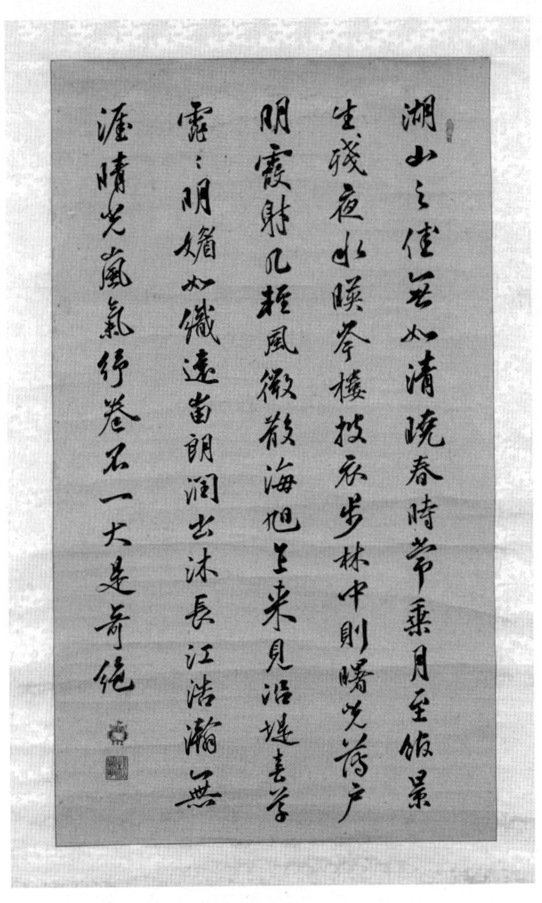

[그림 1] 인조어필(仁祖御筆) (국립중앙박물관 소장)

13 『仁祖實錄』 권32, 仁祖 14년 3월 乙丑(20일).

一相以此引避而出○以柳琳為副元帥○甲辰引見大臣備局堂上三司長官尹昉曰虜使發怒而去我國終必被兵當講備禦之道都城則決不可守預入江都措置宜矣都承旨金慶徵曰今日所講者備禦之道非避亂之計入江都是第二件事也○以尹墀為大司諫洪命一為獻納金益熙為正言尹熀為吏曹參議沈悅為工曹判書吳達濟為修撰柳琳為平安兵使鄭蘊為副提學李沆為北兵使李時昉為全羅監司○三月朔丙午兵曹請令副元帥申景瑗倍日無行毋失事機 答曰不必過慮也○上下諭于八道曰我國卒致丁卯之變不得已權許羈縻而谿壑無厭恐喝日甚此誠我國家前所未有之羞恥也含垢忍痛思將一有所奮以湔此辱者豈有極哉今者此虜益肆猖獗敢以僭號之說託以通議遽以書來此豈我國君臣所忍聞者乎不量強弱存亡之勢一以正義斷決郤書不受胡差等累日要請終不得接辭至於發怒而去都人士女雖知兵革之禍迫在朝夕而反以斥絶為快況八路若聞朝廷有此正大之舉危迫之機則亦必聞風激發誓死同仇豈以遠近貴賤而有間哉忠義之士各效策略勇敢之人自願從征期於共濟艱難以報國恩○命減赴西軍身後○丁未備局請以前府使文希聖為安州防禦使其後以與兵使柳琳體

[그림 2] 「인조교서」(『인조실록』 인조 14년 3월 1일)

첫 번째 교서는 존호 진상의 동참을 요청한 후금의 사신이 아무 성과 없이 도성을 떠난 직후에 작성되었다. 후금의 청을 거절하였으니, 전쟁의 화(禍)가 조만간 닥칠 것이므로 일치단결하여 방비하자는 내용이었다. 이것이 바로 귀환하던 후금 사신단이 탈취함으로써 병자호란 개전(開戰)의

빌미로 삼았다는 유명한 교서이다. 더 정확히 말하자면, 이 교서에 기반하여 평안 감사에게 내린 인조의 유지(諭旨)를 후금 사신단이 빼앗아 간 것으로 보인다.[14] 후일 청의 국서에 부분 인용된 유지의 내용으로 미루어보아, 전자와 후자는 거의 동일한 내용이었던 것으로 생각된다.[15] 두 번째 교서는 후금 사신단이 압록강을 넘어간 직후에 다시 반포된 교서이다. 국가 중대사에 신하들의 의견을 구하는 구언교서(求言敎書)의 형식을 띠고 있었지만, 위의 사료에서 생략된 교서의 서두는 여러 분야에서 자신의 실정(失政)을 자책하는 내용이었다.

위의 두 교서에서 강조된 부분에 주목하면, 인조정권이 국제 정세와 자국의 국력을 오판하여 전쟁을 자초(自招)하였다는 일반의 상식은 여지없이 무너진다. 이러한 점을 논증할 당대 사료는 열거할 수 없을 정도로 많다. 이에 기반하여 여러 정황을 조합하여 보면, 인조대 외교 정책의 배경에는 척화와 대명의리라는 거부할 수 없는 국내 여론의 엄청난 압력이 있었음을 알 수 있다. 이것을 부정할 경우 초래될 체제 위기의 폭발력은,

14 『仁祖實錄』 권32, 仁祖 14년 3월 壬子(7일) "以絶和備禦事 下諭平安監司 禁軍齎書以去 被執於胡差伏兵 胡差使鄭命守 來言於監司曰 得貴國文書 已令燒之云 蓋佯燒他書 而潛取其書也 政院請更令頒布 從之"; 羅萬甲, 『丙子錄』 「記初頭委折」 "自上卽下敎八道 諭以斥和之意 西路賫去諭旨 爲胡將所奪 終爲執言之地".

15 『淸太宗實錄』 권33, 태종 2년 1월 壬寅(2일) "是日 遣戶部承政英俄爾岱馬福塔齎敕往南漢城 付朝鮮閣臣洪某侍郞李某 敕曰昔年我軍東征瓦爾喀時 爾朝鮮以兵截戰 後明國來侵我爾 朝鮮又率兵助之 彼時念鄰國之好 竟置不言 及獲遼東地方 爾復招納遼東之民 獻於明國 朕始赫怒興師 於丁卯年伐爾 豈恃强凌弱 無故加兵耶 爾自是陽爲和順陰圖報復 **時令爾邊臣 聚集智謀之士 激勵勇敢之人 欲何為也**[강조는 필자]"; 『仁祖實錄』의 같은 날 기사에는 자료가 착간(錯簡)되어, 이 국서가 아닌 「大淸國寬溫仁聖皇帝誥諭朝鮮官民人等」의 내용이 실려 있으므로 이용에 주의를 요한다. 『承政院日記』, 『丙子錄』 등에는 『淸太宗實錄』과 같은 내용의 국서가 (문자의 출입은 다소 있지만) 실려 있다.

다름 아닌 '배명친후금' 외교가 초래한 광해군의 정치적 고립과 이를 틈타 거병한 자신들의 행적이 반증한다.

전운이 더욱 고조된 병자년의 11월, 인조가 남긴 "방어할 준비를 하고자 하면 형세가 이와 같고[≒사회경제적 상황이 여의치 않고 : 필자], 화친할 방책을 세우고자 하면 이름 있는 선비의 무리가 모두 불가하다고 말한다. 적은 오고야 말 것인데 어떻게 해야 하는가?"[16]라는 한탄은 당시 조선이 처한 진퇴양난의 상황을 압축적으로 보여준다.

정축년(丁丑年 : 인조 15년, 1637)의 교서 한 편

마지막으로 검토할 사료는, 인조의 출성(出城) 항복 이후 팔도에 반포된 교서의 일부분이다. 주화파 최명길이 작성하였다.

> 이러한 때를 당하여 군신(君臣) 상하가 망할 날만 기다리는 형편이었는데, 그래도 다행히 두 아들과 한 손자가 종묘와 사직(의 신주神主 : 필자)을 받들어 모시고 강도(江都)에 건너가 있었으므로 아직은 신민(臣民)을 의탁할 희망이 있었다. 그러나 어찌 생각이나 했겠는가? 사람의 지모(智謀)가 훌륭하지 못해 천연의 요새도 함락되고 말았다. 가령 내가 하루의 치욕을 참지 못하고 융통성 없이 필부(匹夫)의 의리만을 지켰던들 이씨(李氏)의 혈식(血食)은 여기에서 끊어졌을 것이다. 전자와 후자를 비교하면 죄에 경중이 있기 때문에 두, 세 명의 대신이 눈물을 흘리며 나에게 억지로 청하였으니, **본래의 마음과 일이 어긋나 오늘날 얼굴을 들기가 실로 부끄럽다.…그러나 돌아보건대 내가 매우 마음 아파하는 것은 이 때문이 아니다. 백성을 기르는 자리에 있으면서 도**

16 『仁祖實錄』 권33, 仁祖 14년 11월 壬子(12일).

(道)를 잃은 나머지 나 한 사람의 죄 때문에 모든 백성에게 화를 끼쳤다. 그리하여 난을 구하러 달려온 군사들로 하여금 길이 전쟁터의 원혼이 되게 하였다. 죄 없는 백성은 모두 다른 나라의 포로가 되게 하였다. 아비는 자식을 보호하지 못하고 지아비는 지어미를 보호하지 못하게 하여 어디를 보든지 간에 가슴을 치고 하늘에 호소하게 하였다. 백성의 부모가 되어 책임을 장차 누구에게 전가할 것인가[강조는 필자]?[17]

인조는 삼전도(三田渡)에서 청 태종 홍타이지에게 삼배구고두(三拜九叩頭)를 행함으로써, 국시(國是)와 다름없이 지지받았던 대명의리를 만백성의 모범이 되어야 할 자신이 몸소 부정하였다. 아울러, 전쟁의 수행 과정에서 많은 군사와 백성들이 죽고 다치거나, 납치되어 청나라에 노예로 끌려갔다. 따라서, 이 교서는 위의 강조된 부분처럼 처절한 자기반성과 위기감 속에서 작성되었다. 한편, 자신의 출성 항복을 어떻게 해서든지 합리화하기 위한 변명도 많이 포함되어 있어, 비판적으로 독해할 여지도 많다.

위의 사료에서 언급된 것처럼, 강화도 함락은 인조가 출성 항복을 결심한 결정적 계기로 알려져 있다. 그러나, 당시 남한산성은 강화도 함락의 여부와 상관없이 이미 농성 지속의 동력을 거의 상실한 상태였다.[18] 이같은 상황을 고려한다면 강화도 함락은 궁지에 몰린 인조정권에게 명분상의 퇴로를 극적으로 열어준 사건이라고도 볼 수 있다.

한편, 이 교서는 필부와 군주의 의리를 구별하면서 자신의 출성 항복

17 『仁祖實錄』 권34, 仁祖 15년 2월 己丑(19일).

18 조선은 남한산성 농성의 말미로 갈수록 청군 전력의 증강과 공세의 가중, 식량의 부족, 근왕군(勤王軍)의 패배, 군심(軍心)의 이반 등으로 인해 출성항복과 결사항전이란 양자택일의 막다른 골목에 몰리고 있었다. 남한산성의 농성 과정에 대해서는 허태구, 2010 「병자호란 講和 협상의 추이와 조선의 대응」 『조선시대사학보』 52, 조선시대사학회 참조.

이 국가의 존속을 위한 어쩔 수 없는 행위라는 점을 지적하였다. 사실 이러한 논리는 교서의 작성자인 최명길이 병자년에 올린 봉사(封事)에서 이미 동원한 것으로,[19] 자신의 스승인 성혼(成渾)이 임진왜란 때 일본과의 화의(和議)를 주장하면서 올린 상소문이 그 출처이다. 인조와 최명길은 반정 이후 대명의리라는 명분에서 점점 후퇴한 조정의 입장을 설명하려고 애 썼다. 그러나, 굳이 인조반정의 명분을 떠 올리지 않더라도 의리(義理)라는 용어의 당대적 의미[20]만 고려해보아도 교서의 주장은 궁색한 변명이었음을 쉽게 알 수 있다. 종전 후 최명길조차 정축화약(丁丑和約)을 주도한 자신의 행위를 권도(權道)라고 자평했을 뿐이지 전혀 자랑스러워하지 않았다. 전쟁이 참패로 끝났지만, 조선의 군신(君臣) 어느 누구도 대명의리를 부정하거나 비난하지 않았다. 종전 직후 반포된 이 교서에 여전히 명나라 의종(毅宗)의 숭정(崇禎) 연호가 기입된 것은,[21] 17세기의 조선이 '척화(斥和)의 시대'였음을 보여주는 그야말로 상징적인 사례이다.

필자는 이와 같은 고찰을 토대로, 호란기의 척화론은 1644년에 멸망해 버린 명이라는 특정 국가에 대한 맹목적 종속 의식이나 국제 정세에 대한 오판에서 제기된 것이 아니라, 명이 상징하는 중화(中華) 문명에 대한 가치를 당대 조선의 사대부 모두가 공유한 데서 비롯된 것이라고 결론내렸

19 崔鳴吉, 『遲川集』 권11, 箚「丙子封事」第三.

20 의리는 당대의 용법으로, 어떠한 상황에서도 반드시 지켜야만 할 보편적인 도덕 법칙이나 당위를 의미한다. 주의해야 할 점은, 한 인간이 의리를 지켜야 하는 근거가 어떤 은혜나 이득에 있지 않다는 것이다. 예를 들어, 부모에 대한 의리를 반드시 지켜야만 하는 것은 나를 잘 길러 주신 부모의 은혜 때문이 아니다. 그것은, 천리(天理 : 보편적 도덕법칙)이기 때문에 반드시 그래야만 하는 것, 또는 저절로 그렇게 되는 것이기 때문에 지켜야 하는 것이다.

21 『仁祖實錄』 권34, 仁祖 15년 2월 戊戌(28일) "備局啓曰 卽聞哀痛教書 被奪於淸兵 而書以崇禎年號云 生事之患 誠極可慮 自今以後 大小文書 皆用崇德年號 以此意 下諭于兩西及咸鏡監兵使爲當 答曰 知道".

다.[22] 척화론자들이 진정 우려하였던 것은 명의 문죄(問罪) 또는 보복이라기보다는 대명의리의 포기를 통한 윤리와 도덕의 붕괴였으며, 천하와 후세의 비난이었다.[23] 따라서, 이들에게 주화·척화의 문제는 외교적 진로의 선택이 아닌 문명과 야만, 인간과 짐승을 택하는 실존적 결단의 문제였다. 이러한 맥락에서 보아야만 대명의리의 고수를 위해서 국가가 망해도 어쩔 수 없다는 척화론자들의 발언도 이해의 실마리를 잡게 될 것이다.

필자는 향후 병자호란 이후에도 조선에서 대명의리와 중화 의식이 강고하게 존속한 현상을, 민족자존이나 왕권강화가 아닌 논리로 설명해보려는 연구계획을 갖고 있다. 대명의리 또는 중화 의식과 연관된 당대인의 심성을 사대(事大)와 자주(自主)라는 이분법적 틀이 아닌 보편적 문명의식의 차원에서 접근해야만 북벌(北伐)과 북학(北學)의 문제도 좀 더 당대의 맥락에서 그리고 자연스럽게 설명될 수 있을 것이라 전망한다.

다 써 놓고 보니, 과연 내가 사료를 '새롭게' 독해한 것이 맞는지, 그리고 대수롭지 않은 경험을 침소봉대한 것은 아닌가라는 걱정이 새삼 든다. 세상에 내 놓기 부끄러운 글이지만, 역사학에 입문하려는 분들에게 작은

22 필자는 병자호란의 전후 과정을 고찰하면서, 전력의 열세와 임진왜란 때와 달리 명이 조선을 구원해주지 않으리라는 사실을 조선의 조야가 명확히 인지하였음에도 불구하고 광범위하게 척화론이 제기되고 지지받았던 현상을 '두 개의 대명(對明) 인식'이라는 틀을 동원하여 시론적으로 설명한 바 있다. 이중 하나는 특정 국가로서 명에 대한 인식이고 다른 하나는 중화 보편 문명을 상징하는 명에 대한 인식이다. 필자는 후자의 인식이 조선 건국 초부터 전자의 인식과 함께 병존하였으며, 척화론은 전자가 아닌 후자의 차원에서 제기된 것이라고 주장하였다(허태구, 2009, 앞의 논문, 153~171쪽).

23 『仁祖實錄』 권33, 인조 14년 10월 丁丑(6일) "玉堂…仍上箚曰…噫 我國之於天朝 名分素定 非若羅麗之事唐宋也 壬辰之役 微天朝則不能復國 至今君臣上下相保而不爲魚者 其誰之力也 今雖不幸而大禍迫至, 猶當有殞而無二也 不然 將何以有辭於天下後世乎".

힘이나마 보탬이 될지도 모른다는 희망을 갖고 작성하였다. 이상으로 나의 사료 읽기 및 역사 쓰기와 연관된 이야기를 마친다.

〈참고문헌〉

『仁祖實錄』(국사편찬위원회 조선왕조실록DB, http://sillok.history.go.kr).

『淸太宗實錄』(국사편찬위원회 명·청실록DB, http://sillok.history.go.kr/mc/main.do).

羅萬甲(1592~1642), 『丙子錄』(尹在瑛 譯, 1985, 韓國自由敎養推進會).

崔鳴吉(1586~1647), 『遲川集』(한국고전번역원 한국고전종합DB, http://db.itkc.or.kr/).

계승범, 2008 「계해정변(인조반정)의 명분과 그 인식의 변화」 『남명학연구』 26, 경상대학교 경남문화연구원 남명학연구소.

허태구, 2009 『丙子胡亂의 정치·군사사적 연구』, 서울대학교대학원 국사학과 박사학위논문.

_____, 2010 「병자호란 講和 협상의 추이와 조선의 대응」 『조선시대사학보』 52, 조선시대사학회.

_____, 2013 「최명길의 主和論과 對明義理」 『한국사연구』 162, 한국사연구회.

왜정자문(倭情咨文)을 통해 본 외교문서의 액면과 진의

김 태 훈(金泰勳)*

조선시대 '왜정자문'

왜정(倭情)은 일본의 정세·동향을 뜻한다. 자문(咨文)은 조선시대 중국과의 사이에 외교적인 교섭이나 통보, 조회할 일이 있을 때에 주고받던 공식적인 외교문서로서, 조선 국왕과 명·청의 육부(六部) 관아 사이에서 오고간 문서이다. 그러니까 왜정자문은 '일본의 정세·동향을 중국에 보고하는 외교문서/외교적 행위'를 말한다. 여기에서 초점을 맞추어 살펴보고자 하는 병자호란 이후의 왜정자문의 경우 보고의 주체는 조선 국왕이고 수신자는 청의 병부(兵部)가 된다.

* 단국대학교 사학과 박사후연구원.
대표 논저 : 「병자호란 이후 倭情咨文의 전략적 의미」(『한일관계사연구』 50, 2015), 「에도시대 일본의 임진왜란 인식-林羅山의 『豊臣秀吉譜』를 중심으로-」(『한국사학사학보』 34, 2016), 「인조대 전반기 국제정세 변화와 대일정책」(『한일관계사연구』 55, 2016).

조선은 건국 이후 줄곧 일본에 대한 정보, 즉 '왜정'을 명과 공유해왔다. 동아시아 해역사(海域史)의 관점에서 보자면 14~16세기는 소위 '왜구의 시대'로 불리울 정도로 왜구로 인한 피해가 막심했다. 왜구 대책이 국가 안보상 중대 사안이었던 만큼, 조선과 명은 일본·왜구의 동향을 주시하면서 관련 정보를 상호 교환·공유하였던 것이다. 일례로 대규모 원정군을 파견하여 왜구의 본거지를 공략한 1419년(세종 1)의 기해동정 역시 조선이 자체적으로 수집한 정보 뿐 아니라, 명으로부터 제공 받은 정보를 토대로 제반 사항을 조율한 후에 취해진 군사 행동이었다. 조선전기 명에 대한 왜정자문은 왜구 문제에 대응하는 과정에서 취해진 조·명간 공동대응의 일환이었다고 할 수 있다. 한편, 조선은 기해동정 등의 대일 군사 조치나 통신사 파견 등 대일외교상의 주요 사안을 명에 사전/사후에 자문을 보내 보고하였지만, 조선의 대일정책에 대해 명이 제어력을 발휘했다거나 간여한 것으로 보이지는 않는다. 조선전기 대일정책·대일외교는 독립적·독자적인 영역이었다.

임진왜란 이후에도 명에 보내는 왜정 보고는 계속되었다. 17세기 초반 명은 내정의 혼란과 더불어 여진의 흥기 등 외환에 직면하면서 쇠퇴 일로에 있었다. 이전 같았으면 멀리 일본의 정세까지 신경 쓸 여유가 없는 상황이었다고 하겠다. 그러나 임진왜란을 겪은 직후 시점인 만큼, 조선으로부터 전해지는 왜정은 명에게 매우 긴요한 정보였다. 조선의 입장에서도 왜정을 명과 공유한다는 것은 조·명간에 전략적 공감대 구축이라는 의미를 지닌 외교 행위였다. 그처럼 임진왜란 이후에도 왜정자문은 조선과 명의 이해가 합일된 결과물이었다고 하겠다. 문제는 병자호란 이후의 왜정자문이다.

임진왜란 종전 후 17세기 초반의 동아시아 정세는 요동 치고 있었다. 명의 쇠퇴와 여진의 흥기로 인한 북방의 위협, 여전히 우려되는 일본의 재침 가능성 등, 전쟁은 끝났지만 조선을 둘러싼 외부 환경은 극도로 불안정하였다. 그리고 그러한 불안정한 구도는 흔히 '남왜북로(南倭北虜)'라는 말로 표현되곤 한다. 남방의 일본과 북방의 여진, 조선을 위협하는 두 적대 세력을 지칭하는 표현이다. 1636년 병자호란은 북방의 적대 세력인 청(여진)을 사대의 대상으로 강제로 바꾸어놓았다. 표면적으로 대청관계가 사대-책봉으로 귀결되었지만, 조선에서는 반청 의식이 확산되었고 청을 여전히 적대시하는 분위기였다.

그러면 왜정자문은 어떻게 되었을까? 종전에 명에 발송되던 왜정자문은 병자호란 이후 수신처가 청의 병부로 바뀌어 지속되었다. 200년 이상 우호 관계를 유지하던 명이 아닌, 강압으로 조선을 굴복시킨 청에 일본의 정세를 보고하게 된 것이다. 뒷부분에 상술하겠지만, 청은 병자호란 직후부터 일본에 관한 정보를 제공할 것을 요구하였다. 17세기 전반의 상황에서 일본에 관한 정보를 청에 제공했다는 사실에서, 외부 압박에 시달리며 피동적으로 대응하는 당시 조선이 느꼈을 무력감을 떠올리는 것은 당연한 듯 보인다. 이처럼 왜정자문은 일면 당연한 선입견을 지니고 보게 되는 자료이다.

매력적인 자료, 그리고 당연한 선입견

유쾌하지 않은 선입견을 지니고 보게 되는 자료이지만, 왜정자문은 또 한편으로는 분명 매력적인 자료이다. 필자의 주된 연구 분야는 조·일관계사이지만, 연구를 진행하다보면 자연스레/필연적으로 검토의 대상이 중국을 포함하는 동아시아로 확장되곤 한다. 특히 격변기였던 16세기 말~17세기 전반의 경우는 더욱 그렇다. 그래서 왜정자문과 같은 자료는 매우 매력적일 수밖에 없다. 좀더 자세히 말하자면, '조선-일본' 혹은 '조선-청' 등 양자 간/양자 관련의 문서를 넘어서는 다자간/다자 관련의 문서·자료는, 다자간의 역학관계·상호관계를 보여줄 것이라는 기대를 한껏 불러일으키기 때문이다. 필자가 왜정자문에 주목하게 된 계기는 조선의 대일정책이 병자호란 이후 시점에도 독자성을 유지했는지에 대한 궁금증이었다. 역시 출발은 조·일관계에 대한 검토였던 셈이다. 그리고, 결론이 뻔하지 않을까 하는 염려가 되기는 했지만, 왜정자문은 필자가 지닌 궁금증에 대한 해답을 제시할 최적의 자료 가운데 하나로 다가왔다.

왜정자문에 관해 본격적으로 얘기하기 전에 먼저 필자가 17세기 대일정책을 연구하면서 광해군대~인조대 전반기까지의 대일정책에 관해 확보한 시각을 잠깐 소개하자면 다음과 같다. 임진왜란 당시 종전을 위한 협상은 조선을 사실상 배제한 채 명·일간의 교섭으로 진행되었다. 전쟁의 최대 피해국인 조선이 자국 영토에서 벌어지고 있는 전쟁과 관련한 군사적·외교적 대응 과정에서 철저히 소외되었던 것이다. 그러나 전쟁이 끝나고 명군이 철수한 이후 조선은 강화·국교재개를 위한 대일교섭권을 되찾을 수 있었다. 쇠퇴 징후를 보이고 있던 명으로서는 더 이상 조·일간의 문제에 간여할 여력이 없었을 뿐만 아니라, 임진왜란 당시 참전 여부에서부터 전략적 대응 방안 등을 둘러싸고 겪었던 명 조정 내의 심각한 내분으로 인해 명군 포로 송환 등의 최소한의 전제 조건이 충족되자 재빨리 손을 뗐던 것이다. 다만, 조·일관계에 대해 최소한의 견제의 끈을 놓을 수 없었던 명은 주로 요동의 아문(衙門)들을 통해서 조선의 대일정책에 일정하게 간여하는 방식을 취한다. 그러한 환경에서 조선은 견제력을 발휘하려는 명의 존재를, 오히려 일본과의 외교 교섭에서 조일관계에 대한 명의 주시·개입을 과장하여 부각시킴으로써, 일본측의 무리한 요구를 차단하는 등으로 역이용하였다. 이른바 '차중지계(借重之計)'였다. 그처럼, 광해군대 대일정책은 남왜북로(南倭北虜)의 극도로 불안정한 역학구도 하에서도, 명으로부터 독자성을 유지하면서도 한편으로는 명의 존재를 적극적으로 부각함으로써 일정한 성과를 거둘 수 있었다. 그리고 반정으로 집권한 인조 정권에서도, 효율적으로 작동하던 광해군대 대일정책을 계승하게 된다. (이와 관련해서는 광해군 정권과 인조 정권의 차별성만을 대비시킴으로써 인조대의 대외정책이 광해군대의 그것과 대립되는 성격이었을 것이라는 오해가 광범위하게 확산되어 있는 듯도 하다.) 광해군~인조대 전반기, 위태로운 국제정세와 상국(上國)인 명의 외교적 견제 속에서도 대일정책의 독자성을 유지하면서 대일관계를 안정적으로 유지하였다는 점은 대외정책상 성과로 평가할 수 있는 부분이었다.

이상과 같이, 필자가 확보한 시각은 인조대 전반기의 대일정책 역시 광해군대의 연장선상에서 일정한 성과를 거두었다는 것이었다. 그런데 병자호란으로 인해 조선을 둘러싼 동아시아 역학구도는 일변하였으며, 종전까지 조선이 취했던 대외정책의 전열은 완전히 흐트러져버렸다. 조선의 대일정책이 청에 제어 당하거나, 혹은 최소한 남북으로부터의 압박에 더욱 고단하게 되어버린 상(像)을 접할 마음의 준비 정도는 해야 하는 대목이 아닐까.

왜정자문은 문서의 발송자는 조선(국왕), 수신자는 청(병부)이고 문서의 내용은 일본(정세)이라는 점에서 상당히 흥미로운 소재로 다가온다. 그러나 병자호란 이후 인조~효종대 당시의 국제정세와 조·청관계를 고려하면, '일본의 정세를 청에 보고하는 문서'였던 왜정자문은 그 자체로서 어찌 보면 뻔한 이야기 밖에 할 수 없는 소재일 것이라는, 별다른 기대를 할 수 없는 문서가 아닐까 하는 선입견을 갖게 하는 일면이 분명 존재하는 자료였다. 왜정자문에 관한 몇 안되는 연구 성과들 역시 그러한 선입견을 굳혀 준다. 대청(對淸) 왜정자문에 대한 연구는 손꼽을 수 있을 정도인데, 이는 대청 외교문서에서 왜정자문이 차지하는 비중이 수적으로 매우 적다는 점에 기인한 것으로 보인다. 17세기 중반의 대청외교의 흐름을 거시적으로 파악하는 속에서 왜정자문의 일부를 활용하여 논리 보강의 논거로 활용한 연구라든지, 왜정자문 각각의 원문을 해석하고 내용을 개괄적으로 분석한 연구 등이 있었다. 그들 연구에서는 청에 보낸 왜정자문을 통해 조선이 일본과 청과의 관계를 '조율'하고자 했다고 평가하거나, 왜정 보고를 당초 '왜정가려(倭情可慮)'의 명분을 내세워 축성 등을 도모하면서 궁극적으로 청을 견제하는 수단으로 활용하려 하였으나 왜정을 청과 공유함으로써 대일정책상 자율성을 확보할 수 없었고 결국에는 청의 판도에 순치되어 가는 추세로 이어졌다고 분석한 것이 요지였다.

합리적인(?) 추론에 기반한 선입견에다가 기존 연구가 전하는 메시지를 확보한 상황에서 왜정자문을 굳이 검토하기 시작했던 것은, 어떤 결론이 나든 관련 자료의 검토를 통해 직접 그 의미를 분석하고 추가적·보완적 논거를 하나 더 확보하겠다는 정도의 소박한 마음에서였다. 왜정자문에 대해 기존 연구를 넘어서는 새로운 해석을 시도하겠다는 당찬 목표가 있었던 것은 아니다. 필자는 우선, 병자호란으로 사대의 대상이 명에서 청으로 바뀐 이후 대청 왜정자문이 최초로 작성·발송되는 시점에 조선 조정내에서 이루어졌던 관련 논의들을 『조선왕조실록』·『승정원일기』 등의 연대기 자료를 통해 시간 순으로 재구성하기 시작했다. 발송 배경에 대한 검토를, 왜정자문의 내용 자체에 대한 세밀한 분석에 앞서, 진행한 것이다.

결과·현상이 아닌 '과정'에 주목해서 액면이 아닌 '진의'를 읽어내기

필자가 『조선왕조실록』이나 『승정원일기』를 통해 보아왔던 인조는 대외정책에 관한 한 매우 현실적이고 주도면밀한 군주의 모습이었다. 대일외교상의 제문제에 관해서도 뚜렷한 소신을 가지고 관련 논의를 주도하는 것을 볼 수 있었다. 주도면밀하고 전략적 주관을 가진 인조가 병자호란의 패전 이후 압박에 못이겨 피동적으로 청이 요구하는 대로 일본의 정세를 꼬박꼬박 보고했다는 사실은 어딘가 어색하다는 인상을 지울 수 없었다. 특히 격변하던 동아시아 국제정세 속에서, 병자호란 이후 국가간의 역학관계를 어떻게 상정하고 대처해야 하는지에 대한 논의 과정에서 인조가 피력했던 견해는 상당히 인상 깊었다. 게다가 당시는 반청 여론이 지배적인 상황이었다. 그런데, 여하튼, 그러한 국왕의 존재, 그리고 반청적 분위기에도 불구하고 얼핏 생각해도 중요한 '일본의 동향[왜정]'을 청에 보고한다는 것은 아무래도 외교적 압박에 의해 마지못해/불가피하게/피동적으로 이루어진 일일 것이라고 자연스레 추측하게 된다. 또 그러한 불가항력의 상황은 역사나 현실에서 얼마든지 있을 수 있고, 주도면밀한 모습을 보여주었던 사료 속의 인조 역시 예외란 법은 없으니 말이다. 하지만 『조선왕조실록』·『승정원일기』 등 편년 자료에서 병자호란 이후 대청 왜정자문 관련 기사를 발췌하고, 왜정자문의 작성과 발송 과정을 재구성하면서 상황론적·결과론적 인식에 기반한 선입견은 조금씩 수정되었다.

편년 자료를 통해 '대청 왜정자문의 시작'을 재구성하면서 가장 인상적으로 다가왔던 부분은 국왕 인조의 자발적 선택에 의해서 왜정자문 발송이 이루어졌다는 사실이었다. 앞서 언급한 바, 청은 병자호란 직후부터 청·일간의 통교 주선을 조선에 요구하는 한편, 칙사 파견이나 심양관(瀋陽

館)의 소현세자 등 다양한 통로를 통해서 일본 관련 정보를 제공할 것을 요구하였다. 본격적인 중원 공략을 앞두고 있던 청은, 명과 일본의 관계를 명확히 파악할 필요가 있었다. 청은 명과 일본의 군사적 연합을 미연에 방지하고 자신들이 일본과 통교함으로써 위협 요소를 제거하고자 했다. 그리고 대일무역을 통해 무기 수입과 좀더 원활한 물자 공급을 도모한 측면도 있다고 보인다. 그러나 조선으로서는 적대적인 두 나라(청과 일본)의 연합을 저지해야 하는 입장이었다. 병자호란 직후 시점에는, 조선을 침략한 청에 대해서 뿐만 아니라 일본의 동향(도발 가능성)으로 위기의식도 상당히 고조된 상황이었다. 더구나 조선이 청·일본 간의 외교·통상의 공간이 되는 것은 안보·경제·사회의 모든 면에서 우려할 만한 일이었다. 당시는 일본인의 상경마저도 금지하고 있는 상황이었다. 그리고 만약 이 시기에 청-일 간의 통교가 성사되었다면 조선의 대일정책상 독자성이 위협받았을 가능성이 컸으리라 추론할 수 있다. 인조대 후반의 대청 왜정자문은, 청·일간의 통교를 둘러싼 조선과 청의 이해가 이처럼 상충되는 상황에서 시작되었다. 그리고 그것은 청의 압력에 의한 조선의 피동적 대응에 의해서가 아니라, 조선이 일본의 외교적 압박에 대책을 강구하는 과정에서 시작된 것이었다. 즉 왜정자문은 조선 조정의 대일정책 논의 과정에서 도출된 자발적 대응책이었던 것이다.

발단은 1637년(인조 15) 12월 일본측이 보내온 7조목의 서계였다. 이 서계에는 의례·서식(書式) 개정에 관한 일방적 요구와 함께, 병자호란의 결과·진상과 조·명관계가 여전히 이상없이(전쟁으로 단절되거나 하지 않고) 유지되고 있는지를 묻는 내용이 포함되어 있었는데, 조정에서는 그 대목을 심각하게 받아들였다. 당시는 병자호란을 전후한 일본측의 심상치 않은 동향으로 인해 왜구가 침략할 것이라는 와언이 널리 퍼져 있는 상황이었다. 그런데 7조목의 서계를 통해 일본이 갑작스럽게 의례 개정 요구로 외교적 압박을 가하면서 조선과 중국 정세를 탐지해오자 조정에서는 그것을 심각하게 받아들였던 것이다. 그리고 국왕 인조는 그 대책으로 일본 서계 7조목을 첨부하여 일본의 동향[왜정]을 알리자는 제안을 하게 된다. 반청적 분위기 속에서 대청 왜정자문에 대한 반대의견이 조정내에서 절대다수였지만, 인조의 결단에 의해 1638년 3월 첫 왜정자문이 청으로 발송되었다. 부연하자면, 1637년 12월 일본의 7조목 서계에 대한 대응책 마련에 부심하던 인조가 왜정을 청에 알림으로써 조·청간 전략적 공감대 구축을 시도하였다고 하겠다. 이는 대청 왜정 보고를 통한 '비왜론(備倭論)'의 전개로도 해석 가능하다.

비왜론은 인조의 기본 구상 즉, 일본의 위협에 대응하기 위해 조·청간 전략적 공감대 구축을 추구하는 역학관계 상정과 부합하는 것으로, 인조의 의사가 반영된 대일·대청 전략이었다. 비왜론은 일본의 동향에 민감하게 반응할 수밖에 없었던 청의 입장과 일본의 도발에 대한 최소한의 안전장치를 조·청 간 전략적 공감대 형성을 통해서 마련하고자 했던 조선의 입장이 맞물리면서 인조대 말까지 유지되는 모습을 보였는데, 인조 정권과 청 조정의 원만한 관계 역시 청이 비왜론에 제동을 걸지 않았던 요인이었다. 비왜론은 가시적 성과를 거두기도 하였는데, 제약을 받고 있던 군비확충에 대한 1645년 청의 묵인·승인 조치가 그것이다. 요컨대, 왜정자문을 통한 대청 비왜론의 전개는 병자호란 이후 일변한 국제정세 하에서 전개되었던 조정의 동아시아 역학구도 상정에 관한 논의의 결과물이었다. 청의 압박에 의한 피동적 대응의 산물이 아닌, '남왜북로'의 구도하에서 존립을 위해서 어떠한 전략을 선택해야 하는가의 논의와 모색의 산물이었던 것이다.

병자호란 이후 대청 왜정자문은 기존 연구에서처럼 '조율'이라는 모호한 용어로 규정되어서도 안되며, 상황론적·결과론적 시각에서 그 의미를 축소해서도 안되는 자료이다. 필자는 왜정자문의 내용 분석에 앞서, 발송 배경과 관련 논의를 세밀히 검토함으로써 선입견을 탈피할 수 있었고 그 내용 역시 체계적으로 분석·해석할 수 있었다. 분석 대상으로 삼은 인조대 후반기 11건의 왜정자문들은 한결같이 그때그때의 일본의 동향을 충실히 담아 전달하고 있다. 그러나, 거기에 그치지 않고, 다소 과장된 표현으로 '일본의 정세가 몹시 우려스럽다[倭情可慮·可疑]'는 메시지를 청에 확실하게 전달하였다. 그리고 청은 조선 조정의 의도대로 왜정자문에 민감하게 반응하였으며, 조선은 청·일간의 통교를 저지하면서 조·청간 전략적 공감대 구축의 측면에서 일정한 성과를 거둘 수 있었다. 일본 관련 정보를 충실하게 담아낸 것은 왜정자문의 겉모습, 즉 '액면'이다. 그 겉모습은 당시 청에 압도당한 현실과 맞물려 전달되면서 연구자에게 선입견의 굴레를 지운다. 외교문서의 속살, '진의'는, 특히 17세기 전반과 같은 격변기의 경우에는 더욱, 액면과는 많은 괴리를 보이곤 한다. 어느 자료나 마찬가지겠지만, 외교 문서 역시 자료의 도출 배경이나 관련 논의에 대한 이해가 전제되어야, 해당 자료에 대한 체계적 분석·해석 역시 가능하다.

과거의 현실, 역사

필자는 왜정자문을 분석·검토한 바를 논문으로 정리하였는데, 이를 통해 17세기 전반 대외관계를 바라보는 데 몇가지 소득을 거둘 수 있었다. 첫째, 외견상 청의 압력에 타협적으로 순응한 결과물로 받아들여지기 십상인 왜정자문이 동아시아 역학구도 상정과 전략적 추구의 산물임을 확인할 수 있었다. 곧 대청외교를 '대세 순응' vs '명분론에 기반한 저항'의 단순 대립구도로 도식화하는 이해 방식을 비판적으로 바라보게 되었다.

둘째, "북방의 정세 변동에 대비하기 위하여 일본과는 평화적 관계 유지에 주력하였다"는 일반론은 극히 제한적인 시기에 한하여 사실(史實)과 부합함을 알 수 있었다. 셋째, 왜정자문을 활용한 비왜론의 전개를 통해 청의 대일통교주선을 무마하였고, 조·청간 전략적 공감대를 형성할 수 있었으며, 군비확충에 대한 청의 견제를 완화시킨 점 등등 왜정자문의 전략적 의미를 구명할 수 있었다.

한편, 위와 같이 요약한 학술상의 성과 이외에도 왜정자문과 같은 외교문서를 분석하고 그 '진의'에 접근함으로써 기대할 수 있는 것들을 얘기해보려 한다. 대외관계사 연구들을 보면 '대세' 혹은 '큰 흐름'에 주목하여 역사적 변화를 설명하면서, 상황론적·결과론적 인식을 전제로 하는 경우가 드물지 않다. 대외관계사뿐 아니라 역사를 통시적·거시적으로 조망하는 많은 경우에 발생하는 일이라고도 할 수 있다. 상황론적·결과론적 인식은 과거의 사실을 매우 명확하게 설명해줄 뿐더러, 평가나 현실적 교훈도 명료하게 제시된다. 그러한 경우, 우리는 이미 알고 있는 결말을, 미리 예견하고 변화에 순응한 과거의 주체들은 매우 후한 평가를 받게 된다. 판단의 기준은 분명하다. 그런데 현실은 어떠한가. 현재의 국제사회의 역학관계 변화를 일컫는 용어 가운데 하나가 G2이다. 중국의 영향력 확대와 미국의 비중 축소로 요약되는 G2의 시대, 중장기적인 결론이 어떻게 될 지 또는 구도의 변화가 있다면 정확한 시점은 언제일지 궁금하다. 많은 예상과 전략의 제시가 난무하지만, 결말이나 터닝 포인트가 되는 시점을 점치듯 예상해서 베팅하는 것이 외교 전략이 될 수는 없다. 큰 흐름을 주시하는 한편으로, 국면마다의 적절한 결단과 대응을 해나가는 것이 결국 현실을 지탱하는 힘이다. 역사는 과거의 현실이다. 거시적 조망을 목표로 상황론적·결과론적으로만 볼 것이 아니라, 때로는 각각의 국면마다의 대응을 탐색해낼 때 그 현실에 좀더 근접할 수 있을 것이다. 왜정자문과 같은 외교문서의 진의를 탐색하는 작업은 거시론적 시각을 제공하기보다는 해당 국면의 상황과 전략을 보여줌으로써 유용하게 다가올 것이다. 그리고 그러한 자료의 검토를 통해 연구자들은 좀더 현실적인 전략과, 변화를 추동하는 행위를 볼 수 있게 된다. 대외관계사를 연구하는 데 그러한 시선의 균형은, 현재의 문제를 해결하는 데 참고하게 되는 역사적 사례들을 좀더 값어치 있는 데이터들로 향상시킬 것이다.

〈참고문헌〉

中村榮孝, 1969『日鮮關係史研究』, 吉川弘文館.
한명기, 2009『정묘·병자호란과 동아시아』, 푸른역사.
홍성구, 2009「淸朝의 日本認識」『역사교육논집』42.
심재권, 2013「朝鮮과 明의 실무적 외교문서 '咨文' 분석」『고문서연구』42.
김태훈, 2015「병자호란 이후 倭情咨文의 전략적 의미」『한일관계사연구』50.

역사 속의 논쟁 읽기
-조선 현종대 국가(國家)-가(家) 관계에 대한 인식

이 민 정(李敏貞)*

들어가며

조선시대 연구자들, 특히 정치사나 사상사를 공부하는 연구자들이 가장 많이 들여다보는 자료는 아마도 '문집(文集)'일 것이라고 생각한다. 문집 속에는 시문·상소문·논설문·서발문·기문·서간문·묘지문 등 상당히 다양한 종류의 글이 있다. 이 중에서 내가 소개의 대상으로 삼은 글의 종류는 서간문과 상소문이다. 이 장르의 글들은 따로 설명할 필요가 없을 만큼 작성의 목적과 형식이 명확하다.

별다른 설명이 필요 없을 이 사료들을 대상으로 굳이 이야기 해보고 싶은 것은 바로 사상사적 접근을 위한 사료 읽기의 방법이다. (사실 어떤 형식의 사료든 사상사적 접근은 가능하다. 모든 역사는 결국 사상사라는 생각에 동의한다면 말이다.) 여기에서 선택한 사료들은 조선후기에 일어

* 서울대학교 국사학과 대학원 박사과정 수료.
대표논저 : 「朴世采의 '皇極' 인식과 君主像」(『韓國史論』 57, 2011).

난 한 사건을 둘러싸고 당시 사건의 관련자와 주변인들이 견해를 개진한 글들의 일부이다. 이를 하나의 '논쟁'으로 간주하고, 구성된 논쟁이 가진 의미를 도출하기 위해 필요한 과정들에 대해서 소개할 것이다.

사료 소개

소개할 사료는 조선후기 현종 연간 김만균(金萬均)의 공무수행(行公)을 둘러싸고 벌어진 당대 지식인들의 논쟁에 관한 것이다. 이 논쟁은 선행연구를 통해 '공의사의(公義私義) 논쟁'으로 알려져 있다.

1663년(현종 4) 11월 국왕 현종은 청나라 사신을 맞이하기 위해 모화관(慕華館)으로 친행해야 했는데, 김만균은 국왕에 대한 배종을 회피하고자 수찬(修撰) 직을 사퇴하려 한다는 상소를 올렸다. 이는 김만균의 할머니인 연산 서씨(連山 徐氏)가 병자호란 당시 강화도에서 순절했기 때문에, 사적인 정리(私情)를 생각하면 도저히 원수를 접대하는 일에 참여할 수 없다는 이유에서였다. 그러나 승정원에서 이 상소를 접수하는 것을 거부하고 김만균을 논척하는 방향으로 일이 흘러갔고, 그 주도자는 우승지였던 서필원(徐必遠)이었다. 그는 원활한 공무수행(行公)을 위해서는 사적인 정리는 부모의 선까지만 허용해야 하며, 조손(祖孫)간의 관계는 부자(父子) 관계와는 차이가 있기 때문에 김만균이 조모를 위하여 행공을 거부한 것은 죄라고 주장하였다. 이러한 그의 주장이 받아들여져 김만균에게는 공무수행을 계속하라는 명이 내려졌지만, 이를 지속적으로 거부한 김만균은 결국 파직되었다. 이로써 김만균을 둘러싼 논란은 일단락되는 듯하였다.

이듬해인 1664년 정월, 송시열(宋時烈)에 의해 김만균 사건이 다시 언급됨으로써 본격적인 논쟁이 시작되었다. 송시열은 주자(朱子)의 복수오

세설(復讎五世說)을 근거로 들면서, 공무수행을 거부하는 김만균의 주장은 타당하며 사의(私義)를 존중하는 것은 인륜(人倫) 실천의 가치를 지닌다고 강조하였다. 당시 함경도 관찰사로 재직 중이던 서필원은 「함경감사를 사직하는 소(辭咸鏡監司疏)」를 통해 송시열의 견해를 반박하였다. 이후 송시열의 문인들과 언관들을 중심으로 서필원을 탄핵하는 상소가 속출하면서, 조선 지식인들 사이에서 김만균의 행공과 관련된 사안이 본격적으로 논쟁거리가 되었다. 송시열 역시 위 서필원의 상소를 입수하여 읽은 뒤 이에 대한 자신의 견해를 이단상(李端相)에게 편지로 알렸고, 그 자세한 내용은 「이단상에게 답함(答李幼能)」 이라는 편지 중 별지(別紙) 부분에 실려 있다. 지속되는 논쟁 속에서 서필원의 견해는 수세에 몰렸고, 결국 그가 파직되는 것으로 일이 마무리 되었다. 김만균 사건은 이후에도 종종 조정에서 언급되었는데, 일례로 이단상은 송시열을 조정으로 부르자고 상소를 올리면서 송시열 견해의 타당성을 주장하였다. 서필원은 김만균의 일과 관련하여 이단상이 자신에 대해 언급한 상소를 입수하여 읽고는 사직소를 올려 자신의 견해를 밝히는데, 이것이 「황해감사를 사직하는 소(辭黃海監司疏)」이다. 언급한 구체적인 사료 외에도 이 사건과 관련하여 당시 관료와 학인들이 주고받은 서간문, 조정에 올린 상소문은 매우 많다.

서간문과 상소문은 성격이 다른 문서이지만, 이 논쟁이 진행되는 양상에서 알 수 있듯이 '공개성'의 차원에서는 공통점을 가진다. 즉, 당시 이 논의에 관심을 가졌던 사람들이 주고받은 서간문과 상소문은 제3자에게 공개되어 토론을 위한 텍스트 및 증거로 쓰이고 있었다. 언어로 표현된 자료가 논쟁의 중심에 위치하게 된 것이다. 김만균의 공무수행을 둘러싸고 많은 사람들이 자신의 견해를 언어화한 모든 텍스트들은 (그 사료의 개별적인 특성에 앞서) 이 논쟁을 탐구하기 위한 사료로 쓰일 수 있을 것이다. 다만 이 글에서는 논의의 편의를 위해 그 많은 텍스트 중에서도 위에서 구체적으로 언급한 자료들만을 가지고 이야기를 풀어나가겠다.

사료 선택의 과정

1. 연구 주제 선정 : 조선후기 지배층의 국가-가(家) 관계에 대한 인식

연구 주제 선정은 아주 단순하고도 모호한 물음에서 시작했다. 조선의 지배층들은 어떠한 국가체제를 지향했기에 정치과정 속에 혈연적 요소가 개입되는 것을 허용하였는가? 가장 대표적인 사례가 소위 세도정치기의 정치적 현상들이다. 이 물음은 결국 조선 지배층의 국가론을 탐구해야 한다는 필요성, 이를 통해 조선의 정치체제 성격, 정확히는 세도정치기의 이데올로기적 기반을 해명할 수 있을 것이라는 전망으로 다가간다.

그렇다면 현재까지 조선시대 국가론에 대한 연구로는 어떠한 것들이 있으며, 그것들은 다시 어떠한 의의를 가지는가에 대해 살펴보는 연구사 정리가 필요하다. 국가의 본질과 기능 및 그 역사적 기원에 대한 조선 당대인들의 이론을 국가론이라고 정의할 수 있다면, 조선 지배층의 국가 '인식'(이념 또는 이데올로기라는 말과 같다)을 살펴보는 작업이 핵심적일 것이라는 생각을 하게 되었다. 현재까지 정치사 영역에서 진행된 정치체제나 권력구조에 대한 고찰은 국가론 탐구의 조건을 만족하는가? 가장 익숙하게는 국가를 구성하는 제도적·기구적 요소의 작동 방식과 운영원리를 통해 설명하는 구조기능주의적 접근이 있겠다. 그러나 국가론이라는 당대인의 인식의 차원을 다뤄야 하는 문제를 탐구함에 있어 구조기능주의적 접근만으로는 부족한 면이 있다. 구조에 대한 탐구 속에서 정작 역사

속의 주인공들의 목소리와 생각은 고려될 여지가 적을 수 있기 때문이다.

인간의 '인식'이라는 것은 그들의 자기정체성과 분리할 수 없다. 행위자의 주체성 문제를 생각하면 더욱 그러하다. 조선 지배층은 치자(治者)로서의 정체성을 가지는 동시에 한 가문(家門)의 일원으로서의 정체성도 강하게 가지고 있었다. 이 두 정체성이 강하게 결합된 결과물이 바로 '문벌의식'이라고 생각하였다. 이들의 정체성이 이러한 이상, 결국 이들의 국가 이데올로기에도 자신들의 가(家) 또는 가문(家門)이라는 정체성이 투영될 수밖에 없었다고 생각된다. 이러한 일련의 고민 끝에 조선 지배층의 국가론 탐구를 위하여 세부적 연구 주제로 삼은 것이 바로 '조선 지배층의 국가－가(家) 관계에 대한 인식'이다.

2. 연구 주제를 어떻게 다룰 것인가 : 담론 연구

나의 연구 주제가 '조선 지배층의 국가－가(家) 관계에 대한 인식'이라면 이 주제를 어떤 방식으로 연구할 것인가? 선행연구들은 이것을 어떻게 다루었는가를 먼저 살펴보았는데, 그 중 한 가지 경향성이 뚜렷하게 보였다. 인간의 행위와 사상은 물질적 조건에 의해 구조적으로 결정되며, 이에 따라 인간은 이해관계에 입각하여 경쟁한다는 입장이 여러 선행연구들의 공통적인 전제였다. '가문'으로 대표되는 개인의 이해관계 영역인 사적영역이 국가의 공적영역을 점차 잠식하게 되는 구도가 조선 정치사의 결론이라는 것을 생각하면 될 것이다.

위와 같은 경향성은 현대의 우리들에겐 너무나 당연하고 쉽게 납득 가능한 것일지도 모른다. 그러나 인간이 이해관계에 따라서 합리적 선택으로만 행동하지 않는다는 것은 수많은 역사적 사례를 통해서 알 수 있다. 조선 지배층에게 이데올로기의 기반을 제공했던 성리학의 존재를 고려하면 더더욱 그렇다. 조선은 어느 사회보다도 이념의 규정성이 강한 국가였다. 성리학이 인간 내부의 욕망을 인정하되 적절히 통제하는 방법을 고도로 발전시키고 이를 통해 정치체를 유지하려는 사상체계였다는 점을 고려한다면, '이해관계'의 잣대만으로 조선 지배층의 국가-가(家) 관계를 규정하는 것은 충분하지 않다. 그러나 그렇다고 해서 인간이 신념과 사상에 따라서만 행동한다고 생각하는 것도 오해일 것이다. 역사는 한 가지 기준으로 설명될 수 없는 복잡다단함을 가진다는 점을 지속적으로 고려해야 한다.

조선 지배층이 국가-가(家) 관계를 어떻게 인식하고 있었는지 명확하게 파악하고 기술하기 위해서는, 그에 맞는 적절한 방법이 요구된다. 앞에서 이야기 하였듯 인간의 행위는 신념과 이해관계 사이의 그 어딘가에 있을 수도 있고, 아니면 전혀 다른 곳에 기초하고 있을 수도 있다. 그들의 행위 이면에 숨겨져 있는 진심은 우리가 명확히 파악할 수 없다. 우리에게 주어진 것은 오직 그들이 언어로 남긴 텍스트, 즉 사료(史料)이다. 조선 지배층의 인식이라는 것도 결국 그들이 남긴 텍스트가 이야기해주는 것이다. 그러나 텍스트 그 자체만을 공들여 읽는다고 해서 그것의 의미가 온전히 파악될 수는 없다. 텍스트를 둘러싼 외부의 지적 맥락을 분석하는 작업이 필수적이다. 예를 들어 특정 사상을 온전히 이해하기 위해서는 텍스트상의 어휘가 어떤 상황과 행위에서 비롯되었는지 파악해야 한다. 이는 다시 중심 텍스트와 관련된 여타의 텍스트에 대한 면밀한 고찰을 필요로 한다. 텍스트를 둘러싼 외부의 지적 맥락, 현실과 텍스트 사이에 있는 언어적 맥락을 살펴봐야 한다는 조건을 만족시킬 수 있는 것은 바로 '담론 연구'이다.

3. 연구 목표에 맞는 사료 선택하기

조선시대 지배층의 국가-가(家) 관계에 대한 인식을 당대 사람들의 담론을 통해 연구한다는 연구 목표가 세워졌다면, 연구의 대상을 확보하는 일이 바로 사료를 선택하는 작업이다. 담론의 텍스트는 여러 범주에서 다양하게 생성된다. 예를 들어 이 글에서 설정한 연구 주제에 맞는 텍스트로는 가훈류(家訓類)·가전류(家傳類)·족보서문(族譜序文)·족회(族會)나 종회(宗會)에 대한 기록물·종계(宗契)에 대한 기록물·문중통문(門中通文) 등이 있는데, 그 종류가 매우 많다. 그러나 이 많은 사료들이 전하는 의미를 일목요연하게 파악하기란 쉽지 않다. 즉, 담론의 지형을 먼저 파악하는 작업이 필요한데, 이 작업을 수행하는 데에 도움이 되는 것이 바로 '논쟁'이다.

국가-가(家) 관계에 대한 인식을 두고 벌인 논쟁이 있다면, 이 논쟁 속에서 발화자들이 서로 충돌하는 지점과 공통적으로 합의하는 지점을 찾아낼 수 있다. 논쟁은 그것이 속한 담론의 지형을 좀 더 명확하게 드러내 준다는 장점이 있기 때문에, 논쟁 속에서 생산된 텍스트는 연구자가 전반적인 맥을 잡는 작업을 도와주는 자료라고 할 수 있다.

이상 상기한 몇 단계의 과정을 통하여 선택한 사료가 바로 위에서 제시한 김만균의 공무수행을 둘러싸고 당시 지식인들이 벌인 논쟁 자료, 구체적으로는 논쟁과 관련하여 생산한 상소문과 서간문 자료이다. 다행히도 이 사건의 경우 이미 선행연구가 존재하여 사건의 얼개를 파악하고 관련된 사료를 추리는 작업이 용이하였다. 당연한 이야기지만, 이 자료들만 완벽히 분석한다고 해서 조선후기 국가-가(家) 관계에 대한 당시 지배층들의 인식을 정리할 수 있다는 것은 아니다. 이 논쟁에 대한 분석은 전체 담론 분석을 위한 시작이자, 그 일부이다.

사료 분석

이하에서는 구체적으로 위에서 언급한 사료의 일부를 제시하고 이를 분석하여 현종대 지배층들의 국가-가(家) 관계 인식의 단면이 어떠했는지 고찰하여, 내가 사용할 방법론에 대한 예시를 보일 것이다.

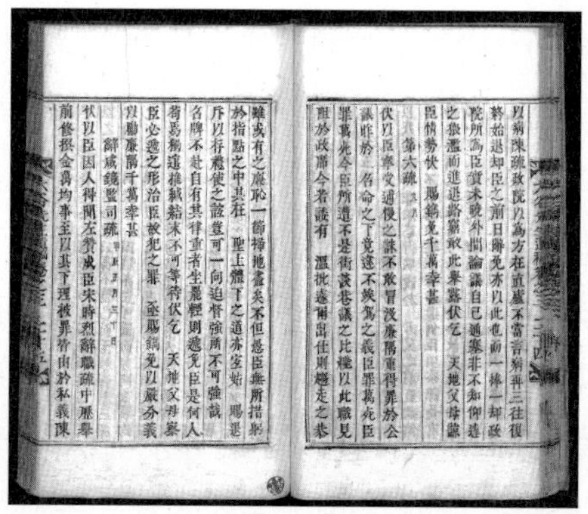

[그림 1] 서필원, 『육곡유고(六谷遺稿)』 권3 「사함경감사소(辭咸鏡監司疏)」 첫면

[그림 2] 서필원, 『육곡유고(六谷遺稿)』 권3 「사함경감사소(辭咸鏡監司疏)」 둘째면

Ⓐ 신이 보건대 맹자(孟子)가 '안으로는 부자(父子)관계가 있고 밖으로는 군신(君臣)관계가 있으니, 사람의 대륜(大倫)이다.'라고 하였고, 또 삼강(三綱)의 항목에서 '임금은 아버지와 반열을 나란히 하지만, 다른 경우는 (반열을) 같이 하지 않는다.'고 하였고, 또 '임금과 부모는 일체'라는 설이 옛 가르침에 보입니다. 이것들로 미루어보건대, 군신과 부자의 관계와 조손(祖孫)과 곤제(昆弟)의 관계가 어찌 경중(輕重)과 선후(先後)의 구별이 없겠습니까. 또한 복제(服制)의 논리로 논해보아도 1년과 3년의 차이가 있으므로 또한 천리(天理)나 인정(人情) 면에서 같지 않음을 볼 수 있습니다. (중략) 지금 신의 주요한 뜻은 단지 조정에 있는 신료들로 하여금 (사안의) 경중을 재고 선후를 참작하여 피할 수 없는 대의(大義)를 폐하게 하지 않고자 하는 것일 뿐입니다. 이것이 과연 이적으로 빠져들고 금수의 지경으로 들어가는 지름길이 되는 것인지 모르겠습니다. 위에 있는 사람이 되어 사적인 정리(私情)를 펼 수 있도록 허락하는 것에는 마땅히 정해진 규정이 있고, 아래에 있는 사람이 되어 사적인 정리를 펴고자 하는 것에도 또한 마땅히 정해진 한계가 있습니다.[1]

Ⓑ 돌이켜 찾아본다면 모두 근거할 만한 게 있을 것이지만 공신(功臣)이라는 자들은 그렇지 않아서 사적인 은의(私恩)만 위주로 하고, 함부로 '인륜을 망치고 의리를 어지럽혔다(敗倫悖謬)'라는 말로 힘써 욕설(醜詆)을 더합니다. '패륜'이라고 말하는 사람들은 '조손간의 윤리를 망쳤다.'고 말하고, '패류'라고 말하는 사람들은 '복수의 의리를 어지럽혔다.'고 말합니다. 만약 벼슬하지 않는 사람을 가지고 이 말을 한다면 이는 진실로 옳습니다. 그러나 만약 이미 벼슬하고 있는 사람을 가지고 이 말을 한다면, 조손간의 윤리를 망쳤다는 것으로 저를 비판하는 것은 임금과 신하의 윤리를 스스로 망치고 있음을 자각하지 못하는 것이고, 복수의 의리를 어지럽혔다는 것으로 저를 비판하는 것은 공과 사의 분별을 스스로 망치고 있음을 자각하지 못하는 것이

1 徐必遠, 『六谷遺稿』 권3 「辭咸鏡監司疏」.

니, 한숨이 나오는 것이 이상할 것이 없습니다.[2]

> Ⓒ '복수에는 정해진 한계가 있다'는 말은 감히 가볍게 논의할 수 없는 점이 있으니, 『예기』와 주자의 가르침이 이미 이와 같네. 만약 성인이라는 존재가 다시 나온다면 예전과 지금의 상황을 참작하고 공과 사를 재고 판단할 수 있기 때문에 폐단이 없는 방법을 시행할 수 있다고 여기겠지만, 성인보다 한 등급 밑이면서 어느 누가 감히 설을 만들어 성현의 말씀 중에서 이것은 따를 만하고 저것은 따를 만하지 못하다고 말한단 말인가. (중략) 또한 서필원의 상소에서는 '자기의 정을 따르고자 한다면 별도로 그 방법이 있을 것이다.'라고 하였는데, 이것이 맞는 말인가? 서필원의 의도란, '출사(出仕)하지 않고 은거하는 것만 못하다.'는 것이겠지만, 이 역시 그렇게 생각할 수 없는 점이 있네. 저 원수의 존재가 같은 나라에 있는 필부라면 마땅히 죽을 때까지 보복하는 것을 도모하면서 보복하기 전까지는 정말로 출사해서는 안 되네. 그러나 만약 원수의 존재가 이웃의 적국에 있는 사람이라면 임금의 세력에 의지하지 않고서 어떻게 저 원수에게 복수하겠는가. 그렇기 때문에 장자방(張子房)은 박랑사(博浪沙)에서의 철퇴를 휘두르려는 계획이 어그러지자 패공(沛公)을 보내어 도모하지 않을 수 없었고, 유언수(劉彥脩)는 촉 땅에서의 전투에서 죽지 못하자 도독부의 참의사가 되어 이를 의논하지 않을 수 없었던 것이네. 오늘날 저들을 원수로 생각하여 조만간에 원수 갚기를 도모할 뜻이 있는 사람이 있다면, 우리 임금에게 의지하지 않고 오히려 누구에게 의지하겠는가.[3]

위에서 제시한 글은 각각 서필원(ⒶⒷ)과 송시열(Ⓒ)이 작성한 글을 나열한 것이다. 이는 당시 조선의 지배층들이 국가와 가(家)의 관계에 대한 인식이 표출되어 논쟁으로 구성된 것의 일부이다.

2 徐必遠, 『六谷遺稿』 권3 「辭黃海監司疏」.

3 宋時烈, 『宋子大全』 권64 「答李幼能－別紙」.

위 인용문에 따르면, 서필원과 송시열 양자가 공유하는 생각을 읽을 수 있다. 둘에게 공히 국가와 가(家)는 서로 경쟁하는 가치로 인식되었고, 상황에 따라 선택해야 하는 대상이었다. 김만균이 조모의 일을 명분으로 공무를 수행하지 않으려 한 것에 대해 줄곧 비판하였던 서필원의 태도에서, 가(家) 보다는 국가라는 가치를 선택하는 모습을 볼 수 있다. 송시열은 서필원과 반대로 가(家)의 가치를 중요하게 생각하였고, 김만균이 국가와 유리되지 않은 곳에서 사적인 정리(情理)를 추구할 수 있도록 '임금의 세력에 의지해야' 한다고 주장하기까지 하였다.

이렇듯 두 사람은 국가－가의 관계를 길항적인 관계로 여겼다. 그러나 동시에 이들은 양자(국가, 가)가 충돌하지 않을 수 있는 방법을 모색하였다. 서필원은 인륜 실천의 '한계'가 있음을 강조하며 조모의 일이 공무수행을 피할 명분이 되지 못함을 말함으로써 김만균이 공무수행에 임하여도 그것이 인륜을 저버리는 행위가 될 수 없도록 그 길을 열어 주었다. 반면 송시열은 인륜 실천의 '한계를 확장'함을 통하여 김만균이 공무수행의 명을 거부하더라도 그것이 국가에 복무하는 관료의 의무를 포기하는 것이 아니라는 것을 명확하게 하였다. 양자 모두 김만균이 가(家)의 가치와 국가의 가치를 모두 지킬 수 있도록 그 방법을 모색했다는 점이 흥미롭다.

국가와 가 둘 중에 하나를 선택해야 하는 상황에서 둘 다 버리지 않고 지킬 수 있는 방법은 바로 관료에게 유의미한 친족관계의 범위를 재정의 또는 재규정 하는 행위를 통해 얻어질 수 있었다. 서필원은 관료가 공무수행을 거부하여도 정당성이 훼손되지 않는 인륜실천의 범위는 부자(父子) 관계에서만 보장된다고 생각하였으나, 송시열은 이를 '패륜'으로 비판하며 5세대까지 종횡으로 그 범위를 인정하는 것이 마땅하다고 하여 사실상 '복수에는 정해진 한계가 없음'을 주장하였다. 전자는 매우 작은 단위의 친족관계를 후자는 확장된 큰 단위의 친족관계를 관료에게 허용되는 인륜실천의 단위로 재규정 하였고, 이는 국가와 충돌하지 않는 가의 범위를 의미하였다. 공적으로 정당성을 확보하는 친족관계의 재규정은 일종의 전략으로, 이를 통해 서필원과 송시열 모두 자신이 관철시키고자 하는 주장이 정당함을 피력하였다.

위 텍스트에 자주 등장하는 중요한 개념들은 어떤 차원에서 이해해야 할까? 국가에 복무하는 관료인 김만균이 공무수행을 두고 개인적인 딜레마를 맞이한 상황에서, 서필원과 송시열 양자 모두 '인륜'(또는 윤리)과 '복수'(復讎)의 실천은 중요하다는 것에 동의하고 있음을 알 수 있다. 복수의리는 인륜을 지키기 위하여 반드시 실천해야 하는 가치였다. 이는 병자호란이라는 현실적 맥락이 작용한 결과물이었고, 당시에 지배층 전반에 관습적으로 사용되던 용어이기도 하였다. 두 사람은 자신이 주장하는 바의 정당성을 피력하기 위해 이 가치에 헌신하고 있음을 보였다. 인륜을 위한 복수의리 실천이 합당하다는 믿음은 개인의 도덕 실천을 소중하게 생각하는 당대인들의 신념 속에서 가능했던 것이며, 개인의 도덕성을 강조하는 성리학이 기반 이념으로 작용한 결과이기도 하다. 송시열이 서필원의 주장을 '패륜'이라고 비판한 것은 이런 공유된 가치의 전유를 시도하여 논쟁에서 우위를 점하기 위함이었다. 이 과정에서 그는 다양한 경전의 경문과 주석을 근거로 이용하였다. 공(公)과 사(私)라는 언어 역시 관습적으로 사용된 것인데, 서필원은 이 개념을 적극적으로 활용하여 김만균의 행동이 정당하지 않다고 주장하였다.

논쟁의 의미 확장

본 논쟁의 의미를 확장할 수 있다면 무엇이 가능할까? 위의 글들에는 국가-가가 서로 경쟁하는 가치라는 현종대 당시의 인식이 반영되어 있다. 그러나 이 논쟁이 지속되면서 국가와 가의 관계는 단순히 경쟁하는 구도에서 벗어나 다른 차원을 보여주었는데, 특히 송시열의 논의에서 이를 확인할 수 있다. 관료가 국가의 가치를 선택하기 싫으면 국가를 떠날 것을 주장한 서필원과는 달리, 송시열은 이는 관료가 국가를 떠나서 해결될 문제가 아니라고 보았다. 그는 오히려 적극적으로 국가 안에서 김만균의 사적인 정리가 해결되어야 할 사안이라고 보았다. 이는 국가와 가의 가치가 충돌하였을 경우 국가를 버리는 것이 아니라 국가 역시 상수로 놓고 그 속에서 문제의 해결을 모색했던 것을 의미한다. 국가와 가의 가치가 경쟁 관계를 넘어서 공존해야 할 가치로 확장된 것이 논쟁의 의미라 할 수 있다.

또한 논쟁 과정에서 제기된 유효한 친족관계의 범위 문제에 대해서도 주목할 수 있다. 국가에 복무하는 관료라는 정체성과 한 가(家)의 일원이라는 정체성이 공존하는 경우 양자의 갈등을 해결하는 데에 친족범위 규정이 기준이 되었고, 서필원과 송시열은 이 범위에 대해 서로 다른 입장을 내놓았다. 서필원과 같이 유효한 친족범위를 보다 협소하게 설정하는 사람과 송시열 같이 큰 단위의 친족범위를 제시하는 사람이 구상하는 국가-가 관계 및 국가체제는 각각 어떠한 모습일까? 이는 본 논쟁만 가지고는 온전하게 파악할 수 없는 문제이지만, 조선후기의 수많은 예론(禮論)과 관련 논쟁들을 이러한 문제의식 속에서 더불어 논한다면 그 전모를 파악할 수 있는 여지가 남아있다.

이 논쟁을 분석하는 데에 주의했던 점은 송시열과 서필원의 정치적 입장(또는 당파적 위치)과 학파적 성향 등을 의미의 분석에 최대한 개입시키지 않으려 했다는 점이다. 이런 외부의 현실적 조건은 양자가 사료를 통해 말하고자 하는 의미나 의도를 도출하는 데에 유의미한 맥락으로 고려되지 않는다. 또한 이 논쟁 끝에 발생한 정치적인 사건들도 서필원과 송시열이 말한 의미를 해석하는 데에 개입시키지 않았다. 예를 들어 여기서 분석한 논쟁이 조정에서 지속되는 와중에 국왕인 현종의 정치적 처분이 내려진 것과 같은 현실적 권력이 행사되게 되는데, 이는 본 논쟁 자체의 의미를 도출하는 데에 유의미한 요소가 아니라는 것이다.

사료를 둘러싼 당대의 현실적 상황은 분명히 사료와 유의미한 관계를 가진다. 현종대의 정치상황 및 당대 지식인사회와 관련된 현실들이 서필원과 송시열이 벌인 논쟁을 이해하는 데에 도움을 주는 것은 사실이다. 그러나 이런 요소들을 논쟁이 가진 의미와 인과적, 기계적으로 단순하게 연결시키는 것은 당대의 현실구조에 너무 쉽게 기대는 방식이다. 물론 사료는 당대의 현실과 동떨어져 존재하지 않는다. 그렇기 때문에 하나의 논쟁이란 담론의 지형을 살피기 위한 한 소재일 뿐이지, 관련된 수많은 사료들을 장기적 시계열 속에서 분석해야 역사적 의미를 충실하게 구성할 수 있다는 점을 간과할 수 없다. 김만균의 공무수행을 둘러싼 현종대의 이 논쟁이 가지는 '역사적 의미'를 살펴보기 위해서는 당대인들의 국가(國家)-가(家) 관계 인식을 보여주는 여타 사료들에 대한 분석이 동반되어야 할 것이다. 이는 이후의 과제로 남기고자 한다.

〈참고문헌〉

이원택, 2001「顯宗朝의 復讐義理 논쟁과 公私 관념」『한국정치학회보』35-4, 한

국정치학회.
정만조, 1999「조선 현종조의 公義·私義 논쟁과 王權」『동양삼국의 왕권과 관료제』, 국학자료원.
퀜틴 스키너, 유종선 옮김, 1999『의미와 콘텍스트』, 아르케.
한국역사연구회 17세기정치사연구반, 2003『조선중기 정치와 정책－인조~현종 시기－』, 아카넷.

족보 서발문(序跋文)으로 시대 읽기

권 기 석(權奇奭)*

족보의 사료적 가치

족보는 대개 성씨와 본관, 즉 성관(姓貫) 단위로 부계(父系)의 조상이 같은 자손의 계보를 모아 놓은 책을 말한다. 그렇기에 족보는 특정한 가문의 사사로운 기록으로 인식되어 왔지만, 사료(史料)로서의 가치도 무시할 수 없다. 수많은 인물들의 부모·자녀·형제 등의 가족관계 뿐만 아니라, 생몰년, 과거(科擧) 급제 여부 및 대표 관직, 배우자, 묘소 등 생애에 대한 기본정보가 족보에 담겨 있기 때문이다.

어떤 인물의 출신 가계(家系)나 생애에 관한 기초 정보는 실록 등의 관찬사료나 문집, 방목(榜目) 등을 통해서도 알 수 있는 것이지만, 족보만큼 효과적으로 한 번에 파악할 수 있는 자료는 드물다. 그런 면에서 족보는

* 서울대학교 규장각한국학연구원 학예연구사.
대표논저 : 『족보와 조선사회 : 15~17세기 계보의식의 변화와 사회관계망』(태학사, 2011), 「조선시대 族譜의 入錄階層 확대와 한계 －凡例의 관련 규정을 중심으로－」(『朝鮮時代史學報』 65, 2013), 「『礪山宋氏十二世系』의 다원적 혈연의식과 사회관계망」(『奎章閣』 48, 2016).

전통적인 문헌 가운데서 일종의 인명사전과 같은 역할을 한다. 여러 성씨에서 대표적인 가계를 뽑아 놓은 만성보(萬姓譜) 부류의 종합 족보는 전통사회의 인명사전과도 같은 역할을 했다. 다만 인명(人名)을 정렬하는 기준이 가나다 순(順)이 아니라 성씨·본관이라는 점이 다르다. 하지만 조상을 선양하고 후손의 친목을 도모하려는 것이 족보의 편찬 목적이고 보니, 신빙성 없는 내용이 들어가거나 신분을 속이기 위한 허위 기재가 포함되는 등의 문제가 있어서, 다른 자료와 교차 검증 없이 이용하기 어렵다.

또한 족보의 수록 내용을 단순 요약·정리할 경우 특정 가문을 빛내기 위한 이른바 '문중사학(門中史學)'으로 여겨질 수도 있다. 아울러 조선후기에 사회조직으로서 확립된 성씨별 친족집단, 즉 문중(門中)이나 가문(家門)·종족(宗族) 같은 공동체의 존재를 초역사적으로 조선전기 이전까지 소급 적용하게 될 위험성도 있다. 이런 사정으로 족보는 다른 사료에 비해서 상대적으로 일반인들의 '뿌리 찾기' 차원에서 많이 읽혀지고 이용되는 경향이 있었는데, 이런 방식의 족보 이용은 학문적 객관성이나 엄밀성과는 대체로 거리가 멀어지기 쉽다.

족보에 대한 역사학적인 연구[1]는 친족제도사가 역사학의 중요한 문제로 대두되면서 활성화되었다. 잘 알려져 있는 바와 같이, 17세기 전후로 조선의 친족관념이나 관행에 중대한 변화가 발생하였다. 남녀의 혈연을 그다지 구별하지 않는 사회에서 부계 중심의 친족질서가 지배하는 사회로 변화한 것이다. 족보도 친족제도의 변화를 잘 보여주는 자료의 하나로 주목을 받았다. 조선전기에는 아들 뿐 아니라 딸로 이어지는 자손도 무제한 수록하는 방식의 족보가 유행하다가 조선후기에 들어서 외손을 배제

1 이에 대해서는 필자가 정리한 바를 참조할 수 있다. 권기석, 2013 「한국의 족보 연구의 쟁점과 과제」 『한국족보의 특성과 동아시아에서의 위상』, 계명대학교 한국학연구원.

한 동성(同姓)만의 족보가 보편화되었다. 아들과 딸을 출생순으로 기재하다가 아들을 먼저, 딸(사위)을 뒤에 기재하는, 이른바 '선남후녀(先男後女)' 방식으로의 변화도 있었다.

조선후기 족보가 양반 사회에 널리 확산되는 현상은 족보의 사회적 영향력을 여러 의미로 해석할 수 있는 여지를 남긴다. 문중조직의 발달이 사족층 내에서 족보 편찬을 활성화시키는 한편으로, 하위 신분층에서도 허위 입록(入錄) 등의 방식으로 족보에 참여하고자 노력했다. 이처럼 족보 연구는 사회조직이나 신분계층에 관한 문제까지도 깊은 관련이 있다. 족보와 관련된 연구주제는 이 밖에도 다양한 것이 있을 수 있다.

필자는 족보를 주제로 학위논문[2]을 쓰기도 했지만, 역사 연구에 처음 발을 들여놓을 무렵에는 족보를 그저 여러 사료 중 하나로만 활용했다. 이 글에서는 필자가 족보를 연구 주제로 삼게 된 계기가 무엇이었는지 소개하고, 족보를 검토하면서 주된 자료로 삼은 족보 서문(序文)과 발문(跋文)의 자료적 가치와 의미에 대해서 알아보면서, 어떻게 하면 족보 자료를 잘 활용할 수 있을지를 전망해 보고자 한다.

족보로 인맥 찾기 : 조선후기 정치세력 분석

필자가 한국사를 전공하게 되면서 처음 관심을 가졌던 것은 주로 조선시대 정치사의 전개 과정이었다. 조선시대 정치는 정치참여나 정국 운영

2 權奇奭, 2010 「15~17세기 族譜 간행과 참여계층 연구」, 서울대학교 국사학과 박사학위논문. 본 논문은 『족보와 조선사회 : 15~17세기 계보의식의 변화와 사회관계망』(2011, 태학사)으로 출간되었다.

방식이라는 측면에서 뚜렷한 특색이 있었고, 시기적으로도 적지 않은 변화가 있었을 뿐 아니라 어떤 요소는 서로 모순되는 것처럼 보였다. 공론정치와 언로(言路)의 보장, 관리가 아닌 유생들의 여론 형성 등의 현상에서 나타나듯 정치참여의 확대와 개방성이 두드러지는가 하면, 서얼이나 지방 출신에 대한 차별, 특정한 당색(黨色)을 가진 소수 가문의 권력 독점과 같이 폐쇄적인 면도 함께 나타났다.

18세기와 19세기는 조선 정치사의 긍정적인 면과 부정적인 면이 너무나 극명하게 대비되어 나타난 것이 아닌가 하는 생각이 들었다. 18세기 탕평군주의 개혁정치와 19세기 세도정치 아래에서 나타난 온갖 폐단과 백성의 저항은 너무나 갑작스런 반전이었다. 국왕 한 사람의 역량 유무에 따라서 국운이 좌우되는 것처럼 보이는 역사 전개에 의문을 품지 않을 수 없었다.

필자는 이 문제를 본격적으로 연구주제로 삼아보겠다고 마음먹고, 세도정치를 주도한 이른바 '세도가문'을 주목했다. 이들은 서울 인근에 세거한 이른바 경화사족(京華士族)에 속해 있었고, 어느 시점에 갑자기 유입된 것이 아니라 조선시대 전기간을 통틀어 어떤 혁명적인 인적 교체가 없는 가운데 연속적으로 가계가 이어져 오고 있었다. 실제 족보 등에 나타나는 계보를 분석해 보면, 조선초의 지배층의 상당수는 고려말의 권문세가와 가계가 연결되고, 16세기 사림 정치의 주역들도 가계를 분석해 보면 일부 지방 출신이 포함되어 있기는 하지만 다수의 인물이 공신 가문의 후예인 것으로 나타난다. 중요한 것은 인적 교체가 아니라 성격이나 체질 변화가 아닌가 하는 생각이 들었다.

그런 관점에서 조선후기 지배세력에 대하여 어떤 연속성 속에서도 나름의 성격 변화가 있었는지를 읽어보고자 했다. 19세기 세도가문이 혈연과 혼인 관계로 연결되어 있을 것이라는 가정 하에, 필자는 세도가문의 구성원에 대한 일종의 '표본조사'와 더불어 '계량화(計量化)'를 시도해 보았다.[3] 철종대(哲宗代)의 특정 기간에 당상관 이상의 관직을 지낸 인물들의 혈연 및 혼인관계를 조사하여 지면상에 표시하였고, 이전 시기와 비교하기 위해서 숙종대(肅宗代)와 영조(英祖)·정조대(正祖代)의 인물에 대해서도 표본집단을 뽑아 같은 작업을 시도했다. 매우 복잡하게 얽힌 상호관계 속에서 '친소원근(親疏遠近)'의 정도를 수치화하여 분석하고자 두 인물 사이의 혈연 및 혼인관계의 거리를 수치로 나타냈다. 혼인관계를 집계에 포

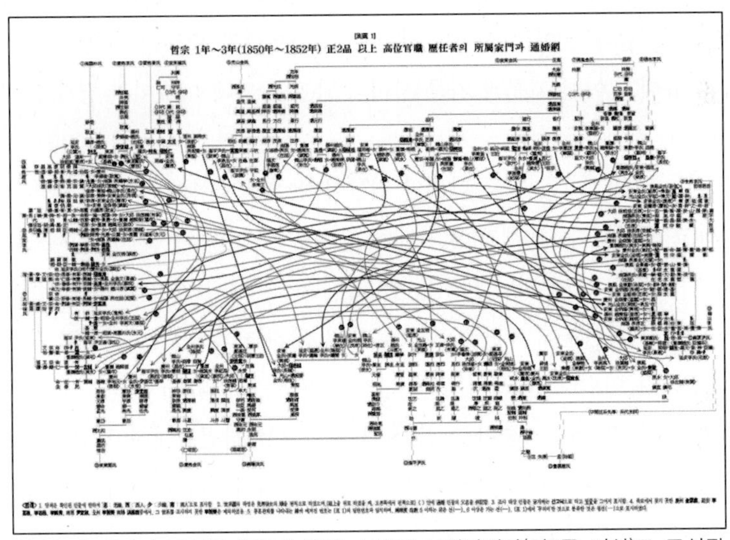

[그림 1] 필자가 작성한 철종대 특정 시기의 고위관직자(정2품 이상)로 구성된 표본집단의 계보도와 통혼관계망. 사람들 사이의 관계망, 즉 네트워크는 이른바 SNS의 유행에서도 나타나듯 현대인에게 무척 친근한 개념이지만, 이 그림처럼 시각적으로 표현할 경우 '매우 복잡하다'는 인상을 받는 데 그치기 쉽다. 필자는 인물 사이의 친소원근(親疎遠近)을 수치화하고 이를 집계함으로써 복잡한 네트워크 속의 구조나 의미를 찾아보려 했다.

3 權奇奭, 「19世紀 勢道政治 勢力의 形成 背景 －조선후기 집권세력의 通婚關係網 분석을 중심으로－」 『震檀學報』 90~91, 2000~2001.

함하는 것 이외에는 '촌수(寸數)'와 비슷한 개념이다.

작업 결과 나름대로 의미 있는 결론이 나왔다. 조사한 세 시기 중에서 이른 시기일수록 성씨와 본관, 다시 말해 '성관'은 다양했다. 성관으로 지칭되는 몇몇 가문을 단위로 정치세력이 구성되어 있던 19세기의 상황에서는 당연한 결과라 할 수 있다. 그런데 그보다 주목할 점은 이른 시기일수록 성관의 가짓수는 많아지지만, 개인 사이의 친소(親疏) 관계는 더 가깝게 나타난다는 것이다. 반면 후대로 갈수록 특정 성관으로 집중되는 현상이 보이지만, 개인과 개인 사이의 친소 관계는 그다지 긴밀하게 나타나지 않았다. 필자는 이런 현상에 대해서 정치세력의 결집이 개인과 개인 사이의 유대가 아닌 가문과 가문 사이의 담합에 의해 이루어진 결과로 해석했다.

필자는 개인보다는 가문 단위의 결합이 뚜렷한 양상이 이 시기만의 특색이라고 생각했다. 19세기 정치사는 왕비를 배출한 외척가문의 세도로 설명할 수 있다. 그렇지만 외척의 발호는 왕조 국가라면 흔히 일어날 수 있는 일이기에 단순히 '가문'이나 '외척'을 말하는 것으로는 시대적 특징을 설명하기 어렵다. 19세기 외척 세도가 다른 시기와 구별되는 특징은 외척 가문의 범주와 기능이 이전 시기에 비해서 광범위해지고 집단으로서 강한 결속력을 가지게 되었다는 점이다. 그래서인지 19세기 세도정치는 외척 한 두 명이 주도하는 전횡이라기보다는, 무엇인가 더 구조적이고 조직화된 담합이라는 느낌이 든다. 그 요인이 무엇일까 생각한 끝에 찾은 것이 '조직화된' 부계 친족집단인 '문중'의 존재였다.

문중은 기본적으로 개인이 아니라 집단이다. 문중은 조선후기를 지배한 학맥이나 붕당과 마찬가지로 개인이 벗어나기 힘든 집단적인 결속력을 발휘하며 인간관계에 지대한 영향을 준 요인 중 하나였고, 가문의 정치적 입장, 학문적 태도는 곧 그 구성원의 것으로 공유되었다. 이는 세도

정치의 등장이 보여주듯 조선후기 사족사회나 중앙정치가 초중기의 활력과 역동성을 잃고 점차 경직되어가는 방향으로 변화하게 되는 요인으로 볼 수 있다.

이러한 생각을 갖게 된 것은 조선후기 정치세력에 대한 분석 작업을 하면서 조선후기 '벌열(閥閱)'에 대한 연구를 접한 것이 계기가 되었다.[4] 이 연구에 따르면, 조선후기의 지배세력은 곧 '벌열'이었으며, 이 벌열은 17세기 전후의 인물을 공통조상으로 하는 특정성관의 한 지파를 단위로 하고 있었는데, 같은 가문 내에서도 선대 조상이 누구인가에 따라서 자손들의 당색(黨色)이 확연히 갈라지는 현상을 자주 보였다. 불과 몇 세대 앞의 조상이 누구이냐에 따라서 같은 성관인데도 노론이 되기도 하고 소론이 되기도 했는데, 조상의 정치적 입장을 후손이 바꾼 경우는 전혀 찾을 수 없었다. 개인이 자신의 의지나 선택에 의해서 정치 및 학문적 입장을 세우기보다는, 선조(先祖) 또는 선사(先師)의 입장을 묵수할 수밖에 없는 사회가 된 느낌이다. 이를 바탕으로 정치적 의사 결정이 개인의 판단이 아닌, 그가 속한 학파나 문중을 단위로 이루어지고 있었다는 가설을 세울 수 있었고, 문중이나 족보가 사회 전반의 성격을 바꿀 수 있는 중요한 사회적 기능을 했다고 생각하게 되었다.

족보가 조선후기 사회를 설명하는 중요한 키워드의 하나라고 생각하게 되면서, 친족제도나 가족문화의 사회적 영향력에 관심을 갖게 되었고, 박사학위 논문을 쓸 때는 아예 족보를 연구주제로 삼게 되었다. 그러나 족보는 생각보다 연구 주제나 자료로 삼기에 용이한 자료가 아니었다. 그 중 하나로 인물 검색이 대단히 어려움을 들 수 있다. 최근 디지털화된 계보 자료를 활용한 족보 출판이나 웹서비스가 활성화되면서 족보에 '색인'

4 車長燮, 1997 『朝鮮後期 閥閱研究』, 一潮閣.

이 포함되는 것이 일반화되고 있으나, 필자가 초기 작업을 하던 90년대 말에는 색인이 포함된 족보가 거의 없었고, 족보에서 필요한 정보를 검색하는 것은 거의 수작업에 의존해야 했다.

실제로 족보에서 어떤 인물을 찾고자 한다면, 다른 기록, 즉 인명사전, 방목, 문집, 연대기 등을 통해 최대한 그의 직계 조상을 상계(上系)까지 소급하여 파악하고, 이를 바탕으로 일일이 두꺼운 족보 지면을 넘기면서 찾아야 했다. 그나마 필자의 작업은 관련 자료를 찾기 쉬운 유명인을 대상으로 한 것이라서 어느 정도 작업이 가능했지 평범한 인물을 대상으로 했다면 백사장에서 바늘 찾기와 비슷할 정도로 막연한 작업이었을 것이다.

정작 '족보' 자체가 연구 주제로 되고 난 다음에는, 이전 작업처럼 족보에 담겨 있는 인물 생애 데이터 자체를 연구 자료로 삼지 않았다. 그 대신에 족보에 얽힌 이야기를 담은 다른 자료를 공략했다. 그것이 바로 본고에서 다루고자 하는 족보 서발문이다. 어찌 보면 서발문 분석이 작업의 방대함에 따른 수고로움을 피하기 위한 우회로가 되기도 했지만, 족보를 제대로 이해하기 위해서는 꼭 필요한 작업이기도 했다.

족보 서발문에 담긴 이야기

족보 서발문은 족보의 편찬에 관한 이야기가 담겨 있는 글이다. 족보의 '본문'이라 할 계보도 부분은 많은 계보정보를 담고는 있지만 족보의 편찬 경위를 알아내는 데는 큰 도움이 되지 않는다. 필자의 경우 오히려 족보 자체를 연구 주제로 삼으면서 계보도보다는 서발문을 주로 자료로서 다루게 되었다. 서발문을 자료로 삼은 것은 계보 연구의 어려움으로 인한 매우 현실적인 이유도 있었다. 방대한 계보 정보를 수집하고 분석하는 것은 상당한 노고를 필요로 하지만, 이를 토대로 어떤 의미를 찾는 것도 들인 노력에 비해서 쉽지 않다. 흔히 연구자들이 말하는 '노다공소(勞多功少)'의 고충이 따르는 자료이다.

서발문에는 족보가 추구한 이념이나 편찬 동기, 편찬에 참여한 사람들, 족보의 체재와 편집 원칙, 인쇄 방식과 작업 내역 등에 대한 정보가 담겨 있다. 족보는 일회성으로 그치는 간행물이 아니기 때문에 족보의 서발문은 더욱 가치를 갖는다. 새로운 세대가 추가될 때마다 중간(重刊)이 이루어지는데, 후대 족보에는 이전 족보의 서발문이 '구보서(舊譜序)'[5]로서 누적되어 실린다. 구보서 덕택으로 현존하지 않는 족보의 체제나 형식을 간접적으로나마 짐작할 수 있다. 장기간에 걸친 서발문들을 종합 분석해 보면 족보 편찬의 연혁을 개관할 수도 있다.

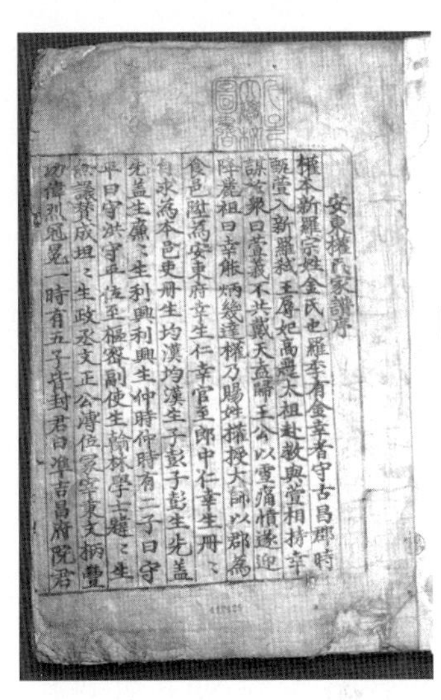

安東權氏家譜序

權本新羅宗姓金氏也羅季有金幸者守古昌郡時
甄萱入新羅弑王辱妃高麗太祖赴救與萱相持幸
諭衆曰萱義不共戴天盍歸王公以雪痛憤遂迎
降麗祖曰幸能炳幾達權乃賜姓權授大師以郡爲
食邑陞爲安東府幸生仁幸官至郎中仁幸生冊々
自求爲本邑吏冊生均漢均漢生子彭子彭生先蓋
先蓋生廉々生利興利興生仲時仲時有二子曰守
平曰守洪守平位至樞密副使生翰林學士韙々生
議贊成坦々生政丞文正公溥位冢宰秉文柄豐
功偉烈冠冕一時有五子皆封君曰準吉昌府院君

[그림 2] 현존하는 국내 최초의 족보로 알려져 있는 『안동권씨성화보(安東權氏成化譜)』(1476년 간행) 서울대학교 소장본의 서문. 사실 15~16세기에 간행된 것으로 알려져 있는 초기 족보의 상당수는 실물이 없고 후대 족보에 옮겨 실린 서문만이 전한다. 족보 서문은 이처럼 현재 사라져 버린 족보에 대한 정보까지도 오늘에 전해준다.

5 구보서에 대해서는 이미 다음 책에서 수집 작업이 이루어진 바 있으며, 필자도 이를 활용하였다. 鄭炳浣, 1987 『韓國族譜舊譜序集』, 亞細亞文化社.

족보의 서발문을 상세히 분석하면 다음과 같은 사실을 밝혀낼 수 있다. 첫째 계보의 편집 방식을 알 수 있다. 조선전기까지는 부모 양쪽의 계보나 아들 또는 딸로 이어지는 혈통을 그다지 구별하거나 차별하지 않는 계보의식이 보편적이었다. 그러다가 17세기 전후로 부계(父系)·동성(同姓)을 '동족(同族)'으로 여기는 의식이 우세해지는데, 서발문에서도 이러한 관념을 드러낸 언급을 다수 찾을 수 있다. 또한 계보 편집 방식에 대해서도 외손의 수록 범위나 동성을 이성보다 우선시하는 기재 원칙 등에 대해서 밝혀놓은 서발문이 적지 않다. 계보의 편집방식은 족보의 실물이나 범례(凡例)을 통해서도 충분히 알 수 있는 것이지만, 서발문은 현존하지 않는 족보의 편집방식과 함께 계보도만으로는 알 수 없는 편찬자들 내면의 생각이나 관념까지 알 수 있는 장점이 있다.

둘째로 서발문을 통해서 족보 참여 인물의 사회계층과 거주지역의 변화 추세도 읽을 수 있다. 이것은 족보 편찬에 참여한 인원이나 족보에 수록된 사람들에 대한 분석을 통해서 알 수 있는데, 후자는 주로 계보도 분석을 통해서 알 수 있는 데 비해 전자는 거의 서발문을 통해서만 알 수 있다. 필자는 서발문에 나오는 수보(修譜) 참여 인력에 대한 분석을 통해서, 참여 계층의 계층적·지역적 범위가 확대되어가고 있었던 추세를 읽을 수 있었다. 즉 조선전기에는 중앙관료 중심으로 수보가 이루어지고 있었던 데 비하여 후기에 이르면 지방의 한미한 사족이나 향리·서얼까지도 수록하게 된 것이다. 이는 혈연관념에 있어서 내외손을 아우르는 개방성이 약화되고 부계 혈연의식이 강화되었던 것과는 대조적이다. 하지만 중앙조정의 관료층만의 족보에서 지방의 한미한 동성까지 포괄하게 된 것은 사족사회의 교류 범위 확대를 보여주는 현상이라 할 수 있다. 이 과정에서 신분상승을 꾀하는 일부 하위계층의 투탁(投托)이나 모록(冒錄)도 성행하였는데, 이를 경계하는 내용의 서발문도 찾을 수 있어서 양반 신분

개념의 동요 현상을 읽을 수 있는 근거 자료가 된다.

셋째로 성리학적 친족윤리는 많은 족보 서발문에서 상당한 분량을 할애하여 설파하는 내용이다. 그 내용은 대체로 대동소이(大同小異)하여, 조상에 대한 자손 된 도리를 강조하고, 같은 조상의 자손인 일가친족들과 상부상조하자는 것이 많다. 특히 초기 족보에서 사족들이 족보에 관심을 갖게 된 주된 동기로 언급되는 것 중의 하나가 이런 친족 간의 윤리의식의 실천이었다. 이런 관념 하에서 상당히 너그러운 신분의식이 포착되기도 하는 것이 주목된다. 어떤 서발문에서는 같은 시조의 자손 중에는 다양한 신분의 자손이 함께 존재하므로 이들도 한 집안이라는 인식을 보였다.[6] 서얼 차별이 엄존했던 시기이지만 이들도 족보에 누락시키지 말고 수록해야 한다는 언급도 보인다.[7] 그런가 하면 여러 현조(顯祖)를 내세우고 자기 집안이 유구한 역사를 가진 명가(名家)임을 과시하는 내용도 서발문에서 흔히 찾을 수 있다. 전체적으로 보면 어디까지나 양반 사족이 중심이 되면서 서류(庶流)나 중인 등 일부 하위 계층을 동족으로 포용하는 것이었을 뿐, 그들과 평등한 관계를 맺으려는 것은 아니었던 것 같다. 신분제가 철폐되어가던 19세기까지도 적자와 서자 사이의 차별적 표기방식을 고수하고 있었던 데서도 그러한 속내를 짐작할 수 있다.

넷째, 기타 족보 편찬과 관련된 문중 활동에 관한 기록을 특히 조선후기 족보 서발문에서 많이 찾을 수 있다. 족보 편찬 과정의 분석을 통해서 문중조직의 구성과 조직원리, 활동에 대해서 알 수 있는 것이다. 족보 편찬 자체가 중요한 문중 활동의 하나이기 때문이며, 족보 편찬을 문중이 주도하면서 족보의 편찬은 더욱 조직화되고 대중화될 수 있었다. 문중이

6 권기석, 2011 앞의 책, 295~299쪽 참조.

7 권기석, 앞의 책, 302~303쪽.

주도하는 족보 편찬 작업은 이전에 몇몇 개인이 분산적으로 하는 작업에 비해서 더 많은 인원이 조직적으로 참여할 수 있었다. 문중 조직에서 유사(有司)를 선임하고 작업의 총괄본부라 할 수 있는 보소(譜所)를 설치하였으며, 편찬에 소요되는 재원도 문중이 공동으로 마련하거나 입록 대상자가 부담하도록 하는 등의 변화가 있었다. 서발문에는 족보 편찬을 둘러싼 문중활동에 대한 사실을 많이 기재하고 있으며, 그 밖에도 족보에는 통문(通文) 등의 다양한 관련 문헌이 전재(轉載)되어 있어서 더욱 풍부한 자료를 찾을 수 있다.

이상에서 열거한 바와 같이 족보의 서발문은 족보 편찬을 둘러싼 많은 사실을 알 수 있도록 해 준다. 서발문은 그 내용 분석을 통해 족보 기록 자체의 역사를 추적하는 것도 의미가 있지만, 족보에 담긴 혈연과 신분에 대한 의식, 족보를 매개로 한 사회관계망 전반을 조명한다면 더 큰 의미를 찾을 수 있다. 다만 주의할 점은 민간에서 자율적으로 간행된 족보의 특성상 개별 사례마다 그 특징이나 발전 단계에 있어서 많은 편차가 있다는 점이다. 여러 사례에 공통적으로 나타나는 전반적인 추세는 존재하지만 특정 사례를 절대시하거나 일률적인 잣대로 단순화시킬 수 없다. 필자도 이런 문제를 감안하여 100여 개 성관의 역대 서발문을 수집하여 통계화하거나 비교 분석하여 대세를 파악하는 방식을 채택한 바 있다.

족보를 더 활용하기

서발문에 대한 분석은 족보 연구를 본격적으로 하기 위한 기초 작업에 불과하다. 족보가 담고 있는 방대한 정보량을 효과적으로 활용하고 의미를 찾아내는 일이 앞으로의 과제가 될 것이며, 족보를 소장하고 있는 일부 연구기관과 문중에서 벌이고 있는 족보의 전산화 작업과 웹서비스는 그 활용도를 비약적으로 높일 것으로 전망된다.[8] 족보의 활용이 한국사 연구에 더욱 기여하기 위해서는 어떤 방향과 시각의 연구가 필요한지 제언하는 것으로 글을 마무리 짓고자 한다.

첫째로 인쇄·출판 문화의 전개 과정이라는 측면에서 족보를 좀 더 조명해 볼 필요가 있다. 조선시대 출판문화는 상업적인 성격이 약한 가운데 관청이나 가문, 지역 유림 등이 주도한 것으로 알려져 있다. 서발문에는 족보 간행과 관련된 사실도 많이 수록하고 있는데, 조선전기에는 지방관으로 부임한 자손의 역할이 절대적으로 나타나며, 경우에 따라 내외손 관계에 있는 복수(複數)의 지방관들이 서로 협력하기도 하였다. 후기 족보에서도 지방관의 역할은 여전히 지배적이었는데 이렇게 지방관 주도의 간행이 이루어진 결과, 간행지는 편찬자나 자손의 연고지와 무관한 지방관아가 되는 경우가 많았다. 인쇄 방식은 대체로 목판본이 많았지만 활자본도 없지 않다. 족보는 가문의 역사서로 존숭의 대상이 되는 면이 있었기에 목판에 새겨 후대에까지 잘 봉안해 놓는 것을 선호했을지도 모르겠다. 다만 활자로 족보를 간행하는 일이 위조를 보다 용이하게 한다는 지적도 있는 것으로 보아,[9] 활자본 족보도 상당수 있었던 것 같다. 족보 간행에서 문중이라는 혈연 공동체가 중심이 되었지만, 지방관아의 역할이 컸고 사찰이나 승려가 간행 작업에 참여하기도 했으며, 인쇄술을 갖춘 전문 업자

8 대표적인 예로 장서각 한국학자료센터(http://royal.kostma.net)에서 왕실족보에 대한 서지사항과 일부 이미지 및 텍스트를 제시하고 있으며, 성균관대학교 동아시아학술원 존경각이 운영하는 한국족보자료시스템(http://jokbo.skku.edu)에서 족보의 원문 이미지와 인물 검색 기능을 제공하고 있다.

9 『承政院日記』 95책, 정조 23년(1799) 3월 30일 戊子 "臣謂自今以後 姓譜非板刻印本 一切嚴禁 而私藏活字者 與私鑄錢同律 然後可以杜冒錄閑遊之弊".

에 의한 모록(冒錄)이 일어나기도 한 점 등은 족보를 소재로 조선시대 서적 간행 문화의 이모저모를 살필 수 있는 여지를 잘 보여준다.

둘째로 신분사의 전개라는 측면에서 족보를 살펴볼 수 있다. 이러한 연구의 발전을 위해서는 족보에 참여했던 계층의 실질적 범위를 밝힐 필요가 있으나, 현실적으로 매우 어려운 작업이다. 족보에서는 호적과 달리 상천민의 지위를 보여줄 수 있는 직역(職役) 등이 명시되어 있지 않기 때문이다. 실제 양반이 아닌 자손이 참여했을 것으로 보이는 정황은 보이지만, 그 확증은 찾기 어려운 것이 현실이다. 족보의 존재가 역으로 신분의식에 큰 영향을 끼친 것으로 볼 수도 있다. 자신의 현실적인 신분과 관계 없이 족보에 자신의 계보를 연결하여 '양반 조상'을 얻게 되면, 주관적으로는 '양반 의식'을 공유할 수 있기 때문이다. 족보가 조선후기 양반 개념의 확대에 일조한 요인 중 하나로 볼 수 있다. 호적 등 다른 자료와의 비교를 통한 실증적 연구가 요망된다. 다만 이 경우 해당 문중의 자손 등에 의하여 연구외적 압력을 받을 수도 있음을 유의해야 하는데, 이는 족보가 오늘날에도 계속 편찬되는 살아있는 기록임을 보여주는 것이기도 하지만, 족보의 객관적 연구를 가로막는 요인 중 하나이다.

끝으로 족보 자료를 보완하거나 족보에 얽힌 다른 이야기를 더 발굴해낼 필요가 있다. 연대기에 포함된 족보 관련 기사는 물론이고, 족보 관련 분쟁이나 사건을 담은 고문서, 족보 편집 기구에서 생산한 통문(通文) 등의 문서 등 여러 형태가 있을 수 있다. 무엇보다도 문중의 사적인 기록인 족보를 객관화시킬 수 있는 다양한 자료를 찾아낼 필요가 있다. 족보를 사료(史料)로 이용할 수 있는 방법론이 확립되면, 수록된 방대한 데이터의 양에 비해 상대적으로 활용이 부진했던 족보가 역사 연구에 크게 기여할 수 있는 길이 열릴 것이다.

〈참고문헌〉

권기석, 2013 「한국의 족보 연구의 쟁점과 과제」 『한국족보의 특성과 동아시아에서의 위상』, 계명대학교 한국학연구원.

_____, 2011 『족보와 조선사회 : 15~17세기 계보의식의 변화와 사회관계망』, 태학사.

_____, 2000·2001 「19世紀 勢道政治 勢力의 形成 背景 －조선후기 집권세력의 通婚關係網 분석을 중심으로－」 『震檀學報』 90·91.

車長燮, 1997 『朝鮮後期 閥閱硏究』, 一潮閣.

鄭炳浣, 1987 『韓國族譜舊譜序集』, 亞細亞文化社.

『탐라십경도』로 보는 조선후기 제주사회

최 숙(崔 淑)*

『탐라십경도』의 회화 사료적 가치

역사 연구에 사용되는 사료들의 대부분은 문자로 구성되는 문헌(문서) 자료이지만 이미지로 구성되는 회화 자료도 사료의 한 부분을 이룬다. 특히 시대상을 반영하는 풍속화, 인물화, 풍경화, 산수화 등은 문헌 사료에서 얻기 힘든 시각적 재현에 기초한다는 점에서 또 다른 사료로서의 매력을 지니고 있다. 우리나라에서는 조선후기에 제작된 다양한 회화 자료가 남아 있는데 의궤와 같이 중앙 관청에서 제작된 그림뿐만 아니라 지방의 고을에서 그린 그림도 전해지고 있다. 여기서는 『탐라십경도(耽羅十景圖)』를 사례로 하여 지역사 연구에서 이 자료를 어떻게 활용할 수 있을 지를 모색해 보고자 한다.

『탐라십경도』는 이익태 목사가 1694년(숙종 20) 제주도에 부임한 이

* 서울대학교 국사학과 대학원 박사과정 수료, 장승중학교 교사.
대표논저 : 「高麗婚姻法의 改定과 그 意味 - 近親婚 禁制를 중심으로」(『한국사론』 33, 2002), 「麗末鮮初 鄭道傳의 婚姻制 인식」(『綠友研究論集』 37, 2000).

후 제주도를 두루 다니면서 경치가 가장 뛰어난 열 곳을 가려 화가에게 그리게 하여 병풍으로 제작한 것으로, 각 그림의 상단에는 해당 지역에 대한 설명을 수록하였다. 병풍에 그려진 제주의 십경은 「조천관」, 「별방소」, 「명월소」, 「성산」, 「백록담」, 「영곡」, 「산방」, 「서귀소」, 「천지연」, 「취병담」 등이다. 이들은 모두 당시의 실경을 보고 그린 것으로 그림에는 각각의 지명도 세밀하게 표기되어 있어서 회화와 지도가 혼합된 형식을 띠고 있다.

특정 지역의 경승을 선정하여 그림으로 표현하는 회화적 양식은 중국의 『소상팔경도(瀟湘八景圖)』에 근원을 두고 있다. 『소상팔경도』는 중국의 호남성 동정호 남안 부근의 소수(瀟水)와 상수(湘水)가 합류하는 여덟 지점에서 계절에 따른 기상과 경물이 배합되어 펼쳐지는 아름다운 경치를 그린 것이다.[1] 여기에 수록된 그림은 '평사낙안(平沙落雁)', '원포귀범(遠浦歸帆)', '산시청람(山市晴嵐)', '동정추월(洞庭秋月)', '소상야우(瀟湘夜雨)', '연사만종(煙寺晩鐘)', '어촌석조(漁村夕照)' 등의 여덟 장면이다. 『소상팔경도』는 12세기 후반 우리나라로 전래되어 여러 문인들 사이에 시제로 활용되었을 뿐만 아니라 조선중기 이후 경승도(景勝圖) 제작의 밑거름이 되었다.

조선에서는 17세기를 거치면서 자문화에 대한 관심이 고양되기 시작했다. 오랑캐로 불리던 만주족의 청나라가 명나라를 멸하고 중원을 장악하게 되자 조선은 중국의 정통성을 계승한 국가로서의 자긍심을 내세우기 시작하였다. 이에 따라 중국을 이상적 모델로 상정하여 학문뿐만 아니라 문학과 예술에서도 중국을 따라하던 경향에서 탈피하여 점차 조선의 역사와 문화에 관심을 기울이게 된다. 조선 사대부들은 금강산과 같은 조선의 경승을 유람하고 이러한 유람을 통해 기행문을 저술하는 풍조가 퍼

1 안휘준, 1988 『한국회화의 전통』, 문예출판사, 162쪽.

지기도 하였다. 이와 더불어 경승의 안내나 감상을 목적으로 하는 경승도들이 활발하게 제작되면서 실경산수화의 발달이 더욱 진전되었다.

이러한 과정에서 『탐라십경도』처럼 특정 지역의 경승을 팔경(八景), 십경(十景), 구곡(九曲)으로 세트화하여 제작하기도 했는데, 17세기 후반에 제작된 『함흥십경도』, 『북관십경도』를 비롯하여 주희의 『무이구곡도』를 본 따 그린 『고산구곡도』, 그리고 강원도의 경승을 그린 18세기의 『관동팔경도』, 『관동십경도』 등이 대표적이다. 이러한 그림들은 실재하는 경관에서의 체험을 통해 그려지는 것이 일반적이다. 즉 이전처럼 작가의 상상에 의해 경관이 묘사되는 것이 아니라 경승의 현장을 세세히 관찰하여 생생하게 그리는 것이다. 또한 그림에는 구체적인 장소와 사물의 이름이 표기되어 실제 경관의 이해에 도움이 된다. 이는 단순한 예술작품으로서의 감상뿐만 아니라 특정 지역의 경관을 이해하는 것도 중요하다는 것을 의미하는데, 통상 이들 그림의 상단부에는 경승을 소개하는 문장이 수록되곤 한다.

무엇보다 『탐라십경도』의 사료적 가치는 실재하는 경관과 장소를 그린 실경산수화라는 데에 있다. 『탐라십경도』에 수록된 그림은 명승지뿐만 아니라 「조천관」, 「별방소」, 「명월소」, 「서귀소」 등의 당시 중요 군사기지인 진성(鎭城)도 포함되어 있다. 이는 각각의 그림을 시간이나 계절과 관련하여 그린 『소상팔경도』와는 달리 『탐라십경도』가 특정의 중요 경관만을 대상으로 그려 예술적 흥취보다는 공간적 정보를 제공하는 실용적 측면을 강조한 그림이라고 말할 수 있다. 이러한 그림들을 통해 우리는 조선후기 제주의 대표적인 장소를 보다 구체적으로 이해할 수 있고 그 속에 담겨져 있는 지역사적 의미를 찾아볼 수 있을 것이다.

『탐라십경도』의 제작과 현존 사본

『탐라십경도』의 존재는 제주목사를 지낸 이익태(李益泰)의 『지영록(知瀛錄)』을 통해 알려지게 되었다. 이익태는 주로 삼사(三司)에서 재직하다 공주목사를 역임하였고, 1694년(숙종 20) 62세가 되던 해에 홍주목사로 제수되었는데 당시 제주목사인 이기하(李基夏)가 총융사(摠戎使)로 승진하게 되어 그의 후임자로 제주에 부임하게 되었다. 그는 1694년 7월에 도임하고 2년 뒤인 1696년(숙종 22)에 체거(遞去)되었다. 『지영록』은 이익태가 제주목사로 부임하기까지의 과정과 제주에서 집행했던 각종 정무에 관해 쓴 것이다. 『지영록』은 이익태가 제주목사로 부임하던 시기에 편찬되었는데, 여기에 『탐라십경도』의 서문이 수록되어 있다. 다음은 서문의 내용이다.

> 제주는 멀리 바다 밖 천리에 있는데, 주위는 500리다. 한라산이 중앙에 위치해 있고, 동서로 200리, 남북으로 70리다. 인물이 번성하고 산과 바다가 험하나 공진(貢進)이 풍부하니 실로 국가의 중요한 땅이다. 관방의 경승, 바위와 폭포(巖瀑)의 기이함을 곳곳에서 볼 수 있지만 사람들이 모두 간과하여 실제를 기록하여 칭찬한 것이 하나도 없어서 육지 사람들 중에서 들어서 아는 자가 매우 적으니 이것이 애석하다. 나는 몇 년간에 걸쳐 두 차례 순력을 하며 민정을 살피는 겨를에 볼만한 곳과 앞 사람들의 족적이 미치지 못했던 곳을 몸소 찾아 답사하여 그 가운데 최고의 승경 10곳을 뽑아 뛰어난 화가로 하여금 그림으로 그리게 하여 작은 병풍을 만들게 하고 그림 위쪽에 사적을 기술하여 보는데 편리하게 하였다.[2]

서문에서 지적하고 있듯이 이익태 목사는 제주도에 뛰어난 경승이 많

2 李益泰, 『知瀛錄』, 耽羅十景圖序.

음에도 불구하고 이에 대한 기록이 없어서 육지에 거의 알려져 있지 않은 것을 안타깝게 여겨 『탐라십경도』를 제작했다. 그는 재임 기간 중에 제주도를 두 차례 순력한 후 『탐라십경도』를 제작하였는데, 그림의 완성은 그의 임기 후반부인 1696년(숙종 22) 경에 이루어진 것으로 추정된다.

한편 이익태 목사에 의해 제작된 『탐라십경도』 원본의 존재 여부는 확실치 않다. 이 그림은 시간이 지나면서 계속 모사되면서 이어져 내려온 것으로 보이는데, 현재는 여러 사본이 남아 있다. 『탐라십경도』의 존재가 처음 알려지게 된 계기는 일본에서 간행된 『이조민화(李朝民畵)』에 「성산」, 「백록담」, 「천제담」이 소개되면서부터인데, 이 그림은 개인 소장본으로 완질본은 아니다.[3] 이후 일본 교토의 고려미술관에도 『탐라십경도』가 소장되어 있음이 확인되었다. 이 그림도 완질본은 아니고 「산방」, 「명월소」, 「취병담」 등의 그림이 몇 개 남아 있다. 이 그림은 이익태 목사가 제작한 원도인지는 확실치 않지만 그려진 필체와 색채로 볼 때 초기의 사본으로 추정된다. 또한 국립민속박물관에도 『제주도도(濟州島圖)』라는 이름으로 「산방」, 「영곡」, 「백록담」, 「탐라도총」 등이 수록되어 있으나 결본이다.[4] 아울러 19세기의 사본이 국립민속박물관에 『제주십경(濟州十景)』이라는 제목으로 소장되어 있다.[5] 이 그림은 현재 국내에 전하는 『탐라십경도』 사본의 유일한 완질본이기도 하다.

그런데 최근 『탐라십경도』의 원본에 가장 가까운 완질본 병풍 그림이 경매에 부쳐졌다. 2015년 5월 말 홍콩에서 열린 '해외 소장 한국 고미술품' 경매에 『탐라십경도』 완질본이 출품되었던 것이다.([그림 1] 참조).

3 伊丹潤, 1975 『李朝民畵』, 講談社.
4 국립제주박물관, 2001 『제주의 역사와 문화』, 182~183쪽.
5 국립민속박물관, 2004 『한반도와 바다』, 16~21쪽.

이는 미국의 소장자가 출품한 것으로 원본의 제작시기와 멀지 않은 18세기 전반기에 제작된 것으로 추정되었다. 여기에는 '제주목도성지도'와 '화북진' 그림이 추가되어 있는데, '제주목도성지도'는 탐라국 도성으로서의 역사성을 지닌 제주 경관을 사실적으로 보여주는 귀중한 그림 지도이고, '화북진'은 아직까지 전혀 알려진 바가 없는 그림이다.[6] 전체적인 필체나 색채 등으로 볼 때 18세기 전반기 사본으로 추정되고 소장 상태도 매우 양호하다. 그러나 아쉽게도 중국의 개인 수집가에게 낙찰되어 이후 행방을 확인하기는 어려운 상황이다.

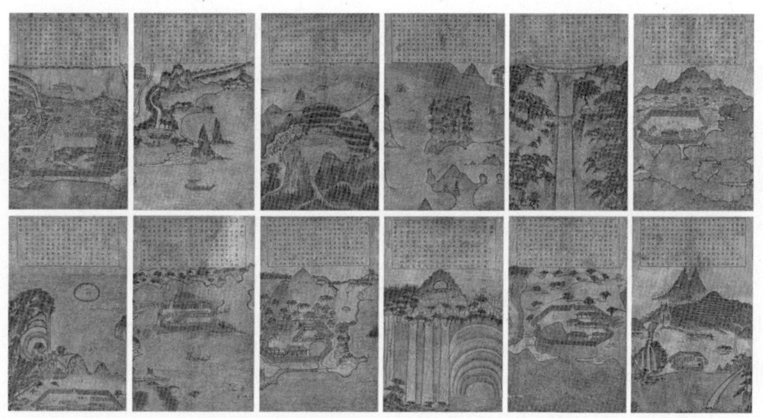

[그림 1] 최근 공개된 『탐라십경도』 사본(출전 : 서울옥션 인터넷 홈페이지)

6 아시아경제, 2015년 5월 19일 「홍콩서 해외 소장 우리 고미술품·한국 추상화 경매」.

『탐라십경도』의 경관 읽기

『탐라십경도』는 실재하는 경관을 그린 실경화이기 때문에 그림에는 당대의 역사적 사실이 반영되어 있다. 그림 상단의 기록은 그림으로 표현하는 대상 장소의 이미지를 보완해주고 있고, 특히 중심이 되는 그림에는 당시 장소의 모습이 사실적으로 표현되어 있다. 그러나 주의할 점은 당시의 실재를 반영한다고 해도 그리는 작자의 의도에 따라 그림은 변형되어 표현되기도 한다는 점이다. 즉 지금의 풍경 사진처럼 장소의 모습을 똑같이 재현하는 것이 아니라 작자의 취향이나 의도에 따라 특정 부분을 강조하거나 어떤 부분은 축소 또는 삭제하기도 한다. 따라서 이러한 작자의 의도를 파악해야 그림에 담겨진 이미지를 제대로 읽어낼 수 있다.

『탐라십경도』에 수록된 10경은 경관이 수려하고 아름다운 곳이다. 이는 지금의 '영주십경'과는 다소 차이가 있다. 현재 제주도에서 제시하고 있는 영주십경은 녹담만설(鹿潭晩雪), 영실기암(靈室奇岩), 산방굴사(山房窟寺), 정방하폭(正房夏瀑), 영구춘화(瀛邱春花), 사봉낙조(紗峰落照), 성산일출(城山日出), 귤림추색(橘林秋色), 고수목마(古藪牧馬), 산포조어(山浦釣魚)이다. 이는 1841년(헌종 7) 윤 3월에서 1843년 윤 7월까지 제주목사로 재임한 응와(凝窩) 이원조(李源祚)가 작성한 '영주십경제화병(瀛洲十景題畵屛)'에 근거하고 있는 것이다. 그렇다면 『탐라십경도』의 「성산」, 「백록담」, 「영곡」, 「산방」 등의 네 경승만이 '영주십경'으로 이어지고 있고, 나머지는 다른 것으로 교체되었음을 알 수 있다. 무엇보다 『탐라십경도』에는 당시 군사기지였던 「조천관」, 「명월소」, 「별방소」, 「서귀진」 등의 그림이 수록되어 있는데, 이는 이익태 목사가 2차례의 제주도 순력을 통해 중요한 지역을 직접 선정했던 것에서 기인한다.

다음의 [그림 2]는 『탐라십경도』 가운데 「조천관」에 해당하는 것으로 가장 먼저 수록된 그림이다. 이는 관방의 형승으로 구진(九鎭) 가운데 으뜸으로 평했던 조천 방호소 일대를 그린 것으로, 당시 조천관은 조방장(助防將)이 주재하는 방호소로 241명의 정군(丁軍)이 배치되어 있었다. 이 조천관은 제주도의 관문 역할을 수행하였는데, 육지로 나가는 여행객들이 순풍을 기다리는 대풍소(待風所)이기도 했다. 조천관은 해안 포구에 위치해 있어서 흡사 섬처럼 바닷물이 둘러싸고 있고, 썰물 때 동쪽 귀퉁이가 제주도 본섬과 연결되는 지형적으로 특이한 곳이었다. 현재는 이 주위가 매립되어 본섬과 완전히 연결되어있어서 원래의 지형을 파악하기가 쉽지는 않다. 이 그림에서 보면 썰물 때 본섬과 연결하는 일종의 부교(浮橋)에 해당하는 거교(擧橋)가 그려져 있다. 거교는 해자가 있는 성곽의 성문에

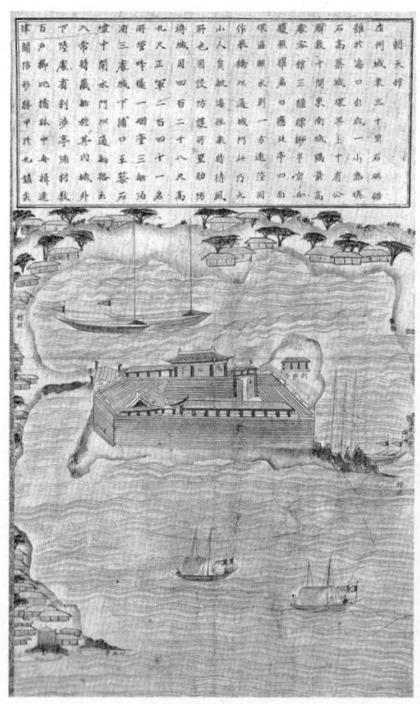

[그림 2] 『탐라십경도』의 「조천관」과 현재의 모습 비교(국립민속박물관 소장)

설치되는 경우가 있으나 이처럼 바닷가에 설치된 사례는 매우 드물다. 이처럼 상세한 그림을 통해 조천진성의 입지가 섬과 같이 사면이 바다로 둘러싸여 있고 썰물 때만 동남쪽으로 육지와 연결되었다는 지역적 특성을 쉽게 파악할 수 있다. 이런 까닭에 성문도 동문이나 서문이 없이 남문 하나만 축조되었던 것이다. 조천관은 지형지세를 잘 활용하여 진성을 축조한 대표적인 사례라고 할 수 있다.

이 그림을 자세히 보면 조천관 주위로 성이 그려져 있는데, 당시 둘레가 428자, 높이가 9자였다. 그리고 성의 동남쪽에는 객관(客館)인 연북정(戀北亭)이 강조되어 그려져 있다. 최근까지 연북정은 망루의 기능을 지닌 정자로 인식되어 왔지만, 그러나 그림 상단의 기록에서 알 수 있듯이 연북정은 당시 객관(객사)으로 사용되었다. 객관은 임금을 상징하는 전패(殿牌)를 봉안하고 망궐례를 올리던 권위적 건물이었다. 지방의 군현에만 객사가 축조된 것이 아니라 이처럼 방호소와 같은 군사기지에도 객사가 있었던 역사적 사실을 구체적으로 확인해 볼 수 있다. 한편 북쪽으로는 군기고(軍器庫)와 여러 건물들이 그려져 있고, 성의 서남쪽에는 이섭정(利涉亭)이라는 정자가 그려져 있다. 조천관의 동북쪽에는 연대가 사각형의 모습으로 그려져 있는데 이것이 관곶연대(館串煙臺)이다. 또한 포구의 해안에는 경치를 탐승(探勝)하는 배들의 모습을 그려 풍취를 돋우고 있다. 주변을 둘러가면서 바위섬들이 포진해 있고, 남쪽의 해안으로는 마을의 가옥과 귤나무들이 세밀하게 묘사되어 있다.

한편 『탐라십경도』의 「백록담」 그림은 백록담에 대한 전설이 반영되어 또 다른 묘미가 있다. 다음의 [그림 3]에는 한라산의 분화구인 백록담과 주변의 지형이 상세하게 묘사되어 있다. 파도 무늬가 그려진 백록담에는 물을 먹는 사슴과 활을 쏘는 사냥꾼, 그리고 전설에 나오는 흰 사슴을 탄 노인의 모습이 실감나게 그려져 있다. '흰 사슴이 물을 먹는 못'이라는 지명에서도 알 수 있듯이 백록담은 예로부터 신선이 흰 사슴을 타고 내려와 물을 먹였던 곳으로 알려져 있다. 백록은 진귀한 동물로 알려져 사냥꾼들에 인기가 있었는데 실제 조선시대에도 흰 사슴을 잡아 임금에게 진상했다는 일화가 전해진다.

백록담의 남쪽에는 기우제를 지내던 기우단이 그려져 있다. 그리고 백록담의 화구에는 구멍이 뚫려있는 바위인 혈석(穴石)과 곧게 서 있는 바위인 입석(立石)이 그려져 있다. 여기의 혈석을 혈망봉과 관련지어 볼 수도 있으나 혈망봉은 보다 남쪽에 있는 것이어서 위치상 서로 다르다고 할 수 있다. 또한 백록담의 북사면으로는 구봉암이 그려져 있는데, 모습이 왕관과 같아서 왕관바위라고도 하는데 지금의 왕관릉이다. 그림에도 흡사 왕관처럼 그려져 있다.

구봉암의 동쪽에는 독특한 형상을 지닌 황사암(黃沙岩)이 그려져 있는

[그림 3] 『탐라십경도』의 「백록담」과 현재의 모습 비교(국립민속박물관 소장)

데, 지금의 어디에 해당하는지는 명확하지 않다. 또한 한라산의 후면 주봉 아래에는 장고항(지금의 장구목)이 봉우리의 잘록한 부분에 그려져 있다. 그 일대에는 수목이 울창하게 우거져 있는데, 사이사이에 빙통(氷桶)이 표시되어 있다. 빙통은 움푹 패인 곳으로 여름에도 얼음이 녹지 않아 남아 있던 곳을 지칭했던 것으로 추정된다. 그리고 탐라계곡의 최상부에는 홍량(紅梁)이 표시되어 있는데, 백록담 분화구로 오르는 입구로 보인다. 양(梁)은 돌무더기가 쌓여 마치 돌다리처럼 형성된 것을 말하는데 제주도에서는 출입구에 해당하는 '도'라고 불린다. 그밖에 수목도 상세하게 그려져 있는데 수종에 따라 특징적으로 표현되어 있다. 특히 한라산 북쪽 사면으로 나무가 빽빽하게 그려져 있는 것은 한라산에 자생하는 구상나무의 군락을 표현한 것이다.

『탐라십경도』의 활용

『탐라십경도』는 조선후기 제주의 모습을 최초로 사실적으로 표현한 그림이다. 『탐라십경도』가 실경화라는 점에 주목한다면 이 그림의 사료로서의 가장 큰 활용가치는 역사적 경관의 복원에 있다. 즉 오랜 시간을 거치며 훼손된 역사적 경관을 복원하는데 이 그림이 최적의 1차 자료가 될 수 있다. 특히나 조천관, 명월소, 별방소, 서귀소 등의 인문 경관의 복원에 『탐라십경도』의 그림은 매우 중요한 기초 자료가 된다. 이 곳 성곽의 형태, 건물의 위치, 주변 지역과의 관계 등을 『탐라십경도』의 그림을 통해 파악해 볼 수 있기 때문이다.

무엇보다 『탐라십경도』는 제주의 대표적인 열 곳의 경관을 그린 것이기 때문에 그 자체로 제주를 대표하는 경관이라고 할 수 있다. 더구나

『탐라십경도』가 후대에 계속 모사되면서 제주의 상징 경관으로 굳건히 자리매김하였다. 예를 들어 19세기 후반에 제작되는 『영주십경도』에는 『탐라십경도』의 자연 경관이 그대로 계승되어 그려지기도 했다. 따라서 『탐라십경도』에 수록된 열 곳의 경관은 제주의 역사성이 담긴 경관 이미지이기 때문에 지금도 중요한 문화컨텐츠 자원으로 활용할 수 있을 것이다.

이와 더불어 『탐라십경도』는 미술사를 비롯한 여러 학문 분야에서도 중요한 자료가 될 것이다. 제주 최초의 실경화인 『탐라십경도』는 후대에 제작되는 그림에 많은 영향을 미쳤다. 1702년에 제작된 이형상(李衡祥) 목사의 『탐라순력도(耽羅巡歷圖)』와 19세기에 제작되는 『영주십경도』, 그리고 『대정현지도』나 『제주삼읍도총지도』와 같은 지도에도 간접적인 영향을 미쳤다.

『탐라십경도』에 대한 연구는 이제부터 시작이다. 우선 일본이나 국내에 전하고 있는 『탐라십경도』를 조사하여 현황을 파악하는 것이 시급하다. 문화재의 소장자들이 공개를 꺼려하는 현실적인 문제가 있기 때문에 개인적 차원의 접근보다는 공공기관과 협력하여 그림의 현황을 조사할 필요가 있다. 이러한 조사 자료를 바탕으로 그림들 간의 계보를 확인하고 이의 변천을 파악해야한다. 이와 같은 작업을 토대로 비로소 지역사, 미술사, 경관사 연구 등에서의 다양한 해석 작업이 보다 심도있게 진행될 수 있을 것이다.

〈참고문헌〉

국립제주박물관, 2001 『제주의 역사와 문화』, 국립제주박물관.
____________, 2004 『한반도와 바다』, 국립민속박물관.

아시아경제, 2015년 5월 19일, 「홍콩서 해외 소장 우리 고미술품·한국 추상화 경매」.
안휘준, 1988 『한국회화의 전통』, 문예출판사.
伊丹潤, 1975 『李朝民畫』, 講談社.
李益泰, 『知瀛錄』, 耽羅十景圖序.

차마 말할 수 없는 -실록(實錄)이 말해주지 않는 것들

최 형 보(崔亨輔)*

'이것은 기록하지 말라' 하셨다

오늘날 『왕조실록』과 『승정원일기』, 『비변사등록』, 『일성록』 등 다양한 관찬 연대기 사료들이 전해지고 있는 것은 조선시대 역사 연구자들에게 크나큰 행운이라고 할 수 있다. 시기에 따라 간혹 중간에 소실되거나 보충된 부분도 있지만, 이러한 자료들이 비교적 온전한 형태로 남아있는 덕분에 당시 주요 현안에 대한 기본적인 사실관계를 파악하는 데 큰 무리가 없기 때문이다. 그러나 이렇듯 훌륭한 자료들도 당시의 기록을 담당했던 사람들의 시각이 반영된 서술이라는 점에서 본다면 모든 자료가 그렇듯 일정한 한계를 노출할 수밖에 없는 것도 사실이다. 기록 과정에서 기자(記者)의 정치적 입장과 견해가 반영되었을 뿐 아니라, 그들이 '기록할 필요가 있다고 여긴 내용'들만이 기록되었기 때문이다. 이는 바꿔 말하면

* 서울대학교 규장각한국학연구원 연구원.
대표논저 : 「肅宗代 王世子 代理聽政 研究」(『한국사론』 60, 2014).

'기록으로 남길 필요가 없다'거나, 더 나아가 '기록으로 남겨서는 안 되는' 내용들이 선별적으로 배제되기도 하였다는 것을 의미한다. 때로는 후대 연구자들이 가장 궁금하게 여길 만한 부분들이 이 과정에서 생략되기도 한다.

사관의 사초(史草)는 국왕도 함부로 손대지 못했다는 것이 『왕조실록』 편찬 과정에 대한 일반적인 이해이다. 그러나 국왕은 때로 민감한 사안에 대해 사전에 기밀을 유지하고자 '독대(獨對)'와 같은 방법을 사용하기도 하였고, 조정에서 있었던 사건이나 의논한 내용에 대한 기록을 사후에 삭제하도록 명령하기도 하였다. 숙종 43년(1717) 7월 19일 오후에 일어난 사건의 경우, 이 두 가지 모두에 해당하였다.

당시의 상황을 살펴보자면, 숙종은 심한 안질(眼疾)로 정무를 살피기 어려운 상황에 처해 있었다. 숙종은 국정 운영을 세자(훗날의 景宗)가 돕는 일에 대해 검토해 볼 것을 명령해 둔 상황에서 좌의정 이이명(李頤命, 1658~1722)을 따로 불렀는데, 이 때 사관이 함께 들어오는 것을 저지하였다. 이른바 정유독대(丁酉獨對)라 불리는 사건이다. 이이명과의 독대 이후 다시 진행된 논의에서 숙종은 세자에게 대리 청정(代理聽政)을 맡기는 일에 대해 난색을 표하였다. 그러자 당시 입시하였던 신료들은 모두 입을 모아 세자에게 대리청정을 맡길 것을 강하게 주장하였고, 결국 숙종이 이에 따르면서 전격적으로 왕세자 대리청정을 준비하게 되었다. 세종대 이후 수백 년 만에 시행된 조선의 왕세자 대리청정은 이렇게 불과 몇 시간 사이에 결정되었다.

통상적으로 국왕과 신료들이 나눈 논의 내용은 『왕조실록』보다 『승정원일기』에 구체적인 경우가 많은데, 이 당시의 논의 내용은 오히려 『왕조실록』이 더 자세하다. 영조 20년(1744)의 화재로 인해 경종 원년(1721)까지의 『승정원일기』가 모두 소실되는 바람에 후대에 개수(改修)하면서 『비변사등록』이나 『조보(朝報)』 등의 내용을 긁어모으는 수밖에 없었다고는 하나, 남겨진 기록을 보면 그것이 설령 불타지 않고 남아있었다손 치더라도 『숙종실록』에 기록된 내용보다 풍부한 정보를 담고 있었을지는 모르겠다. 다음은 해당 사건 바로 이틀 뒤인 7월 21일자 『숙종실록』 기사 중 일부이다.

…"어제 연석(筵席)에서 여러 대신들의 개진(開陳)으로 인하여 성상께서 특별히 깊이 헤아려 생각하신 끝에 왕세자에게 청정(聽政)하게 한다는 명령이 있었습니다. 이제부터는 조섭(調攝)에도 보탬이 있을 것이고 사무가 지체되는 일도 없을 것이니, 종사(宗社)의 경사와 신민의 행복을 이루 말할 수가 없습니다. 연석은 엄중하고 비밀스러운 곳이므로 당일 오고간 이야기를 자세히 알 수는 없습니다만, 들리는 바에 의하면 **성상께서 수작(酬酢)하실 때 더러 미안한 하교가 있었다고 합니다.** 생각하건대 우리 왕세자는 춘궁(春宮)으로 덕을 길러 온 지가 30년인데, 예학(睿學)을 일찍 성취하였고 어질다는 소문이 멀리 전파되었으므로 온 나라 사람들이 목을 길게 빼고 애대(愛戴)하지 않는 이가 없습니다. 그런데도 전하께서 이러한 하교를 하셨던 것은 다만 지극한 사랑으로 이미 훌륭한데도 더 훌륭하기를 바라고 이미 착한데도 더 착하기를 타이른 것일 뿐이니, 안팎의 신서(臣庶)가 누군들 전하께서 뜻하시는 바를 모르겠습니까? 그러나 말이 혹시 잘못 전파된다면 듣는 이들이 쉽게 현혹될 것입니다. 삼가 바라옵건대, 부탁의 지중함을 길이 유념하시고 사지(辭旨)의 경솔함을 깊이 뉘우치시어 그날 **연석의 하교 가운데 춘궁에게 관계된 것은 모두 환수(還收)하시어 일기(日記)에 기록되어 원근에 전파되는 일이 없게 하신다면, 군정(群情)이 편안하고 국가가 길이 힘입게 될 것입니다."**

상이 답하기를,

"경들이 이리 일록(日錄)에 기재하지 말라고 하니, 따르도록 하겠다."

하였다.

위의 인용문을 살펴보면 연석에서 숙종이 세자에 대해 발언한 내용 가운데 문제가 될 만한 부분이 있었으며, 이러한 사실이 전파되는 것에 대해 숙종보다도 오히려 신료들이 더 민감하게 받아들이고 해당 기록(일기)을 삭제할 것을 건의하였다는 것을 알 수 있다. 흔히 사관의 직필과 대립하는 상대편으로는 국왕을 상정하게 마련이다. 그런데 신하들이, 그것도 간관(諫官)이라는 홍문관 신료들이 사관의 기록을 삭제할 것을 건의하는 상황에 대해 어떻게 이해해야 될까. 숙종은 이러한 신료들의 건의를 수용하는 한편 이에 대해 해명하는 비망기를 내리기도 하였는데, 전후의 상소들을 살펴보면 신료들은 이 당시 숙종의 발언에 대해 '대단히 미안한 하교(大段未安之教)', '잘못하신 하교(差失之教)' 등의 표현으로 기휘(忌諱)하고 있음을 볼 수 있다. 모두가 드러내기를 꺼리는 문제였고, 그만큼 민감한 문제였다. 감추면 감출수록 연구자로서는 더욱 들여다보고 싶은 대목이 아닐 수 없다.

구름을 칠해 달을 드러낸다

『승정원일기』에서 삭제할 정도의 일이었던 만큼, 『숙종실록』에서도 숙종과 신료들이 연석에서 나눈 대화를 보면 숙종의 발언은 무언가 빠진 내용이 있는 것 같은 어색한 느낌을 지울 수 없다. 숙종이 세자에게 대리청정을 시키지 못하는 구체적인 이유, 세자에 대한 숙종의 인식은 직접적으로 드러나지 않고 신료들의 당황한 모습, 강경한 대리청정 주장만 보이는 것이다. 그러나 숙종과 신료들의 이 어색한 대화도 꼼꼼히 살펴보면 삭제된 숙종의 발언 내용을 상당 부분 유추할 수 있다.

[그림 1] 어몽룡(魚夢龍, 1566~?), 〈월매도(月梅圖)〉
조선 중기 문인화로 구름을 그려 달을 드러내는 기법(烘雲託月)을 사용한 대표적인 작품이다(국립중앙박물관 소장).

숙 종 : "당태종(唐太宗)이 태자에게 명령하여 청정(聽政)하게 하였던 일을 내가 안 하려는 것이 아니라 일이 여의치 못한 점이 있다. 이것이 내가 하려고 해도 할 수가 없는 이유인 것이다."

이이명 : "입진(入診)했을 때 신이 아뢴 바가 있었는데, 재차 연석에 올라 또 하교를 받들었으므로 지금은 다시 드릴 말씀이 없습니다. 신 등은 밖에 있으면서 세자에게 실덕(失德)한 일이 있다는 말을 들어본 적이 없습니다. 그리고 들리는 바에 의하면 인현왕후(仁顯王后)께서 복위되셨을 때에는 효도를 다하고 승하하셨을 적에는 슬픔을 극진히 하였으며, 오늘날에 와서는 덕기(德器)가 이미 완성되어 인효(仁孝)가 더욱 드러났다고 하니, 어찌 청정을 감당하지 못할(不堪聽政) 염려가 있겠습니까? 그리고 지금의 성교(聖敎)는 실로 천만 뜻밖입니다. 예로부터 국가가 어지럽고 망하는 것은 모두 이러한 일을 처치함에 마땅함을 잃는 것으로부터 연유되었습니다. 세자에게 서무를 참결(參決)하도록 하시고 신 등이 각자 정성을 다하여 보좌한다면 나랏일이 제대로 다스려지지 않을 리 있겠습니까? 성명(聖明)께서 이제 척연(惕然)히 의도를 고치시어 다시 의심을 가지지 않으신다면 이것이 어찌 종사의 복록이 아니겠습니까?"

김창집 : "일찍이 세자에게 인효의 덕이 있다고 들었는데, 신 등은 서연에 입시한 적이 있으므로 또한 그 덕성(德性)을 익히 알고 있습니다. 어찌 청정을 감당하지 못할(不堪聽政) 이치가 있겠습니까? 삼가 바라옵건대, 거듭 생각하시어 세자더러 곁에서 국사를 참결하면서 성궁(聖躬)을 보호하고 국가를 이롭게 하도록 하소서."

이이명 : "여항(閭巷) 사람의 경우로 말하자면 어떤 일이라도 점차 익힌다면 자연히 진취가 있게 됩니다. 세자의 영명한 자질로 어찌 청정하지 못할(不能聽政) 이치가 있겠습니까? 성상께서 이렇게 우려하시는 것은 국가의 복이 아닙니다."

위의 대화를 살펴보면 숙종의 발언에 대해 신료들이 반론을 제기하고 있는데, 숙종의 발언이 다소 모호한 것은 앞서 살펴보았듯 실제 숙종이 그렇게 말했다기보다는 후대에 기록을 남기는 과정에서 고의로 그렇게 처리한 것으로 보인다. 반면 신하들의 반론은 상대적으로 충실하게 기록되어 있으므로 이를 통해서 앞의 발언이 어떠한 내용이었는지 유추해 볼 수 있다. 양측의 대화 지문에서 한 쪽만 삭제하면 상대편 대화 내용을 통해 대강의 내용은 짐작이 가능한 것과 같은 셈인데, 두 사람의 반론이 공히 숙종이 세자가 대리청정을 감당할 수 없을 것(不堪聽政·不能聽政)이라 생각하고 있음을 전제로 진행되고 있음을 확인할 수 있다.

세자의 국정 처리 능력을 의심하는 숙종의 발언은 당시 장성한 다른 왕자들에 대한 총애와 아울러 신료들에게 숙종이 세자 교체 의도가 있다는 것으로 해석되기에 충분했던 것으로 보인다. 그렇기 때문에 대신들은 연석에서 '국가가 어지러워지고 망하는 것은 모두 이러한 일을 처치함에 마땅함을 잃는 것으로부터 연유되었습니다'라든지, '전하께서 이렇게 염려하시는 것은 국가의 복이 아닙니다'라는 표현을 한 것이다. 게다가 같은 자리에서 숙종이 "내 뜻은 청정을 시키는 것을 어렵게 여기는 것이 아니다"라고 한 것은 숙종의 의도가 세자를 교체하는 데 있었다는 추측에 더욱 무게를 실어주는 부분이다. 『숙종실록』은 이에 대신들이 놀라 다시 무엇을 어렵게 여기는 것이냐고 묻자 숙종이 침묵하였다고 기록하고 있으나, 앞서 살펴본 바와 같이 숙종이 자신의 본심을 입 밖에 내었는데 후에 삭제되었을 가능성도 배제할 수 없다.

그 자리에 나도 자러 가리라

당시 숙종의 의중이 어떠했는가에 대해서는 오늘날의 연구자보다 당시의 사람들이 더 궁금해 했을 것으로 생각된다. 익히 알려져 있다시피 숙종대에는 숱한 환국(換局)이 일어났는데, 항상 그 핵심에는 왕실의 문제가 있었다. 소용돌이의 중심에 서서 정국을 좌지우지하던 국왕의 건강에 적신호가 켜진 상황에서, 왕위계승 문제는 그야말로 정국의 뇌관이라고 할 수 있는 것이었다. 모두의 이목이 숙종의 어심(御心)에 집중되는 것은 당연한 일이었다.

『숙종실록』에서 불완전한 대화 내용을 유추하여 대강의 내용을 짐작해 볼 수는 있다 하더라도, 연석에서의 논의에 앞서 숙종이 이이명과 비밀스럽게 나눈 구체적인 대화 내용에 대한 궁금증이 해소되는 것은 아니다. 앞서도 언급한 바 있지만, 조선 왕조는 사관이 국왕의 일거수일투족을 기록할 수 있는 제도적 장치를 마련하고 이를 지키기 위해 많은 노력을 기울인 나라였다. 이를 무시한 독대는 국왕과 신하의 만남이 갖는 숭고함, 즉 종사와 인민을 위한 공적(公的)인 관계를 무너뜨리는 행위로 간주되어 여타 신료들의 반발을 사게 마련이었는데, 어쩌면 그보다도 절대 권력자의 의중에 대한 정보가 본인과 자당(自黨)에게는 차단되고 있는 상황이 주는 불안감이 더 절박한 문제였을지 모르겠다. 그만큼 정유독대의 내용은 숙종의 의도(御心)를 읽고자 하는 후대의 연구자들은 물론, 그 자리에 참여하지 못했던 당시인들에게도 초미의 관심사였을 것이다.

사관이 입시하지 않은 독대의 경우, 독대 당사자의 기록보다 구체적인 자료를 얻기란 현실적으로 어렵다. 정유독대에 앞서 효종 10년(1659)에 있었던 기해독대(己亥獨對)의 내용은 당시 효종과 독대하였던 송시열(宋時烈, 1607~1689) 본인이 기록으로 남겨둔 덕분에 후대의 연구자들로서도 당시의 상황을 파악할 근거를 찾을 수가 있다. 그러나 정유독대의 경우, 이에 대해 아직까지 이이명이 직접 남긴 기록은 발견되지 않고 있다. 이러한 경우에는 당시 현장에 근접해 있었던 인물들을 비롯하여 여러 사람들이 당시의 상황에 대해 남긴 기록들을 종합해 보는 수밖에 없다. 이때

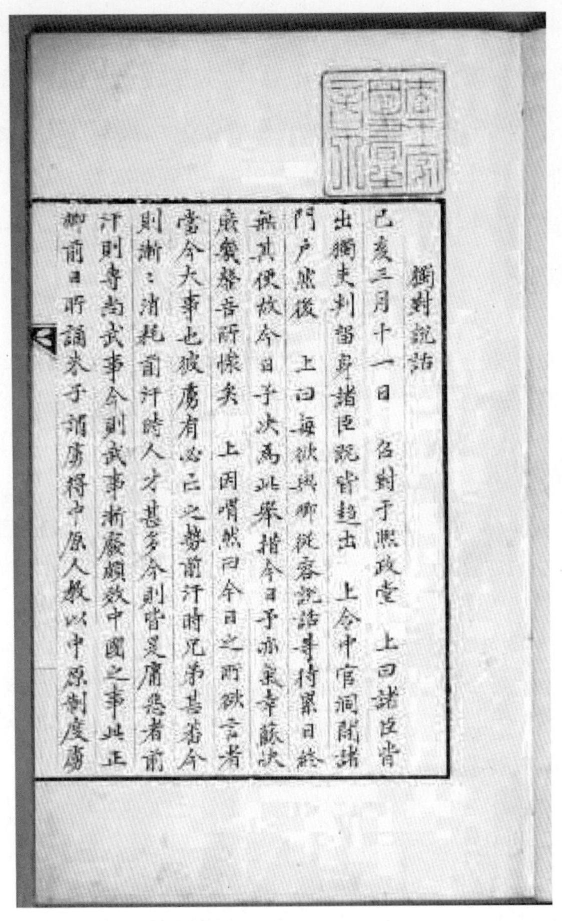

獨對說話

己亥三月十一日 召對于熙政堂 上曰諸臣皆
出獨吏判留身諸臣既皆趨出 上令中官閉闔諸
門戶然後 上曰每欲與卿從容說話[illegible][illegible][illegible]日終
無其便故今日予決爲此擧措今日予亦[illegible][illegible]蘇決
底蘊罄吾所懷矣 上因喟然曰今日之所欲言者
當今大事也彼虜有必亡之勢前汗時兄弟甚衆今
則漸漸消耗前汗時人才甚多今則皆是庸懦者前
汗則專尚武事今則武事漸廢頗效中國之事此正
卿前日所誦朱子謂虜得中原人教以中原制度虜

[그림 2]『독대설화(獨對說話)』 효종 10년(1659) 송시열이 효종과 독대한 내용을 기록한 책이다.『송서습유(宋書拾遺)』에는「악대설화(幄對說話)」라는 제목으로 수록되어 있다(규장각 한국학 연구원 소장).

는 주로 개인 문집 가운데 서간문이나 잡저(雜著)에 해당하는 부분들을 중점적으로 검토하고, 이른바 당론서(黨論書)라고 하는 자료들에서 각자의 기억이 어떻게 교차되고 있는지 확인하는 등의 작업을 거치게 마련이다.

정유독대에 대한 이이명 본인의 서술이 발견되지 않고 있는 상황에서, 당시의 현장과 가장 '근접'한 인물이 남긴 사료로는 민진원(閔鎭遠, 1664~1736)이 남긴 기록이 있다. 민진원은 『단암만록(丹巖漫錄)』에서 당시 이이명이 숙종과 독대하고 나와 자신의 형인 민진후(閔鎭厚, 1659~1720)에게 대화 내용을 은밀히 전하였고, 자신의 형이 그 내용을 바로 기록하였다고 서술하고 있다.

> … 이이명이 승지·사관과 합문(閤門) 밖에 오자 내시가 말하기를, "대신부터 들어오라는 명이 계시었소." 하여 들어갔더니, 승지가 미처 들어오기 전에 내시가 급히 문을 닫았다. 이이명이 나아가 엎드리니 상(上)께서 손을 잡고 탄식하며 다음과 같이 말씀하셨다.
>
> 숙 종 : "내가 죽을 날이 머지않았네. 내가 죽은 뒤에 세자는 결단코 왕위를 감당할 수 없을 것이니(世子決不可堪荷), 어찌하면 좋겠는가?"
>
> 이이명 : "전하께서는 어찌 이런 말씀을 내십니까? 고사(古事)를 들 것도 없이, 바로 오늘날 저들(淸)의 일로만 보아도 어찌 경계하지 않을 수 있겠습니까?" 【당시 오랑캐 황제가 태자를 폐하고는 다시 세우지 않고 있었다.】
>
> 숙 종 : "내가 매번 말하지 않았는가, 오늘날의 태자와 세자는 어쩜 그리 비슷한가?"
>
> 이이명 : "신사년(숙종 27, 1701)의 성교(聖敎)에서는 오로지 세자만을 위한 일이라고 하시었고 그 뒤에는 선위(禪位)까지 하려고 하시더니, 이제 갑자기 이러시는 것은 어째서입니까?"
>
> 숙 종 : "그 때는 이렇지 않았다. 선위하고자 했을 때도 지금보다는 나았다. 위관(衛瓘, 220~291)은 '그래도 이 자리가 아깝다(尙有此座可惜)'는 말을 하였는데, 경(卿)은 대신이 되어서 어찌 나라를 위해 깊이 염려하지 않고 이러는 것인가?"
>
> 이이명 : "세자는 어질고 부드러우며, 인현왕후(仁顯王后)를 몹시 효성스럽게 섬겼고 장례도 잘 치렀습니다. 중외(中外)에서 실덕(失德)하

였다는 소문을 들을 수 없어, 백성들이 모두 앙대(仰戴)하고 있습니다. 설령 사무를 처리함에 미진한 점이 있다 하더라도 신들이 보도(輔導)하여 선(善)에 들어가게 할 수 있을 것입니다."

숙 종 : "사부와 빈객들이 좌우에 둘러앉았는데도 강론하는 말에는 전혀 마음을 두지 않고 처마의 기왓장을 보고 있지 않으면 딴 데를 보고 있는데, 경들이 무슨 수로 보도한단 말인가? 하물며 내게도 불손한 행동을 하는데 어찌할 도리가 없다. 내가 병든 뒤로 이 뜻을 품은 지가 오래인데, 이제는 눈병이 이 지경이므로 부득불 이 말을 내는 것이다."

이이명 : "이것이 얼마나 큰일인데 신에게만 따로 명하시는 것입니까? 신은 죽어도 감히 따르지 못하겠나이다. 대신들을 모두 불러 의론하는 것이 어떻겠습니까?"

하니, 상께서 윤허하셨다. …

민진후는 독대를 전후하여 세자 문제에 대해 숙종과 의논한 신료들 중 한 명이었고, 이이명과 민진후의 관계, 민진후와 민진원의 관계를 고려해 보면 『단암만록』에서 이야기하는 정보의 출처는 상당히 신빙성이 있어 보인다. 이이명, 혹은 이를 전달한 민진후나 민진원이 자신에게 불리한 정보를 축소하거나 은폐했을 가능성도 있으나, 이 또한 교차 검증할 만한 다른 사료를 제시하지 않는 이상 섣불리 반박하기란 어려운 일이다. 무엇보다, 이보다 당시 정황을 구체적으로 서술하고 있는 자료를 현재로써는 찾을 수가 없다는 점이 해당 자료를 주요 근거자료로 삼을 수밖에 없는 가장 큰 이유이다.

『단암만록』의 기록이 얼마나 진실을 담고 있는가는 차치하고, 이 당시 중앙 정계에서 다소 소외되어 있던 소론계(少論係) 인물들의 반응과 사건에 대한 기억을 살펴보면 흥미로운 점을 발견할 수 있다. 이긍익(李肯翊, 1736~1806)의 『연려실기술(燃藜室記述)』을 보면, 당시의 상황을 재구성함에 있어서 독대의 내용은 물론이고 전후 연석에서 오간 대화의 내용, 즉 세자 대리청정이라는 결론에 이르기까지의 과정에 대한 정보는 매우 소략한 대신, 정황적 설명과 추측이 대부분을 구성한다. 당시 소론계 인사들이 직면해 있던 정보의 부재는 세자 대리청정이 결정되자 관을 끌고 상경하여 상소하였던 소론 대신 윤지완(尹趾完, 1635~1718)이 숙종의 타박을 받고 돌아와 울화로 세상을 떠난 상황이 상징적으로 보여준다.

소론들은 당시 숙종의 주위에 있던 노론 신료들이 숙종과 모종의 거래를 하여 세자에게 대리청정을 시키고 이 과정에서 세자의 실수를 유도하여 세자 교체를 기도하는 것으로 인식하였으며, 이에 대해 크게 이이명이 국왕과 독대한 사실과 신료들이 먼저 대리청정의 시행을 주장했다고 하는 두 가지 측면에서 당시 논의에 참여했던 신료들을 공격하였다. 세자 교체라는 중대한 사안을 두고 숙종과 측근 신료들이 충돌하고 있던 상황에서 이러한 공격은 논의의 흐름을 따라가지 못하고 철저히 겉돌 수밖에 없었다.

당시의 정황에 대한 소론 측의 인식은 사건이 발생한 뒤 10여년이 지난 영조 4년(1728)에 간행된 『숙종실록보궐정오』에 실린 기사 내용에서도 별다른 변화를 포착하기 어렵다. 이긍익의 『연려실기술(燃藜室記述)』은 물론, 다시 그보다 백여 년 뒤의 후손인 이건창(李建昌, 1852~1898)의 『당의통략(黨議通略)』 때에 이르기까지도 서술의 맥락에 있어서는 거의 변화가 없다. 많은 이들이 독대의 전말에 대해 관심을 가지고 있던 상황에서도 새로운 정보가 추가되지 않았거나 의도적으로 거부되었다는 말인데, 우리는 여기에서 일종의 '계보성'을 찾을 수가 있다. 집단 내에서 과거의 사건에 대한 인식을 공유하는 것이야말로 자당(自黨)의 정체성을 유지하는 중요한 기제로 작용하였겠지만, 한편으로는 이를 통해 당시의 당론서가, 과거에 대한 인식이, 더 나아가 정치적 사안에 대한 정보가 어떻게 전파, 확산, 공유되고 있었는지 확인할 수 있는 셈이다.

과연 발 없는 말은 몇 리나 갔는가

숙종 43년(1717)의 왕세자 대리청정 논의를 보면, 당시의 논의가 얼마나 급박하게 돌아갔는지, 그리고 얼마나 민감한 사안이었는지 알 수 있으며, 동시에 그러한 논의가 얼마나 은밀히, '내부자들'에 의해 진행되었는지도 확인할 수 있다. 그러나 이렇듯 국가의 민감하고 내밀한 문제(흔히 왕실의 문제인 경우가 많다)들이 감추어지는 양상은 비단 이 시기만의 특수한 사례는 아닐 것이다. 시기를 불문하고 오히려 민감하면 민감할수록, 사건이 감추어질 확률은 더 높아지고 연구자들이 놓칠 가능성도 그만큼 커진다고 보는 것이 옳지 않을까.

앞서 살펴본 바와 같이 때로 운이 좋으면 관찬 연대기 자료 내에서 실마리를 찾는 경우도 있지만, 이렇듯 차마 못할 말, 차마 듣지 못할 말들의 진상을 포착하기란 쉽지 않은 일이다. 뿐만 아니라 관찬 사료 안에서 어렵게 단서를 찾아 추적해 낸다 하더라도 다른 자료, 예컨대 개인 문집들과 당론서 등의 자료들을 통해 추측이 타당했는지 교차 검증하고 확인하는 작업은 반드시 수반되어야만 하는 일이다.

『단암만록』의 내용은 흔히 함께 언급한 『연려실기술』, 혹은 『당의통략』에 비해 당파성에 치우친 서술로 인식되곤 하는 것 같다. 저자인 민진원의 성향, 그의 생애를 놓고 본다면 분명 그럴 법한 측면이 없지 않다. 그러나 '정유독대'라는 사안에 대한 서술만 놓고 본다면 『연려실기술』과 『당의통략』이 전하고 있는 이야기와 『단암만록』이 전하고 있는 이야기는 전혀 다른 성격의 이야기다. 각자가 판단하는 사건의 맥락과 해석도 다르

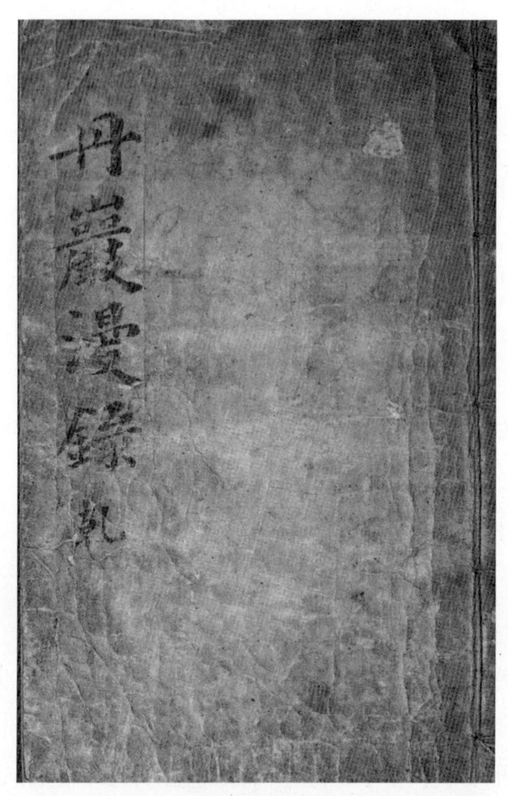

[그림 3]『단암만록(丹巖漫錄)』 숙종부터 영조연간에 이르는 시기의 정치적 사안들에 대해 민진원이 기록한 책이다. 숙종 승하 이후 영조가 등극하기까지의 과정에서 중요한 역할을 했던 인물들의 증언을 수록하고 있어 주목된다(미국 버클리대학교 소장).

거니와, 근거하고 있는 사실이나 정보의 양이라는 측면에서도 그 차이가 현저하다. 그런데도 당파성에서 벗어나 보고자 모든 자료를 대등하게 놓고 보거나, 당파성에 치우친 인물의 기록이라는 점을 들어 정보의 신뢰도 면에서 더 엄격한 잣대를 들이대는 것은 오히려 '당파성'이라고 하는 것에 스스로를 더욱 구속하는 길이 아닐 수 없다. 비판적인 당론 연구를 시도하다가 새로운 당론서를 재생산하는 데 그치게 되는 대개의 경우가 이렇듯 임의로 정보들을 선별하는 과정에서 비롯된다.

과거사에 대한 인식은 조선시대 당론 형성에 관건적인 역할을 하였던 만큼, 당쟁과 함께 분기하는 역사 인식은 떼려야 뗄 수 없는 관계에 있다. 그러나 이를 당론이 다르기 때문에 자당에 유리하게 왜곡되었을 것이라 섣불리 판단하기 전에, 개별 사건 단위로 자료들을 나란히 놓고 어느 것이 더 구체적인 정보를 제공하고 있는지, 어느 것이 더 통합적인 시야를 제공하고 있는지에 대해 분리해서 살펴볼 필요가 있다. 그리고 가능하다면, 수많은 잡사(雜史)류 자료들을 비교함으로써 해당 자료가 어떤 정보들을 반영하고 있는지 확인하는 작업이 추가적으로 진행되어야 할 것이다. 이를 통해 낱낱의 당론서들이 수집, 선별하고 있는 정보의 범주와 성격을 확인하고, 다시 해당 정보가 어느 시기에 어느 정도의 범위까지 파급, 유통되었는지 확인할 수 있게 된다면, '차마 말할 수 없었던' 수많은 사건들의 진상에 다가설 수 있을 뿐 아니라 그것을 둘러싼 정보 지형도도 그려볼 수 있을 것이다. 이러한 작업들이 조선시대 정치사에 생동감을 불어넣을 수 있기를 기대해 본다.

〈참고문헌〉

정만조, 1991「成大所藏《燃藜室記述》의「肅宗朝」記事」『한국학논총』13.

이희환, 1995『朝鮮後期黨爭研究』, 국학자료원.

이영춘, 1998『朝鮮後期 王位繼承 研究』, 집문당.

박광용, 1998『영조와 정조의 나라』, 푸른역사.

______, 1999「숙종대 기사환국에 대한 검토-당론서 기록에 대한 비교 분석을

중심으로」.

신인수, 1999 「燃藜室記述의 編纂資料에 관한 書誌的 研究」『서지학보』 23.

이상식, 2001 「이건창과 『당의통략』」『내일을 여는 역사』 4.

______, 2005 『조선후기 숙종의 정국운영과 왕권 연구』, 고려대 박사논문.

장종진, 2008 「肅宗의 景宗 王位繼承 의도 검토」『남도문화연구』 14.

정경훈, 2009 「사건의 기록과 한문학 ; 「幄對說話」의 사실성과 의미」『동방한문학』 39.

최성환, 2012 「임오화변 관련 당론서의 계통과 '정조의 임오의리'」『역사와 현실』 85.

최형보, 2014 「肅宗代 王世子 代理聽政 研究」『한국사론』 60.

『비변사등록』과 나의 환곡 연구 이야기

양 진 석(梁晋碩)*

나의 논문 주제 선택

나는 1988년에 「18, 19세기 환곡(還穀) 운영에 관한 연구」라는 제목으로 석사논문을 제출하였다. 이 논문은 내용 수정을 거쳐 다음 해인 1989년 『한국사론』 21집에 「18·19세기 환곡에 관한 연구」라는 제목으로 서울대학교 국사학과에서 발행하는 논문집에 실렸다. 이 무렵 석사학위 논문은 내용수정을 거쳐 국사학과에서 내는 학술지에 실을 수 있었다. 논문을 실으려면 지도교수의 허락을 받고, 학과에서 다시 논의를 했다. 내 논문도 그러한 과정을 거쳐서 실린 것이다.

30년이 지난 지금은 연구 환경이 바뀌어서 이와 같이 학위 논문을 학회지에 실으려면 더 까다로운 규정이 적용되는 것으로 알고 있다. 그 때

* 서울대학교 규장각한국학연구원 학예연구관.
대표논저 : 「18·19세기 還穀에 관한 硏究」(『한국사론』 21, 1989), 「17·18세기 還穀制度의 운영과 機能變化」(서울대 박사학위논문, 1999), 「조선후기 매매문서를 통해 본 漢城府 南部 豆毛浦 소재 토지거래 양상」(『고문서연구』 35, 2009).

문에 유사한 제목으로 논문을 게재하는 것도 쉽지 않을 것이라고 생각한다. 잘못하면 논문의 중복게재 혹은 자기논문을 표절한 것이라는 의심도 받을 수 있다. 그만큼 논문에 대한 사회적인 인식이 많이 변화하였기 때문이다. 지금은 그와 같은 문제들이 사회적으로 정리되었다고 본다. 지금은 연구와 관련하여 그러한 문제들을 굳이 논하지 않아도 될 만큼 사회적으로 동의가 이루어지고 있으며, 그러한 행위들이 거의 사라졌다고 하겠다.

석사학위에서는 '환곡 기능의 변화', '환곡 운영의 형태', '환곡 운영의 변화' 등을 다루었다. 이들 주제들 자체가 하나의 논문감이기도 했으나, 아직은 석사논문의 수준에서 다룬 것이었다.

그건 그렇고 내가 환곡을 석사학위 논문주제로 삼겠다고 결심하게 된 데에는 내가 궁금한 것을 풀고야 말겠다는 생각도 작용하였지만, 이면에는 무지함과 약간의 무모함이 함께 깔려 있었다. 학부 때에 그리 많은 자료들을 본 것이 아니었고, 어렵지 않은 한문 정도만 해독하는 수준이었다. 그러나 대학원 석사과정에 들어 가보니, 원문 자료 및 관련된 자료를 읽어도 무슨 이야기를 하는지 내용에 접근할 수 없는 것들이 많았다. 알 수 없는 용어들이 수없이 등장하기에 개념조차도 파악하기 힘든 것들도 많았다. 답답한 마음에 사전류들을 뒤졌고, 일부는 구입을 해서 갖추어 놓기도 했다. 그러나 당시에는 내가 궁금한 것에 대해서는 사전마저도 친절하게 자세히 알려주는 것은 거의 없었다. 사전 중에는 내용을 제대로 전달해주지 못하거나 부실한 것도 있었다.

아무것도 모르는 상황에서 계획을 세우고 접근해야 할 것 같은데 난감한 문제들이 눈앞에 버티고 있었다. 주제를 잡고 연구를 하려면 기초를 다져야 하겠다는 생각만 가졌지, 접근할 수 있는 안목과 실행할 수 있는 능력은 많이 모자랐다. 아마 이 글을 읽는 과정생들이 있다면 동감할 것이다.

나에게는 연구 주제를 잡기 위해 방황하는 과정이 있었다. 연구를 위한 기초를 쌓는 과정에서 먼 길을 돌아간 측면이 없지 않다. 우회하겠다고 일부러 마음을 먹은 것은 아니지만, 목표를 두고 주변에서부터 접근해 나갔다고나 할까? 나중에 생각해보니 그것도 괜찮은 방법이기도 하다. 다만 시간에 대해 너무 강박적인 생각을 갖지 말아야 하고, 주변에서도 왜 논문을 쓰지 않느냐고 한마디 하는 것에 대한 면역력도 있어야 할 것이다.

학부와 대학원 과정이 다르다는 것을 얼마 되지 않아 바로 깨닫게 되었다. 대학원 과정은 단순하게 학부 학습의 연장선상에 있는 것이 아니었다. 2개의 과정은 다른 것이었다. 말하자면 학부를 졸업하여 사회생활로 곧바로 이어가는 것과 같지 않더라도, 기존 학업을 토대로 또 다른 생활을 계획하는 것이기 때문이다. 무엇보다도 내가 직접 찾아내야 하는 것이었다. 학부생일 때에는 누군가가 쓴 논문을 읽고 그것이 마치 나의 생각인 것처럼 이야기를 할 수도 있었지만 연구과정에서는 그것이 통하지 않기 때문이다. 연구대상을 직접 찾아내고 자신의 생각과 자신의 이야기를 할 수 있어야 하는 것이다.

석사과정에 들어간 나로서는 달리 연구한 것이나 가진 것이 없기에 독창적으로 할 수 있는 말이 없었다. 그냥 어정쩡했다고나 할까. 그런데 대학원과정에 들어간 나에게 주변에서 많은 제안들이 들어왔다. 선배나 동기 그리고 후배들로부터 같이 공부하자는 제안들이었다. 역사연구와 관련하여 큰 주제를 제시하면서 같이 공부하자는 것이었다. 형식은 세미나라고 하지만 주로 소그룹 정도의 규모로 강독 혹은 논문을 요약하고 토론하는 방식으로 이루어졌다. 따라서 내용은 사회과학 이론과 학부 때 공부하지 못한 내용들이 주된 주제였다. 당시 주로 거론되었던 주제로는 사회계층 및 계급에 관한 이론, 한국정치사의 문제, 한국사에서의 사회발전론과 관련하여 사회경제적인 문제를 다양한 주제들이 있었다.

당시 이와 같은 주제들을 다루려했던 것은 정치적으로는 군인들이 사복으로 갈아입고 집권하던 시기, 즉 군사독재정권이 시기였다는 점이 크게 작용하였다고 생각한다. 당시 정권이 크게 안고 있었던 문제들에 대한 지적과 당시 사회 경제 문화와 관련한 다양한 문제들을 어떻게 바라볼 것인가에 대한 생각들을 정리해보자는 것이었다. 아울러 역사학에서 많이 논의되고 있던 역사발전론의 문제, 친일역사학의 문제와 그에 대한 해결책을 모색하기 위한 우리 역사의 발전에 대한 기존의 연구 및 접근 방식 등 다양한 주제들을 놓고 다루어 보자는 것이었다. 게다가 구체적인 내용을 담고 있는 원문 자료들을 함께 읽고 검토하는 모임도 있었다.

그러나 대학원 수업도 함께 들어야 하는 나로서는 이 모든 것들에 참여한다는 것은 매우 힘든 일이었다. 어떤 때는 제대로 준비하지 못하고 양해를 구해야하는 것도 있었다. 그러나 학교에서 강의를 들으면서도 이와 같은 주제들에 대해 구체적으로 다가가 보지 못했던 나로서는 나를 개발하는 주요한 학습모임이라고 보았다. 그리고 군대를 제대한 나로서는 이러한 모든 것들이 논문과 관련한 직접적인 접근이 아니었지만, 조금 천천히 가는 것일 뿐 느긋한 마음으로 열심히 참여하기로 하였다. 그리고 모임이 끝나면 때로는 술 한 잔 하는 재미도 있었다.

대학원 석사과정 때의 초기의 모습은 이것저것 보이는 대로 접근하고 그것들을 익히는 것이 주된 것이었다. 같이 공부하면서 하나씩 알게 되고, 이를 밑천으로 연구하기 위한 토대를 쌓아가는 재미도 있었다. 이때 익히고 보았던 자료들을 얼마 전 까지도 버리지 않고 가지고 있었는데, 몇 년 전 이사하여 책들을 정리하는 과정에서 이제는 굳이 갖고 있을 필요가 없는 것들이어서 발표요약문을 비롯한 것들은 모두 폐기하였다. 그것들을 보면서 참여했던 사람들과 함께 논의했던 광경들이 새삼스럽게 생각도 났고, 발표문마다 옛날 추억도 되살릴 수 있는 것이어서 한편으로 버리는 것이 아깝기도 했다.

이제 내가 논문 주제를 선택하기 위한 과정을 본격적으로 이야기해야 할 때가 된 것 같다. 대학원에게 함께 연구하면서도 논문 주제를 선택하는 것은 각자에게 달린 것이었다. 서로 어느 시대의 무슨 주제를 다룰 것인지에 대하여 이야기도 하였지만, 각각의 사정을 알 수 없는 것이기에 내가 해야 할 주제를 찾았다. 남들은 이때 역사관을 형성하고 그에 대하여 글을 쓰기도 한다는데, 나는 그런 정도에까지는 미치지 못하였다.

묵묵히 자료를 살피면서 우리 역사에서 다루지 못하고 있는 것은 무엇이 있는지를 생각해 보기도 했다. 해야 할 것은 많은 것 같은데, 내가 할 수 있는 것은 눈에 잘 보이지 않았다. 내가 좋아서 다루어야 할 것이고, 누구보다도 내가 잘 할 수 있는 것은 무엇인지가 떠오르지 않았다.

그런데 당시 젊은 연구자들의 연구 주제는 대체로 사회경제사에 집중되고 있었다. 사회경제사를 연구하는 것이 당시에는 마치 역사 연구에서 가장 중심적인 문제를 다루는 것으로 여겨지고 있던 때였다. 이때 크게 역할을 했던 것이 규장각에 소장된 자료였다. 자료들은 그동안 빛을 보지 못하다가 선배 연구자들의 연구로 많은 자료들이 공개되었고, 신진 연구자들에게서도 규장각은 엄청난 보물창고라는 말을 그냥 자연스럽게 이야기할 정도였다.

나도 규장각 자료를 처음 대한 것은 대학원 2학기쯤이었다. 나는 글을 써 본 경험이 많지 않아 문장력도 부족했고, 번뜩이는 아이디어도 없어서 주제를 정하지 못하고 지지부진한 상태에서 그냥 1년을 보내고 있었다. 그냥 파도가 치는 대로 바람이 부는 대로 남의 아이디어에 매몰되어 주제를 찾지 못한 것이다. 그럼에도 내가 의지할 수 있었던 것은 대학원의 분위기였다. 1학기에 3과목 정도 수업을 들었고, 그 외에 이루어진 4~5개 정도의 대학원생 간에 자체적으로 이루어진 공동학습이 크게 도움이 되었다. 그 당시 학부를 졸업하고서도 철학적인 서적을 많이 접해보지 못했고, 문학적인 소질도 변변치 않아서 내가 할 수 있는 것은 그나마 재미있다고 생각한 역사적 사실들을 찾아서 읽는 것이었다. 고대사의 위지동이전을 보기도 하고, 그냥 사두었던 『고려사』 중에 「열전」을 꺼내서 읽어 보기도 했으며, 주변에 조금씩 모아 둔 조선시대의 자료 중에서 일부나마 꺼내서 읽기도 하였다. 이는 그나마 집에서 독학하면서 갖춘 한문해독 능력이 바탕이 된 것이었다.

물론 이때에도 처음부터 끝까지 읽은 책도 없었으며, 또한 그러한 능력도 딱히 갖춘 것은 아니었다. 그래도 이런 저런 사료들을 읽다 보니, 내가 무엇인가 주제를 잡아야 하겠다는 생각이 들었다.

때마침 대학원에서 최승희 교수의 고문서수업을 듣게 되었는데, 이때 마구 갈겨 쓴 형태의 한자인 초서를 접하게 되었다. 초서가 있다는 것을 이전에도 알고 있었지만 읽을 방법은 찾지 못하고 있었다.

초서를 알아야 연구에 큰 도움이 된다고 나에게 처음으로 이야기 해준 친구가 있다. 그는 중학교 때부터 대학원까지 줄곧 함께 해온 동창인 고동환(현 카이스트 교수)이다. 지금도 만나면 초서에 대해서 이야기한다. 내가 초서와 고문서에 발을 들여 놓게 된 데는 그의 도움이 있었다. 그는 조선시대를 공부하려면 초서를 잘 알아야 할 필요성이 있음을 강조했고, 서울대 국사학과 대학원생이 방학을 이용하여 초서로 작성된 고문서를 편집하여 함께 강독을 하였는데 참여하도록 해주었다. 대학원에서 참여한 학습모임 중 하나였다. 이왕 할 바에는 잘 해 보겠다는 마음이 앞섰고 남들보다 관심을 더 가졌는지 그 사이에서 인정을 받기에 이르렀다. 지금도 그와 술 한 잔을 하게 되면 웃으면서 그 때를 이야기한다.

내가 초서를 처음 대하였을 때, 같은 글자라도 너무 다양하게 표현된 것을 보고 난감하다는 생각을 가졌다. 쉽게 읽을 수 있는 방법은 없는지 궁금하였다. 누구도 접근할 방법을 가르쳐주지 않았기 때문에, 할 수 없이 휴대용 사전인 『칠체자전(七體字典)』을 구입하여 사전을 보면서 통으로 외울 생각을 하였다. 처음 시작할 때 외우는 과정에서의 지리함과 처음 본 글자를 이후에 다시 보면 잊어버리는 것이 반복되면서 짜증이 났었다. 그래서 이 글자들을 보다 효과적으로 파악할 방법을 생각하였다.

글자들이 조립식으로 이루어진 점을 이용하여 부분들에 대한 표현의 공통점을 모았고, 그것들이 어떻게 이루어졌는가를 살피게 되었다. 초서로 쓰여 진 글자들의 성격을 파악하게 된 것이다. 하나의 글자를 2개의 조각으로 분리하여 살펴보고, 3개의 조각으로 나누어 살펴보았다. 글자의 부수들이 모두 동일한 형태로 쓰여 진 것은 아니었지만, 그러던 중 부수들이 나름대로 규칙을 지닌 것을 알게 되었다. 때로는 생략이 되기도 하고, 때로는 다른 형태로 표현되기도 하였다. 글자를 쓰는 자의 개성들이 담겨져 있었기 때문이다.

때로는 제대로 표현되지 못한 글자도 있었다. 그 중에는 글자를 쓰는 이가 잘못 쓴 것이 이후 정형화된 되었을 것이라고 생각되는 것도 있었다. 이런 과정을 거치게 되니, 초서를 전체의 형태로 외워 이해하는 것과 비교할 때 보다 효과적으로 파악할 수 있었다. 이때에 『백운초결가(百韻草訣歌)』가 있다는 것을 미리 알았으면 그리 힘들게 하지 않아도 되었을 것이라고 아직도 가끔씩 생각이 들곤 한다. 이 책의 존재를 알게 된 것은 10년이 지난 후에야 알게 되어 크게 아쉬움이 남는다고 지금도 주변에 이야기하고 있다.

이렇듯 초서이야기를 갑자기 하는가 하면, 고문서와 관련된 일을 다음 학기에 하게 된 것이다. 최승희 교수가 규장각관리실장의 일을 맡게 되면서 규장각에 소장된 고문서를 탈초한 원고를 교정볼 사람들을 원하셨는데, 나도 그 가운데에 포함되었다. 대학원에서 과정에 있던 홍순권(현 동아대 교수), 송찬섭(현 한국방송통신대교수), 도진순(창원대교수) 등과 함께 서울대 도서관 1층에 주어진 공간에서 작업을 하게 되었다.

이때 작업에 참여하면서 다양한 고문서들을 보게 되었고, 그 중에서 환곡과 관련된 고문서도 직접 볼 수 있었다. 환곡과 관련된 고문서가 많은 양은 아니었지만 소지나 토지매매문기에서 간간이 보이기도 하고, 파손된 문서 중에서도 용어들이 등장하는 것을 보고 어떠한 내용들이 있는지 궁금하였다. 점차 환곡에 대한 연구논문도 찾아보고, 관련된 자료들도 찾아보았다.

그런데 문제는 내가 조선시대에 대한 기본적인 지식이 갖춰지지 않은 상태였기에, 환곡과 관련된 논문을 읽어도 내용을 파악하기가 힘이 들었다. 게다가 기존에 발표된 논문들에서도 친절하고 자세하게 서술해준 것들이 그다지 없었다. 논자들은 각자 자신이 서술하려는 내용의 큰 흐름을 다루는데 역점을 두었을 뿐이었고, 환곡과 관련한 용어나 구체적인 운영의 모습과 관련한 세세한 내용까지는 언급하지 않았다.

나는 조선 후기 사회를 이해하는데 이러한 내용들이 충분히 설명이 되지 않았고, 특히 환곡에 대한 서술은 각종 폐단으로 나타나는 것에만 집중되어 서술되고 있다는 점에 불만이 많았다. 나는 환곡의 운영과 관련된 문제들도 용어에서부터 그 구조를 살펴야만 그로부터 발생하는 운영과 그 폐단을 일으킨 문제들의 핵심을 살필 수 있다고 보았다. 즉 환곡의 폐단을 알기 위해서는 어떠한 구조 하에서 어떠한 방식으로 운영되었고, 나아가 그 과정에서 어떻게 문제를 낳게 되었는가를 설명할 수 있어야 한다고 생각하였다. 기본원리에 대한 파악을 토대로 삼고서 그로부터 파생되는 문제들을 살피는 것이 최선이 방법이라고 생각한 것이다.

환곡운영의 기본적인 구조를 알지 못하고, 그 용어에 대한 개념을 제시하지 않은 상태에서 환곡을 이야기하는 것은 의미가 없다고 보았다. 그래서 가능하면 환곡의 기본 용어부터 정확하게 파악하고, 그 다음 환곡이 어떻게 운영되었으며, 그것이 어떠한 형태로 변형되어가고 있는가에 대하여 단계적으로 살필 필요가 있다고 보았다.

환곡과 관련하여 이러한 구도 하에 선배들이 쓴 논문들을 조사하였으나, 그리 많지 않다는 것을 확인하였고, 내가 쓰려는 것과 관련한 글들이 거의 없다는 것도 알게 되었다. 이에 나는 환곡이 미개척 분야이면서 조선시대를 이해하고 파악하는데 중요한 내용을 이루고 있다고 생각하였기에 한번쯤은 도전해봐야 하겠다는 마음도 가지게 되었다. 이후 나는 주변에 환곡에 관하여 쓰겠다고 이야기하기 시작하였다. 이는 주변 사람들이 관련 책을 읽게 되면 정보를 제공해주기도 할 것이라는 기대도 있었다.

이제는 시간이 많이 흘렀고 돌이켜서 생각을 해보니 환곡을 주제로 택한 것은 무모한 도전이었다. 지금은 논문주제를 잡을 때 더 신중하고 자세하게 조사해야 한다고 후배들에게 말하고 있다. 왜 선배들이 쉽게 손을 대지 않았는지를 생각해보라고 한다. 나중에야 선배들과 이야기하면서 알게 되었지만 우선 환곡과 관련된 자료들이 너무 많다는 점과, 매우 복잡한 내용으로 이루어지고 있다는 것이었다. 새로운 과제를 다루는 데는 많은 수고와 고통이 따른 다는 것도 고려의 대상이었던 것이다.

구체적인 주제를 선택할 때에는 적극적으로 문제를 해결하려는 태도도 필요하지만, 그것을 해결하는데 많은 시간이 소요된다는 점도 함께 고려할 필요가 있다. 개인적으로 논문을 쓰기 위한 관련 자료를 읽는 데 시간이 너무 많이 소요되었기 때문에 충고하고 싶은 말이다. 그러나 새롭고 힘든 과제는 장기적으로 접근할 생각이라면 여전히 시도해 볼 만 하다는 점에서 매력적인 것이기도 하다.

처음에는 본 환곡자료는 많지 않았고, 기존의 논문에서 부분적으로 발췌된 인용 자료들을 중심으로 보았다. 많은 자료들이 제시되었으나, 이들을 하나로 꿰어서 읽어보아야 하겠다는 생각이 있었지만 여전히 쉽지 않았다.

개인적으로 알 수 없는 내용들에 대한 호기심과 한번 부딪혀 보자라는 배짱이 자료를 읽는 사이에 어느덧 작용하였다. 못할 것이 뭐 있겠는가라는 심사였다. 머릿속으로만 생각하고 자료를 읽는 작업에는 아직 착수하지 않은 상태였지만, 뭔가 복잡하면서 재미있을 것이라는 생각은 머리에 남아 있었다.

석사 과정생일 때에 환곡관련 논문을 읽었지만 구체적인 상황을 알지 못하였기 때문에 무슨 이야기를 하려는지 제대로 파악할 수 없었다. 또한 환곡에 대한 기사를 읽었을 때, 한문 문장이 형식상 해석이 되었는지는 몰라도 그 안에 담겨 있는 구체적인 내용을 제대로 파악할 수는 없었다. 무엇을 이야기하는지 알 수 없었다. 조선시대에 진행되고 있는 실제적인 내용을 파악하기가 그리 힘들 수 없었다. 구체적인 내용을 파악하지 못하여 안개 속을 헤매고 다니는 것과 같았다고나 할까. 알지 못하는 내용을 보면서 멍하니 있는 것과 다를 바 없었다. 주변 선배들에게 물어봐도 제대로 대답해주는 이가 없었다.

뭔가가 있지만 머릿속에서 맴을 도는 수준이었다. 구체적인 모습 즉 환곡을 운영하고 있는 원리와 구조를 우선 알아내야 어떠한 내용이 나오더라도 주저하지 않고 얼마든지 설명할 수 있겠다는 생각을 가지게 되었다.

처음에는 실록이나 『승정원일기』·『일성록』 등을 뒤져보지 않았다. 목록이나 해제집 등을 뒤져서 관련된 내용들이 등장하는 개인문집이나 지방사 관련 내지 사회경제사 관련 자료 등을 이용하여 환곡을 살피려 했다. 지방사회에서 구체적으로 움직이는 모습들이 이들 자료에 담겨 있기 때문이었다. 그리고 이 무렵에는 규장각에 소장되어 있는 고문서를 탈초할 기회가 주어지고 있었고, 가끔은 환곡 관련 문서들을 만날 기회도 있었다.

그러나 단편적인 내용만으로는 환곡이 지닌 내용들을 전체적으로 조망할 수 없다는 점을 깨달았다. 보다 크게 보면서 구체적인 모습들을 찾아보자는 생각이 들었다. 그래서 우선 19세기 후반에 문제가 되었기 때문에 그 보다 앞선 시기에서 기본적인 틀을 찾아야 하겠다고 생각하였다. 영조와 정조 대의 『실록』을 읽어보려 했다. 그러나 생각보다 환곡의 내용을 파악하기에 마음에 들 만큼 다양하거나 혹은 충분하게 등장하지 않았다.

새로운 자료를 찾아야 했다. 그때 찾은 것이 『승정원일기』이다. 이때 손에 입수한 『승정원일기』는 국사편찬위원회에서 원고로 정리하여 간행한 것이었다. 처음에는 하룻강아지 범 무서운 줄 모른다고 영인본을 차례로 복사하여 읽을 생각을 하였다. 영인본으로 3책 정도까지 읽었으나 그 양에 압도되었고, 평생동안 읽어야 할 분량이었다. 『승정원일기』의 원본은 나중에 접하게 되었지만, 이때까지도 원본을 보는 것은 생각지도 못하였다. 다만 대학원에서 방학마다 초서강독을 개인적으로 주도하게 되면서, 『승정원일기』 중에 초서로 된 부분을 입수하여 교재로 만들어 읽는 정도에 만족하였다.

『일성록』도 기록이 양으로 따지자면 『승정원일기』와 버금가는 것이었다. 환곡과 관련된 것으로는 오히려 『승정원일기』에 실리지 않은 기록마저도 있기도 하였다. 『일성록』에 실린 기록들을 보면 그야 말로 적어도 몇 쪽에 한번 정도 환곡과 관련된 내용이 등장할 정도로 수많은 자료들이 방대하게 실려 있었다. 게다가 환곡과 관련하여 많은 자료를 담고 있는 암행어사의 서계·별단은 더욱 그러하였다. 이 또한 함부로 접근하기가 힘들다는 생각이 들었지만, 『일성록』은 정조대 이후의 자료이기에 이미 환곡의 폐단이 진행되고 있는 시대적 상황을 파악하는 것으로 이용해야겠다는 정도에서 그치고, 처음부터 읽는 것은 포기했다.

이후 『일성록』도 1990년대에 들어가면서 안병욱교수, 김인걸교수, 고석규교수 등 지금은 국사학계에서 이름을 날리고 있는 분들과 암행어사 서계와 별단을 중심으로 관련 자료들을 함께 강독하면서 대부분의 자료를 볼 수 있었다. 그러나 자료에 담긴 미세하고 복잡한 내용들을 모두 정리하는 것은 벅찬 일이었다. 결국 『일성록』은 이후 작업에도 부분적으로 이용하는 정도에 그치고 말았다. 그나마 거리낌 없이 접근할 수 있겠다는 생각을 가지게 된 자료는 『비변사등록(備邊司謄錄)』이었다.

『비변사등록(備邊司謄錄)』과의 만남

『비변사등록』은 비변사에서 실제 정책들을 추진해야했던 관료들이 논의하였거나 보고한 것 등 국가의 제반 문제들에 대하여 직접 다루어 처리한 사항 및 문서들을 등록의 형태로 기록한 책이다. 조선후기에는 국정을 담당하고 있는 기관으로서는 최고의 관청이었기에 『승정원일기(承政院日記)』 및 『일성록(日省錄)』 그리고 각 왕대의 실록(實錄)과 함께 『비변사등록』은 조선 후기의 정치 경제 군사 사회 등 여러 분야에 걸친 당대의 중요한 각종 문제들을 살필 수 있는 대표적인 기록 중 하나이다.

잘 알려져 있지만 실록(實錄)은 국왕을 중심으로 한 기록으로 국왕의 사후에 편집하여 새로이 꾸민 자료이며, 『승정원일기』는 승정원이 매일 취급한 문서나 사건들을 기록한 자료이다. 승정원은 국왕의 명령이나 혹은 국왕에게 보고되는 보고서들을 다루기 때문에 국왕과 관련한 명령이나 행동들이 자세히 기록되어 있다. 그리고 『일성록』은 국왕 자신이 직접 쓰는 형식을 띤 일기이면서 국왕이 간여한 사건이나 기록들을 싣고 있다. 이들 기록들은 국왕과 관련한 직접적인 기록들이라고 하겠다. 양적인 면에서 방대함은 잘 알려져 있다.

국가의 기록으로서 이들 기록과 중요도 면에서 떨어지지 않는 기록이 있는데, 『비변사등록』이 바로 그것이다. 비변사는 국가의 군국사무를 주된 대상으로 기록하고 있었으며, 고종 때에 실질적인 권력기관으로서 역할을 하지 못하게 되기 전까지는 국가의 대부분의 중요사가 이곳에서 다루어졌다. 의정부, 6조, 국방과 관련한 여러 대신들이 함께 자리를 하여 국방을 비롯하여 외교 산업 교통 통신을 비롯한 국정 전반에 대한 일들을 처리하였으므로 국가의 주요한 일처리들은 『비변사등록』에 기록될 수밖에 없었다.

비변사는 처음에 변방의 군무에 대비하기 위해 설치되어 국방 문제를 중심으로 다루었으나, 임진왜란을 계기로 국방 문제뿐만 아니라 외교를 비롯한 국정 전반에 관한 문제를 결정하게 되었다. 이로써 비변사는 최고의 국정 의결기관으로 역할이 바뀌었다.

『비변사등록』에는 국정 전반에 관한 기본적인 기사들이 실려 있다. 비변사에서 회의가 있을 때마다 낭청(郎廳)이 입회해서 그날의 회의 상황과 의결한 내용을 직접 기록하였다. 『비변사등록』의 기재방식은 왕대와 연월일, 매월마다 비변사의 구성원들을 기재한 좌목(座目)을 작성하고, 다루어진 내용들이 서술되어 있다.

『비변사등록』은 1년에 한 권씩 작성하는 것이 원칙이었으나, 사건이 많을 때는 2권 또는 3권으로 나누어 작성되었다. 비변사의 설치에 대해서는 여러 가지 학설들이 있으나 1510년(중종 5)대 이후의 어느 시기에 설치되었고, 1555년(명종 10)까지 임시 기구로 역할을 할 때의 등록 작성 여부는 자세히 알 수 없다. 다만 1555년(명종 10)에 국가 상설기구로 확정된 때부터는 등록이 작성되었을 것으로 보인다. 임진왜란을 거치면서 이들 기록들은 다른 것들과 함께 모두 소실되었다.

현재 『비변사등록』은 1617년(광해군 9)부터 1892년(고종 29)까지 276년에 걸쳐 273책만이 남아 있다. 1616년 이전 것이 전해지지 않고 있을 뿐 만 아니라, 그 이후의 것 중에도 54년에 해당하는 기간의 등록은 남아 있지 않다. 그리고 의정부가 비변사의 기능을 넘겨받은 후에도 비변사등록의 기록방식을 그대로 유지하였기 때문에 '의정부등록'의 명칭을 띠고 있지만 『비변사등록』에 포함되어 있다. 일부의 기록들이 남아 있지 않지만, 국가의 행정을 정점에서 담당하고 있던 비변사(이후 의정부 포함)의 역할을 충분히 살필 수 있는 것 자료이다. 시대마다 다루어진 국가의 중대사에 대한 논의 및 최종적인 처리과정을 살필 수 있는 것이 『비변사등록』이라 하겠다.

특히 『비변사등록』에는 국가의 정책과정에서 마련된 각종 절목이나 사목 지방관이 보고한 장계 등이 구체적으로 기록되어 있다. 이들 자료들은 원래 고문서의 형태로 제작되었던 것들로 구체적인 내용을 띠고 있어서 규정들을 확인할 수 있다는 장점이 있다.

환곡(還穀)이나 진휼(賑恤)과 관련된 절목을 비롯하여 어염수세(魚鹽收稅)·주전(鑄錢)·공장(工匠)·송금(松禁)·준천(濬川) 관련 절목 등 정치·군사·사회·경제 등 국가가 다루어야 할 다양한 문제와 관련된 절목(節目)·사목(事目)·별단(別單) 등 250여 종이 수록되었다.

이와 같이 국가의 주요한 정책과 관련한 기록들은 『비변사등록』에서 찾을 수 있는 확률이 높다. 국가의 정책을 결정하는데 주요한 위치를 점하고 있거나 혹은 실제 상황에 대한 대책과 대처들이 실려 있다고 하겠다. 재해가 들었을 때 지역에 대한 차이를 고려하여 그에 대한 구체적인 결정사항들을 기록하고 있기 때문이다.

심지어 정조의 외할아버지인 홍봉한(洪鳳漢)의 저술을 정조가 정리하도록 한 『어정홍익정공주고(御定洪翼靖公奏藁)』를 『비변사등록』에서도 찾아 볼 수 있다. 다만 『비변사등록』에서는 이 주고(奏藁)의 작성 주체를 밝히지 않았기 때문에 당장 알아 낼 수 없지만, 해당 부분을 대조해보면 두 개의 기록이 일치하는 것을 살필 수 있다. 정조가 이 책을 제작하는 과정에서 1편마다 완료된 원고를 자신에게 빨리 보내어 서문을 작성할 수 있게 하라고 하는 내용의 편지도 얼마 전에 간행되어 일반에 알려져 있다.

이렇듯 조선 후기 정치·사회·경제 등 다양한 분야의 연구에 『비변사등록』은 없어서는 안 되는 귀중한 사료라고 하겠다. 게다가 『비변사등록』은 실록을 편찬할 때에도 기본 자료로 이용되었던 만큼 사료적 가치도 높다.

현재 규장각한국학연구원이 소장하고 있으며, 국사편찬위원회가 1959년부터 1960년에 걸쳐 해서(楷書)로 다시 원고지에 옮겨 써서 영인본 28책으로 출판하였다. 내가 학위논문을 쓸 때 이용한 것은 이 영인본이다. 원본을 보면서 원본이 지닌 장점과 원고의 문제를 파악하여야 했지만, 그럴 만한 시간적 여유가 없었고, 무엇보다 빠른 시간 내에 손쉽게 이용할 수 있다는 것 때문이었다. 1980년대 중반에 영인본을 복재해서 시중에 파는 것이 있었는데, 나는 고문서 작업을 하면서 조금씩 모아 둔 돈으로 1질을 구입하였다. 필요한 내용이 있으면 책에다 형광펜으로 표시하였고, 또 그것을 다시 복사하여 카드화하였다. 이후 내용들을 분류하여 주제별로 모아서 제작된 상자에 분류된 카드들을 나누어 보관하였다

현재도 그 때에 복사해서 카드화한 것을 버리지 않고 갖고 있는데, 사용하지 않고 모셔 두었기에 짐이 되고 있기도 하다. 그러나 내용들을 정리하고 중요한 사항을 카드에 표기해 두었기에 혹 나중에라도 사용할 수 있을지도 모른다(?)라는 기대감에 모셔두고 있다.

나의 박사 학위논문 작성기

내 논문과 관련하여 강의시간에도 기회가 되면 바보 같은 이야기이지만, 나는 자랑스럽게 이야기하는 것이 있다. 논문을 작성하느라 얼마나 많은 시간을 보냈고 많은 노력을 해 왔는지를 이야기할 수 있기 때문이다. 논문을 쓰기 위해 그 간에 많은 시행착오가 있었고, 글을 쓰는 과정에서 많은 어려움을 겪었기에 가능한 것이다.

내가 박사학위 논문이라 해서 처음에 초고로 작성한 것은 논문이라고 할 수 없을 정도로 목차의 구성이 제대로 이루어지지 않아서 내용이 극히 산만하였다. 나는 내가 어떠한 내용을 쓰고 있는지는 알겠지만, 아마도 남들이 읽었다면 내게 크게 한마디 하였을 것이다. 무슨 내용을 쓰려고 하는지 일관성이 없고, 문장을 이해하려니 주어와 서술어가 따로 놀아서 도대체 알 수 없다고 말했을 것이다. 왜 이런 글을 읽어야 하는지 모르겠다고 하였을 지도 모른다. 흔히 말하는 '비문(非文)' 즉 문장이 문법에 맞지 않는 것들로 이루어져 있었던 것이다. 지금 생각해보면 엉성하기 짝이 없는 것이었다. 아직도 크게 벗어나지 못하고 있지만, 그나마 벗어나기 위해 노력하고 있는 중이다. 전에 보고서의 형태로 작성해본 적은 있다 해도, 내가 직접 논문을 구상하여 논문형식에 맞게 써서 제출하는 경험은 거의 없었기 때문이다. 후배들에게 하고 싶은 말은 문장을 자주 써 보되, 정리된 형태에서 출발하라고 권하고 싶다.

아울러 논문을 쓰기 위해 수많은 자료들을 읽고 해독하여 그것을 꿰어서 하나의 일관된 글로 쓰는 것이 얼마나 힘든지에 대하여 생각해보아야 한다는 것이다. 글을 쓰기 위해서는 그것을 쓰기 위한 자료를 확보할 필요가 있다. 나는 그것을 마련하기 위해 목표를 세우고 그것을 내 마음에 들 때까지는 글을 쓰지 않겠다고 결심하였다. 그러나 그러한 결심은 현실과 실질을 무시한 것이었다. 나는 언제든지 글을 잘 쓸 수 있다고 생각하고 있었는데, 이는 다른 형태의 자만심에 불과한 것이었다. 글을 쓴다는 것의 특성을 제대로 알지 못하였고, 게다가 글을 쓰는 연습도 제대로 하지 않은 상태에서 그 결과는 불을 보듯 뻔한 것이기 때문이었다.

문장을 만들더라도 상호간에 유기적인 관계가 제대로 이루어지도록 해야 하는데, 그냥 단어들이 조립된 것에 불과했다고 할까? 그리고 내용도 일관된 흐름에서 주제를 다루어야 하는데 산만하기 이를 데 없었다. 문장 만드는 것이 쉬운 것은 아니었다.

박사 학위논문을 준비하는 과정은 변함이 없이 우선 조선후기 환곡의 시대적인 특징을 살펴야 하는 것이었다. 다른 자료들을 검토하지 않은 것은 아니지만, 『비변사등록』을 두 번 정도 통독하고 부분적으로는 정독도 겸하면서 처음부터 끝까지 완독하게 되자 논문을 쓸 결심을 하였다. 남들은 논문을 부분적으로 쓰면서 발표하였으나, 나는 미련스럽게도 그렇게 하는 것이 싫었다. 끝내 『비변사등록』을 다 읽었다고 생각이 들자 펜을 들었다.

나는 1999년에 「17, 18세기 환곡제도(還穀制度)의 운영과 기능변화(機能變化)」라는 제목으로 서울대학교 대학원에서 박사학위를 받았다. 학위를 받기 위해 몇 번이나 제출하였다가 다시 쓰고 다시 검토하는 것을 반복하였다. 그야 말로 쓰고 고치고 하는 과정이 지속된 결과 마무리 된 것이다.

나의 학위논문의 목차는 다음과 같다.

서언

一. 17세기 진휼곡(賑恤策)의 추이와 환곡분급방식의 변화

1. 진휼책의 추이와 진휼곡의 확보

2. 환모의 재정보용(財政補用)과 분급방식의 변모

二. 17세기 후반 환곡 환수방식(還收方式)의 변화와 미수곡(未收穀)의 정리

1. 환곡 환수방식의 변화

2. 미수곡의 적체와 탕감

三. 18세기 환곡의 재정보용기능 증대

1. 진휼곡 감소와 사진(私賑) 장려

2. 환곡 운영기관 증가와 재정보용기능

3. 환곡의 '진분(盡分)'화와 장제분급

四. 18세기 후반 환곡운영방식의 변용(變用)과 실태

1. 환곡운영방식의 변용

2. 변용의 실태

결언

이 목차를 만들기 위해 얼마나 자료들을 읽고 정리했는가를 생각하면 지금은 못할 것 같은 느낌이다. 환곡만을 생각하고 그와 관련된 자료를 모으다 보니 『비변사등록』은 영인본 1면에 거의 1건이 관련기사가 나왔다고 해도 과언이 아닐 정도였다. 환곡과 관련된 내용 특히 진휼·군정·국가재정·지방의 재해 상황 등 다양한 것들을 놓칠 수가 없었다. 이들을 어떻게 꾸려야 할 것인가가 고민이었다.

각 도에서 반드시 보고해야 했던 재실분등장계(災實分等狀啓)는 『비변사등록』 중에서 내가 다루어야 하는 주된 자료 중 하나였다. 해마다 각 지역에 따라 재해의 정도를 보고하는 것으로 시기마다 차이가 있으나, 특징을 잡아내는 것이 힘들었다. 읽다보면 자료 속에 빠져서 어느 정도로 정리를 해야 할지 몰라서 몇 차례나 검토하였다.

주제와 관련된 것들을 서로 연관시켜 검토해야 하는 것들이 재실분등장계뿐만 아니었다. 환곡운영의 시기별 변화상도 파악해야 했다. 국가가

의도한 바와 사회에서 진행되는 실제적인 모습은 달랐기 때문이었다. 그리고 논문에서 다루지 않은 전후 시기의 환곡의 운영에 대한 구도도 생각해 두어야 했다.

많은 문제들이 동일한 주제 안에서 얼마 안 되는 문장으로 표현해야 하는 아쉬움이 현재도 남아 있다.

내가 파악한 조선후기 환곡의 운영에 대한 모습은 진짜 어떠했는지에 대해서는 아직도 숙제이다. 미흡하지만 그 정도에서 우선 정리한 것이 내 논문이라 해야 할 것이다. 더 욕심을 부려 그 시대를 담고 싶은 것이 내 마음이기도 하다. 그러나 현재 제대로 파악하려는 노력은 하고 있는가라는 물음과 함께 반성해본다.

『비변사등록』을 읽으려는 학생들에게

내가 이용한 『비변사등록』은 환곡의 문제에 한정되었다. 물론 다른 것들과 연계시켜서 살피려 해보기도 했다. 당시의 연구 경향은 조선사회의 발전과 그로부터 전망할 수 있는 우리의 사회에 대하여 고민하는 측면에서 접근하려는 것이 대부분이었다. 나도 그러한 측면에서 크게 벗어나지는 않았다. 그러나 그것을 전면적으로 내세우는 것보다 당시의 자료를 기본으로 한 사실 파악에 근거해서 조선후기 사회를 다루어보려 하였다. 이론보다도 실제를 어떻게 파악하고, 그것을 어떠한 방식으로 설명할 것인가에 중점을 두었다. 이론적인 측면이 강하지 못한 점도 있었지만, 이론보다 자료를 중심으로 사실을 어떻게 파악하여야 객관성을 확보할 수 있겠는가에 역점을 두었다.

그러한 측면에서 환곡의 변화는 우리 사회에 어떠한 모습으로 다가 왔는가에 대한 생각도 해보았다. 진휼이란 것이 현대적인 의미로는 사회를 안정시키기 위한 사회보장적인 제도에 해당하는 것이겠지만, 실제 운영과정에서는 또 다른 역작용을 일으켰다. 그리고 본질에서 벗어나 국가가 민들에 대하여 오히려 세를 확보하기 위한 수단으로 이용하고, 운영담당자들은 그것을 이용하여 농간을 부렸던 것이다. 이러한 사실을 국정의 최고정점에 있는 국왕이나 중앙정부의 관료들 그리고 수령을 비롯한 말단에서 행정을 담당하고 있는 이서층들이 그러한 내용들을 몰랐던 것도 아니었다. 그에 대한 해결책을 찾지 못하였고, 찾더라도 미온적인 측면에서 현상을 유지하거나 오히려 역으로 이용하는 측면들이 더 강했다. 이러한 현상들에 대하여 어떻게 해석해야 할 것인가를 생각해보아야 할 것이다.

조선후기 사회를 연구하려는 학생들에게 『비변사등록』은 큰 부담이 될 수 있다. 우선 양이 많다는 것 때문에 읽는 것 자체도 꺼려지기도 하겠지만, 17세기 이후의 많은 이야기들을 담고 있기 때문이다. 내용을 파악하는 것도 힘들 수 있으나 이 자료는 한 시대의 모습을 간직하고 그대로 보여주는 것이다.

이 자료는 누군가를 위하여 그에게 보여주기 위한 것이라기보다 기관에서 정리하여 업무에 참고하고 이용하기 위한 목적에서 작성된 것이다. 따라서 이 책을 제작하는데 필요한 서술 원칙이 없을 수는 없겠지만, 기관에서 논의되고 처리된 내용들을 그대로 담고 있다는 점에서 나름대로 객관성을 유지하는 것으로 간주할 수 있다. 비변사에서 논의되기 이전에 보고문건이 왜곡되거나 사실을 잘못 파악하여 실제와 다른 형태의 것이 있을 수 있다. 그러나 이러한 것들은 그 자체로 또 하나의 역사적인 사실로 파악하고 생각해보아야 한다. 그 자체가 또 하나의 역사가 될 것이기 때문이다.

이야기를 하다 보니 말이 늘어져 이 글을 정리해야 할 것 같다. 독자들에게 『비변사등록』을 이용하여 조선후기 사회를 바라보기 위해 어떻게 하는 것이 좋을 지에 대한 이야기를 하려 한다.

우선 『비변사등록』은 조선후기 다양한 기록들 중에서 중요한 위치를 차지하고 있다. 기록의 보물창고(寶庫) 중 하나라고 할 수 있다. 국정운영의 모습을 객관적인 형태로 담고 있다는 점도 있지만, 개인적으로는 국정의 운영이라는 측면보다는 당대의 국가재정 및 그것이 사회 전반에 연관되어 나타나는 사회현상에도 주목하게 되었다. 그렇다고 논문을 쓰기 위해 하나의 주제만 쫓아가면서 살피려 하지 않았다고 자신 있게 말할 수 있다. 물론 제대로 파악하지 못하고 모자란 측면도 있을 수 있다. 그러나 내가 연구하려는 주제가 어떠한 사회적 분위기에서 등장하였는가에 대한 것들을 함께 관심을 가지면서 접근하였음은 자신있게 말할 수 있다. 그래야 그 주제가 당대에 어떠한 맥락에서 어떠한 위치를 차지하는 가를 살필 수 있다고 생각했기 때문이다. 때로는 필요한 주제만 다루는 것도 힘든데 다른 것까지 해야 하나라고 할 수 있겠지만, 관련된 문제들을 찾아냄으로써 더 높이서 문제를 살필 수 있지 않을까라는 생각에서 제언해본다.

둘째, 개인적인 경험을 바탕으로 언급해야 할 것 같다. 『비변사등록』은 국정과 관련된 자료여서 매우 다양한 내용들을 담고 있음은 앞서 언급하였지만, 나는 이 자료가 제시하는 조선 사회의 운영과 관련되어 환곡에 주목하였다. 『비변사등록』은 지방에서 보고되는 수많은 자료들을 수록하고 있는데, 나는 환곡에 주목하였다. 조선후기 환곡의 문제가 곧 지방사회에서 일어나고 있는 다양한 문제와 연계되고 있었기 때문이다. 나에게는 『비변사등록』은 환곡과 관련된 자료의 보고였다. 어느 곳을 파더라도 곳곳에서 찾을 수 있었기 때문이다.

그리고 기존 환곡의 운영에 대한 논의 및 연구를 재검토하고 확인할 수 있는 자료였다. 비변사는 의정부의 역할까지 포괄적으로 담당하는 기구로 인식되었듯이, 『비변사등록』은 국가의 재정 및 부세, 군사제도 등 다양한 내용을 담고 있다. 나는 이러한 차원에서 환곡에 주목하여 국가가 삼정의 하나인 환곡을 어떻게 운영하였는가에 대하여 접근하였다. 앞선 연구주제들은 이자율과 그것이 지니는 과도한 수취, 그로 인한 사회의 혼란 등에 집중되어 있었으나, 조선후기 사회적인 현상이 왜 그러한 모습을 지니게 되었는가에 대해서 구체적인 이유를 찾는 작업까지는 다루지 않았다. 나는 그러한 점에 착안하여 문제를 다룰 수 있었고, 『비변사등록』은 그러한 내용들을 보여주는 좋은 자료 중 하나였다.

『비변사등록』은 조선후기 국정운영과 관련한 다양한 내용들을 담고 있으므로, 접근하는 방향에 따라 얼마든지 새로운 주제들에 대해 접근할 수 있으며, 또한 자료도 풍부하다. 독자 여러분이 이 자료를 읽고 접근한다면 얼마든지 자신이 찾는 좋은 자료들이 담겨져 있을 것이다. 다만 『비변사등록』만이 전부가 아니라는 점이다. 다른 자료들과 조화를 이루면서 함께 다루어져야 할 것이다.

〈참고문헌〉

이재호, 1971 「朝鮮 備邊司考-특히 그 기능의 변천에 대하여-」 『역사학보』 50·51, 역사학회.

구덕회, 1988 「선조대후반(1594~1608)의 정치체제의 재편과 政國의 동향」 『한국사론』 20, 서울대국사학과.

이근호, 2008 「備邊司謄錄의 서술체계와 내용」 『사학연구』 91, 한국사학회.

양진석, 1989 「18·19세기 還穀에 관한 연구」 『한국사론』 21, 서울대 국사학과.

______, 1999 「17·18세기 還穀制度의 운영과 機能變化」, 서울대 박사학위논문.

김용섭, 1982 「朝鮮後期의 賦稅制度 釐正策」, 연세대학교 대학원 박사학위논문.

이재철, 2001 『朝鮮後期 備邊司研究』, 集文堂.

김용섭, 2004 『韓國近代農業史硏究 -신정증보판-』 1, 지식산업사.
송찬섭, 2002 『朝鮮後期 還穀制改革硏究』, 서울대학교출판부.
문용식, 2000 『朝鮮後期 賑政과 還穀運營』, 경인문화사.
규장각한국학연구원 홈페이지 비변사등록 해제.

조선후기 당론서와 당쟁사 연구

최 성 환(崔誠桓)*

정치 불신의 시대, 조선후기 당쟁사 연구의 경향

조선후기 실록은 정치 관련 쟁론, 탄핵, 처벌, 처분 등 정치사 기록의 과잉이다. 조선후기 실록이 전기에 비하여 재미없다고 느껴지는 이유도 이 탓이 크다. 보통 성정의 사람들이라면 이러한 지루한 정치 싸움에 신물이 나서 외면하기 마련이다. 현실 정치에 대한 불신은 이러한 정치 외면을 정당화하게 한다. 연구자들도 마찬가지여서, 그간의 정치사 연구 중에 실록의 기사들을 꼼꼼히 검토한 후에 정리된 성과는 뜻밖에 많지 않다. 그러나 신문의 정치면을 외면하고, 경제면이나 문화·예능면만 본다고 우리 시대를 제대로 안다고 할 수 있을까? 독재 정치는 정치를 무의미한 당파 싸움으로 치부해 버리는 정치 외면층의 심리를 파고든다. 정치는 외

* 수원시정연구원 수원학연구센터 연구위원.
대표논저 : 최성환, 『정조대 탕평 정국의 군신의리 연구』(서울대 박사학위논문, 2009), 「'정조－심환지' 어찰과 조선후기 정치사 연구의 전망」(『역사와 현실』 79, 2011), 「정조의 수원 화성 행차시 활동과 그 의미」(『조선시대사학보』 76, 2016).

면 여부와 관계없이 일상을 지배하므로, 특정 시대를 이해하기 위해서 정치사에 대한 이해는 필수이다.

그동안 조선후기 정치사 연구는 매우 많이 진행되었다고 할 수 있으나, 정치사 관련 자료는 상당히 편의적으로 활용되었다. 정치사 자료로는 실록이나 일성록과 같은 정사류 뿐 아니라, 당론서·문집·일기 등과 같은 야사류 자료들이 매우 풍부하게 남아 있다. 그러나 아직 조선후기 정치사 연구는 이들 자료들을 충분히 검토한 후 제출된 성과라고 할 수 없다. 대체로 현재의 조선후기 정치사 서술은 『연려실기술』이나 『당의통략』과 같은 저술을 기반으로 대강의 뼈대를 잡은 후, 그에 대한 부분적 수정과 보완을 거치면서 정치사를 구성한 것이라 할 수 있다. 이는 이 저술들이 조선후기 당쟁에 대하여 비교적 객관적으로 서술했다는 연구자들의 판단에 기초한 것이다.

그러나 엄정하게 말한다면 정치사 서술에서 객관이나 중립은 있을 수 없다. 이 저술들은 영조대에 소론에서 분화한 소론 준론(峻論)의 의리론에 입각하여 조선후기의 정치 주도 세력을 비판하는 것을 공정한 잣대라고 전제하였기 때문에, 무엇보다 당쟁 자체에 대하여 부정적이었을 뿐 아니라 노론 다수와 이들에게 동조했던 소론 완론계에 대하여 비판적인 서술을 견지하였다. 조선후기 정치사의 맥락에서 본다면 이는 숙종대 후반 이후 당쟁과 정치를 주도했던 노론과 그 의리론이 관철된 탕평책에 대해서 대단히 비판적이었던 준소계의 당쟁관을 반영한 당론서라 할 수 있다. 이와 달리 숙종대 이후의 당쟁의 의의를 전제하면서 당쟁의 쟁점과 그 결과를 설명한 당론서들도 많이 있다. 주로 당쟁에서 승리한 노론계 인사가 저술한 당론서들이 그렇다. 그러나 우리는 이들 당론서는 노론에 편향적이어서 객관적이지 않다는 이유로 특별히 주목하지 않는다.

그 이유는 물론 망국에 이르게 된 조선정치에 대한 부정, 비판 의식 때문이다. 한말의 국가 개혁기부터 조선의 당쟁은 혁파의 대상으로 간주되었을 뿐 아니라, 일제에 의한 패망으로 인하여 조선후기 정치의 의의는 통째로 부정당했다. 조선후기의 정치는 기껏 소모적 당쟁으로 평가 절하되었고, 정치 주도 세력 역시 당쟁의 승리자들에 불과할 뿐이라는 인식이었다. 이러한 인식을 정착시킨 것은 일제 식민사관의 당파성론이었지만, 해방 이후 식민사관의 극복에도 불구하고 당파성론에 입각한 조선후기 정치사 인식의 틀 자체는 그다지 바뀌지 않았다. 조선후기 정치의 근본 문제는 노론 일당 독재로 귀결될 수밖에 없었던 당쟁 그 자체에 있었다는 인식이었다.

이러한 인식은 조선후기 당쟁의 양상으로 표출되는 다양한 정치 세력의 대결 구도나 쟁점들, 그리고 이를 타결하는 방식 등에 대한 학문적 관심을 근본적으로 차단하였다. 사실 영조대 이후로는 4색 당쟁이라 할 수 없을 만큼, 노론·소론·남인 내에 새로운 분파들이 생겨났고 이들은 탕평 군주들 혹은 그 후의 세도 가문들과 새로운 관계를 형성하며 정치를 주도하였다. 그러나 대부분의 정치사 연구는 끊임없이 분화하는 정치적 분파·파벌들을 제대로 분석하지 않은 채 연구를 진행하였다. 여기에는 당파성론을 의식하며 4색 당파의 싸움도 부끄러운 과거인데, 거기에 더하여 새로운 분파의 양태에 대해서까지 굳이 연구하고 싶지는 않다는 심리도 작동하였다고 판단된다. 그러나 정파간 갈등과 분화, 이합집산에 어떠한 시대적 특징과 정치 원리가 작동하고 있는지를 밝히는 것은 정치사의 매우 중요한 주제이다. 이러한 경험을 통해서 오늘날의 정치도 좀 더 깊이 있게 이해할 수 있기 때문이다.

사실 오늘날의 정치 역시 큰 틀에서는 해방 이후 좌파와 우파 대결의 틀에서 서술할 수는 있겠으나, 시대에 따라 그 양상은 독재와 민주, 소위 민주 세력의 분화, 진보 세력의 분화, 더 나아가 보수 세력의 분화 등의 새로운 양상들이 꾸준히 진행되었다. 그것은 흔히 회자되는 3김(金)의 분화, 친노·친이·친박의 등장과 분화·대결 등의 현상으로 표출되는 와중에, 그 저류에서는 정치 세력의 다양화와 노선에 따른 재편이 현재까지도 꾸준히 진행 중이다. 새로운 정치 세력의 등장과 분화, 그리고 재편은 무원칙한 이합집산일 뿐인가? 아니면 그 가운데 어떤 새로운 질서가 만들어지는 것인가? 후자라면 우리는 각 시기 정치 세력의 분화와 갈등이라는 현실을 비판·부정만 할 것이 아니라, 그 현상을 직시하면서 적절한 의미 부여를 하려는 인식의 전환이 필요할 것이다. 현실 정치에서 정치적 갈등과 분화의 과정을 겪지 않고서 새로운 정치 세력이 저절로 탄생할 수는 없기 때문이다.

필자의 작업 과정

탕평정치로 표상되는 영·정조 시대는 조선후기 정치사의 전환기이다. 특히 1990년대 이후에는 당쟁으로 점철된 조선 정치의 틀을 넘어설 새로운 시도로서 탕평정치가 주목되었다. 이에 따라 정조를 개혁의 상징으로 설정한 후에, 노론 시파와 소론·남인을 이에 동참하는 개혁 세력으로 노론 벽파를 수구 세력으로 설정하며 새로운 정치 세력의 형성을 전망하는 연구 결과가 제출되었다. 대중 역사에서도 이러한 시각은 확대 재생산되었다. 거슬러 올라가 정조의 생부 사도세자의 죽음이라는 극적 요소까지 더해진 임오화변은 개혁 세력과 연대하려 한 사도세자가 수구 세력에게 희생된 사건이라는 해석도 등장하였다. 정조 역시 사도세자를 복권시키는 계획을 실행하려다가 결국 독살되었다는 추론이 덧붙여지기도 하였다.

필자 역시 이러한 분위기에 영향을 받아 조선후기 정치사에 관심을 갖기 시작했으므로 이러한 구도에 익숙한 채 영·정조실록의 정치 관련 기사를 찬찬히 살펴보았다. 그러나 영·정조실록의 정치 기사는 이러한 단순 대립 구도로 언뜻 정리가 되지 않았다. 같은 당파라도 대립 구도가 복잡하게 전개되었으며, 다른 당파라도 비슷한 주장을 하는 경우도 많았기 때문에 도무지 갈래가 잡히지 않았다. 심지어는 갈등의 쟁점을 명확히 파악하기 어려운 경우도 많았다. 당시에는 편년체 자료의 한계라고 생각하여 정파의 견해가 분명히 드러난 당론서로 눈을 돌려 집중 검토하였다. 임오화변의 전말을 다룬 당론서를 중심으로 찬찬히 읽어 나갔다. 준소계 인사가 편찬한 『현고기(玄皐紀)』는 간결하면서도 사안을 분명하게 정리하였다. 그 후에는 『현고기』와 같은 시각에서 좀 더 상세한 서술된 『대천록(待闡錄)』도 읽었다.

사실 당론서 자료는 그동안 필요한 부분만 편의적으로 인용되었을 뿐 당론서 편찬자의 시각과 전체 맥락을 검토한 후에 이용된 적은 없었다. 구도는 단순했다. 사도세자를 보호하였던 소론·남인은 충신이고, 사도세자를 비판하였던 노론은 역적이라는 것이 준소계의 시각이었다. 그런데 영·정조실록

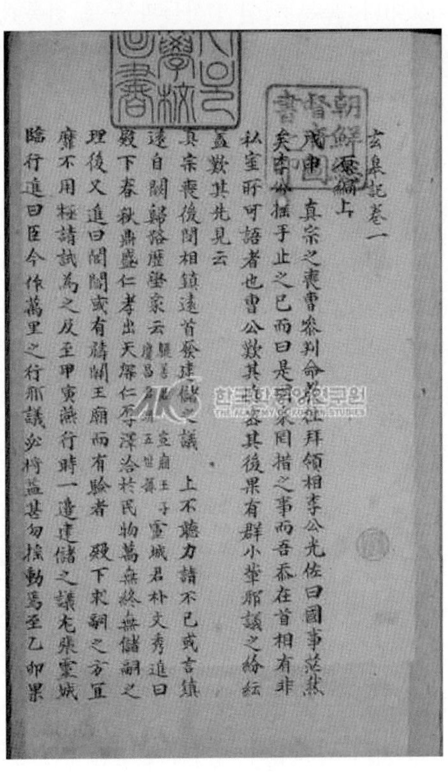
玄皐記卷一
[illegible]編上　真宗之喪曹參判命[illegible]拜領相李公光佐曰國事茲然
矣[illegible]撫手止之已而曰是[illegible]同措之事而吾忝在首相有非
私室所可語者也曹公歎其[illegible]其後果有群小輩邪議之紛紜
益歎其先見云
真宗薨後閔相鎮遠首發建儲之議　上不聽力請不已或言鎮
遠自關歸路歷謁[illegible]家云 [illegible] 靈城君朴文秀進曰
殿下春秋鼎盛仁孝出天深仁厚澤洽於民物萬無終無儲嗣之
理後又進曰閭閻或有積[illegible]王廟而有驗者　殿下求嗣之方宜
靡不用極請試爲之及至甲寅誕行時一邊建儲之議尤衆靈城
臨行進曰臣今作萬里之行邪議必將益甚勿撓動焉至乙卯果

[그림 1] 현고기

에 확인할 수 있는 시각은 그렇게 단순하지 않았다. 이러한 상황을 해소하기 위해서 노론측 당론서도 상세히 검토할 필요가 있었다. 노론 시파의 선봉장으로 유명했던 심낙수의 『정변록(定辨錄)』과 『충역열전』, 그리고 그 아들 심노숭이 작성한 행장 및 『부군언행록(府君言行錄)』 등을 검토하였다. 그 결과 노론 인사 가운데서도 세자 보호세력이 많았으며, 노론의 인적 관계망과 정치 성향에 대해서 어느 정도 파악할 수 있었다.

이를 계기로 좀 더 다양한 시각에서 임오화변과 영·정조대 정치사 자료를 재검토해야 함을 절감하였다. 노론측 자료들을 더 읽어 보기로 한 이유이다. 노론 핵심 인사들과 두루 접촉했던 황윤석의 『이재난고』는 일기와 문집의 형식을 아우르는 저술로서 영·정조대 노론의 동향과 정국의 쟁점을 잘 보여주는 자료이다. 그 밖에 영·정조대 노·소론과 남인계 주요 인사들의 문집 가운데 실려 있는 행장·묘지명 등과 논설 자료 등도 두루 읽어가면서 소위 당인(黨人)들의 정치적 행보를 재구성할 수 있었다.

이러한 방식으로 임오화변을 주제로 한 노·소론계 당론서와 그 밖의 일기·문집 자료 등을 두루 검토한 결과, 이들 자료는 특정 당파 혹은 개인의 관점을 일관되게 견지하면서 사건의 전개를 설명하고 있다는 당연한 사실을 재확인하게 되었다. 당론서나 일기·문집 자료들이 특정 당파 혹은 개인 의리의 정당성을 내세우는 편향된 저술임은 분명한 사실이다. 실제로 이 때문에 그동안의 정치사 서술에서 이들 기록이 특정 당파와 개인의 주장을 소개할 때를 제외하고는 사료로서 적극 활용되지 않았다. 그러나 이러한 정치적 편향성은 정치적 사안을 이해할 때에는 반드시 필요한 요소이기도 하다. 편향성을 이유로 당론서를 이용하지 않는 것은 어떠한 정치사 자료도 이용할 수 없다는 의미이기도 하다.

정치적 편향성의 의미를 인정한다면 당론서는 매우 훌륭한 당대의 자료이다. 해당 시기에 새롭게 발생한 정치적 사안을 계기로 기존의 당파

내에 새로운 분파가 형성되고, 분파의 당론 역시 기존의 당론을 공유하면서도 새롭게 전개되면서 새로운 정치 세력의 정치 의리 곧 노선을 알려주는 것이기 때문이다. 탕평책에 대한 대응을 계기로 노론이 남당·북당·동당·중당으로 소론이 완론과 준론으로 분화하면서 이들 간에 당파를 넘어서는 합종연횡이 발생하였던 것은 대표적인 사례이다. 이처럼 임오화변 관련 당론서를 이해하기 위해서는 기존의 당파에서 파생된 새로운 분파들까지 고려해야 한다.

그런데 당파의 분화와 더불어 세분된 정론(政論)을 접하게 되자 이전보다 더욱 복잡한 문제가 발생하였다. 특정한 사안에 대한 기존의 당론 뿐 아니라, 새롭게 분화하면서 대립하는 분파들의 당론을 어떤 기준으로 설명할 것인가? 예컨대 새로운 분파들은 사도세자를 둘러싸고 기존에 가장 중요했던 신임의리에 대한 견해 차이보다는 세자 보호냐 폐위냐를 둘러싸고 대립하였다. 또한 노론 북당이나 준소계의 시각에서 홍봉한은 세손의 보호를 위하여 필요한 존재였지만, 노론 남당의 시각에서는 권력과 재물을 탐하고 영조를 속인 역적에 불과하였다. 김귀주에 대해서도 양 세력은 정반대의 시각을 견지하였다. 무엇보다 임오화변의 원인에 대하여 사도세자 보호 세력과 폐위 추진 세력은 서로를 역적이라 규정하며 배척하던 상황이었다. 각 정파의 당론서에는 자신들의 주장을 정당화할 수 있는 근거들이 제시되어 있다. 양쪽의 주장 가운데 무엇이 진실인가? 어느 일방의 편을 들어야 하는가? 아니면 양쪽에 모두 시비(是非)가 있다고 볼 것인가? 아니면 이쪽 저쪽 모두 그럴 만한 이유가 있다고 중립적으로 그 맥락만 설명하고 말 것인가?

필자는 당대의 정치사를 설명하기 위해서는 당대인들이 합의한 의리론에 입각하여 시비 평가의 기준을 확보해야 한다고 판단하였다. 그 기준에 따라서 정치 세력 재편의 기준과 우열 관계도 분명히 이해될 수 있다.

이를 위해서는 정국 운영을 총괄하는 국왕이 자신의 의리를 바탕으로 제 당파의 의리를 종합하여 판정하는 시비의 기준이 무엇인지를 확인하는 작업이 무엇보다 중요했다. 실록에 기록된 국왕의 공식 언설, 중대한 정치적 계기마다 공표되는 국가의 의리서 등은 당파의 시각만 강조되는 당론서와 달리 해당 시기 의리론에서 시비 판정의 기준을 잘 보여준다. 특히, 영·정조대에 집중 편찬된 국가 의리서에 주목해야 한다. 신임의리에 대하여 세 차례에 걸쳐 수정 공표한 영조의 『대훈(大訓)』, 을해옥사를 계기로 확정된 국시에 의거하여 신임옥사와 그 여파를 정리한 『천의소감(闡義昭鑑)』, 정조의 즉위 직후에 간행된 『명의록(明義錄)』 등이 그러한 자료들이다.

여기에 실린 의리는 국가 공인의 의리로서 법적·정치적 효력을 지니기 때문에 당파 차원의 사사로운 의리론과는 그 위상이 달라지기 때문에 국왕 혹은 당인들의 일시적 언설과 같이 취급해서는 안 된다. 사실 이러한 자료들은 영·정조 실록에 모두 상세히 실려 있으나, 실록에 기재된 수많은 정치 기사의 일부로 간주되어 그동안 크게 주목되지는 않던 상황이었다. 조선시대 정치사에서 실록의 충실한 활용을 아무리 강조해도 지나치지 않은 이유는 여기에 있다.

다만, 임오의리는 당대에 모년(某年) 의리라고 불렸듯, 그 실체에 대한 논의가 금지되었던 정치의리이다. 국가 공식의 의리서 편찬은 불가능했고, 대의(大義)에 입각해 처분했다는 영조의 일방적이고 공식적 선언만 인정되는 상태였다. 물론 이는 한 시대의 국시(國是)로서 강력한 효력은 발휘하였지만, 영조대 중반 이후의 신임의리와 같이 공론(公論)에 기반한 합의된 의리의 지위를 확보하지는 못했다. 이로 인하여 영조와 정조는 물론, 각 정파가 생각하는 임오의리의 실제 내용은 그 편차가 매우 심하였다. 정조대의 정치적 갈등은 국왕과 여러 정파들 간에 이를 합의하는 과정이라고 볼 수 있다. 임오화변과 관련된 기록들 역시 매우 다양하지만, 임오의리의 갈래를 제대로 잡고 있지 않으면 오독의 여지가 매우 많은 것도 이 때문이다. 필자는 영조가 공표한 국시 즉 '영조의 임오의리'를 기준으로 이해하되, 정조가 신하들과 더불어 합의하여 새롭게 확정하려 했던 '정조의 임오의리'를 밝히는 작업에 주력한 바 있다.

정사와 야사의 위계와 활용

그간의 작업 과정을 돌아보건대 필자는 영·정조 실록 등 정사(正史) 자료에서 출발하였다가 당론서를 거쳐 문집과 일기 등 사찬 자료들로 확장되었으며, 다시 당론서를 매개로 정사와 사찬(私撰) 자료인 야사(野史)를 상호 점검하면서 해당 시기의 정치적 쟁점과 각 정파의 대응을 입체적으로 파악할 수 있었다. 조선후기 정치와 관련된 다양한 갈래의 자료들은 넘쳐날 정도로 풍부하기 때문에, 여러 계통의 자료들을 어떠한 기준으로 활용할 지가 연구의 관건이었다. 이 때 가장 중요한 것은 각 자료들의 위계를 감안해야 한다는 점이다.

특히 정사의 기록과 야사의 기록 간에 놓여 있는 정치적 위계 관계를 의식하지 않으면, 모든 기록들이 상대화된 채로 독해되고, 그 결과 특정한 정파의 시각을 위주로 서로 상반되는 해석들이 충돌하며 정론(定論)을 세우기가 매우 곤란한 지경에 이르게 된다. 오늘날의 관점에서 우리는 의리론의 여러 갈래들을 세심하게 구별하지 않을 뿐 아니라, 각각의 기록물이 지닌 정치적 맥락과 위계를 의식하지 않고 자료를 분석하는 경우가 많다. 필자 역시 그 속에서 매우 혼란스러웠던 경험이 있다.

정사는 야사에 제시되어 있는 다양한 주장과 해석들을 종합할 수 있는 기준을 제시해 준다. 정사에는 각 정치 세력의 주장들이 조정 군신들의 논쟁과 갈등, 합의 등을 거쳐 공적 권위를 지닌 결정이나 국시로 되는 과정이 기록되어 있기 때문이다. 이 과정을 거치면서 각 당파들 사이에 충돌하는 다양한 정치적 가치들은 합의된 국시를 기준으로 하여 비로소 위계와 질서가 잡힌다. 여느 분야나 마찬가지로, 정치사 서술에서도 실록과 같은 정사가 가장 기본이 되는 까닭은 여기에 있다. 게다가 조선의 실록이 매우 공정한 시각에서 중요한 자료들을 누락시키지 않았던 것은 누구나 인정하는 바이다.

[그림 2] 현륭원지문

그렇다면 야사는 정사에 비하여 그 활용도나 가치가 떨어지는 것일까? 그렇게 볼 필요는 없다. 우선, 당론서는 붕당들간 인식의 편차에 따른 정치적 쟁점들을 분명히 이해할 수 있게 해준다. 이는 정치사의 흐름을 계통적 종합적으로 이해하는 데에도 상당한 도움을 준다. 사실 실록과 같은 정사는 편년체이므로 논의의 쟁점과 시말을 알기 어렵지만, 잘 서술된 당론서는 그러한 단점을 보완해 줄 수 있다. 비록 야사는 개인 혹은 당파라는 제한된 범위의 시각이지만 특정한 사안에

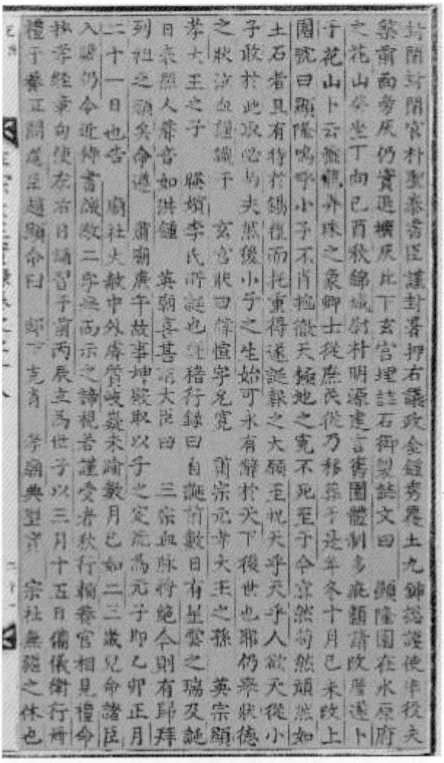

대하여 쟁점들을 선명하고 체계적으로 제공하기 때문이다. 『현고기』에 부록된 「시벽본말」에는 시파와 벽파의 기원, 분기 원인, 인적 구성 등에 대하여 실록보다 더 체계적인 정보가 기록되어 있다.

또한, 야사에는 조정의 공식 석상에서 언급되지 않거나 드러내기 어려운 사실들이 설명되어 있는 경우도 있다. 예컨대, 『현고기』에는 「현륭원지문」의 극히 비밀스런 작성과 각석(刻石)의 과정이 서술되어 있다. 이는 『정조실록』에 수록된 「현륭원지문」이 사실 당대에는 공개되지 않은 비밀자료였다는 사실을 알려준다. 『정조실록』에는 아무런 언급이 없이 「현륭원지문」이 실려 있기 때문에 당시에 「현륭원지문」에 수록된 정조의 새로운 사도세자 상(像)이 군신간에 합의되었던 것으로 오해될 여지가 충분하다. 그러나 정조의 사도세자 재평가는 「현륭원지문」이 작성된 지 2~3년 후부터 한동안 정국을 흔드는 주요 쟁점으로 등장한다. 『현고기』의 설명을 통해서 비로소 「현륭원지문」 작성 후에도 그 안에 담긴 주요 내용이 커다란 정치적 논쟁이 되었던 이유가 해명될 수 있다. 이러한 야사의 특징들을 잘 활용한다면 정사의 자료는 더욱 풍성하게 이해될 수 있다.

그러나 야사는 어디까지나 당파나 개인 차원의 인식에 근거한 것이므로, 정사를 비롯한 다양한 계통의 자료들을 종합하여야 객관적인 설명에 도달할 수 있다. 이 때 각 개인의 저술을 동등하게 취급할 수는 없으니, 주도 세력의 지도 그룹에서 나온 정보일수록 그 중요성이 클 것이다. 『이재난고』는 조선 정치의 변방인 전라도 출신 유학자 황윤석이 남긴 일기에 불과하지만, 그가 상경 후 노론 낙론의 핵심 인사들을 만나 그 대화 내용을 기록하거나 정리하였기 때문에 조선 학계와 정계의 동향을 잘 알려주는 훌륭한 자료가 될 수 있었다. 그렇다면 국왕이나 왕실 인사 등 권력 핵심부의 저술들은 더욱 중요하다. 왕실 인사들은 민간에서는 알 수 없는 왕실의 내밀한 정보들을 상세히 알고 있기 때문이다. 예컨대, 갑자년

상왕 구상은 『정조실록』에서 암시만 되어 있을 뿐이나, 『한중록』에는 정조가 혜경궁에게 직접 설명한 내용이 상세하게 기록되어 있다. 정국 운영의 주체인 정조의 어록, 문집, 편지글 등이 중요한 것은 두 말할 나위가 없다.

조선후기 당쟁사 연구의 의의

오늘날의 기준에서 본다면, 조선후기 당쟁에서 특정 당파의 주장이 옳고 그른지 여부를 뒤늦게 따지는 것은 큰 의미가 없는 일이다. 그렇다면 조선후기 당쟁사 연구의 의의는 무엇일까? 필자가 생각하기에, 전근대 시대 파벌 정치의 경험은 근대 정치로 전환하는 과정에서 후대인들의 해석과 활용의 자세에 따라 부끄러운 과거가 되기도 하고 훌륭한 자산이 될 수도 있다. 우리는 조선후기 정치의 경험을 부끄러운 과거로만 인식하는 편향성을 벗어나지 못했다. 식민사학의 영향이 결정적이었다. 식민사학은 전근대 시기에 풍성했던 정치의 경험을 부끄러운 부정의 대상으로 격하시켰던 역사인식이다. 이에 대한 반론의 차원에서 등장한 붕당정치론은 타협과 공존만을 정치의 긍정적 요소로서 부각시키고, 대립과 투쟁은 붕당정치의 본질에서 벗어난 폐단일 뿐이라며 붕당정치와 당쟁을 인위적으로 구별하였다. 붕당정치와 당쟁, 당쟁과 탕평책을 이렇듯 인위적으로 구분하려는 것도 문제이지만, 숙종대 이후의 정치는 부정적 당쟁관에 입각해 정리한다는 점에서 식민사학의 부정적 당쟁관과 본질상 다르지 않다.

부정적 당쟁관에 입각한 조선후기 정치사 인식은 현대 정당 정치에 대한 인식에서도 여전히 재생되고 있다. 현대 한국의 정치에서도 정파 간의 대결은 대부분 부정적으로 서술된다. 정파 간 대결을 동반하기 마련인 정치에서 당쟁의 요소만 부각시켜 부정적 인식을 견지한다면, 이는 정치 일반에 대한 불신과 혐오만 조장할 뿐 갈등과 투쟁의 과정에서 해당 시기의 문제를 해결하는 정치의 영역을 인정하지 않는 우를 범하는 것이다.

그러나 시각을 확대하여 정치 일반의 본질적 특징을 감안한다면 조선후기 당쟁을 인식하는 시각은 전면 재조정되어야 한다. 정치에서 국정 운영권, 곧 권력을 둘러싼 치열한 쟁투는 동서고금을 막론하고 불가피한 요소이다. 이 과정에서 정치 세력의 이합집산과 갈등, 타협과 조정 역시 함께 발생한다. 정치사의 관건은 정치에 동반되는 이러한 양상들이 각 시대별로 어떻게 전개되었는지를 밝히는 일이다. 근대는 대의제 민주주의의 시대로서, 대의제 민주주의에서 정당 정치는 핵심이다. 현대 정당정치에도 긍정적 부정적 요소가 모두 존재하는 것은 분명하지만, 정당정치를 넘어서는 대안은 딱히 없는 실정이다.

파벌정치 자체는 전근대 정치의 보편적 특징이며, 여기에는 긍정적 부정적 요소가 모두 존재하였다. 서구의 경우에도 파벌정치를 배경으로 하여 정당정치가 탄생하였으므로 파벌정치가 정당정치로 전환되는 역사적 조건과 맥락을 밝히려는 노력이 필요하다. 이를 위해서는 전근대 파벌정치, 곧 당쟁의 역사를 객관적으로 정리하는 작업이 선행되어야 한다. 당쟁 자료를 남긴 사람들은 당연하게도 조선후기 정치를 이끌던 지도층 인사들이다. 이들 가운데는 서유방, 심낙수, 채제공, 김조순, 정약용, 황윤석 등 쟁쟁한 인물들이 많다. 조선후기 정치·사상을 선도한 인물들의 문집에는 그토록 부정적으로 평가되는 당파성이 가득한 주장들도 쉽게 찾을 수 있다. 이들의 당론과 당쟁은 부정적으로 인식하면서, 이들의 사상과 경세론은 긍정하는 것은 모순이지 않은가? 그렇다면 당론·당쟁을 대하는 후대인들의 잣대에 큰 결함이 있는 것은 아닐까?

당론서는 자파의 당론이 정당하다고 주장하는 서적이다. 여기에는 조선후기의 당쟁 자체를 부정적으로 인식하면서 특히 노론계 충역 의리의 위선(僞善)을 강조하는 준소계의 시각도 있지만, 이와 정반대로 신임의리가 충역의 표준으로 확립될 수밖에 없었던 까닭을 엄밀하게 설명하는 노론계의 시각도 많다. 전자만 객관적이고 후자는 편향되었다고 볼 수는 없다. 양자 모두 그 의의는 인정되지만, 숙종대 이후의 정치의리 변천사를 이해하기에는 후자의 시각이 도리어 더 유용하다. 그러나 무엇보다 정치적 사안에 대하여 대립하는 의견의 표출이 대대로 세전(世傳)되었다는 사실 자체가 조선후기 당쟁사, 정치사의 특징이기도 하다.

사대부의 당론이 세전되는 것은 정조와 같은 탕평 군주도 그 의의를 부정하지는 않았다. 비록 사대부에 한정된 것이라는 한계는 명백하지만, 당론의 다양성은 정치적 자유의 광범함과 정치의 활력을 의미한다. 실제로 당쟁의 극성기라 할 숙종대부터 조선후기의 사회·경제적 활력은 회복되었고, 영·정조의 탕평정치 시기에도 당쟁은 지속되었다. 그러한 대립의 와중에서도 국정이 운영되고, 기존의 정치 세력이 이합집산하면서 새로운 정치 세력은 형성되고 있었다. 조선후기 당쟁의 경험은 해석 여하에 따라 한국 정치 전통의 훌륭한 자산이 될 수 있다. 이를 우리의 자산으로 만들기 위해서는 당론서를 비롯하여 너무나도 풍부한 조선후기 정치사 자료에 대한 더욱 체계적인 연구가 요청된다고 하겠다.

〈참고문헌〉

이태진 편, 1985 『조선시대 정치사의 재조명』, 범조사.
한국역사연구회, 1990 『조선정치사(상·하)』, 청년사.
이성무·정만조 외, 1992 『조선후기 당쟁의 종합적 검토』, 한국정신문화연구원.
박광용, 1994 『조선후기 탕평 연구』, 서울대 박사학위논문.

김성윤, 1997 『조선후기 탕평정치 연구』, 지식산업사.
유봉학, 1998 『조선후기 학계와 지식인』, 신구문화사.
김성윤, 2002 「영조대 중반의 정국과 임오화변」 『역사와 경계』 43.
최성환, 2009 『정조대 탕평 정국의 군신의리 연구』, 서울대 박사학위논문.
______, 2010 「'한중록'의 정치사적 이해」 『역사교육』 115.
______, 2012 「임오화변 관련 당론서의 계통과 '정조의 임오의리'」 『역사와 현실』 85.
______, 2016 「조선후기 정치의 맥락에서 탕평군주 정조 읽기」 『역사비평』 115.
이근호, 2016 『조선후기 탕평파와 국정운영』, 민속원.

『동문휘고(同文彙考)』와 조선시대 대외관계사 읽기

김 경 록(金暻綠)*

들어가며 : 조선시대 국제질서와 외교란?

동서고금의 모든 국가는 주변국과 때로는 치열하게 충돌하고, 때로는 타협과 동맹을 통해 안보와 발전을 도모해 왔다. 국가간에 발생하는 충돌과 타협의 과정을 외교라고 하며, 외교를 통한 공존이 실패하면 전쟁이란 극단적인 결과를 초래한다. 외교의 결과에 따라 국가의 운명이 좌우되기 때문에 외교정책의 형성과정은 지배자를 비롯한 다양한 정책참여자들의 의견이 집중되었다. 또한, 정책결정 과정은 엄격하게 관련 문서를 남겨 외교정책의 결과에 대한 증빙자료로 활용했다.

* 군사편찬연구소 선임연구원.
대표논저 : 『전통시대 동아시아 국제질서』(부산외국어대출판부, 2015), 『역사에서 찾는 지도자의 자격』(꿈결, 2012), 「명대 監軍제도와 임진왜란시 파병 명군의 監軍」(『동양사학연구』 137집, 2016), 「명대 공문제도와 행이체계」(『명청사연구』 26, 2006).

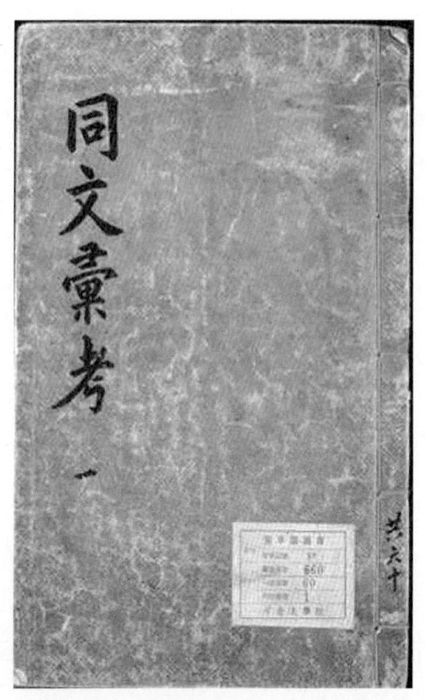

[그림 1] 조선시대 종합외교문서집
『동문휘고』

조선시대 동아시아는 현대 국제사회의 성격 및 내용과 많은 차이를 가졌다. 강력한 국력을 바탕으로 자신을 하늘의 대리인이라는 의미에서 천자(天子)라고 지칭하는 국가가 주변국에 대해 상하서열을 강조하는 형식의 국제관계를 강요했다. 이처럼 큰 국가(천자의 나라)와 작은 국가(제후의 나라)간의 관계를 '계서적(階序的)'이라 표현할 수 있다. 전근대 동아시아 국제질서는 계서적인 성격의 불평등한 관계였는데, 그 중심에 있는 국가에 따라 '명(明) 중심 국제질서', '청(淸) 중심 국제질서'라 할 것이나.

원·명교체기에 건국된 조선은 역성혁명으로 인한 정통성 결여와 구 고려세력에 대한 견제 목적으로 명 중심 국제질서에 편입되어 건국의 명분을 확보하고자 했다. 또한, 현실적으로 신흥 강국 명과의 관계를 우호적으로 유지함으로써 대외적인 위험요소를 상쇄시키고자 했다. 이러한 건국 초기 외교적 목적을 위한 전제조건은 명 중심 국제질서의 편입이었으며, 이는 현대적인 관점에서 사대적이라 평가할 수 없다. 현대적인 관점으로 본다면 국제사회는 만국체제로 모든 국가는 독립된 주권을 가지고 평등하게 자국의 입장과 권리를 행사해야 하지만, 현실적으로 대부분의 국가는 국력의 차이에 따라 강대국의 영향을 받아 외교적 권리행사에 제한을 받는다. 이와 동일하게 조선시대 국제관계도 강대국의 영향을 받아 국제

정세에 따른 외교관계를 맺는 것이다. 조선시대이든 현대사회이든 외교에서 가장 핵심되는 것이 명분이다. 다만 조선시대 국제질서는 예의(禮儀)라는 명분이 보다 설득력 있게 작용하는 시대였으며, 예의의 근본 속성이 계서적이었기 때문에 강대국은 천자국을 천명하고 주변 국가는 제후국을 인정한 것이다.

또한, 예(禮)의 근본적인 성격에 상호성이 있다. 상호성은 상대성이라 할 수 있는데, 사대친소(事大字少)라고 할 때, 소국은 대국을 공경해야 하고 대국은 소국을 자애(慈愛)해야 하는 것이다. 대국이 대국으로서의 면모와 역할을 못하면 소국은 대국을 공경할 필요가 없는 것이다. 즉, 예에 기반하여 명목적으로 설정된 조선시대의 국제질서에서 천자국과 제후국은 천자국과 제후국으로서 지켜야 할 의무와 행사할 수 있는 권리가 있는 것이다. 천자국은 국제질서를 안정적으로 유지하기 위해 제후국을 일정한 관계를 형성하고 국제질서를 저해하는 세력이나 사건에 대해 천자국으로 실력을 행사하고 참여해야 했다. 가장 대표적인 사례가 임진왜란과 명군의 참전이다.

조선시대 대외관계사를 연구하는 필자는 연구의 시작을 외교문서 분석에서 찾았다. 규장각에 소장된 수 많은 외교관련 사료를 정리하는 과정에서 일찍이 동양사를 전공하신 전해종 교수의 정리로 국사편찬위원회에서 영인된『동문휘고』를 원본으로 거듭 정리할 기회가 있었다. 조선시대 대표적인 연대기 자료는『조선왕조실록』,『비변사등록』,『승정원일기』 등이 있다. 이러한 연대기 자료와 버금가는 방대한 분량의 문서집이『동문휘고』이다. 대외관계사를 연구하면서 편집자의 의도와 관점이 반영되어 사료를 취사선택하여 편집된 실록 등의 자료와 달리『동문휘고』등의 외교문서는 가장 1차 사료로서의 가치를 가진다.

사실 외교문서는 일반적인 사료와 달리 문서의 형식, 사용되는 용어의 특수성, 조선과 중국의 관제 및 역사를 함께 아울러 살펴봐야 하는 등 어려움으로 인하여 다른 역사학 분야에 비하여 연구성과가 미흡한 것이 사실이다. 그러나 대외관계사 연구의 가장 기본적인 과정이며, 한국사 연구에서 일국사(一國史) 연구의 한계를 극복할 수 있는 연구분야라는 측면에서 본 글에서 외교문서와 대외관계사의 관련성을 조선시대 국제질서, 외교문서의 정리과정, 외교문서와 대외관계사의 관련성을 중심으로 설명하고자 한다.

조선의 외교문서 정리목적

조선시대 대외관계사 연구의 첫 걸음은 외교문서의 분석에서 시작된다. 비록 계서적인 명·청 중심의 국제질서에서 안정적인 국가유지 및 원활한 대외관계를 위해 조선은 시대별로 발생하는 다양한 외교사건에 대응하기 위해 조·명관계 및 조·청관계를 유기적으로 맺었나. 의례문제이든 국경문제이든 아니면 군사적 충돌이든 다양한 외교사건은 국가간의 기본적인 관계틀의 범위 안에서 양 국가간 이해관계가 충돌하기 마련이며, 해결도 이 범위 안에서 추구된다. 조선시대 외교사건은 무엇보다 예제적(禮制的)인 측면을 명분으로 발생하고 해결되었는데, 이 때 예제적인 측면이란 전통적인 경서(經書)에 기반한 천자와 제후의 관계에서 요구되는 예적(禮的) 관계이다.

물론 외교사건의 발단은 현실적이고 경제적이며 군사적인 목적에서 출발하지만, 이러한 목적을 상대국에 강조할 때는 천명(天命)과 인륜(人倫)을 이론적 포장하고 설명한다. 천자국으로 면모를 갖추기 위해서는 조선에 이러한 문제를 양보해야 한다던가, 제후국이 감히 이러한 행위를 할 수 있는가? 등의 논리가 동원되는 것이다. 조선과 중국(명·청) 사이에 외교사건이 발생하면 조선은 무엇보다 이전의 외교사례를 살펴보고, 발생한 외교사건이 어떠한 성격의 외교문제인가 분석한 뒤 구체적인 외교정책을 마련하기 위해 국왕과 신하들이 대응방안을 모색한다.

이러한 외교정책의 형성과정은 외교사건의 발생에서 외교사건의 분석을 통해 구체적인 외교목적을 설정하고 가장 효과적인 외교수단을 모색한다. 외교수단은 조선의 외교목적을 달성하기 위해 사행을 파견하거나 중국사신의 접대하는 방법이 있었다. 만약 중국사신이 파견되어 오지 않으면, 보다 적극적으로 조선의 입장을 장황하되 예제에 입각한 외교문서로 작성하여 중국에 전달한다. 이때 외교문서는 전례를 상고하여 치밀하게 작성하는데, 황제에게 전달하거나 중국의 관청에 전달하기 때문에 중국에서 제시한 기본적인 문서양식에 입각하여 작성한다.

조선시대 외교문서는 외교정책의 형성과정 및 내용이 상세히 포함되어 있었다. 사례를 들면, 압록강을 몰래 건너 중국으로 들어가 산삼을 캐던 조선인이 중국에 잡혀 조선으로 보내오는 사건이 발생할 수 있다. 이러한 사건이 청대에 발생하였다면, 압록강에 인접한 봉황성(鳳凰城)의 관리인 봉황성주(鳳凰城主)가 사건조사를 하고 그 내용을 지금의 심양(瀋陽)에 위치하였던 상급 기관인 성경병부(盛京兵部)에 보고하면, 성경병부가 북경의 병부에 보고하고, 북경의 병부가 황제에게 보고하고 황제의 지시사항을 포함한 문서를 조선에 보내온다. 조선 국왕은 청나라 병부의 자문을 확인하고 비변사 및 평안도관찰사에게 사실 확인을 지시하고 그 결과를 다시 보고받아 이에 대한 처벌 및 조치내용을 상세히 포함한 외교문서를 작성하여 청나라에 전달한다. 조선의 외교문서를 접수한 청나라 병부는 다시 황제에게 해당 결과를 보고하고 그에 따른 황제의 의견을 받아 이를 조선에 다시 외교문서로 작성하여 전달한다. 이처럼 조선시대 외교

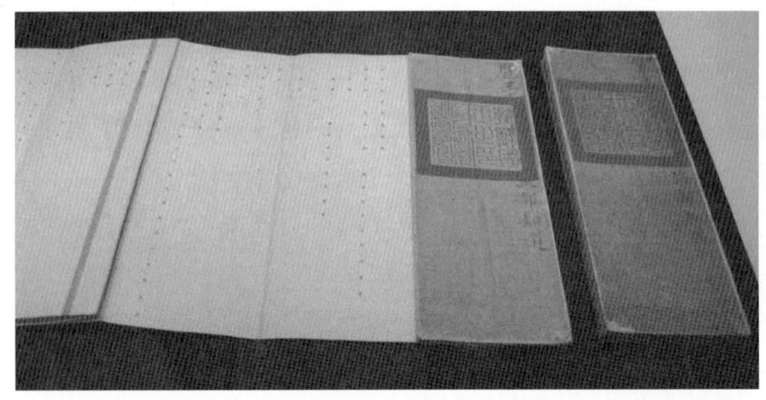

[그림 2] 조선후기 조청관계의 대표적인 외교문서, 표문(表文)

문서는 해당 사건의 내용 및 보고절차, 관련 관청의 의견, 최종 외교정책 결정자의 의견 등이 상세히 포함되어 조선시대 대외관계사의 면모를 구체적으로 파악할 수 있다.

조선시대 외교문서는 조선에서 중국에 전달되는 조선문서와 중국에서 전달되어 온 것을 접수한 중국문서로 구분할 수 있으며, 조선문서는 황제에게 전달되는 대(對)황제문서와 중국의 관청에 전달되는 대(對)관부문서로, 중국문서는 황제의 명의로 전달되어 온 황제문서와 관청의 명의로 전달되어 온 관부문서로 세분할 수 있다. 이러한 외교문서는 황제 명의로 조선에 전달되어 온 것이거나 조선국왕 명의로 중국에 전달되었기 때문에 잘 보존해야 했으며, 또한, 향후 외교사건이 발생하면 이의 해결과정에서 근거자료로 역할하기 때문에 조선은 외교문서의 보존을 위한 체계를 일찍부터 갖추었다. 조선초기의 『이문(吏文)』, 조선중기의 『괴원등록(槐院謄錄)』, 조선후기의 『동문휘고(同文彙考)』 등과 같은 방대한 분량의 외교문서집을 편찬했다.

종합 외교문서집 『동문휘고(同文彙考)』의 편찬과 대외정책

조선시대 왕세손(王世孫)이란 아주 이례적인 신분으로 왕위에 오른 정조는 영조의 정책을 계승하고 서인정권에 의해 좌우되던 왕권을 보다 반석위에 올려놓아야 한다는 시대사명을 절감하였다. 정조는 즉위 초에 '개유와(皆有窩)'라는 도서실을 설치하고, 당시 선진문화였던 청나라의 건륭문화(乾隆文化)에 관심을 갖고 『고금도서집성』 5,020권 등 서적을 수입하면서 학문을 연마했다. 문화정치를 표방하며, 규장각(奎章閣)을 설치하고, 서인정권의 반대세력을 축출하고, 뒤이어 세도정치를 자행하던 홍국영(洪國榮)마저 축출하여 친정체제를 구축했다.

정조가 즉위한 시기의 조선은 명·청교체이후 명나라를 계승한 정통문화국가라는 자부심과 함께 양란의 후유증을 극복하고 문화자존의식을 고양하여 조선고유문화를 창달하던 시기였다. 정조는 치세동안 탕평정책의 계승, 규장각을 통한 문화융성, 장용영(壯勇營) 설치를 통한 왕권의 강화, 화성(華城) 신도시 건설, 서얼허통정책, 신해통공(辛亥通共)과 같은 상업자율화 정책 등을 통해 조선의 중흥을 이루었다. 정조시대에 정조의 이러한 문화융성과 왕권강화를 이루기 위해 무엇보다 대외적으로 조·청관계의 안정적인 관계설정이 필요했다.

왕위에 오른 정조는 이전까지의 표문(表文), 주문(奏文), 전문(箋文), 자문(咨文)과 같은 외교문서 및 사신의 장계(狀啓), 서장(書狀), 문견사건(聞見事件), 수역(首譯)과 재자관(賫咨官)의 수본(手本) 등 중국과의 교섭문서가 시간이 경과하면서 일반적으로 휴지화되는 것을 확인하고, 외교문서의 작성기관이었던 승문원(承文院) 문서의 등본(謄本)도 정비되지 않아서 믿을 수 없다고 인식했다. 정조는 외교문서의 중요성을 인식하고 이전의 모든 외교문서를 수집하고 정리할 것을 지시했다.

정조는 1784년(정조 8)에 왕명으로 승문원 제조 이숭호(李崇祜) 등에게 외교문서를 모아 한 책으로 만들게 하였다. 이 명령을 하달하기에 앞서 정조는 외교문서의 정리를 위해 수교(受教)에 능숙한 역관(譯官)을 사역원(司譯院) 도제거(都提擧)로 임명하고 이들과 논의를 하여 관련 등록을 모았다. 또한, 외교문서를 작성한 경험이 풍부한 승문원 제조 2명의 주관으로 표문과 주문, 수본에 이르기까지 정리 편찬하되 사역원 도제거는 「범례」를 찬술하고, 교서관(校書館)에서 활인(活印)토록 했다. 이때 편찬되는 외교문서집은 전례(前例)에 따라서 의정부 이하 각 관청에 비치하고 1부는 국왕에게 진상하도록 하였다. 이때 승문원 제조로는 예조판서 정창순(鄭昌順)과 전 공사제조(公事提調) 이숭호가 주관하도록 하였으며, 사역원에서 교정역관(校正譯官)으로 현계환(玄啓桓), 김윤서(金倫瑞), 최기령(崔麒齡)을 차정(差定)하였다. 이렇게 정조가 적극 추진하여 편찬하려 한 『동문휘고』의 실질적인 편찬 진용과 절차가 정해졌다.

그러나 『동문휘고』의 편찬작업에 많은 정력과 인력이 소요되었다. 무엇보다 간행하고자 하는 책이 외교문서이며, 일반적인 문서와는 상이하다는 점에서 전문가들을 동원하는데 어려움이 있었다. 당시 승문원의 모든 관원들이 편찬작업에 동원되었으며, 심지어 나이 많은 승문원 도제조까지 교정에 동원되고, 승문원 제조에는 대청(對淸) 외교문서에 능통한 자들만을 임명하였다. 승문원 인원을 총동원하였다는 사실은 책자가 완성된 이후 국왕에게 진상하였을 때 정조가 내린 왕명을 기재한 「동문휘고진상시수교(同文彙考進上時受教)」에 있는 논상(論賞)부분에서 알 수 있다. 『동문휘고』 편찬은 내용을 일정한 목적에 맞도록 편집한 것이 아니었다. 차후 외교사건이 발생하면 전거로 활용하고, 외교의례상 법제적인 역할을 담당하도록 철저한 증빙문서를 바탕으로 진행되었기 때문에 참여인원도 해당 분야에 식견이 있는 전문인력이었다. 또한 조선 국내에서 공적, 사적으로 사용되는 문서가 아닌 외교문서를 정리하는 사업이었기에 정밀한 교정과정이 있었다.

정조의 명령으로 외교문서의 수집작업이 진행되는 과정에 1784년(정조 8) 12월, 큰 화재가 발생하여 수집과정이 지연되었으며, 간행에 필요한 재원의 조달은 진휼청에서 2,000냥을 조달하여 충당하였다. 최종적으로 교서관에서 『동문휘고』를 인쇄하여 정조에게 진상한 것은 1788년(정조 12) 9월 27일이다. 즉 처음 편찬사업을 시작한지 만 4년 만에 이루어졌다.

1788년 완성된 『동문휘고』는 『승문원등록(承文院謄錄)』 중에서 인조이후의 사대·교린에 관한 외교문서를 정리 출판한 것으로서, 중화(中華)를 중심으로 교화(敎化)를 넓혀 중화체제(中華體制)를 이룬다는 『중용(中庸)』의 관념이 기본적인 전제로 편찬된 외교문서집이다. 이는 『동문휘고』라는 책명에서 확인할 수 있다. 『同文彙考』의 '同文'은 글은 문자와 같다는 의미로 『중용』에 "지금 천하에 있어 수레는 같은 칫수의 수레바퀴가 있으며, 글은 같은 문자를 사용하고, 행동은 동일한 윤리가 있다."는 구절에서 유래했다. 수레, 문자, 행동 세 가지가 모두 같으면 천하가 하나로 통일되었음을 말한다. 의례(儀禮)와 고문(考文)은 원래 천자가 주관하는 것으로 중화의 문(文)과 동일하게 문을 이루는 정치는 바로 국가의 동문(同文)하는 정치라고 할 것이다. 이는 중국과 조선은 같은 문자를 사용한다는 표면적인 의미와 동시에 조선과 중국 사이에 오고가는 외교적인 문서에서 동질성을 부여하는 내면적인 의미가 있다.

현존하는 『동문휘고』는 1788년(정조 12)에 출간된 초편(初編) 60책과 그 후에 속간된 속편(續編) 36책으로 구분된다. 초편은 1788년(정조 12)에 완성된 책으로 대외관계에 관련된 각종 외교문서를 항목별로, 년차로 분류 편찬하였다. 초편 60책은 다시 세부적으로 원편(原編) 제1～37책(제

1~79권), 별편(別編) 제38~39책(제1~4권), 보편(補編) 제40~44책(제1~10권), 부편(附編) 제45~60책(제1－36권)으로 구성되어 있다. 원편은 1644년(인조 22)부터 1788년(정조 12)까지의 대중국 외교문서를 정리한 것이다. 별편은 당시까지 문서의 손실이 심했던 1636년(인조 14) 이후 청나라의 입관(入關)한 1644년까지 결손분을 별도로 정리한 것이다. 보편은 서장관(書狀官)의 문견사건(聞見事件), 역관의 수본(手本) 등을 정리한 사신별단(使臣別單), 사행록(使行錄), 사대문서식(事大文書式), 조칙록(詔勅錄) 및 영칙의절(迎勅儀節) 등 직접적인 외교문서는 아니지만 외교관련 각종 기록을 정리한 것이다. 부편은 일본과의 왕래한 외교문서를 수록한 것이다.

『동문휘고』의 「범례」는 조선이 외교사건을 어떻게 인식하고 분류하였는가를 잘 보여준다. 「범례」에서 강조하는 점은 편찬목적은 "자고거(資考据)", 편찬방식은 "류편(類編)", 구성은 기사본말체(紀事本末體) 등을 표명한다. 자고거는 전례를 상고하여 근거로 삼아 대응한다는 목적의식을 반영하며, 류편은 다양한 외교사건 및 관련 외교문서를 원편, 별편, 보편, 부편 등과 같이 분류하여 정리한다는 방식을 반영하며, 기사본말체는 해당 외교사건의 처음부터 마침에 이르기까지 사건의 진행과정을 체계적으로 구성한다는 의미이다.

국제사회에서 외교는 국가의 이익을 우선적으로 추구하는 속성이 있으며, 보다 효과적인 국익의 추구를 위해 외교사건에 대한 국가의 대응방식을 일정하게 규범화하는 경향이 있다. 전통시대 동아시아의 외교사에서 이러한 규범화는 '전례를 상고한다(依例)'는 형식으로 나타나는데, 전례을 상고하여 당면 외교문제를 해결하였다. 이러한 문제해결 방식은 비단 외교사건 뿐만 아니라 다양한 일처리에 적용되었다.

『동문휘고』의 항목구성은 25개로 조선의 대외관계를 분류한 것이다. 이러한 분류는 조선이 대외관계를 어떻게 인식하고 범주화하였가를 반영하는 것으로 범주화된 항목은 외교사안이라 정의할 수 있다. 『동문휘고』의 외교사안은 봉전(封典), 애례(哀禮), 진하(進賀), 진위(陳慰), 문안(問安), 절사(節使), 진주(陳奏), 표전식(表箋式), 청구(請求), 석재(錫賚), 견폐(蠲弊), 칙유(飭諭), 역서(曆書), 일월식(日月食), 교역(交易), 강계(疆界), 범월(犯越), 범금(犯禁), 쇄환(刷還), 표민(漂民), 추징(推徵), 군무(軍務), 부휼(賻恤), 왜정(倭情), 잡령(雜令) 등이다. 『동문휘고』의 수록 항목은 다음 표와 같다.

『동문휘고』 수록 항목 비교

初編				續編
原編	別編	補編	附編	
封典 : 권1~4	封典·進賀·陳慰 : 권1	使臣別單(書狀官聞見事件·譯官手本) : 권1~6	陳賀 : 권1	原編권61 原續권62~78 原編續권86~94
哀禮 : 권5·6	節使·請求·錫賚·蠲弊 : 권2	使行錄 : 권7	陳慰 : 권2	補編續권79
進賀 : 권7~15	勅諭·交易·犯越·刷還 : 권3	事大文書式 : 권8	告慶(關白事) : 권3	附編續권80~85
陳慰(進香) : 권16	軍務·倭情·雜令 : 권4	詔勅錄 : 권9	告慶(島主事) : 권4	附編續권95·96
問安 : 권17		迎勅儀節 : 권10	告訃(關白事) : 권5	
節使(歲幣·方物) : 권18~32			告訃(島主事) : 권6	
陳奏(辨誣·討逆) : 권33·34			告還 : 권7	
表箋式 : 권35			通信 : 권8·9	
請求 : 권36			進獻 : 권10~21	
錫賚 : 권37			請求(我國事) : 권22	
蠲弊 : 권38~40			請求(日本國事) : 권23	
飭諭 : 권41			約條 : 권24	
曆書 : 권42			邊禁 : 권25	
日月食 : 권43·44			爭難 : 권26	

初編				續編
原編	別編	補編	附編	
交易 : 권45~47			替代(裁判事) : 권27	
疆界 : 권48			替代(舘守事) : 권28	
犯越 : 권49~62			漂民 : 권29~35	
犯禁 : 권63·64			雜令(文書式附) : 권36	
刷還 : 권65				
漂民 : 권66~73				
推徵 : 권74·75				
軍務 : 권76				
賻恤 : 권77				
倭情 : 권78				
雜令 : 권79				

정조는 『동문휘고』를 편찬한 뒤에 지속적으로 발생하는 대외관계의 각종 사건에 효율적으로 대응하기 위해 속편을 일정 시점마다 편찬하도록 했다. 정조의 이러한 의도는 이후 여러 왕대에 반영되어 1881년(고종 18)까지 이어졌다. 현존하는 『동문휘고』의 각 편에 속(續)자기 붙은 것은 정조가 처음 『동문휘고』를 완성한 뒤 속편으로 편찬한 책들이다. 처음 60책의 거질로 완성된 『동문휘고』를 속찬한다는 것은 대규모 국가사업이었기 때문에 재정과 인력 등의 측면에서 어려운 일이었다. 그러나 조선은 대외관계의 안정이란 목적에서 이를 지속적으로 추진했다.

특히, 속편으로 편찬된 『동문휘고』에 '양박정형(洋舶情形)'이란 항목이 추가되었는데, 이는 서구세력의 동양진출에 따른 조선과 서양의 접촉 및 그 형세를 당시 동양의 강대국이었던 청나라와 각종 외교문서로 정보를 교환하고 대응했던 내용을 포함한 것이다. 즉, 조선은 시대변화에 따라 대외관계의 성격과 내용이 변화되면 이를 새로운 외교사안으로 인식하고 관련 외교문서를 정리하여 능동적으로 대외정책 및 관계를 형성하고자 했던 것이다.

맺으며 : 대외관계를 바라보는 창

일반적으로 동양사회의 국가는 건국에서 멸망에 이르는 변화의 과정을 거쳐 역사를 기록한다. 조선은 고려말 시대혼란을 개혁하고 새로운 양반관료제 국가를 만들었다. 조선시대 중국대륙은 명나라와 청나라의 거대한 강국이 부침을 거듭했다. 일찍이 없었던 일본의 대규모 침입으로 전국토가 황폐화된 임진왜란을 경험하고, 국왕이 무릎을 꿇고 머리를 조아리는 수치스러운 삼도전의 치욕을 겪기도 했다. 그러나 조선은 세종대의 문화시대와 조선후기 문화중흥기를 구가하기도 하였다. 이러한 조선의 역사전개에 있어 가장 근본적인 전제는 대외관계의 안정적인 진행이었다.

원명교체의 혼란기에 건국한 조선은 왕실의 정통성과 통치의 명분을 조명관계에서 찾았으며, 이를 위해 명 중심 국제질서에 편입되어 원활한 조명관계를 형성하고자 했다. 이 과정에서 외교적으로 충돌과 화해의 수많은 외교사건이 발생하였으며, 이를 효과적으로 대응하기 위해 조선은 일찍부터 외교문서의 정리가 필요함을 절감했다. 물론 이러한 작업은 관 주도로 이루어 다양한 외교문서집이 편찬되고 활용되었다. 이의 종합판이라 할 수 있는 책자가 정조에 의해 편찬된 『동문휘고』이며, 조선시대 종합외교문서집인 『동문휘고』는 조선의 대외인식, 대외정책을 고스란히 보여주는 사료이다.

조선시대 대외관계를 살펴볼 수 있는 창(窓)으로서 외교문서집 『동문휘고』는 다른 연대기 사료와 명확한 차이점을 가진다. 외교문서의 특성상 조선과 외국 사이에 주고받은 사료로서 문서를 옮겨 적은 것이기 때문에 사료의 변형이란 있을 수 없다. 이는 조선시대를 연구하는 측면에서 실록과 같은 연대기 사료는 사료비판을 기본적으로 해야 한다면, 외교문서는 일차사료로서 내용분석 및 의미파악에 보다 직접적으로 집중할 수 있는 장점이 있다. 실제 실록에 일부 기재되어 있는 외교문서의 내용 같은 경우를 비교해보면 다른 자료의 인용과 달리 사실관계의 변형이 거의 없다는 점을 확인할 수 있다. 또한, 조선시대 대외관계의 원본을 있는 그대로 보여주는 사료이기에 왜곡없는 창이라 할 것이다.

〈참고문헌〉

『同文彙考』(奎－660), 『同文攷略』(奎12498), 『同文攷略續』(奎5438).

김경록, 2005「조선후기 동문휘고의 편찬과정과 성격」『조선시대사학보』 32.

_____, 2005「조선후기 사대문서의 종류와 성격」『한국문화』 35.

_____, 2007「조선초기 이문의 편찬과 대명 외교문서의 성격」『이화사학연구』 34.

_____, 2008「조선시대 서울의 외교활동 공간」『서울학연구』 16.

_____, 2009「조선시대 국제질서와 한중관계의 전개양상」『중국학보』 60.

_____, 2011「여말선초 홍무제의 고려－조선인식과 외교관계」『명청사연구』 35.

_____, 2015「조선시대 외교문서 자문의 행이체계와 변화과정」『고문서연구』 46.

김경록 외 4명, 2015『전통시대 동아시아 국제질서』, 부산외국어대학교출판부.

김종원, 1999『근세 동아시아관계사 연구』, 혜안.

박원호 편, 2005『15~19세기 중국인의 조선인식』, 고구려연구재단.

이삼정, 2009『동아시아의 전쟁과 평화』 1, 한길사.

이태진, 2004「19세기 한국의 국제법 수용과 중국과의 전통적 관계 청산을 위한 투쟁」『역사학보』 181.

전해종, 1992『한중관계사연구』, 일조각.

黃枝連, 1992『天朝禮治體系研究(上·中·下)』, 中國人民大學出版社.

濱下武志, 1990『近代中國の國際的契機：朝貢貿易システムと近代アヅア』, 東京大學出版部.

정조와 어제(御題) 모음집 『임헌제총』

박 현 순(朴賢淳)*

어제모음집 『임헌제총(臨軒題叢)』과 우수답안집 『임헌공령(臨軒功令)』

조선에서는 개국직후인 1393년(태조 2)부터 1894년(고종 31)까지 502년 동안 과거제를 시행하였다. 그 사이 공정하게 시험을 운영하여 인재를 선발해야 하는 국가나 급제를 통해 관직에 진출해야 하는 양반 모두에게 과거 문제는 초미의 관심사였다. 이런 탓에 국가에서 편찬한 연대기는 물론 양반들의 일기에도 과거에 대한 기록이 넘쳐난다.

과거제에 대한 연구도 여러 방면에서 진행되어 왔다. 당초 제도사에서 시작된 연구는 신분제 및 계층이동과 관련된 사회사 연구로 확대되었고, 정치사나 교육사, 행정사적인 관점에서도 다양한 연구가 진행되어 왔다.

* 서울대학교 규장각한국학연구원 HK부교수.
대표논저 : 『조선후기의 과거』(소명출판, 2014), 「조선후기 儒生通文의 전달구조」(『한국문화』 76, 2016), 「문집을 통해 본 조선시대의 일기와 일기쓰기」(『조선시대사학보』 79, 2016).

최근에는 문학 분야의 연구나 일기자료·고문서를 이용한 연구도 활발히 진행되고 있다. 전체적으로 보면 제도와 방목(榜目)으로 확인되는 시험 결과에 대한 연구에서 응시자들의 수험 문제로 연구 영역이 확대되고 있다. 그러나 또 이 거대한 제도를 이해하려면 어디서부터 실마리를 풀어나가야 할 것인가 하는 고민도 되풀이하게 된다.

과거제를 이해하기 위해서는 전제적으로 검토되어야 하는 문제들이 여럿 있다. 그 중 하나가 과거에서 무엇을 묻고 답했는가 하는 문제이다. 과거의 시험 내용은 국가가 제시하는 인재상을 반영하는 것으로 관학교육은 물론 가정교육의 내용을 지배해 왔다. 그런데, 학계에서 이 문제에 대해 본격적으로 관심을 갖게 된 것은 아주 최근의 일이다. 그동안 다방면의 연구가 진행되어 왔지만 정작 그 제도의 기초가 되는 시험 내용에 대해서는 별반 논의가 없었다는 것이 의아할 정도이다.

이런 상황에서 특별히 주목되는 자료가 『임헌제총』과 『임헌공령』이다. 『임헌제총』은 국왕이 출제한 어제(御題)를 정리한 책이고, 『임헌공령』은 과거와 성균관 시험, 초계문신시험 등 국가가 실시한 각종 시험에서 우수한 성적을 얻은 답안을 모아 정리한 책이다. 모두 정조대부터 편찬을 시작하여 19세기까지 작성되었다. 이 자료들을 통해 언제 어떤 문제가 출제되었고, 어떤 답안이 어떤 성적으로 뽑혔는지도 알 수 있다. 과거에 관심을 가진 연구자의 입장에서는 저절로 눈이 가는 자료이다. 이 자료에 대한 검토를 토대로 얼마 전 한 편의 논문을 발표하였다.[1] 이 글은 그 경험을 토대로 한다.

1 박현순, 2016 「정조의 『臨軒題叢』 편찬과 御題 출제」 『규장각』 48.

정조의 『임헌제총』과 『임헌공령』 편찬

정조가 처음 『임헌제총』과 『임헌공령』의 편찬을 명한 것은 1781년(정조 5) 무렵이다. 1781년 2월 정조는 초계문신제를 도입하였다. 초계문신제란 37세 이하 당하관 가운데 재능 있는 문신들을 뽑아 매달 강경과 제술로 시험하는 제도였다. 즉, 정례적인 시험을 통해 문신의 재교육을 꾀한 것이다. 이 중 제술시험은 시관(試官)이 출제하는 과시(課試)와 국왕이 출제하는 친시(親試)로 나누어 시행되었다. 이에 따라 정조는 적어도 매달 한 번씩은 어제(御題)를 출제해야 하는 상황에 직면하였다. 정조가 『임헌제총』과 『임헌공령』을 편찬하게 한 것도 바로 이즈음이다.

정조는 어제를 낼 때 기출문제를 중복 출제하는 것을 피하기 위하여 『임헌제총』을 편찬하였다. 자신의 업무를 보다 효율적으로 수행하기 위한 자료집으로 이 책을 편찬한 것이다. 현재 정조대 작성된 『임헌제총』은 원본은 확인되지 않지만 국립중앙도서관에 전사본이 전한다. 여기에는 정조가 즉위한 1776년부터 1798년까지 23년간 출제한 어제 1,346편이 수록되어 있다. 또 규장각한국학연구원에는 순조와 효명세자가 출제한 시제를 수록한 『임헌제총』 두 책이 남아 있다.[2]

정조는 1799년(정조 23) 『임헌제총』을 소개한 글에서 자신이 좋은 시제를 내기 위하여 얼마나 노력하였는지 언급하였다. 수백 수천 개의 문제를 내면서 문구나 의미가 기출문제와 중복되지 않도록 유의하였고, 문제

2 규장각한국학연구원 소장 『임헌제총』은 『臨軒功令』(奎 11437)의 제1~3책으로 편제되어 있다. 제1책은 순조가 1800~1833년 사이에 출제한 어제, 제2책은 대리청정 중이던 효명세자가 1827~1828년 사이에 출제한 예제(睿題)다. 그러나 제3책은 1855년(철종 6)의 어제와 시관들이 출제한 서제(書題)를 함께 수록한 것으로 원래의 『임헌제총』과는 성격이 다르다.

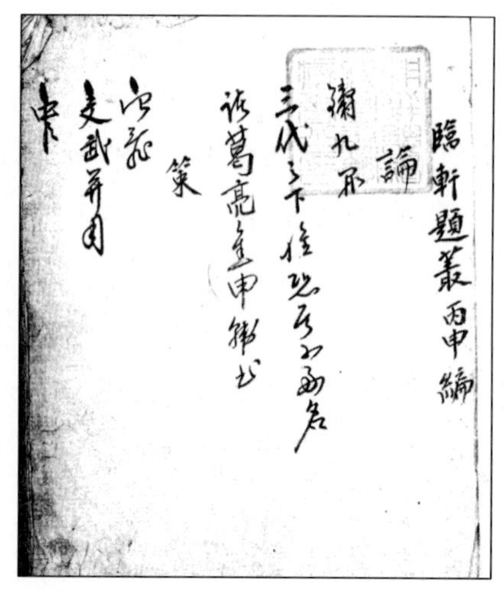

[그림 1] 정조대 『임헌제총』 전사본
(국립중앙도서관 소장)

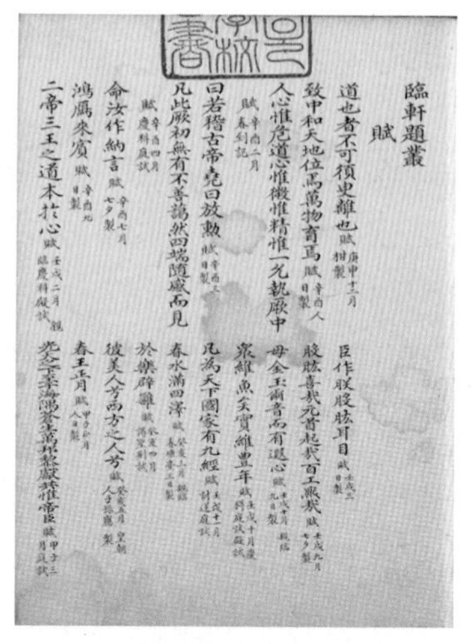

[그림 2] 순조대 『임헌제총』
(규장각한국학연구원 소장)

를 받아 든 사람들이 어떤 글을 구상할지를 염두에 두고 고민을 거듭하여 시제를 출제했다고 강조하였다.[3] 『임헌제총』은 정조가 고르고 고른 시제 작품집인 셈이다.

『임헌제총』이 어제만 모아 기록한 책인데 비하여 『임헌공령』은 전국에서 시행된 각종 시험에서 우수한 성적으로 선발된 답안을 모아 편찬한 책이다. 현재 규장각한국학연구원에 정조대~고종대 작성분 73책, 국립중앙도서관에 순조대 작성분 4책이 전한다. 여기에는 초계문신 시험과 성균관 유생의 시험, 과거의 초시, 회시, 전시는 물론 각 지방에서 시행된 공도회, 승보시 등의 시제와 답안도 함께 실려 있다. 『임헌제총』에 비하면 그 범위가 훨씬 광범위하다.

3 정조, 『弘齋全書』 권182, 「群書標記」 4, 臨軒題叢.

『임헌공령』은 규장각 비치용인 대본(大本)과 국왕열람용인 소본(小本)을 별도로 작성하였다. 정조는 이 소본을 통해 자신이 주관한 시험 뿐 아니라 전국에서 시행된 각종 시험에서 어떤 문제가 출제되었고, 또 누가 쓴 어떤 답안이 우수답안으로 뽑혔는지를 알 수 있었다. 『임헌공령』은 정조가 전국의 출제 경향과 유생들의 작법을 파악할 수 있는 자료집이었다.

시험에서 작성하는 과문(科文)은 개인의 서정을 풀어낸 문학작품과 달리 주어진 주제와 정해진 형식에 맞추어 자신의 박식과 식견이 최대한 드러나도록 짓는 기교적인 글이다. 이 때문에 정조 역시 많은 사대부들처럼 과문에 대해서는 비판적이었다.

하지만 국왕이었던 정조는 이에 그치지 않고 과문의 개선을 통해 과거와 교육의 실효성을 높이고자 하였다. 그는 과문에서 형식성을 탈각시키고 실용성을 더하고자 하였으며, 직접 어제를 출제하고, 직접 채점하는 어고(御考)를 통해 자신의 요구를 초계문신과 유생들에게 관철시키려고 하였다. 『임헌제총』과 『임헌공령』의 편찬은 그 노력을 위한 자료집이자 그 노력의 결과물이었다. 우리는 문체반정을 하나의 사건으로 인식하지만 정조의 문체반정은 즉위 이래로 계속되고 있었던 것이다.

『임헌제총』을 통해 본 정조의 실험

현재 규장각한국학연구원에 소장된 『임헌제총』은 순조대와 효명세자의 대리청정기에 출제된 시제를 모은 것으로 문체별로 나누어 어제와 출제 시기 및 시험 종류를 기재하고 있다. 이를 통해 언제 어떤 시험에서 어떤 문제를 출제하였는지를 알 수 있다. 반면 국립중앙도서관에 소장된 정조대 『임헌제총』은 전사본으로 1776년 8월부터 1798년 12월까지의 어제를 문체별로 나누어 시제만 옮겨 쓴 것이다. 아쉽게도 이 책만으로는 언제 어떤 시험에서 출제한 문제인지를 파악할 수 없다. 게다가 서체도 상당한 난초(亂草)이다. 이런 사정 때문에 자료 정리에 상당한 난관이 예상되어 쉽사리 연구를 시작할 엄두를 내지 못했다. 하지만 『임헌제총』을 보완할 자료들이 있다는 것을 알고 있었기 때문에 계속 미뤄둘 수도 없었다. 그리하여 2016년에 이 책을 펼쳐 들었다.

자료 정리는 정조대 『임헌제총』에 수록된 시제(試題) 1,346편을 전산 입력하고, 각각이 출제된 시험의 날짜와 시험 종류를 확인하여 입력하는 방법으로 진행하였다. 이 작업은 상당히 지루하였고, 시간도 많이 걸렸다. 하지만 예상만큼 그리 어려운 작업은 아니었다.

실제 각 시제가 어느 시험에서 출제되었는지를 확인할 수 있는 자료들은 매우 다양하다. 그 중에서도 가장 기본이 되는 자료는 『일성록』과 『내각일력』이다. 특히 『일성록』의 과거 기사는 국왕이 출제한 어제를 모두 수록하는 것을 원칙으로 하였기 때문에 이론상으로는 『일성록』만으로도 모든 시제가 언제 어떤 시험에서 출제되었는지 확인 가능하게 되어 있다. 다만 조사 과정에서 『일성록』에도 누락된 사례들이 다수 확인되었고, 이를 『내각일력』과 『승정원일기』, 문집 등 다른 자료를 이용하여 보완하였다. 또 『임헌제총』과 『일성록』에는 장문인 책제의 경우 핵심어만 제시하였는데, 이 부분은 정조의 문집인 『홍재전서(弘齋全書)』와 『열성어제(列聖御製)』의 '책문(策問)' 항목에 전문이 모두 수록되어 있다. 결과적으로 정조대 『임헌제총』에 실린 어제 1,346편의 85%에 해당되는 1,138편이 언제, 어떤 시험에서 출제되었는지 확인할 수 있었다.

아울러 정조대에 출제된 어제에 대한 답안도 상당 수 확인할 수 있었다. 정조는 재위 당시에 시행한 각종 시험의 답안을 『임헌공령』으로 편찬하였다. 현전하는 『임헌공령』 가운데 정조대 작성분은 총 21책으로 왕대별로 보면 가장 책 수가 많다. 하지만 아쉽게도 현전분은 원래 작성분의 극히 일부에 지나지 않는다. 예를 들어 부(賦)의 경우 4년, 표의 경우 1년 반 정도의 출제분만 남아 있을 뿐이다.[4]

그런데, 『내각일력』에도 초계문신시험을 중심으로 여러 시험의 우수 답안이 수록되어 있다. 규장각에서 이 시험을 관장하고, 『임헌공령』의 편찬을 담당하였던 때문으로 보인다. 이외에 개인 문집에서도 어제에 대한 답안이 확인된다. 이곤수(李崑秀, 1762~1788)의 『수재유고(壽齋遺稿)』에는 '은과록(恩課錄)'이라는 편명 하에 저자가 성균관 유생과 초계문신 때 응제한 글을 따로 묶어 두었다. 또 이면승(李勉昇, 1766~1835)의 『감은편(感恩編)』(규장각한국학연구원 소장)에도 역시 '은과록'이라는 편명 하에 초계문신 때 지은 글을 모아 두었다. 또 규장각한국학연구원 소장된 『과표사집(科表私集)』은 정약용이 지은 과표(科表)를 정리하여 기록한 책인데, 이 책에는 시제(試題) 아래에 출제연도와 시험 종류, 제출 순서, 성적 등이 함께 기재되어 있다. 또 정조가 직접 채점한 경우 어고(御考)라고 밝히고 있어서 어고의 사례도 추적해 볼 수 있다.

자료를 정리하는 과정은 상당히 지루하였고, 또 여러 난관에 부딪히기도 하였지만 그 결과를 통해 여러 가지 사실들을 확인할 수 있었다. 우선 정조가 23년 사이에 1,346편, 연평균 58.6편의 어제를 출제하였다는 데 놀랐다. 가장 적은 1780년에는 10편에 그쳤지만 후반으로 갈수록 출제가 늘어나 1789년에는 무려 107편을 출제하였다. 어제를 내는 것이 정조에게는 중요한 일상 업무 중의 하나였음에 틀림없다.

어제를 출제한 시험의 종류가 매우 광범위하다는 것도 주목되었다. 시

4 『군서표기』에는 1800년 당시에 이미 『임헌공령』 156권을 작성했다고 언급하고 있다. 하지만 현재 규장각한국학연구원과 국립중앙도서관에 현전하는 『임헌공령』은 모두 77책에 불과하다.

험 종류는 과거의 전시, 성균관 시험, 초계문신 시험, 문신제술(文臣製述)이나 한림소시(翰林召試)와 같은 관료의 시험, 수원유생이나 지방 유생들을 대상으로 한 각종 응제 등 과거의 초시와 회시를 제외한 거의 모든 시험이 망라되어 있었으며, 집권 후반기로 갈수록 시험 종류도 다양해졌다. 다만 그 중에서도 초계문신과 성균관 유생을 대상으로 차지하는 시험이 76% 정도로 압도적인 비중을 차지하였다. 특히 초계문신 친시와 성균관 응제는 채점까지 직접 담당한 점에 비추어 정조가 두 시험에 각별한 애정과 노력을 쏟았음을 알 수 있다. 군사(君師)를 자부한 정조는 시험을 통해 초계문신과 성균관 유생들에게 자신의 의도를 전파하려고 하였던 것이다.

다음으로 출제한 문체가 다양하다는 것도 놀라운 일이었다. 1781년에 제정된 『문신강제절목』에는 논(論), 책(策), 표(表), 배율(排律), 서(序), 기(記) 등 6종을 초계문신의 시험 과목으로 지정하였다. 이에 비해 실제 출제된 문체는 반교문(頒教文), 교서(教書), 전(傳), 통문(通文), 치사(致詞), 계목(啓目) 등 공문서 형식을 포함한 35개 문체이다. 초계문신시험의 출제 범위는 과문을 벗어나 관료로서의 공적인 글쓰기와 실용적 글쓰기를 지향하였다는 점이 분명해 보인다.

성균관 시험은 문과 전시에 준하여 시행하였는데, 『속대전』에는 출제 범위가 대책(對策), 표전(表箋), 부(賦) 등 9종으로 정해져 있다. 그러나 실제 출제한 문체는 19종으로 법규에 없는 율시(律詩), 배율(排律), 상량문(上樑文), 율부(律賦), 발(跋) 등 10종이 추가되었다. 초계문신에 비하면 그 범위가 좁기는 하지만 정조는 유생들에게도 과문을 벗어난 글쓰기를 요구하였던 것이다.

정조는 스스로 즉위 후에 모든 시험을 직접 출제하였고, 모든 문체를 두루 시험하였다고 자평하였다. 실제 『임헌제총』을 통해 그것이 과장이 아니었다는 것을 확인할 수 있다. 아울러 정조의 어제 출제가 형식화된 과문을 벗어나 실용적인 글쓰기를 유도하고자 하였다는 것도 알 수 있다. 정조는 과거나 과문에 대해서는 비판적이었지만 어제의 출제를 통해 과거의 혁신을 꾀하고 있었던 것이다.

또 흥미로운 것은 각 문체들의 출제 빈도가 크게 차이가 있었다는 것이다. 과거에 출제되는 여러 문체들은 각기 다른 자질들을 평가한다는 의미를 지니고 있었다. 예를 들면 경학 시험인 사서의(四書疑), 오경의(五經義)는 경서에 대한 이해를 평가하는 과목이고, 대책문(對策文)은 정사(政事)의 득실을 평가받고 자문을 구한다는 의미를 지닌다. 표전(表箋)은 외교문서와 국왕 문서의 작성에 필요한 실용문의 구사 능력을 평가하는 것이다. 이와 같은 시제는 동일한 제도 하에서도 시기에 따라 그 비중이 변화해 왔다. 시기마다 출제 경향이 달랐던 것이다.

조선전기에는 전통에 따라 대책문을 중시하였지만 선조대를 거치며 표문(表文)의 비중이 높아졌고, 숙종대에는 특히 표문이 중시되었다. 이에 비해 영조는 표문에 취약한 지방유생들을 배려하여 부(賦)의 비중을 높였다. 하지만 부는 짓기 쉬워서 변별력이 부족하다는 논란을 일으켰다.

정조의 경우 1,346편 가운데 표전(表箋)이 가장 많은 363편을 차지한다. 다음으로는 부 295편, 율시 128편, 배율 99편, 책 80편 등의 순이다. 시험 대상에 따라 나누어 보면 초계문신은 표전과 율시, 성균관 유생은 표전과 부, 지방 유생은 부와 과체시의 비중이 높았다. 초계문신들에게는 자신이 실용문이라고 파악한 표전과 율시를 출제한 반면 유생들에게는 시부(詩賦)로 위주로 시행되던 과거의 출제경향을 반영한 출제를 시도한 것이다. 정조는 대상에 따라 출제 경향을 달리하며 실용문의 교육과 지방 유생에 대한 배려라는 두 마리 토끼를 좇고 있었다.

정조의 출제 의도

『임헌제총』을 분석하면서 가장 기대를 걸었던 부분은 정조가 낸 시제의 내용적 출제 경향이다. 시제에는 출제의도가 있고, 그 속에는 기대하는 답변도 담겨 있다. 따라서 시제를 통해 정조가 관료와 유생, 좁게는 초계문신과 성균관 유생들에게 요구했던 학습의 내용과 이념을 추론해 볼 수도 있다.

시제의 형식은 지어야 하는 글의 형식, 곧 문체에 따라 다르다. 대책문의 문제인 책문(策問)은 질문 자체가 수백 자에 달하는 산문으로 대개는 여러 개의 연이은 질문으로 구성되어 있다. 따라서 출제자의 의도가 보다 분명하게 드러난다.

정조는 즉위 초 인재 선발의 실효성을 높이기 위하여 과거에서 책제 출제를 선호한 적이 있었다. 이와 함께 대책문의 상투화와 형식화를 탈피하기 위하여 시제의 출제 방식을 바꾸고 그 내용도 '급선무'를 위주로 출제하도록 지시하였다.

정조가 출제한 책문도 경사책(經史策)과 시무책(時務策)을 막론하고 시의성이 강하게 드러난다. 예를 들어 과거에서의 강경(講經) 실시와 책문작성법을 다룬 '강경(講經)'과 '책규(策規)', 서학(西學)의 확산과 소품체의 유행에 경종을 울리고자 한 '문체(文體)', '속학(俗學)' 같은 책제들은 정조의 문제 인식이 강하게 반영된 시제다.

이에 비해 시나 부는 짧은 시어(詩語)나 시구(詩句)를 제시하고 표는 사서(史書)에 수록된 역사적 사실을 제시하였다. 하지만 시제는 고전에 수록된 전문(全文)이 아니라 그 일부만을 발췌하여 제시하였으며, 채점할 때는 그 전문의 의미를 파악하고 있는지가 첫 번째 평가 기준이었다.

예를 들어 정조는 '뜻이 활달하다'는 의미의 '의활여야(意豁如也)' 네 글자를 출제한 적이 있다. 그런데, 이 시제는 단순히 '뜻이 활달하다'는 일반적인 서술문이 아니라 『한서(漢書)』 「고제기(高帝紀)」에서 한고조의 인품을 묘사한 가운데 '인자하고 사람을 아끼며 뜻이 활달하다(寬仁愛人意豁如也)'고 한 표현 가운데 '뜻이 활달하다(意豁如也)'는 네 글자를 취한 것이다. 글을 짓는 사람은 이 맥락을 파악해야만 출제의도, 곧 주제에 맞는 글을 지을 수 있었다. 주제에서 벗어난 글은 채점에서 제외되었다.

시제의 의도를 파악하는 것은 상당히 어려운 일이었다. 때문에 시제가 어렵다고 판단되는 경우에는 '해제(解題)'라는 이름으로 그 출전이나 힌트를 함께 제시하였다. 그러나 어제의 경우 해제를 제시하지 않는 것이 원칙이었기 때문에 더욱 난이도가 높았고, 응시자들이 시제의 뜻을 파악하지 못하는 경우들도 종종 발생하였다. 이 때문에 정조도 해제를 제시하는 경우들이 있었다. 해제는 출제의도를 파악할 수 있는 근거가 된다.

정조가 해제를 제시한 사례는 『일성록』이나 『승정원일기』 등의 연대기를 통해서 종종 확인된다. 또 규장각 각신들이 기록한 정조의 어록인 『일득록』에도 시제의 의미를 논한 기사들이 종종 등장한다. 그러나 1,346편의 어제에 비하면 출제의도가 제시된 경우는 극히 일부에 불과하였다. 결국 당초의 계획은 벽에 부딪혔다. 연구를 수행하기 위해서는 우선 시제의 출전을 추적하는 작업이 선행되어야 했다. 아울러 새로운 연구방법론도 필요했다. 아쉽지만 우선은 멈출 수 밖에 없었다. 이 작업은 또 다른 연구 과제로 남아 있다.

그나마 정조의 출제 의도를 유추해 볼 수 있는 것은 표전(表箋)의 경우였다. 표전은 역사적 상황을 제시하고, 시제에서 제시된 주체의 입장에서 각각 황제나 국왕에게 올리는 글을 짓는 것이다. 황제에게 올리는 글은 표, 국왕에게 올리는 글은 전으로 구분되는데, 시제 속에 시대와 인물이

제시된다. '송나라의 육유가 북방을 정벌하여 웃으면서 관하(關河)를 취한 것을 하례하다(擬宋陸游賀北征談笑取關河)'와 같은 식이다. 응시자는 육유(陸游)의 입장이 되어 글을 짓는다.

정조는 여러 문체 가운데서도 특히 표전을 즐겨 출제하였다. 사륙문 형식을 취하는 표전(表箋)이 관료로써의 글쓰기에 적합한 실용문이자 인재를 선발할 수 있는 잣대가 된다고 보았기 때문이다. 『임헌제총』에서 표전의 비중이 높은 것도 마찬가지 이유에서다. 그런데, 이를 왕조별로 나누어 보면 흥미롭게도 '본조(本朝)', 곧 조선의 신하들이 국왕에게 올리는 전문이 108편으로 가장 많았다. 이 시제들은 과거의 역사적 사실보다는 당시의 상황에 즉한 경우가 대부분이다.

예를 들면 "본조의 내각에서 새로 인간한 『주서백선』을 바치다(擬本朝內閣進新印朱書百選)"와 같은 식이다. 『주서백선』은 정조가 주희의 편지 가운데 100편을 뽑아 편찬한 책으로 1794년에 간행되었다. 이 문제는 이듬해인 1795년 4월 28일 문신제술에서 출제되었다. 다음은 당(唐), 송(宋), 한(漢)의 신하들이 황제에게 바치는 표문(表文) 순으로 각각 60편, 47편, 44편이다. 정조는 역사적 사실을 가정한 표문보다 당대의 현실에 기초한 전문을 보다 선호하였던 것이다.

하지만 이것이 정조의 개인적인 선호도를 반영하는 것인지 아니면 일반적인 경향일 뿐인지 하는 문제가 남았다. 그러나 영조대까지는 어제가 확인되는 경우가 많지 않아 비교가 쉽지 않았다. 그나마 비교의 준거로 삼을 수 있는 것이 『연려실기술』「등과총목」에 수록된 문과 전시의 시제였다.

문과 전시에서 표전이 집중적으로 출제되기 시작한 것은 선조대부터다. 그런데, 선조대의 경우 25편의 표문 가운데 고려와 조선에서 올리는 표문이 1편씩이 있기는 하지만 조선국왕에게 올린 전문이 출제된 적은 없었다. 또 숙종대에도 25편 가운데 전문은 2편 뿐이었다. 이에 비해 영조대에는 27편 중 8편, 정조대에는 6편 중 3편이 전문이었다.

영조는 재위 중에 어제라도 본조(本朝)의 일은 거론하지 않는다고 언급한 바 있다. 그러나 실제로는 영조 때부터 전문(箋文)의 비중이 높아졌고, 정조대에는 선호도가 더욱 높아진 것을 볼 수 있었다. 전제를 선호한 것은 정조대의 특징적인 현상이었다. 그리고, 그것은 정조가 초계문신과 성균관 유생들에게 실용적인 글쓰기를 요구하였다는 맥락에서 이해 가능하다.

정조의 유산과 상속자들

정조대 『임헌제총』을 정리하고 분석하여 논문을 쓴 후 아이러니하게도 드디어 출발점에 서서 연구를 시작할 수 있게 되었다는 느낌이 들었다. 그간 나름대로 애를 써 왔지만 이제야 비로소 기초를 다진 느낌이었다. 확실히 『임헌제총』을 통해 정조대에 시행된 과거와 성균관 시험, 초계문신시험, 응제 등 각종 시험을 유기적으로 파악하고, 정조가 과거를 바라보는 관점을 파악할 수 있게 된 듯하다. 어제와 어제의 출제라는 행위를 통해 과거의 정치 사회적 의미도 다시 반추하게 되었다. 그리고, 순조대부터 고종대까지의 어제도 정리하기 시작하였다.

당초의 어제는 국왕이 측근의 신료들에게 주어 글을 짓게 한 것으로 국왕과 신료들 사이의 유대와 결속을 강화시키는 상징적인 장치였다. 또 성균관 유생들에게 내린 어제는 유생들에 대한 국왕의 관심과 격려를 보여주기 위한 교육적인 장치였다. 어제의 하사와 응제(應製)라는 글쓰기 방식은 국왕과 신료, 유생들 사이에 특별한 유대를 표현하는 의례의 일종이었다. 그만큼 어제의 하사는 일상적으로 흔히 있는 일은 아니었다.

그러나 탕평정치기에는 상황이 달라졌다. 영조는 군사(君師)의 역할을 자처하며 각종 과거와 성균관 시험에 어제를 출제하였고, 친히 시험장에 나가 국왕의 위엄을 과시하였으며, 수시로 유생들을 궁으로 불러 전강(殿講)을 실시하였다. 정조가 즉위할 즈음에는 이미 어제의 출제나 친림(親臨), 친강(親講)이 관례화되어 있었다. 정조는 영조의 정책에 기초하되 이를 보다 제도적으로 정비하며 내실을 기하고자 하는 한편 교육 개혁의 의지를 담아 보다 적극적으로 어제를 출제하고 친히 채점까지 자처하였다. 정조대에는 어제가 일상적인 교육의 일부를 차지하고 있었다. 정조는 전면에 나서서 성균관 교육과 과거를 주도하고자 하였다.

1800년 6월 정조가 죽고 순조가 즉위하였다. 11살의 어린 왕은 자신의 힘으로 부친이나 조부처럼 군사(君師)의 역할을 자임하며 교육과 과거를 주재할 수는 없었다. 하지만 수렴청정(垂簾聽政) 하의 어린 왕도 부친이 했던 것처럼 어제를 내야만 했다. 순조는 즉위년 12월에 시행된 황감제에서 "도는 잠시도 떠날 수 없다(道也者不可須臾離也)"는 어제를 출제하였다. 그의 어제 출제는 재위 기간 내내 이어졌다.

순조대『임헌제총』에 실린 어제는 총 378편이다. 재위기간동안 매년 11편 가량의 어제를 낸 셈이다. 초계문신제가 없어진 탓에 그 편수는 줄어들었지만 어제 출제가 국왕의 일상적인 업무라는 점에는 변함이 없었다. 그리고, 효명세자가 대리청정 중이던 1827년과 1828년 두 해동안 출제한 예제(睿題)는 82편이나 된다. 각종 시험에서 어제를 출제하는 관행은 고종 때까지 그대로 이어졌다.

출제 경향면에서 보면 순조는 부친 정조와 달랐다. 표전(表箋)을 중시했던 정조와 달리 순조의 어제 378편 중에서는 부(賦)가 173편으로 거의 절반을 차지하였고, 표전은 78편에 지나지 않는다. 게다가 정조가 선호했던 전문(箋文)은 거의 출제되지 않았다. 또 상대적으로 작법이 평이한 사자문(四字文) 형식의 명(銘)이 더욱 빈번하게 출제된 반면 작법이 어려운 책문은 거의 출제되지 않았다. 영조와 정조의 시각에서 보면 문체의 난이도가 더욱 낮아진 셈이다.

출제된 문체의 범위도 근체시를 제외하면 과체(科體)를 크게 벗어나지 않았고, 어제를 출제한 시험의 종류도 문과와 성균관의 춘추도기, 절일제를 중심으로 단조로와졌다. 정조가 다양한 방식으로 대상을 달리하며 응제를 시행한 것과는 다른 모습이다. 시험 자체가 다분히 정해진 틀 속에서 형식화되어 버린 느낌이다.

그러나 순조와 그 뒤를 이은 왕들은 국왕의 역할과 위상을 강화하고자 할 때마다 정조를 모델로 떠올렸다. 과거와 교육에서도 마찬가지였다. 그들은 특히 정조가 집권 후반기에 많은 공력을 쏟았던 성균관의 일차유생전강(日次儒生殿講)과 상재생 응재(上齋生應製)를 부활시키기 위해 많은 노력을 기울였다. 순조 때부터 나타나는 이 움직임은 1880년대 개화정책이 본격화된 시점에서 일차유생전강과 관학유생응제를 부활시키는 것으로 그 정점에 이르렀다. 19세기 국왕들이 정조를 통해 자신이 가야할 길을 모색하였다는 것은 분명하다.

다시 『임헌제총』을 마주하면 정조에서 출발하여 고종대에 이르는 과거(科擧)의 역사가 정조와 그 유산 혹은 정조와 그 상속자들이라는 프레임으로 구조화된다. 『임헌제총』은 그 구조를 이루고 있는 기본 축을 제공해주는 자료다. 『임헌제총』을 통해 정조의 뒤를 이은 19세기가 펼쳐져 있는 듯하다. 늘 그렇듯이 하나의 연구는 꼬리에 꼬리를 물고 새로운 연구로 이어진다. 끝에는 늘 새로운 시작이 있다.

〈참고문헌〉

『臨軒題叢』(국립중앙도서관 소장, 古朝25).

『臨軒功令』(규장각한국학연구원 소장, 奎11437).

『臨軒功令』(국립중앙도서관 소장, 古貴3647－5－4).

강혜선, 2000『정조의 시문집 편찬』, 문헌과 해석사.

노대환, 2016「19세기 정조의 잔영과 그에 대한 기억」『역사비평』116.

박현순, 2014『조선후기의 과거』, 소명출판.

______, 2015「조선시대 과거 수험서」『한국문화』69.

______, 2016「정조의『臨軒題叢』편찬과 御題 출제」『규장각』48.

원창애, 2012「조선시대 文科 直赴制 운영 실태와 그 의미」『조선시대사학보』63.

이상욱, 2015「조선 과문(科文) 연구」, 연세대학교 박사학위논문.

최광만, 2017『조선후기 교육사 탐구』, 충남대학교 출판문화원.

허흥식, 2005『고려의 과거제도』, 일조각.

황위주, 2013「科擧試驗 硏究의 現況과 課題」『대동한문학』38.

______, 2014「『離騷遺香』을 통해 본 조선후기 '科賦'의 출제와 답안 양상」『대동한문학』40.

Benjamin A, Elman, 2000 *A Cultural History of Civil Examinations in Late Imperial China*, University of California Press.

조선후기의 재판 기록과 사건사 가능성의 모색

심 재 우(沈載祐)*

중세 유럽의 재판 기록과 조선시대

얼마 전부터 서양사학계의 역사학 방법론과 역사 연구 동향에 대한 관심이 부쩍 증대하면서 관련성과에 대한 번역서가 많이 출간되고 있다. 이 가운데 거대담론 중심의 사회변동 분석을 탈피하고 탐구 대상으로 역사의 미시적 부분을 주목한 이른바 미시사(microhistory) 연구의 대표성과 가운데 하나로 평가받는 『치즈와 구더기』(문학과 지성사, 2001), 『마르탱 게르의 귀향』(지식의 풍경, 2000)이 주목된 바 있다.

잘 알려진 것처럼 『치즈와 구더기』는 이탈리아 출신 역사학자 카를로 진즈부르그가 1975년에 집필한 책으로 16세기 이탈리아 프리울리 지방에

* 한국학중앙연구원 인문학부 교수.
대표논저 : 『조선후기 국가권력과 범죄 통제』(태학사, 2009), 『네 죄를 고하여라』(산처럼, 2011), 「조선후기 소송을 통해 본 법과 사회」(『동양사학연구』 123집, 2013).

사는 메노키오라는 방앗간 주인의 삶과 우주관을 다룬 저술이다. 메노키오는 당시 예수의 신성, 교황의 권위를 부정하는 이단 혐의로 피소되어 결국 교황청의 명령으로 화형(火刑)에 처해지는데, 이 책은 15년의 간격을 두고 진행된 그에 대한 두 차례의 재판 기록을 토대로 메노키오의 행적과 사고를 치밀하게 재구성하고 있다.

또한 프랑스 근대사를 전공한 미국 역사가 나탈리 제먼 데이비스가 1983년에 쓴 『마르탱 게르의 귀향』은 번역서의 부제 '역사가의 상상력이 빚은 16세기 프랑스의 생생한 생활사'가 말해주듯이 16세기 프랑스 사회의 농민과 농촌생활을 드라마틱하게 보여준다. 책의 내용은 1981년에 제작된 동명의 영화로도 잘 알려진 것처럼 1540년대 랑그독에서 한 부유한 농민 마르탱 게르가 집을 나갔다가 수년 만에 돌아오면서 시작된다. 그가 돌아오고 몇 년 후 진짜 마르탱 게르가 다시 나타나고 마침내 가짜의 정체가 드러나면서 끝내 사형에 처해지는 이야기이다.

솔직히 중세 이탈리아와 프랑스 역사에 문외한인 필자가 이 책이 갖는 사학사적 위치를 평가하기란 쉽지 않다. 그럼에도 불구하고 필자가 주목하는 점은 이들 두 저작의 기본 사료가 재판 기록이며, 이를 중심으로 그간 역사의 중심에서 다소 소외되어 있던 보통 사람들의 삶을 복원해 내고 있는 것이다. 즉 『치즈와 구더기』의 경우 메노키오를 이단으로 심문한 종교 재판 기록을, 『마르탱 게르의 귀향』의 경우 마르탱 게르를 사칭한 한 농민에 대한 형사 재판 기록을 각각 적극적으로 활용하여 당시 농민들의 생활, 문화, 세계관을 파헤치고 있다. 특히 중세 유럽의 종교 재판 기록은 매우 상세한 내용을 담고 있는데, 이 때문에 진즈부르그는 이를 비디오 테이프처럼 생생하고 가치있는 사료로 평가하였다. 즉 이단 관련 심문, 재판 기록에는 피의자가 심문을 받는 과정에서 진술한 말 한마디 한마디뿐 아니라 그 과정에서의 그들의 거동, 고문 중에 내뱉는 신음 소리까지도

세심하게 기록되어 있기 때문이다.[1]

그렇다면 조선시대 재판 기록은 어떤 모습일까? 과연 조선시대에는 형사 사건 관련 수사, 심문 및 재판 기록을 통해서 위의 두 저작에서처럼 농촌사회의 풍부한 이야기를 재구성할 수 있을 것인가? 이 글은 바로 이와 같은 문제의식에서 조선시대 형사재판과 관련한 자료의 유형, 연구의 현황을 점검하고 그 활용 방안을 모색하기 위해 준비되었다.

조선시대판 이단 심문 기록, 『추안급국안』

조선시대에도 사건의 유형에 따라 다양한 형태의 수사, 심문, 재판 기록이 전해지고 있는데, 특히 형사재판 기록을 중심으로 살펴보면 크게 『추안급국안(推案及鞫案)』과 같은 추국 자료, 『심리록(審理錄)』·『흠흠신서(欽欽新書)』 등의 형사판례집, 그 외 수사·검시 관련 검안(檢案)·사안(査案)으로 나눌 수 있다.[2] 이 가운데 중세 유럽의 마녀사냥과 같은 이단에 대한 종교재판 기록과 가장 유사하다고 볼 수 있는 것이 『추안급국안』이다.

『추안급국안』은 변란, 도적, 역모, 사학(邪學), 당쟁, 괘서(掛書) 등 조선시대 중대 국사범에 관련된 죄수들의 공초(供招) 기록을 모아놓은 것으로, 현재 선조대부터 고종대까지 약 300년에 걸쳐 일어난 사건들이 수록되어 있다. 구체적으로 『추안급국안』에는 이괄, 임경업 등 역모 사건, 숙종대

1 피터 버크, 곽차섭 옮김, 1994 『역사학과 사회 이론』, 문학과 지성사, 67쪽.

2 조선후기 형사재판 기록의 유형과 가치에 대한 상세한 내용은 필자의 선행연구를 참고할 수 있다(심재우, 2009 『조선후기 국가권력과 범죄 통제 - 『심리록』 연구』, 태학사 ; 심재우, 2012 「조선후기 판례집·사례집의 유형과 『흠흠신서』의 자료 가치」 『다산학』 20).

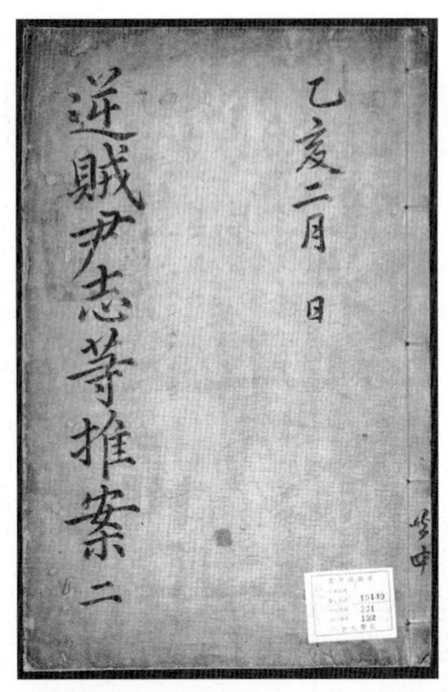

[그림 1] 『추안급국안』. 『추안급국안』 가운데 1755년(영조 31) 나주괘서 사건을 다룬 책자의 표지(규장각 한국학연구원 소장)

환국(換局)을 둘러싼 관련자들의 수사 기록, 천주교도에 대한 심문 등 정치적·사상적으로 체제에 저항한 인물들의 이야기가 상당히 많은 양을 차지하고 있다. 이 책에 실린 사건의 일부는 『조선왕조실록』과 『승정원일기』 등의 관찬 연대기에도 중복해서 등장하지만 『추안급국안』이 자료의 양과 질에서 단연 돋보인다. 앞서 진즈부르그가 비디오 테이프로 비유한 것처럼 심문관의 질의에 대한 죄인의 진술이 현장감 있게 상세히 기록되어 있기 때문이다. 따라서 사건을 주의 깊게 관찰하고 추적한다면 당대 여러 가지 역사상을 재인식할 수도 있을 것이다.

그렇지만 아직까지 『추안급국안』이 본격적으로 연구에 활용되었다고 보긴 어렵다. 이는 수록된 사건 하나하나의 내용이 워낙 방대할 뿐만 아니라, 심문 및 재판기록을 조선시대사 연구에 적극적으로 활용하려는 문제의식이 부족했기 때문이다. 물론 그간 정치사, 당쟁사, 민중운동사 연구에서 추국(推鞫) 자료가 부분적으로 활용되어 온 것도 사실인데, 그 중 주목할 초기의 개척적인 성과가 1983년에 간행한 정석종 교수의 『조선후기 사회변동 연구』가 아닐까 싶다.

정교수는 『추안급국안』에 실린 여러 사건 가운데 17세기 말엽의 미륵

신앙(彌勒信仰) 사건을 다룬 『무진역적여환등추안(戊辰逆賊呂還等推案)』, 갑술환국(甲戌換局) 관련 사건인 『함이완김인등추안(咸以完金寅等推案)』, 장길산(張吉山) 사건에 관한 『정축정월일 이영창등추안(丁丑正月日 李榮昌等推案)』을 집중적으로 살펴보았다. 그는 분석 결과를 종합하여 조선후기 민중운동사의 흐름과 관련하여 책의 서두에 가설적 결론을 제시하였는데 다음과 같다. 첫째, 조선후기 당쟁은 사회세력의 움직임과 결부되어 진행되었다. 둘째, 17세기 사회반란 사건의 주요 특징은 노비반란 사건이며, 17세기 말에 오면 미륵신앙과 같은 민간신앙이 사회반란사건에 결부되며, 상공업 세력도 정치세력화를 시도하였다. 셋째, 18세기에는 중인층의 성장이 뚜렷해지고, 양반층의 몰락으로 인해 증가한 유랑 지식인들로 인해 기층민의 각성과 의식이 높아졌다 등등.[3]

정석종 교수의 연구는 조선후기 기층민의 움직임이 상층의 정치적 변동을 초래하는 중요한 동력이 된다는 입장에서 재판 기록을 적극 활용한 시론적 서술로서 의미가 있다. 그러나 그의 이와 같은 주장에는 몇 가지 한계가 내재해 있다. 먼저 실증적인 측면에서 그는 논지의 근거가 되는 민중 항쟁의 구체적 사료를 충분히 제시하지 못했다. 그의 논지는 몇몇 추국 사건의 죄인 심문 기록을 바탕으로 추론한 것일 뿐만 아니라 과도한 일반화의 오류 또한 범하고 있다.

또 하나의 문제는 그가 조선후기 역사발전의 주체로 상정하고 있는 민중상이 다분히 추상적이라는 점이다. 그는 책의 서문에서 '역사의 주체는 민중이라는 지극히 당연한 명제가 조선후기에는 어떻게 구현되는가의 문제를 해명하는 것'이라 밝힌 것처럼 민중운동사의 시각에서 추국 자료에 실린 사건들을 민중들의 지배층에 대한 저항의 결과로만 파악하였다. 결

3 정석종, 1983 『조선후기 사회변동 연구』, 일조각, 20쪽.

과적으로 민중을 지나치게 관념적으로 파악함으로써 일상생활에서 민중들이 보이는 다양성을 간과하고, 민중의 주체성을 외면하고 있었던 당시 민중사학의 한계를 그대로 보여주고 있다고 하겠다.[4]

살인사건 관련 기록이 많이 전해지는 이유

조선시대 농민들의 경우 기록의 생산과 정보의 습득이란 측면에서 여러 가지 제약이 있었기 때문에 현존하는 사료에서 이들의 존재양태를 밝혀줄 수 있는 자료가 극히 제한적일 수밖에 없다. 그러나 『추안급국안』과 같은 재판 기록에서는 그간 역사의 뒤켠에서 그 모습이 가려져있던 조선시대 민중들이 구체적인 사건 속에서 실감나게 등장, 혹은 재현되고 있음을 알 수 있다. 다만 앞서 본 것처럼 초기의 연구에서와 같이 민중운동사라는 협소한 시각에서 접근할 경우 사건의 의미가 축소, 내지 왜곡될 가능성이 있으므로 이 부분 신중한 접근을 요한다.

다음으로 추국 자료와 함께 주목할 수 있는 자료가 살인·자살 등 인명사건에 관련된 수사, 검시, 재판 기록인데, 그 중 대표적인 것이 『심리록』과 『흠흠신서』이다. 『심리록』은 정조가 사형에 해당하는 중죄수를 심리, 재판한 결과를 모아놓은 기록으로, 구체적으로는 정조 대리청정기인 1775년 12월부터 사망한 1800년 6월까지 사형에 해당하는 살인 등 형사범죄자에 대한 판례 1,112건이 수록되어 있다. 이에 비해 『흠흠신서』는 다산 정약용(丁若鏞)의 개인 저술로서, 정조대의 사건 판례뿐 아니라 중국

4 1970, 80년대 민중사학의 문제점에 대해서는 허영란, 「민중운동사 이후의 민중사」(『민중사를 다시 말한다』, 역사비평사, 2013) 참조.

측 사건, 정약용 자신이 직접 작성한 사건 기록도 함께 수록되어 있다.

『심리록』이 국왕의 판부(判付), 즉 판결문을 중심으로 편찬되었다는 점에서 지방에서 작성한 수사 단계의 기록이 소략한 약점이 있는데 이를 부분적으로 보완할 수 있는 것이 『흠흠신서』이다. 비록 정조 이전 시기의 중죄수 재판 기록의 경우 연대기 자료나 『추관지(秋官志)』 등에 산발적으로 전해지고 있는데 반해, 정조대 인명 사건 재판 기록은 비교적 완전한 형태의 판례집으로 남아있는 셈이다. 이는 정조시대의 기록물 관리에 대한 관심과 열정을 반영하는 것임은 분명하다.

다만 아쉽게도 『심리록』, 『흠흠신서』 편찬 이후 19세기의 형사재판 기록이 온전한 형태의 판례집으로 거의 전해지지 않는다. 대신 이 시기에도 개별 살인사건에 대한 검시 및 수사보고서인 검안(檢案) 자료가 필사본의 형태로 규장각에 집중적으로 남아 있다. 이 중 검안은 인명 사건에 대한 검시 책임을 맡은 고을 수령이 관찰사에게 올린 시신 검시 및 수사 보고서이다. 검안에는 수령이 사건 관련자들에 대해 심문한 내용, 시신 검시과정과 사망원인, 수령의 사건에 대한 종합적인 의견서가 적혀 있을 뿐만 아니라 경우에 따라선 흉기 그림, 자살한 경우 유서(遺書)가 첨부되기도 하였다. 『심리록』과 『흠흠신서』에는 요약되어 있던 수령의 수사 단계의 관련자 진술 등을 자세히 볼 수 있다는 점이 검안의 가장 큰 장점이다. 또한 시기적으로는 현존 검안은 대한제국 시기에 만들어진 것들이 대부분이다.

한편, 완전한 형태의 검안은 아니지만 검안에서 수령의 사건에 대한 의견서에 해당하는 발사 부분만을 모아놓은 검발(檢跋), 관찰사의 살인사건 수사 지시에 관한 내용을 담은 검제(檢題) 자료도 주목된다. 검발에서의 '발(跋)'은 검안에 수록된 수령의 발문(跋文)을, 검제에서의 '제(題)'는 관찰사가 수령에 내린 명령인 제사(題辭)를 각각 말한다. 이들 자료는 18

세기 말부터 19세기까지의 사건에 대한 내용을 담고 있기 때문에 검안 자료보다도 앞선 시기의 상황을 보여준다.

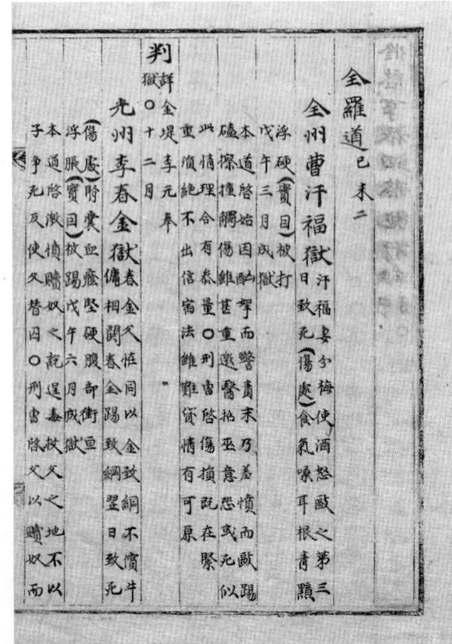

全羅道 己未二

全州曹汗福獄 汗福妻分梅使酒怒毆之第三日致死(傷處)食氣喉耳根青黰

浮硬(實因)被打 戊午三月成獄

本道啓 始因酗拏而警責末乃羞憤而毆踢磕搽撞觸傷雖甚重邀醫拯恐意或死似此情理合有參量○刑曹啓傷損既在緊重殆絶不出信宿法雖難貸情有可原

判 詳 獄○金堤李元奉 十二月

光州李春金獄 春金父惟同以金致綱不償牛價相鬪春金踢致綱翌日致死

(傷處)臍傍血癃堅硬腹部衝亘浮脹(實因)被踢 戊午六月成獄

本道啓 激憤贖奴之說遲恚杖父之地不以子爭死反使父替囚○刑曹啓父以贖奴而

[그림 2] 『심리록』. 『심리록』 중에서 전라도 지역에서 발생한 사건을 수록한 부분 (규장각한국학연구원 소장)

이처럼 조선후기에는 유독 형사재판 기록 가운데 살인 등 인명사건에 관한 수사, 재판 기록이 집중적으로 남아 있다는 것이 주목된다. 왜 다른 재판 기록에 비해 살인 사건 관련 기록이 이렇게 많이 전해지는 것일까? 이는 조선시대 형사재판제도에서 그 이유를 찾을 수 있다는 생각이다. 당시 살인사건의 경우 사형에 해당하는 중범죄에 해당하였다. 따라서 지방에서 수령이 사건을 수사하더라도 최종 판결은 관찰사를 거쳐 국왕이 내리게 되어 있었다. 따라서 여러 단계의 관리들이 해당 사건을 수사, 지휘, 심리하는 과정에서 다양한 문서를 생산할 수밖에 없었고 이 중 일부가 현존하게 된 것이라 하겠다.

이상의 내용이 필자가 지금까지 조사한 조선후기의 재판 기록의 유형과 자료적 특징이라 하겠다. 이들 자료의 비교사적 가치를 알기 위해서는 유럽이나 인근 중국, 일본의 재판 기록과 좀 더 면밀한 상호 비교가 필요하지만, 우리 측 기록이 결코 적은 분량은 아니라는 점은 분명하다. 그동안 필자는 그동안 종종 간과되어 왔던 개별 민인들의 삶의 양상이 사건의 재판 기록 하나하나에서 잘 드러날 수 있다는 확신을 갖고 재판 기록에 대한 분석 작업을 진행한 바 있다.

즉, 필자는 위에서 소개한 여러 재판 기록 중 『심리록』을 대상 자료로 하여 수록된 사건과 판결과정을 개괄적으로 분석한 성과를 2005년에 박사학위논문으로 발표한 바 있다. 당시까지만 해도 재판 기록, 특히 살인 등 형사재판 판례를 조선시대사 연구에 활용한 시도는 거의 없었는데, 필자는 이들 자료가 그동안 간과되어 왔던 조선시대 기층민의 범죄 양상을 보여줄 수 있을 뿐만 아니라 당시 형사재판제도 운영의 특징, 국왕과 지배층의 법관념 등을 세밀히 보여준다고 믿었다.

무엇보다도 필자가 분석대상 자료로 『심리록』을 택한 이유는 정조가 심리한 기록이 일정한 원칙에 의거하여 빠짐없이 수록되어 있다는 점, 수록된 각 사건의 기재 형식이 통일되어 있어 통계 처리가 가능하다는 점 때문이었다. 『심리록』에는 모두 1,112건의 사건이 연도순, 지역순으로 수록되어 있는데, 각 사건별로 사건의 개요, 사건이 일어난 도(道)의 관찰사가 국왕에게 올린 보고서, 형조가 올린 보고서, 국왕 정조의 판결 순서로 기재되어 있다. 하나의 사건마다 동일한 형식으로 편집하였기 때문에 사건의 발생 지역, 사망 원인, 가해자와 피해자, 사건 처리 과정, 정조의 판결 결과 등을 쉽게 파악할 수 있었다. 이처럼 적지 않은 자료적 가치를 지닌 『심리록』 자료에 대한 분석을 통해 18세기 후반 범죄의 유형, 지역별·월별 범죄의 추이, 범죄 피의자의 신분과 성별, 재판 기간, 형량 등 전반적인 범죄의 현황과 재판의 양상을 이해할 수 있었다.

사건을 통해 본 민중생활, 법률문화

서두에서 언급한 『치즈와 구더기』, 『마르탱 게르의 귀향』은 재판 기록을 세밀하게 추적하여 중세 유럽의 평범한 민중들의 삶, 의식, 세계관, 생활상을 잘 묘사한 저작으로 평가받고 있다. 그렇다면 조선시대는? 필자는 조선시대의 재판 기록을 분석한다면 그동안 소홀히 다루었거나 도외시했던, 심지어 은폐되었던 당대 농민들의 삶에 관한 흥미로운 사실들을 발견할 수 있을 것으로 확신한다. 물론 현재까지 이들 자료에 대한 분석이 충분히 이루어지지 않았기 때문에 이는 전적으로 희망사항이지만 관련 기록들과 함께 검토된다면 새로운 이야기 만들기(storytelling)의 가능성과 전망이 그리 어둡지는 않다는 생각이다. 이와 같은 생각을 전제로 하여 이하에서는 지금까지 이루어진 성과들을 토대로 조선후기 민중생활사, 법규범 관련 특징, 그리고 몇몇 주목되는 형사사건 케이스를 소개하고자 한다.

먼저 『심리록』 수록 사건의 유형과 지역별 추이부터 보기로 한다. 『심리록』에 실린 1,112건의 사건 대부분에 해당하는 1,004건이 살인 등 인명사건이었고, 그 다음으로 많은 것이 홍패(紅牌) 위조, 절도와 같은 경제 범죄였다. 이로써 형조에서 관할하는 중범죄 가운데 국왕에게 보고된 사건은 주로 살인 사건이었음을 알 수 있다. 또한 지역적으로는 도시지역, 특히 서울에서 경제범죄의 대부분이 발생하였는데, 그만큼 서울의 도시화, 상업화의 진전이 발생한 범죄에서도 확인되었던 셈이다.

다음으로 살인 사건 기록에서 눈에 띄는 사안이 당시 여성의 취약한 위상, 그에 따른 가족 내에서의 갈등인데 관련 내용이 이들 기록에 적지 않게 목격된다. 이는 여성 자살 케이스에서 잘 드러난다. 『심리록』에 등장하는 38건의 자살 사건 가운데 31건이 여성 자살이었는데, 이들 자살한 여성의 상당수는 간통, 강간, 추문 등 치정에 얽힌 자살이 주를 이루고 있다. 예컨대 1781년 충청도 전의현의 수절하던 과부 서여인은 이웃 상한(常漢)이 자신의 정조를 더럽히려고 하자 치마끈으로 스스로 목을 매 죽었다.

가정 폭력에 노출된 여성의 불안한 처지는 배우자 살인 사건에서도 볼 수 있는데, 『심리록』에 실린 18세기 후반에 발생한 배우자 살인 사건 70건은 모두 남편이 가해자가 되어 처나 첩을 살해한 경우이다. 사건의 처리 과정을 보면 당시 가부장적 가족 질서, 유교적 남녀관이 매우 강고하게 자리 잡고 있었음을 발견할 수 있다. 남편의 배우자 살인 사건의 경우 재판 과정에서 여러 가지 사정이 참작되어 법정형인 사형에 처해진 자가 한 명도 없으며 모두 감형(減刑)되고 있었던 것도 처벌 관념 등에서 오늘날과 차이를 보이는 당시 판결의 특징으로 꼽을 수 있다.

한편, 충·효·열의 유교적 가치가 살인사건 판결에 큰 영향을 미쳤음은 여러 사건 처리과정을 통해 알 수 있다. 그 중 하나의 사건이 1789년 전라도 강진현 김은애의 노파 살인 사건이다. 이웃의 안여인이 평소 김은애를 중매하려다 실패하자 그녀의 추문을 이웃에 퍼뜨리고 다녔고, 이는 김은애가 출가한 이후에도 계속되었다. 이에 참다못한 김은애가 칼로 안여인을 찔러 살해한 것이 이 사건이었다. 평범할 것 같은 이 사건은 정조가 김은애를 무죄 판결하면서 그 이유가 주목을 받게 된다. 정조는 정숙한 여인이 음란하다는 무고를 당하는 일은 뼛속에 사무치는 억울함이라고 전제한 뒤, 자신을 음해한 노파를 살해한 김은애의 정절과 기개를 높이 평가하여 그녀를 석방하였다. 또한 정조는 방을 붙여 판결 결과를 각도에 상세히 알리고 나아가 이덕무(李德懋)로 하여금 그녀에 대한 인물 열전 <은애전(銀愛傳)>을 짓도록 하였다. 이처럼 사건의 처리는 우리의 예상과 달리 전혀 엉뚱한 방향으로 전개되곤 하였는데, 이를 분석해가다 보면 우리에게 많은 생각할 거리를 제공해준다.

또한 1783년 발생한 황해도 해주 감옥에서 발생한 박해득 치사사건은 고참 죄수가 신참 죄수에게 가혹행위를 하다가 발생한 사건으로 당시 감옥의 열악한 상황을 보여준다. 이처럼 재판 기록에 등장하는 다양한 사건으로부터 우리는 당대인의 법관념, 촌락사회의 사회상 등 많은 정보를 찾아낼 수 있는데, 단순하게 사건을 둘러싼 갈등의 원인뿐만 아니라 가해자·피해자 가족이나 지역내 상황, 일반민의 의식이나 관행 등 다양하다.

위의 사례들은 『심리록』, 『흠흠신서』에 실린 정조대의 케이스들이지만, 이들 자료 외에도 아직 제대로 분석되지 못한 사건들이 적지 않다. 이들 재판 기록에서 무엇을 어떻게 찾아낼 것인가는 전적으로 연구자의 몫인 만큼 분석 방법과 문제의식을 가다듬는 것이 중요하다 할 것이다.[5] 이제 이 문제에 대해 논의해보자.

재판 기록을 어떻게 활용할 것인가

지금까지 현존하는 조선왕조 주요 재판 기록의 현존 상황과 특징에 대해 살펴보았다. 최근 들어 고문서, 일기, 지역사 자료 등 다양한 사료가 조선시대사 연구에 새롭게 이용되면서 재판 기록을 활용한 연구 또한 하나 둘씩 진행되고는 있지만 여전히 종합적, 체계적으로 검토되지는 못한 것이 아닌가 싶다. 그런 점에서 이들 자료의 활용 방안에 대한 활발한 토

5 최근에 조영준은 한말 검안에 실린 흉기 그림 분석을 통해 범행에 쓰인 흉기의 유형과 당시 과학수사의 실상을 분석하였는데, 자료 분석력과 문제의식이 돋보이는 성과 가운데 하나이다(조영준, 2016 「조선말기 살인사건 조사의 과학성 검토, 1895~1907 – 규장각 소장 검안에 수록된 흉기 그림의 기초 분석 – 」『규장각』 48).

론과 추가적인 접근이 필요하다.

이들 사건 수사, 심문 기록은 우선 형사재판제도, 범죄와 형벌을 둘러싼 사법제도, 국가 공권력의 행사 방식 등과 같은 조선시대 법제 연구의 중요 자료가 된다. 동시에 기록이 충실한 사건을 분석함으로써 해당 사건을 둘러싸고 전개된 인물들 간의 사회적 관계와 갈등, 지역사회의 구조와 관(官)의 역할 등을 추적할 수도 있다. 사건에 대한 미시적 분석을 통해 당대 역사상의 중요한 일면을 새롭게 밝히는 것을 편의상 '사건사'라 명명한다면 재판 기록을 통해 유럽사의 중요한 저작을 뛰어 넘는 획기적인 연구가 이루어지지 말라는 법은 없다.

그렇다면 재판 기록을 어떻게 활용할 것인가? 먼저 자료 분석을 위한 연구방법론의 개발이다. 필자는 앞선『심리록』연구에서 범죄 분석을 위해 통계처리 방법을 활용한 바 있지만, 이는 사건 하나하나의 세밀한 이면을 보여주는 데에는 한계가 있다. 따라서 이들 기록을 어떤 시각에서, 어떤 방법을 통해 분석하여 사건의 실체를 보여줄 것인가에 대해서는 보다 철저한 고민을 필요로 한다. 이와 관련하여 사건 기록이 상대적으로 소략한 경우 재판 기록을 다른 여러 가지 보완 자료와 함께 검토하는 것이 필수적이다. 예컨대, 최근 경상도 단성과 대구 호적대장의 전산화가 이루어지고 있으므로 단성 및 대구지역 사건의 경우 호적대장에서 관련자들의 기록을 확보할 수 있다면 사건을 이해하기 위한 내용이 훨씬 풍부해질 수 있을 것이다.

또 하나 중요한 것은 아직 검토되지 않은 새로운 재판 기록의 발굴 문제이다. 이미 알려진 거질의 판례집 외에도 규장각을 비롯한 국내외 도서관에 아직 검토되지 못한 재판 기록이 적지 않다. 사실 조선시대 형사재판 기록의 경우 대부분 살인사건 자료이므로 나머지 범죄 사건의 경우 수사, 심리, 판결이 어떻게 이루어졌는지 알기가 쉽지 않다. 조선후기, 특히 19세기 지방관아나 개인이 생산한 재판 관련 기록이나 고문서를 적극 발굴, 활용한다면 자료의 부족 문제도 어느 정도 극복할 수 있을 것으로 기대한다.

〈참고문헌〉

김 호, 2013 『정약용, 조선의 정의를 말하다 – 흠흠신서로 읽은 다산의 정의론』, 책문.

박병호, 1974 『한국법제사고』, 법문사.

심재우, 2009 『조선후기 국가권력과 범죄 통제 – 『심리록』 연구』, 태학사.

______, 2011 『네 죄를 고하여라 : 법률과 형벌로 읽는 조선』, 산처럼.

______, 2012 「조선후기 판례집·사례집의 유형과 『흠흠신서』의 자료 가치」 『다산학』 20.

심희기, 1997 『한국법제사강의』, 삼영사.

유승희, 2014 『민이 법을 두려워하지 않는다 : 조선후기 한성부의 범죄 보고서』, 이학사.

역사문제연구소 민중사반, 2013 『민중사를 다시 말한다』, 역사비평사.

정석종, 1983 『조선후기 사회변동 연구』, 일조각.

조영준, 2016 「조선말기 살인사건 조사의 과학성 검토, 1895~1907 – 규장각 소장 검안에 수록된 흉기 그림의 기초 분석 –」 『규장각』 48.

최재천 등, 2003 『살인의 진화심리학 – 조선후기의 가족 살해와 배우자 살해』, 서울대 출판부.

피터 버크, 곽차섭 옮김, 1994 『역사학과 사회 이론』, 문학과 지성사.

한국고문서학회, 2013 『조선의 일상, 법정에 서다』, 역사비평사.

한상권, 1996 『조선후기 사회와 소원제도 – 상언·격쟁 연구』, 일조각.

군문자료로 본 조선후기 군영의 성격변화 –금위영을 중심으로

유 현 재(兪眩在)*

조선후기사의 이해 : 경제적 관점에서

조선후기의 변화가 언제, 어디서부터 나타났는가라는 질문은 지난 한국사연구의 주된 주제 가운데 하나였다. 특히 경제적 변화를 통해서 전근대 한국의 경제적 변화가 보편적 발전과정을 밟아 나간 것을 증명하는 문제가 중심을 차지했다. 조선후기 보편적 역사전개를 규명하기 위해 연구자들은 해방이후부터 농업, 상업의 변화를 '발전'이라는 시각으로 바라보고 정리했다.[1] 새로운 농업기술이 도입되어 잉여생산물이 늘어나고, 잉여생산물을 기반으로 상업이 발전하여 점점 해외무역으로 확장해 나간다는

---

* 서울대학교 규장각한국학연구원 연구원.
대표논저 : 「조선초기 화폐유통의 과정과 그 성격」(조선시대사학보』 49, 2009), 「18세기 은전비가의 변동과 의미」(『역사와 현실』 97, 2015), 「조선후기 금위영의 재성운영과 그 성격」(『역사와 현실』 102, 2016).

1 조선후기 발전의 기반을 농업에서 출발하여 설명하는 방식은 최근 경제학계의 비판을 받고 있지만 여전히 한국경제사를 설명하는 기본틀이라고 볼 수 있다.

고전경제학의 도식에 맞춰 한국경제사를 설명한 것이다. 이후 조선후기 역사상은 경제발전에 기반한 신분제의 해체 그리고 봉건제의 붕괴를 중심으로 순차적으로 설명되었다. 그러나 전근대시기부터 다모작으로 농업 생산량이 월등했고 향신료를 기반으로 해외무역이 활발했던 전근대 동남아시아가 자본을 축적하지 못했던 예를 보더라도 고전경제학에서 주장한 순차적인 경제발전과 다른 길을 보인 역사적 흐름은 다수 존재하고 있다.

최근에는 19세기에 접어들면서 나타났던 변화를 경제적 성장이 뒷받침 된 혼란이나 혹은 정치가 원인이 되어 나타난 '위기론'으로 서로 다르게 규정한 연구가 등장했다. 이 두 가지 설명은 19세기 농업생산성과 사회의 성격에 대해 정반대의 결론을 도출하고 있지만 어느 한 가지 요인이 이후의 발전단계에 직접적인 영향을 끼친다는 단선적 역사관을 채택했다는 점에서는 출발선이 같다고 할 수 있다. 하지만 조선후기 역사는 위의 두 가지 연구흐름과 다른 다양한 모습으로 전개되었고 단선적인 도식에 맞출 수 없는 경우가 많았다. 따라서 필자는 조선후기 경제사를 공부하면서 기본적으로 조선후기 사회의 변화를 바라보는 시각에 대해 고민할 수 밖에 없었다. 특히 19세기 정치적인 혼란과 사회구조의 전반적인 변화와는 별개로, 조선후기 국가의 기능과 군사적 방어 기능은 외세의 침략이 본격화 되어 가는 시기까지 멈추지 않았던 사실을 확인하며 기존의 역사 서술에 대해 새로운 관점으로 서술할 필요성을 절감하였다.[2] 19세기 후반까지 나타났던 조선의 변화양상을 경제적 변화에 기반한 체제의 붕괴과정으로 혹은 경제적 지표마저도 하락하여 정치와 경제 모두 몰락하였다고 보기보다 실제 조선후기의 변화를 자료에 기반해서 좀 더 다양한 변화를 추적할 필요성을 느꼈다. 19세기 조선의 변화는 자본의 축적에 따라

2 배항섭, 2002 『19세기 조선의 군사제도 연구』, 국학자료원.

나타난 결과보다는 전근대적 질서를 회복하기 위한 조선 정부의 의도가 깊이 반영된 변화도 상당부분 있다. 당시 조선의 지배층은 근대적 질서의 도입보다는 오히려 전근대 이상사회의 회복에 목표를 두고 있었기 때문이다. 그렇다면 조선후기 정부는 국가의 질서를 바로 잡기 위해 어떤 노력을 기울였을까. 국가를 온전하게 유지하기 위해 필요했던 재정을 어떻게 확보하고 있었을까. 그리고 이러한 19세기 정부의 노력은 실제 어떤 역사적 변화로 나타났는지 좀 더 면밀하게 검토해야 할 필요성이 있다. 특히 재정의 운영에 있어 큰 비중을 차지했던 군문이 19세기 변동기의 움직임을 잘 드러내 주지 않을까라는 의문을 품게 되었다. 군문의 운영이 전체 재정에서 차지하는 비중이 컸고 이를 운영하는 정책적 흐름 속에서 조선후기의 변화를 바라보는 다른 시선의 단초를 확인할 수 있다고 보았기 때문이다.

군문(軍門)을 통해 바라본 조선후기 : 금위영을 중심으로

군대는 영토 방어를 완수하여 후방에서 백성들이 안정적으로 생업에 종사할 수 있도록 환경을 만들어 주는 것을 주요한 임무로 한다. 조선왕조도 건국 초부터 군사체계를 갖추고 북으로는 여진과 남으로는 왜구를 방어하고 있었다. 그러나 조선의 군대는 양란을 겪으면서 큰 변화를 겪게 된다. 왜에게 서울을 내주고 왕이 피난을 가야 했던 경험과 후금에게 제대로 된 반격조차 하지 못하고 항복을 했던 경험이 그것이었다. 이에 조선은 양란으로 발견한 문제를 해결하고자 방어체계를 바꾸고 효과적으로 적을 방어하기 위해 새로운 진법과 무기체계도 도입하였다. 우선 급료병을 중심으로 도성을 중심으로 한 수비체제를 형성하고 이를 위해 오군영을 차례로 설립하였다. 그 가운데 훈련도감, 금위영, 어영청은 도성을 방어하는 삼군문으로 도성의 수비를 담당하는 중요한 군문이다. 그런데 삼군문은 군사적 방어뿐만 아니라 도성의 유지와 보수까지 책임져야 했으므로 운영에 많은 재원이 소비되었다. 1794년(정조 18)에 간행된 『부역실총』에 따르면 당시 군비는 전체 재정 규모의 약 1/4정도를 차지하고 있는데, 오늘날의 국방비가 전체 예산에서 차지하는 비중이 10%를 조금 넘는 것과 비교해 본다면 조선시대의 군비는 전체 예산 가운데 상당히 높은 비중을 차지하고 있다. 특히 삼군문이 소비하는 군사비용은 도성 중심의 방어체계가 성립되면서 전체 군비의 상당부분을 차지하고 있었다.

서울에 위치한 삼군문 가운데 가장 먼저 설치된 훈련도감은 수도의 방어를 위해 만들어진 특수군문으로 많은 비용이 들어갈 수밖에 없는 기병과 포수가 주력이었다. 특히 군병이 급료병으로 구성되어 있어 운영에 많은 국가 예산이 투입되었다. 정부에서는 방어를 위해 훈련도감의 필요성은 인정하면서도 많은 비용이 투입되면서 운영에 어려움을 느끼고 있었다. 훈련도감의 군비가 문제가 되면서, 조정에서는 이를 경감하고 군사적인 기능을 분담하기 위해 어영청과 금위영을 설치하였다. 이 두 군문은 훈련도감과 유사한 군사적 기능을 담당했지만 군사의 수급을 훈련도감처럼 장번(長番) 하는 대신 교대로 근무하는 번상병을 중심으로 운영하였다. 그리고 보포(保布)를 거두어 급여를 충당하여 재원확보에 있어 훈련도감과 큰 차이가 있었다. 금위영과 어영청은 훈련도감과 달리 번을 서던 방식으로 운영되어 재해가 들어 군사의 수급이 원활하지 않을 경우 번상을 정지하는 등 유동적 운영이 가능했다. 번상을 정지시킬 경우, 이는 곧 운영자금의 전용으로 이어질 수 있었다. 즉, 금위영과 어영청은 군사기구로서의 기능과 함께 일정시기에는 재정을 보완해 줄 수 있는 역할도 수행할

수 있었다.[3]

이러한 조선 정부의 군문 운영은 19세기에도 지속되었는데 군문은 군사기구의 역할뿐 아니라 국가의 운영에 큰 역할을 담당하고 있었다. 19세기 조선은 안으로 문제를 해결할 개혁을 시행하지 못하고 밖으로는 외세를 방어하지 못하면서 결국 식민지로 귀결될 수밖에 없었다고 보는 시각과 달리 국정운영에 있어 전근대 체제 안에서 나름의 노력을 경주하고 있었다. 그리고 군문 특히 금위영과 어영청은 유동적인 운영을 통해 국가운영에 탄력을 주고 있었다. 따라서 필자는 조선후기 예산의 많은 부분을 사용하고 있던 군문 그리고 정부의 의도가 직접적으로 반영되었던 금위영과 어영청의 운영 양상은 19세기 조선이 직면한 급격한 변동과 위기에 어떻게 대응하고 있었는지 잘 보여줄 것으로 기대하게 되었다.[4]

금위영 연구의 한계와 자료의 제약

지금까지 금위영을 포함한 군문에 대한 연구는 군제사 차원에서 운영과 편제에 대한 내용을 확인하는데 제한되어 있었다. 양란 이후 군문의 창설과 운영 속에서 금위영이 새로 만들어지게 된 배경 그리고 각각의 군문에 대한 설명과 함께 성격이 유사한 어영청과 금위영을 비교하여 군문의 역할을 조명하였다. 양란의 실패를 거울삼아 군사제도가 보완된 모습을 제도사적으로 확인한 것이다. 그러나 군문의 외형적인 변화가 밝혀졌

3 이광우, 2013「19세기 전반기 三軍門의 재정운영실태」『軍史』89.

4 본 글에서는 위와 같은 문제의식으로 금위영의 운영양상에 주목하였는데 어영청은 금위영과 거의 같은 양상으로 운영되며 그 규모도 거의 유사하기 때문에 별도의 검토는 생략하였다.

지만 이후 조선후기 사회경제적인 변화에 군문이 어떻게 대응하고 있었는지 그리고 그 의미는 무엇인지 주목하지 못했다. 서울에서 군문은 예산을 소비하는 가장 규모가 큰 소비집단이었기 때문에 그간의 연구에서는 군문이 어떻게 안정적으로 공급을 받아 운영되는가에 초점이 맞춰져 있었고, 군문의 소비가 어떤 경제적 영향을 이끌어 내는가에 대해서는 크게 주목하지 않았다. 역사의 발전은 생산력 증가와 같은 공급과 잉여를 기반을 나타날 수 있다는 관점에서 군문은 오히려 발전에 발목을 잡는 기구로 볼 수 있었기 때문이다. 그러나 군대와 같은 소비집단은 항상적인 공급을 필요로 했고 때로는 공급을 유지하기 위해 새로운 구조가 필요했다. 군문은 잉여생산물을 만들어 내지 못하지만 소비를 충족하기 위해 지속적 공급을 필요로 했고 이러한 군문의 특징은 오히려 새로운 구조의 지속적인 변화를 만들어 내는 원동력으로 작용했다. 지금까지 군문에 대한 이러한 관점은 주목을 받지 못했다. 전근대 군대의 운용이 사회의 변화에 끼치는 영향을 살핀 '군사혁명(military revolution)'에 관심을 보인 연구가 있었지만 실제 군문연구에 적용시키지는 못했다.[5]

지금까지 군문연구가 더 확대 되지 못한 가장 큰 이유는 관점에 대한 문제뿐만 아니라 자료의 문제도 컸다고 할 수 있다. 그동안 군문연구에서 활용된 자료는 연대기 자료가 주를 이뤘고, 『금위영사례(禁衛營事例)』, 『어영청사례(御營廳事例)』, 『어영청식례(御營廳式例)』, 『훈국사례촬요(訓局事例撮要)』와 같은 각 군문의 운영 규식을 담은 자료가 활용되었다. 상기한 자료에는 군문이 창설된 배경을 포함하여 제도적 연혁이 담겨 있어 이를 통해 군문의 변천과정을 확인할 수 있었다. 또한 시기별로 작성된 군문의 『사례』는 군문의 운영상 변화를 추적할 수 있도록 해주었다. 군문의 『사

5 노영구, 2007 「군사혁명론과 17~18세기 조선의 군사적 변화」, 『서양사연구』 36.

례』는 훈련도감을 포함한 삼군문 모두 기록으로 남겼는데 금위영의 경우, 운영에 대한 규정이 변천된 과정까지 포함된 『금위영사례초(禁衛營事例草)』(K2-3295)가 총 세 종이 남아 있어 시기별 운영상 변화를 확인할 수 있다.[6]

위에서 언급한 자료 외에 분량이 가장 많은 군문자료는 등록류이다. 각 군문은 『훈국등록(訓局謄錄)』, 『어영청등록(御營廳謄錄)』, 『금위영등록(禁衛營謄錄)』[7]을 남겨 편년체로 군문과 관련된 사안을 세밀하게 담고 있다. 그러나 군문연구에 있어서 등록류는 활용이 저조했는데, 가장 큰 이유는 기록의 분량이 많고 상당량의 기록이 초서로 기록되어 있기 때문이었다. 금위영에 관련된 등록은 일부 결본이 있기는 하지만 1682년(숙종 8)부터 1883년(고종 20)까지 『금위영등록』이라는 표제로 장서각에 111책, 『금영

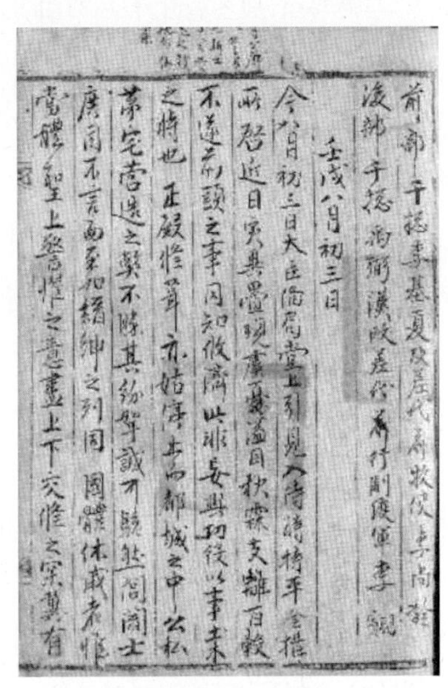

[그림 1] 『금영등록(禁營謄錄)』 1682년 8월 3일 기사(규장각, 奎19354)

6 본문에 제시한 자료 이외에 다음 자료가 있다. 『금위영사례』(장서각, K2-3293, K2-3294).

7 현재 대부분 군문자료는 한국학중앙연구원 장서각에 소장되어 있으나 일부 군문등록이 규장각한국학연구원에도 소장되어 있다. 그 양은 많지 않으나 장서각본과 연대가 겹치지 않아 보관과정에 대한 서지학적 연구도 향후 필요하다. 표제는 『금위영등록』의 경우 『금영등록』으로 서로 다르게 표기되어 규장각에 15책이 소장되어 있고 『훈국등록』은 표제가 같은 책이 규장각에 3책이 소장되어 있다.

등록』이라는 표제로 규장각에도 15책이 남아 있다.[8] 이 군문등록은 매년 공통적으로 나타나는 인사기록, 정기적으로 반복되는 훈련 등의 내용을 반복해서 수록하다보니 분량이 늘어났고 평범한 기록 속에서 새로운 내용을 파악하기에 어려움이 있었다. 더구나 장서각에 소장된 자료를 중심으로 등록류의 텍스트화가 진행되었지만, 탈초(脫草)의 정확성에 편차가 있어 정확한 내용을 파악하는데 한계가 있었다. 그러다보니 군문연구에서 등록류를 이용하기 힘들었고, 특히 훈련도감을 제외하고 어영청과 금위영에 대한 연구는 매우 제한적이었다.

또한 군문운영의 경향성을 살피기 위해 필요한 각종 데이터들이 연속적으로 기록되지 않아 그동안 군문연구에 자료 활용도는 매우 저조했다. 조선후기 군문의 연구가 외형적인 군문의 성쇠와 일상적인 운영 모습을 분석하여 대부분 마무리되었기 때문이다. 특히 금위영의 운영과 관련된 재정문제를 담은 『금위영지출부』(장서각, K－4856)라는 장부가 존재하지만 1870년(고종 7)부터 1873년(고종 10) 사이의 지출 내역만 기록되어 있고, 그나마 기록이 시작된 연도와 지출부의 마지막 연도는 한 해 동안의 지출 내역이 온전히 기록되지도 않아 금위영 운영에 관한 장기 시계열을 확보하여 운영상 흐름을 파악하는 것이 불가능했다. 따라서 군문의 운영이 재정, 넓게는 국가의 운영과 깊은 관련이 있었지만 자료의 제약 때문에 연구가 심화되지 못했다.

8 규장각에 소장된 금위영등록은 표제명이 『금영등록』이다.

조선후기 재정운영과 금위영 그리고 기록들

그렇다면 군문운영은 조선후기 사회의 운영에 어떤 영향을 끼쳤으며 이를 어떻게 파악할 수 있을까. 필자가 주목한 것은 금위영의 재정 기능에 대한 부분이다. 금위영의 활동을 편년체로 기록한 장서각 소장『금위영등록』과 규장각 소장『금영등록』을 검토해가면서 금위영이 군문임에도 불구하고 국가의 전반적인 재정정책에 관여하고 있던 사실을 확인했기 때문이다. 금위영은 정상적으로 운영될 경우에는 금위영의 운영에도 재정적인 여유가 충분하지는 않았다. 군문이 외적을 방어만 하는 것이 아니라 수비하는 범위 내의 시설도 관리해야 했기 때문이다. 당시 금위영은 돈의문부터 광희문 남촌가후(南村家後)에 이르는 5,042보 정도의 범위를 수비하고 동시에 보수를 담당하고 있었다. 서울을 담당하는 가장 중심 군문인 훈련도감과 비교했을 때 거의 같은 범위를 담당하였음을 알 수 있다. 당시 훈련도감은 오히려 금위영보다 적은 숙정문 동쪽부터 돈의문 북쪽에 이르는 4,850보 구간을 담당하고 있었다.[9] 즉, 금위영을 포함한 삼군문은 서울을 물리적으로 세 등분하여 각각 도성을 수비하고 수보까지 책임지고 있어 군사적 부담에 대한 차이는 없었다. 그런데『금위영등록』에 남겨진 내용은 훈련도감과 달리 금위영에서는 도성의 방어에 대한 내용보다는 농사의 풍흉에 대한 내용, 세금 운송과 같은 내용에 깊은 관심을 보이고 있다. 조금 과장한다면 금위영은 군문인지 재정기관인지 구분이 모호할 정도로 국가재정에 많은 관심을 기울이고 있었다. 그렇다면 금위영은 왜 군사기구이면서 국가 재정과 관련된 내용에 깊은 관심을 보였고 이러한 관심은 국가 재정에 어떤 영향을 끼치고 있었는지 확인해 볼 필요

9『英祖實錄』권62, 英祖 21년 7월 丙子(6일).

가 있다.

이 물음에 대한 해답은 18세기 이후 조선의 각종 토지의 규모와 호조의 수입과 지출 내역을 정리한 『탁지전부고』(규장각, 奎5740)를 비교·검토할 경우, 더 확실하게 드러나고 있다. 18세기부터 호조의 재정상황을 기록한 『탁지전부고』를 통해 금위영이 18세기 후반부터 호조의 부족한 재원을 보충해주고 있는 사실을 확인할 수 있기 때문이다. 가장 명확한 근거는 18세기 말부터 간헐적으로 금위영에서 호조로 유입된 내역이 점차 정기적인 형태로 바뀌어 간 사실이다. 이렇게 금위영의 재원이 부정기적으로 호조에 들어간 것을 '가입(加入)'이라고 지칭했다. 그 규모는 19세기부터는 정기적으로 금위영에서 유입되는 다른 명목의 금액을 합하면 아래의 [그림 2]에서 보는 것과 같이 많을 경우 한 해 동안 4만 냥을 상회하여 호조로 유입되고 있다.

당시 호조에 부정기적인 예산을 보내던 기관은 선혜청, 균역청과 같은

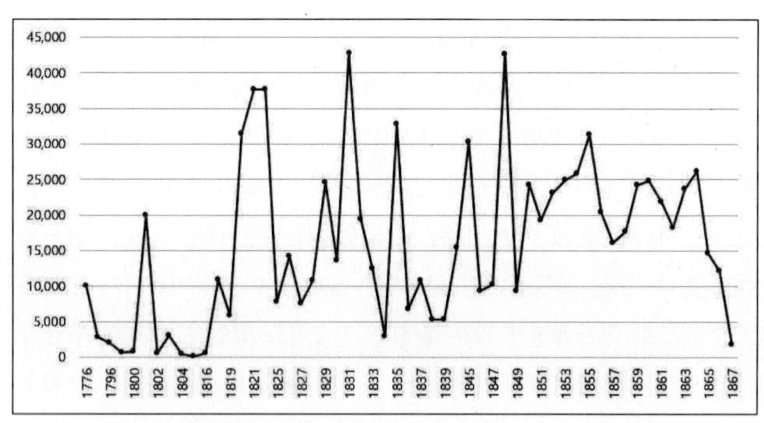

[그림 2] 호조에 유입된 금위영 가입·청득(請得)·감번(減番) 비용

전거 : 『탁지전부고』(奎5740) '가입'조

재정과 관련이 깊은 관서부터 지방관아까지 다양했다. 19세기에 들어 호조에 '가입'을 제공하던 관서는 점차 확대되어 20여개의 관서에서 최대 27개까지 늘어났다. 이렇게 다양한 관서를 통해 호조에 유입되는 '가입' 예산은 전체 호조 수입의 20퍼센트 정도를 채우고 있었다. 그 가운데 금위영은 19세기의 경우 호조에 유입되는 '가입'조의 약 10퍼센트 정도를 공급하는 비중 있는 기관 가운데 하나였다. 금위영과 함께 번상병으로 운영되던 어영청의 '가입' 비용과 합산한다면 1861년(철종 12)에는 호조 '가입'조의 약 23퍼센트를 차지하고 있었다. 19세기 들어 대략 20개 정도의 관서에서 호조에 '가입'을 하고 있던 사실을 감안한다면 군문이 호조의 부정기적인 '가입'의 주수입원으로 기능하였다고 볼 수 있다. 이런 상황을 종합해 볼 때 금위영은 단순한 군사기구가 아닌 조선후기 호조의 탄력적 운영을 가능하게 하던 주요한 기구라고 해도 과언이 아닐 것이다.

조선은 성리학적 이념을 이상으로 국가가 조직되고 운영되기를 바랐다. 그러나 이러한 체제는 현실적으로 많은 문제점을 내포하고 있었고 서서히 드러나고 있었다. 조선후기 많은 제도와 기구들이 문제점을 드러내고 있던 시기에도 조선정부는 이상적인 성리학적 사회를 회복하기 위해 제도를 보완해나가고 있었다. 조선후기의 제도들이 조선 초기 제도를 처음 도입하던 시기와 같은 효력을 발휘하는 것은 불가능했지만 후기에는 모든 것들이 무너져 내려 제기능을 발휘하지 못한 것은 아니었다. 군문은 이러한 상황에서 단순히 소비집단으로 국방에만 주력한 것이 아니라 탄력적 운영을 통해 국가 운영에 융통성을 가져다주었던 주요한 기구 가운데 하나였다. 조선의 시스템은 한계가 분명했지만 19세기 조선이 단순히 무너져 내려가기만 했던 붕괴의 시대는 아니었다. 체제의 한계가 분명했지만 나름대로의 운영 시스템이 작동하고 있었던 시대로 다시 평가하는 데 군문자료가 그 근거로 활용될 수 있을 것이다.

남은 문제들

결과적으로 조선이 일제에 굴복하여 국권을 상실했다는 사실은 19세기 조선사에 대한 그동안의 부정적인 인식에 결정적인 영향을 끼쳤다. 1970년대를 기점으로 조선후기를 보다 발전적으로 바라보기 시작했던 연구에서도 조선 정부나 상층부의 노력은 부정적으로 설명되기는 마찬가지였다. 낡은 성리학적 질서로는 더 이상 조선을 국가로 유지시키기 버거운 상황이었고 지배층의 노력은 의미가 없다고 전제했기 때문이다. 그러나 당시 지배층의 영향력은 아직도 강고했고 그들이 바라본 혼란과 이를 극복하기 위한 노력은 조선후기를 바라보는 우리에게 아직도 많은 공백을 메꿔줄 재료를 제공하고 있다.

본고에서는 19세기 조선 정부가 취한 자구책을 살펴보기 위해 군문자료에 초점을 맞추어보았다. 이를 통해 조선후기 지배층이 문제를 인식하고 해결하는 방식을 추적하고자 했다. 그리고 그 방법으로 선택한 군문의 재정 활용이 어떤 영향을 끼치고 있는지 일부나마 확인해 보았다. 그 결과 조선후기 정부는 군문운영을 통해 조선 정부는 단절적인 발전과정을 거치기보다 오히려 조선후기의 현상유지에 일정부분 성공적이었고 세도정치로 점철되어 아무런 저항도 하지 못하고 무너져가지는 않았다는 것을 확인할 수 있었다. 군문의 운영은 조선 정부에서도 상당한 물력이 동원되는 굵직한 사안이었다. 단순히 소비만 하는 기구가 아닌 체제를 유지시키는 수단으로 군문을 바라본다면 조선후기 국가의 성격을 파악하는데 많은 시사점을 줄 것으로 기대한다. 그 동안 군문자료는 연속적이고 명확하지 않은 정보가 담겨 있어 잘 활용되지 못했다. 그러나 일상의 언어로 표현된 군문자료의 소리에 귀를 기울여 조선후기 국가가 군문을 이용한 내역을 살핀다면 묻혀 있던 조선후기의 새로운 성격을 파악하는데 하나의 전환점을 제공해 줄 것이다.

〈참고문헌〉

『금위영등록』(장서각, K2－3292).

『금위영초등록』(장서각, K－3300).

『금위영사례』(규장각, 古4206－52).

『금위영사례초』(장서각, K2－3295).

『탁지전부고』(규장각, 奎5740).

노영구, 2007「'군사혁명론'과 17~18세기 조선의 군사적 변화」『서양사연구』 36.

배항섭, 2002『19세기 조선의 군사제도 연구』, 국학자료원.

이광우, 2013「19세기 전반기 三軍門의 재정운영실태」『軍史』 89.

이근호, 1998「숙종대 중앙군영의 변화와 수도방위체제의 성립」『조선후기수도방위체제』, 서울학연구소.

이철성, 2003『17·18세기 전정 운영론과 전세 제도 연구』, 선인.

이태진, 1985『조선후기 정치와 군영제의 변천』, 한국연구원.

임성수, 2014「17·18세기 호조 '가입(加入)'의 전개와 추이」『역사와 현실』 94.

차문섭, 1973「禁衛營의 설치와 조직편제」『대구사학』 8.

최효식, 1982「御營廳·禁衛營의 비교연구」『경주사학』 1.

『화영일록(華營日錄)』을 통해 살펴본 수원유수부의 재정운영

조 낙 영(趙樂玲)*

저자 서유구의 생애와 『화영일록(華營日錄)』의 자료적 가치

『화영일록(華營日錄)』은 수원유수인 서유구(徐有榘)가 1836년 1월부터 1837년 12월에 걸쳐 유수부의 운영과 관련된 여러 업무를 적은 일지이다. 자료적인 가치로 평가하자면 19세기의 일반적인 행정일지로 평가할 수 있을 것이다.

『화영일록(華營日錄)』이라는 자료가 필자의 관심을 끈 것은 19세기라는 자료의 저술 시기와 수원이라는 공간적 특성 때문이었다. 18세기 수원 화성에 대한 연구는 다방면으로 활발히 진행되었으며 많은 연구 업적이

* 숭실대 강사.
대표논저 : 「조선후기 유수부 재정연구 - 강화, 광주, 화성 유수부를 중심으로」(서울대 박사학위논문, 2015), 「17세기 후반~18세기 초, 강화유수부 군향곡의 이전과 의미」(『역사와 현실』 103, 2017).

[그림 1]『화영일록(華營日錄)』 표지

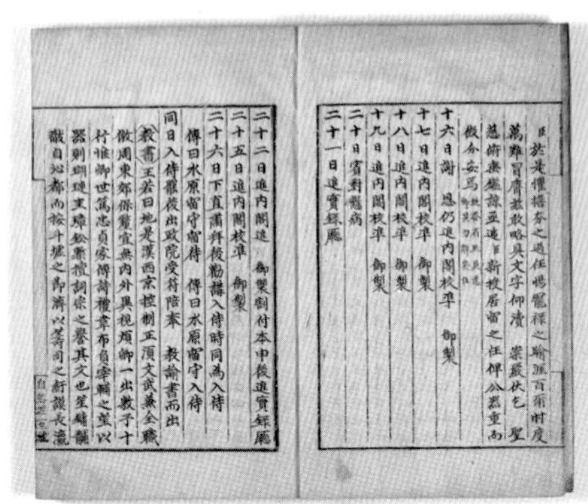

[그림 2]『화영일록(華營日錄)』 본문

쌓여있다. 화성에 대한 연구 상당수는 18세기에 대한 관심 속에서 진행된 것이었다. 당대 화성은 정조의 왕권강화를 상징하는 지역이었으며 행정 중심지에 위치한 행궁과 그 주위를 둘러싼 성곽은 당대의 국가적 역량이 집결되어 완성된 결과물이었다.

그러나 19세기로 이어지면서 수원유수부에 대한 학계의 관심은 급격히 하락한다. 정조의 죽음으로 수원 화성의 영광은 끝이 났고 세도정치가 시작되면서 유수부는 쇠락한 것으로 여겨졌다. 정조와의 연계가 끊긴 수원유수부는 몰락해가는 시대 속에서 빛바랜 영광의 흔적을 가진 채 근근이 명맥을 유지하는 지역으로 평가되었다. 이는 19세기라는 시대의 이미지와도 맞물린다. 19세기에 대한 가장 보편적인 인상은 부정부패를 자행하는 관리들과 무거운 세금으로 신음하는 백성들이다. 이러한 시대의 연상 작용은 19세기 후반, 전국적으로 민란이 발발했던 상황과도 깊은 관련이 있다.

그렇다면 19세기 연구에 있어서 가장 중요한 주제는 백성과 직접적으로 접촉하며 부세의 수취업무를 수행하는 지방행정기구의 운영방식이 되어야 할 것이다. 그런 점에서 『화영일록(華營日錄)』은 19세기 사회를 파악하는 하나의 이정표를 제시한다. 19세기에도 수원유수부는 운영되었으며 국왕의 비호가 사라짐으로써 오히려 일반적인 아문의 원칙을 기준으로 운영될 수 있었다. 따라서 『화영일록(華營日錄)』을 통해 19세기 경기지역의 아문들이 어떻게 지역을 다스리고 재정을 운영했는지를 파악할 수 있다.

저자인 서유구 역시 복잡한 성격을 가진 인물이다. 서유구는 대개 19세기 최고수준의 농학자이며 농업기술의 발전을 추구한 실학자로 평가된다. 동시에 순조 년간 세도정권을 운영하는 권력자들과의 친분을 통해 정계에 복귀하여 권세를 누린 인물로도 간주할 수 있다. 서유구는 정조 대, 규장각 각신으로 임명되어 국왕의 측근으로 활약했던 인물이다. 그의 가문인 달성 서씨는 대대로 중앙정계의 요직을 배출한 명문가였다. 그러나 정조 사후, 정치적 사건에 연좌되어 정계에서 축출되었고 십여 년 동안 재야에 은거하다가 1824년에 와서야 중앙정치계에 복귀할 수 있었다. 서유구의 정치복귀는 영의정 남공철의 후원을 통해서 이루어 질 수 있었다. 남공철과 서유구는 모두 수도 한양에서 대대로 거주해 온 명문양반가의 후예였으며 정조 대 국왕의 신임을 받으며 성장한 인물들이었다.

『화영일록(華營日錄)』은 19세기 세도정치의 중심부에 있었던 인물이 쓴 수원유수부의 행정일지이기도 한 것이다. 세도가의 인물인 서유구는 유수부의 운영에 필요한 재원을 마련하기 위해 어떤 방식을 취했으며 백성들을 어떻게 다스렸는가? 19세기의 일반적인 시대상과 『화영일록(華營日錄)』에 나타나는 사실은 얼마나 일치하는가? 이러한 학문적인 의문점을 해결하기 위해 『화영일록(華營日錄)』에 대한 연구를 시작했던 것이다.

『화영일록(華營日錄)』에 나타난 수원유수부의 재정운영방식

『화영일록(華營日錄)』을 살펴보면 수원유수가 담당하는 여러 업무를 파악할 수 있다. 현릉원과 건릉의 관리상태를 정기적으로 점검하고 제사를 올리는 일, 각 절기별로 이루어지는 농사의 작황과 기후의 상황을 보고하는 것은 유수의 일반적인 업무였다. 하지만 유수부 운영에 있어 가장 핵심적인 부분은 재정이었다. 19세기 수원유수부의 재정운영과 관련된 사례들은 크게 연분재결(年分災結)과 환곡(還穀), 광주유수부와의 재정적 분쟁 등 3가지로 분류할 수 있다. 이 3가지 사례는 수원유수부의 운영재원과 그 방식을 파악할 수 있는 단서를 제공한다.

1. 연분재결(年分災結)의 분급논의

조선시대 전반에 걸쳐 한 해 농사의 결과는 예측할 수 없었다. 각 계절에 따라 농사가 순조롭게 진행된다고 할지라도 가뭄이나 한파, 태풍 등으로 인해 흉년을 겪게 되는 경우는 빈번했다. 18세기 이후, 호조는 매년 지방에서 올린 농정보고를 근거로 전세를 수세하는 실결(實結)과 재해를 명목으로 면세가 허락된 재결(災結)의 총액을 결정하고 이를 연분사목(年分事目)으로 작성하여 각 도에 반포했다. 해당 도의 재결총액이 확정되면 관찰사는 도 내부의 재해 상황에 따라 각 읍 수령들에게 재결을 분급해주었다. 재결총액은 당년의 작황뿐만이 아니라 각도의 전결총수 및 각 해의 재결액수를 기록한 급재등록(給災謄錄)을 대조하여 결정되었다.

면세결인 재결의 확보는 유수부의 운영에 있어서도 중요한 사안이었다. 『화영일록(華營日錄)』에 따르면 수원은 1836년과 1837년 모두 연이어

흉년이었다. 바다와 접해있는 지리적 요건 때문에 해일로 인해 농사를 망치는 경우가 많았다. 해일에 가장 많은 피해를 입은 것은 1836년 봄철이었다. 2월에서 4월 사이에 7차례의 해일이 일어나 서유구는 피해지역을 순시하고 쌀과 콩을 구휼미로 나누어 주었다. 그 해 9월, 수원유수는 장마와 뒤 이은 가뭄, 해일로 인해 전답이 모두 황폐해졌으니 1,183결을 재결로 더 내려줄 것을 요청하는 장계를 올렸다. 동년 11월에 올린 보고에 따르면 호조는 작년의 전답총액수를 근거로 삼아 유수부의 실결은 5,809결, 재결은 30결로 확정하였다. 여기에 사목에서 확정한 액수 이외에 특별히 더해준 것이 970결로 총 1,000결의 재결이 분급되었다. 9월에 요청한 재결액수에 비해 183결이 부족했다.

유수 서유구는 보다 많은 재결을 요구했다. 유수부에는 이전부터 유래된 전세를 거두지 못하는 전결이 많으며 금년의 실제 전답액수는 4,841여결에 불과하다는 것이었다. 유수가 제시한 실결의 규모는 호조가 파악한 실전답보다 968결이 적었다. 유수가 9월에 요청한 1,183결은 흉작으로 인한 피해를 감안한 재결이었다. 반면 11월에 요청한 재결액수에는 흉년에 피해를 입은 전결에 더해 오래 전부터 수세가 불가능한 전결까지 포함되어 있었다. 9월에 요구한 재결액에 축소된 실결액수를 더하면 사실상 2,151결을 재결로 요구한 셈이었다. 호조가 2,000여결에 가까운 재결을 허용해주었는지에 대한 여부는 자료 부족으로 명확히 파악할 수 없다. 그러나 유수부가 호조의 수세기준에 대응하며 내부의 사정에 따라 최대한 많은 재결을 확보하려 노력했다는 것은 확인할 수 있다.

1837년 9월에도 유수부는 재결의 가급(加給)을 요청했다. 봄과 여름에 가뭄이 닥쳐 파종과 모내기가 제대로 이루지지 못했고 곡식이 익을 무렵에 강풍과 해일이 일어나 이 해 농사도 흉년이었다. 서유구는 병충해나 해일로 피해를 입은 전결, 옛날부터 파종하지 못해 버려진 전결 등을 총합해 재결 976여결을 요청했다. 하지만 호조가 결정한 재결액수는 962결이었다. 동년 10월, 서유구는 재결 500여결을 더 요청하여 허락받았고 11월에는 다시 462여결의 재결을 요청했다. 가을에 대해일이 일어나 연안지역 20개의 면을 휩쓴 여파가 아직 진정되지 않았다는 점과 기근으로 인해 역병을 돌고 곡물 값이 폭등하여 백성들의 생활기반이 불안하다는 점이 재결을 요청하는 명분이었다. 결국 재결 462여결의 분급도 허락되었고 여기에 특별히 200결이 더해져 재결 662여결이 내려졌다. 호조가 연분사목에서 결정한 액수인 재결 976여결과는 별도로 1,162여결이 수원유수부에 분급된 것이다.

1836~1837년 사이에 매년 유수가 재결로 요청한 전답결수는 2,000여결에 가까웠다. 1836년 수원부의 실결수가 4,841여결인 것을 감안한다면 절반에 조금 미치지 못하는 전결이 면세결로 신청된 것이다. 1836년의 경우는 확인할 수 없으나 1837년은 이러한 액수의 재결이 허용되어 분급되었다. 이러한 대량의 재결을 분급 받는 것이 가능했던 원인으로 두 가지를 들 수 있다. 수원유수부가 보유한 능읍(陵邑)의 권위와 유수인 서유구와 중앙의 관리들 간의 긴밀한 연계망이 작용된 결과라고 판단된다.

2. 환곡(還穀)의 명목과 운영방식

환곡은 춘궁기에 국가가 보유한 곡물을 백성들에게 대여해주고 추수기에 이르러 원곡과 이자곡을 받아들이는 제도로 농민들의 취약한 생산기반을 보장하기 위해 마련된 사회보장책이었다. 그러나 18세기 후반에 이르러 환곡은 점차 부세로 전환되었고 국가재정체제 내에서 중요한 축으로 자리 잡게 되었다. 수원유수부에 있어서도 환곡은 재원을 마련하는 가장 기본적인 방식이었다. 『화영일록(華營日錄)』에 나타난 유수부의 환곡은 크게 세 종류로 분류난다. 유수부 부내에 속한 환곡 및 속읍인 용인, 안산, 진위, 시흥, 과천 등에서 운영된 남한향곡(南漢餉穀)과 경상도, 전라도 양남지역에서 운영된 환곡이었다.

부내 및 속읍의 환곡은 기근 시, 유수부민과 인근 속읍민들에게 진휼곡으로 분급되었다. 1836년 5월, 서유구는 본부의 창고에 마련된 벼와 쌀, 콩을 합한 각곡 11,200여석과 남한향곡(南漢餉穀) 5,597석의 가분(加分)을 비변사에 요청하였다. 남한향곡은 수원에 속한 서리들의 급료를 위해 마련된 환곡이었으나 진휼곡으로도 전용되었다. 이에 비변사는 본부창고 곡물 중 각곡 5,000석과 속읍의 곡물 3,000석에 한정하여 8,000석만을 가분해주었다.

1년 뒤인 1837년 5월에도 가분이 요청되었다. 유수가 농민들의 양식으로 본부의 환곡 중 벼 와 쌀, 콩을 합한 각곡 총 5,100여석을 가분해줄 것을 비변사에 요청하자 작년에 흉년이 든 것을 감안하여 가분을 허락해주었다. 19세기, 환곡의 정식 분급액 이외에 별도로 곡물을 분급해줄 것을 청하는 가분(加分)은 거의 정례화 되고 있었다. 구휼이라는 명분과는 달리 지방기구의 재정부족분을 메우기 위해 요구되는 경우도 많았다. 『화영일록(華營日錄)』에 나타난 가분의 경우, 가뭄과 해일 등의 피해기록을 고려한다면 실제로 진휼곡으로 분급되었다고 추정된다. 그러나 해마다 이어지는 가분의 요구는 유수부가 보유하고 있는 곡물의 급격한 축소를 야기하는 것이기도 했다.

유수부와 속읍 백성들의 구휼미로 분급된 환곡 중에는 유수부의 재원을 마련하기 위해 운영되는 환곡도 포함되어 있었다. 실제 유수부 부내에서 운영하고 있었던 환곡은 『화영일록(華營日錄)』에서 확인되는 환곡보다 더 다양했을 것이다. 유수부 행정체제 내에는 운영과 관련된 업무를 담당하는 다수의 행정기관과 재정기관들이 존재했다. 유수부 전반의 운영재원과 각 기관의 업무 비용, 각 장교들과 서리들을 위한 인건비를 고려하면 여러 명목의 환곡들이 존재했음을 짐작할 수 있다. 다만 수원유수부의 행정적 기반과 수원을 중심으로 하는 인근 지역사회의 안정은 밀접하게 연관되어 있었다. 자연재해로 인한 기근이나 역병이 발발하여 지역사회가 불안정해진다면 어떤 명목의 환곡도 구휼을 위해 전용될 수 있었다.

반면, 타 지역에서 운영되는 환곡은 유수부 운영의 재원으로 한정되어 활용되었다. 수원유수부는 경기 이외의 경상도와 전라도에서 환곡을 운영하고 있었다. 양남지역에서 운영되는 환곡의 경우, 모곡을 돈으로 바꾸어 유수부로 상납하였다. 환곡의 모곡을 돈을 바꾸어 유수부로 상납하는 업무는 차인(差人)들이 담당했으며 이들은 유수부의 장리청(將吏廳)이 선발하였다. 차인들이 모곡을 밑천으로 삼아 장사를 하다 기한 내에 납부하지 않아 문제가 되기도 하였다. 여타 지역의 환곡을 통해 얻은 모곡은 유수부의 1년 비용을 지탱하는 재원이었기 때문에 차인들의 불성실한 경영은 큰 문제가 되었다.

1836년 당시 수원유수부가 구관하는 각도의 곡물 중 부족한 모곡은 1,200여석에 이르렀다. 유수 서유구는 부족한 모곡 1,200석을 비변사에서 획급해줄 것을 요구했다. 이에 비변사는 수원유수부의 요청에 따라 비국이 관할하는 경상도 지역의 모곡 및 여러 명색의 곡물들을 쌀로 바꾸어 1,800여석을 획급해주기로 하였다.

유수부의 재정을 확보하기 위한 또 하나의 방법은 새로운 환곡을 창설하는 일이었다. 서유구는 부내에 있는 외탕고(外帑庫)에서 보유한 10,000냥을 양남지역에 보내 곡물로 바꾸고 환곡으로 운영하려 했다. 10,000냥을 상정가(詳定價)[1]로 환산하면 쌀 3,300여석을 얻을 수 있으니 경상도와

1 시장에서 실제로 매매되는 가격이 아닌 중앙정부나 지방관아에서 정한 가격을

전라도에 각각 절반인 1,650석을 분배하여 화성외탕곡(華城外帑穀)으로 명명하고 새로운 재원을 확보하고자 했다. 화성외탕곡은 대왕대비의 재가를 얻어 내년부터 원곡을 모두 분급하는 진분(盡分)의 형식으로 운영하도록 결정되었다. 양남지역에는 이미 수원유수부가 운영하는 환곡이 있었으나 그와는 별도로 새로운 명목의 환곡이 신설된 것이었다. 유수부가 지방을 관할하는 행정기관이면서 동시에 중앙 경관직에 속한 기관이기도 했기 때문에 가능한 일이었다. 유수부는 다른 중앙기관들처럼 타 도에 유수부가 관할하는 환곡을 신설하여 부족한 예산을 보충할 재원을 확보하려 하였다.

3. 광주유수부와의 재정적 갈등

수원유수부의 성립은 경기 남부 지역의 군사방어체제가 재편되는 것을 의미했다. 18세기 후반까지 경기의 군사방어를 책임지는 군영은 총융청(摠戎廳)과 수어청(守禦廳)이었다. 총융청은 북한산성을 관할하며 경기 북쪽의 방어를 담당했으며 수어청은 남한산성을 관할하며 경기 남부의 방어를 담당했다. 그러나 경기 남서부에 위치한 수원이 유수부로 승격되고 장용영 외영이 설치되면서 수어청의 역할은 상대적으로 축소될 수밖에 없었다.

수원유수부가 성립된 지 2년 뒤인 1795년, 광주부도 유수부로 승격되었지만 위상과 규모면에서는 차이가 있었다. 먼저 유수부가 성립된 과정이 달랐다. 수어청은 광주의 남한산성을 관할하고 산성을 중심으로 경기 이남의 군사방어를 책임지는 군영이었다. 원칙대로라면 수어청은 남한산성의 공관에 머물며 소속 군병을 훈련시키고 경기 남부를 방어해야 했다.

의미함.

하지만 수어청의 지휘부는 경청(京廳)을 두고 한양에 머물며 산성과 군무에 관련된 업무를 처리했다. 정조는 수어청 경청이 국가의 재용을 허비한다고 판단하여 경청을 혁파하였다. 수어청은 남한산성으로 출진(出鎭)되었고 수어사는 광주부유수를 겸하며 유수부의 행정과 군정을 통괄하게 되었다. 광주유수부는 국왕이 수어청의 재원을 삭감하기 위해 군제를 개정하면서 성립된 것이었다.

정조대, 수원유수부가 국왕의 지원을 받으며 번영했던 것에 비해 광주유수부의 군정과 재정규모는 감축되는 추세였다. 사도세자의 능원을 수원에 천장하기로 결정된 1789년을 기점으로 정조는 지속적으로 광주부에 소속된 재원을 수원으로 이속시켰다. 수원과 맞닿은 지역에 있었던 광주부의 일용면(一用面), 송동면(松洞面)은 사도세자의 능원이 수원으로 천봉되던 해, 수원부로 이전되었다. 능원을 수호한다는 명목으로 수원부는 일용면과 송동면에 속한 군병과 부세재원을 전부 이속 받았다.

광주가 유수부로 승격된 이후에도 광주유수부의 재원은 수원으로 이속되었다. 1797년, 경기감사는 광주유수에게 수어청이 관할하는 선혜청 미곡 1,000석과 돈 3,000냥을 요청하여 수원유수부에 상번하는 군인들의 급료를 마련하였다. 1799년에는 남한산성의 군향곡으로 마련했던 13,000석을 수원유수부의 속읍에 분급하여 환곡으로 운영하게 하였다. 순조대, 장용영이 혁파된 이후에도 수원유수부는 이속된 광주부의 재원 일부를 계속 보유할 수 있었다. 수원유수부의 운영을 위한 재원으로 파악되었기 때문이다. 광주부에서 이속된 일용면과 송동면도 19세기까지 수원유수부의 행정구역으로 존속하였다.

『화영일록(華營日錄)』에 나타나는 남한향곡(南漢餉穀)도 광주유수부에서 온 곡물이었다. 정조는 수원유수부 교리(校吏)들의 안정적인 생활보장을 위해 9월 추수기가 되기 전까지는 매월 광주의 창고곡에서 급료를 지급하게 하였다. 이로 인해 광주유수부는 곡식을 이전하여 수원 부내와 각 속읍에서 환곡으로 운영되었다. 이러한 남한향곡의 운영을 둘러싸고 광주유수부와 수원유수부 사이에 갈등이 발발하였다. 1836년 2월 무렵, 광주유수는 곡물이 부족하여 수원 교리들의 요미 170여석을 지급할 수 없는 상황에 이르렀다. 광주유수부는 곡물을 확보할 수 없게 되자 인근의 5개의 속읍에서 곡물 대신 돈으로 받아들여 요미를 대신하려고 했다. 이러한 방식에 수원유수부는 크게 반발했다. 속읍인 용인, 안산, 진위, 시흥, 과천의 곡물가격과 수원유수부 곡물가격이 달랐기 때문이었다. 속읍의 곡물가를 기준으로 미곡 170여석의 가격을 마련하여 수원으로 보내면 70~80여석을 사기에도 부족하다는 의견이었다. 수원유수부는 방법을 강구하여 예전대로 미곡으로 획송해줄 것을 요구했다. 가치의 변동이 심한 돈보다는 안정적인 곡물로 받기를 원했던 것이다. 광주유수부는 곡물이 해마다 줄어들고 있어 부득이 돈으로 대신 납부할 수 밖에 없으며 속읍의 곡물사례를 기준으로 삼아 거래하면 별다른 손해가 없을 것이라고 주장했다. 반면 수원유수부는 곡물로 받아온 관례는 심한 흉년에도 불구하고 40년 동안 지켜졌는데 지금 갑작스럽게 돈으로 납부하는 것은 서로를 돕는 의리를 크게 손상하는 것이라고 주장했다.

2월에 시작된 광주유수부와 수원유수부의 논쟁은 4월까지 이어졌으나 쉽게 합의점을 찾지 못했다. 수원유수부는 이미 4개월분의 급료가 밀린 상황이었다. 교리들에게 급료를 지급하기 못하면 유수부의 운영에 필수적인 공역(公役)을 시킬 수 없었다. 흉년까지 연이어 닥치는 상황에서 교리들에게 분급해줄 곡물의 확보는 절실했다. 결국 미곡 170여석에 준하는 다른 명목의 곡물을 교리들에게 분급해주는 것으로 결정했다.

19세기의 시대적 양상을 재고하며

18세기에서 19세기로 넘어가는 과정을 살펴보면서 드는 몇 가지 의문이 있었다. 18세기에 축척되었던 국가의 역량은 19세기가 되면 모두 사라지는 것인가? 19세기의 부세제도가 많은 문제를 야기했다면 이는 19세기에 생긴 문제인가? 아니면 이전 시기부터 내려온 문제들이 더욱 확장된 것인가? 현재 19세기 국가의 재정구조에 대한 연구는 아직 시작단계에 있다고 할 수 있다. 전정과 군정, 환정이라는 커다란 틀에 대한 설명이 이루어졌을 뿐 구체적인 양상에 대한 부분은 아직 미비하다.

그런 점에서 『화영일록(華營日錄)』은 19세기 사회의 모습을 파악할 수 있는 한 단면을 제시한다. 세도정권기에 대한 일반적인 이미지대로라면 19세기 수원유수부에서는 경기 서남부 지역을 중심으로 무자비한 부세수취가 이루어져야 했다. 그러나 『화영일록(華營日錄)』은 세도정권에 적극적으로 찬성한 권력자가 기록한 행정일지이지만 그 내용에 나타나는 기본 이념은 '안민(安民)'이었다. 흉년을 당한 백성을 위해 최대한 많은 재결을 얻어내려 노력하고 환곡은 진휼미로 활용되었다. 부족한 재정을 마련하기 위해 비변사에 자금지원을 요청하기도 하였다. 유수부 내 교리들의 급료를 안정적인 곡물로 확보하기 위해 돈으로 보내려는 광주유수부와 갈등을 빚기도 하였다. 새로운 재원을 마련하기 위해 외탕고의 재원을 자본으로 삼아 다른 지역에 환곡을 만들기도 하였다.

19세기에 들어와서도 조선의 기본적인 통치원칙은 '백성을 위한 정치'였다. 그 이상은 변하지 않았음에도 점차 백성들에게 무거운 부세가 전가되기 시작했던 것은 어떤 원인과 과정을 거쳐 일어난 일이었는가? 『화영일록(華營日錄)』은 19세기 권력자들 또한 기본적으로 백성을 위한 정치를 추구했음을 보여준다. 그럼에도 결국 19세기 조선의 국가시스템이 무너지기 시작한 이유는 무엇이었는지에 대한 종합적인 고찰이 필요한 것이다.

〈참고문헌〉

유봉학, 1996 『꿈의 문화유산, 화성 : 정조대 역사·문화 재조명』, 신구문화사.
_____, 2009 『개혁과 갈등의 시대 : 정조와 19세기』, 신구문화사.
염정섭, 2013 『서유구』, 민속원.
김왕직(외) 저, 실시학사 편, 2015 『풍석 서유구(楓石 徐有榘) 연구』 上·下, 성균관대학교출판부.

『동궐도』로 읽는 19세기 정치사

이 민 아(李珉婀)*

'궁궐지도'를 통해 궁궐의 역사적 맥락 찾기

궁궐은 서울에 있는 대표적인 관광지이다. 빌딩 숲으로 둘러싸인 각박한 서울에서 궁궐은 많은 사람들의 휴식 공간이기도 하다. 어린 시절 엄마 손에 이끌어 처음 가본 창경궁은 '신비로움' 그 자체였다. 창경궁의 다리인 옥천교(玉川橋)를 건너 법전(法殿)인 명정전(明政殿)으로 들어가는 길에 발을 내딛을 때마다 왕의 걸음, 왕비의 걸음, 궁녀의 걸음, 신하의 걸음을 상상했다. 그때 궁궐을 보면서 던졌던 질문은 아주 단순했다. 조선시대 사람들은 이곳에서 무엇을 했을까? 그리고 이곳에서 어떻게 살았을까? 궁궐에 남아있는 건물들은 늘 그 자리에 있었고, 고정된 의미를 지녔을 거라 막연하게 생각했고, 그 의미가 궁금했다.

그러나 이후 궁궐에 대해 공부하면서 알게 된 궁궐 건물은 고정된 실체가 아니었다. 남아있는 궁궐 건물은 조선왕조에서 대한제국, 일제강점

* 서울대학교 국사학과 대학원 박사과정 수료.
대표논저 : 「孝明世子·憲宗代 宮闕 營建의 政治史的 의의」(『韓國史論』 54집, 2008).

기를 거치면서 변형되었으며, 해방 이후에도 파괴와 복원, 이전이 이루어졌다. 조선시대의 궁궐은 조선시대 최고 통수권자인 왕이 살던 집이자 정책이 결정되고 정치가 이루어지는 핵심 장소였다. 왕은 궁궐 건물을 새로 짓고, 특별한 용도로 사용하면서 자신의 정치적 지향을 밝히기도 했다. 일제시기를 전후하여 조선왕조의 핵심장소였던 궁궐은 정치적 생명력을 잃었다. 사실상 기능을 다한 건물이 쇠락의 길을 걷는 것은 어쩌면 당연한 이치이다. 1907년 순종의 즉위와 함께 일제에 의해 창경궁이 공원화되면서 가장 극적인 궁궐의 변형과 왜곡이 이루어졌다. 그리고 궁궐의 마지막 주인이라고 할 수 있는 고종과 순종의 죽음으로 인해 궁궐의 공원화가 가속화되었다. 해방 이후에도 계속해서 서울 도심의 부족한 공원 기능을 하던 서울의 궁궐은 1990년대 이후 지속적인 복원사업의 확대로 '원형'을 회복해가고 있다.

그런데 '원형'이란 무엇일까? 사실 궁궐뿐만 아니라 어떤 건물이든 인간은 다양한 필요에 따라 건물을 짓고 또 변형시키고 없애기도 한다. 그렇기 때문에 궁궐의 '원형'을 찾는 것 자체가 어불성설이 아닐까 싶다. 애초에 '원형'이란 존재하지 않는다. 건물은 제도, 의식, 생활, 업무 등 다양한 필요에 의해 새로 만들어지거나 사라질 뿐이다. 그런 변화의 기점을 추적함으로써 시대의 역사적 맥락을 살펴볼 수 있다. 특정한 시기, 건물을 특정한 장소에 세움으로써 건축을 주도한 주체는 자신의 의지와 의도를 표현한다. 그러므로 궁궐에서 조선시대 특정 시기에 일어난 건물의 건축행위와 건물 용도를 밝힘으로써 그 시기의 맥락을 읽어낼 수 있다. 그러나 현재의 궁궐은 '특정 시기'의 궁궐을 보여주지 못한다. 특정 시기 건물의 형태나 배치를 알려주는 가장 구체적인 정보는 당시에 그려진 궁궐 지도에 담겨있다.

지도 제작은 뚜렷한 목적을 가지고 이루어진다. 왜란과 호란을 경험한

17세기 이후 국경 지역에 대한 정밀한 정보를 확보할 목적으로 군사지도들이 제작되었는데, 남구만의 「함경도지도」가 대표적이다. 이후 다양한 지도가 제작되었으며 서양에서 들어온 지도제작기법이 도입되면서 그 결정체로 『대동여지도』와 같은 지도가 탄생할 수 있었다. 19세기 중반 제작된 대동여지도는 각 고을의 거리를 십리마다 표시하고, 역, 원 등 상업관련 정보가 자세하게 적혀있다. 절첩식 형태로 만들어져 휴대의 편리성을 높였고, 목판으로 제작하여 대량 보급을 꾀했다는 것은 일상적으로 장거리 이동을 하는 상인들에게 통용될 만큼 이 시기에 지도 수요가 광범위했음을 보여준다. 이처럼 지도의 제작과 보급은 지도를 만드는 사람의 의지와 지도를 사용하는 사람의 사용 목적을 반영한다.[1]

여타의 지방지도가 상업적, 군사적, 행정적 목적으로 제작되는 것과 달리 궁궐 지도는 광범위한 수요에 맞추어 제작된 것이 아니다. 특히 대형 궁궐 그림은 개인 창작활동의 결과물이 아니며, 궁궐을 운영하는 주체의 의지를 반영하여 제작되었다고 볼 수 있다. 현재 남아있는 조선시대 궁궐지도는 『동궐도(東闕圖)』, 『서궐도안(西闕圖案)』, 『북궐도형(北闕圖形)』이 있다. 이 중 창덕궁과 창경궁을 그린 동궐도와 경희궁을 그린 서궐도안은 19세기 전반에 그려진 것이며, 경복궁을 그린 북궐도형은 고종이 즉위한 후 경복궁이 중건되었던 19세기 후반에 그려진 것이다. 이중 서궐도안은 채색이 되어있지 않은 밑그림 형태로 남아있는데 지도의 형식과 표현 방식이 동궐도와 유사하여 동궐도를 제작했던 때와 가까운 시기에 그려졌을 것으로 추측된다.

1 신병주, 2007 『규장각에서 찾은 조선의 명품들』, 책과 함께, 161~170쪽.

‘동궐도’, 18세기와 19세기의 연결고리

동궐도에 대한 나의 관심은 궁궐에 대한 관심에서 출발했다. 20대 초반 나는 궁궐에 대한 호기심을 충족하고 싶은 마음으로 창경궁을 안내하는 자원봉사 활동을 시작했다. 그리고 그때 동궐도를 처음 만났다. 동궐도는 궁궐이 가장 확장 되었던 시기의 창경궁 모습에 대한 정보를 충분히 제공했다. 사실 일제 강점기를 거치면서 궁궐의 많은 부분이 훼철되었다. 특히 창경궁은 동물원과 식물원을 갖춘 대표적 유원지로 기능했기 때문에 몇몇 주요 건물을 제외한 대부분의 건물이 훼철되었으며 남아있는 공간은 왜곡, 변형되었다. 때문에 동궐도는 많은 관람객에게 궁궐의 옛 모습을 알려주는 중요한 자료로 활용되었다. 원래의 크기보다 축소된 형태의 동궐도가 다양한 출판물로 기획되어 있었기 때문에 궁궐에 관심이 있는 사람이라면 어렵지 않게 동궐도에 접근할 수 있었다.

고려대학교에서 전시회를 열었을 때 동궐도를 직접 대면하면서 느꼈던 감동은 지금도 잊히지 않는다. 회화적으로 표현된 동궐도는 단순한 정보를 제공하는 지도를 뛰어넘어서 거대한 규모의 예술 작품이었다. 섬세하게 표현된 기와와 현판, 나무와 수석(壽石) 등은 놀라움 그 자체였다. 동궐도에 대한 관심은 현재 남아있는 전각과 동궐도 제작 시기에 존재했던 전각을 비교하여 살펴보는 것을 넘어서서 누가, 왜 동궐도를 제작했는가에 대한 관심으로 옮아갔다. 그리고 19세기 전반이라는 제작 시기와 ‘효명세자’라는 주체가 만나면서 19세기를 설명하는 작은 실마리를 찾을 수 있었다. 애초에 대학원을 진학할 때의 문제의식은 18세기와 19세기의 단절적 이해를 극복하자는 것에서 출발했다. 18세기 영조와 정조의 재위기간은 르네상스 시기라고까지 일컬으면서 ‘탕평정치기’로 명명되었지만, 정조의 죽음 직후 갑자기 안동 김씨를 비롯한 몇몇 가문이 전횡을 일으키는 '세도정치기'가 시작되었다. 이와 같은 설명 방식은 역사의 변곡점을 통치자 개인의 죽음이라는 드라마틱한 전환에서 찾는다는 점에서 대중의 감수성을 자극하지만 역사를 지나치게 분절적으로 이해하는 방식이며 구조적이고 역사적인 접근 방식이라고 볼 수는 없다.

18세기와 19세기를 연속적으로 이해하기 위해서는 18세기와 19세기를 바라보는 인식 틀 모두를 기존의 이해와는 다른 관점에서 설명할 필요성을 느꼈다. 그것이 대학원에서 내가 수행해야 할 연구 과제이기도 했다. 18세기 왕권강화정책에 대한 평가, 왕권과 신권이 작동하는 방식에 대한 이해와 19세기에 변화된 지점과 연속되는 부분들을 정교하게 재현할 필요가 있었다. 동궐도는 18세기에서 19세기로 넘어가는 전환점을 설명해 주는 결정적인 자료가 되지는 않지만, 시대를 이해하는 큰 그림을 그리기 위한 작은 단초라고 할 수 있다.

'동궐도' 읽기

효명세자는 대리청정기에 동궐도를 제작했다. 동궐도는 동궐, 즉 창덕궁과 창경궁을 함께 그린 가로 576cm, 세로 273cm의 대형 궁궐그림이다. 동궐도는 창덕궁과 창경궁의 수많은 건축물, 산수배경과 그 밖의 시설물을 구체적이고 자세하게 묘사한 작품으로, 규모와 내용 및 작품의 수준면에서도 뛰어난 궁궐그림으로 인정받고 있다. 동궐도는 연경당이 건립된 1828년(순조 28)에서 환경전이 소실된 1830년(순조 30) 사이, 즉 효명세자 대리청정기에 그려진 것이다. 즉 효명세자가 국정을 주도하던 시기, 대형 궁궐 그림이 그려졌다. 효명세자는 왜 동궐도를 만들었을까? 대형작품임에도 불구하고 16개의 화첩으로 나누어 제작하여 부분적으로 펼쳐보거

[그림 1] 동궐도

나 보관이 유용하게 한 점을 보았을 때, 궁궐 공간 전체를 한 눈에 파악할 수 있는 지도 역할을 했던 것으로 추측된다. 한꺼번에 3개의 그림을 제작하여 도난이나 훼손에 대비한 것도 같은 이유 때문이었다. 효명세자는 동궐도를 통해 궁궐 전체를 파악할 수 있었을 것이다.

동궐도의 특징은 치밀하고 자세한 세부묘사이다. 동궐도는 궁궐 각 건물의 현판 글씨는 물론, 괴석이나 해시계 같은 작은 소품들까지도 상세하게 표현하였다. 이는 효명세자가 궁궐에 큰 관심을 갖고 있었다는 것을 보여준다. 그런데 동궐도에서 더 주목해야 할 부분은 상세한 그림보다, 그 속에 나타나는 몇몇 왜곡된 묘사이다. 특히 대보단을 다른 건물들보다 상대적으로 크게 그렸다. 대보단은 영조대 이후 왕권강화와 밀접한 관련을 가진 공간이다. 1749년(영조 25) 영조는 숙종대 건립된 대보단을 증수하면서 임진왜란 당시 원병을 보내준 신종(神宗) 뿐 아니라 정묘, 병자호란 당시 원병을 보내려고 하였던 의종(毅宗), 그리고 더 나아가 명(明) 태조(太祖)까지 대보단에 배향하였다. 영조는 대보단 증수 과정에서 대명의리의 주체를 군주로 설정하여 송시열 이래 의리론을 주도하던 노론계로부터 그 주도권을 탈환하는 계기를 만들었다. 대보단은 순조가 효명세자의 대리청정을 준비하던 시기에도 주목받았다. 1822년(순조 22) 3월 순조는 자신이 왕위에 오른 지 30년을 바라보는데 계지술사(繼志述事)하지 못하며 덕이 없고 불초하여 선조(先祖)의 뜻을 많이 떨어뜨렸다고 자책하면서, 명 신종·의종·태조 세 황제에 각기 한 신하를 배정하고 그 신하의 의절(儀節)과 제품(祭品)에 대한 절목(節目)을 강론(講論)하여 결정할 것을 하명(下命)하였다. 그리고 태조의 종향신으로 명나라 창업원훈 무녕왕(武寧王) 서달(徐達)을, 신종의 종향신으로 『명사(明史)』에서 이미 대려공신(帶礪功臣)으로 평가한 영원백(寧遠伯) 이여송(李如松)을, 의종의 종향신으로 『명사』에 수록된 순절제신(殉節諸臣) 중 첫 머리에 수록된 범문정(范文貞)을 각각 대보단에 종향하였다. 이처럼 세자의 대리청정을 준비하던 순조는 영조대 이후 왕권강화의 장치로 기능해 온 대보단에 주목했다. 뒤에 살펴보겠지만 효명세자 역시 대보단에 관심을 갖고 대보단을 통해 자신의 권위와 정통성을 강조하고자 했다.

대보단뿐만 아니라 규장각과 자경전도 상대적으로 크게 묘사되었다. 규장각은 정조 개혁정치의 핵심공간이자 왕권강화의 상징이었으며, 자경전은 정조가 어머니 혜경궁을 위해 만든 '효(孝)'의 공간으로서 역시 왕실의 권위와 정통성을 상징했다. 이와 같이 대보단, 규장각, 자경전을 강조한 동궐도를 통해 영조와 정조를 계승하여 왕실의 권위와 정통성을 높이고자 했던 효명세자의 의지를 읽을 수 있다.

효명세자, 정조를 본받아 궁궐을 경영하다

궁궐에 대한 효명세자의 관심은 자신의 의지를 담은 몇몇 궁궐 건물의 영건으로 이어졌다. 대리청정 전후(前後) 효명세자가 지은 가장 주목할 만한 건물은 의두합(倚斗閤)과 연경당(演慶堂)이다. 대리청정 직전인 1826년 효명세자는 창덕궁 후원 규장각의 뒤편에 자신의 독서처로 의두합을 새로 지었다. 의두합의 좌향은 북향이며, 그 모습은 단청칠을 하지 않은 소박한 형태이다. 실용적인 목적으로 건물을 짓는다면, 햇빛이 잘 들게 하기 위해서 남향으로 집을 지었을 것이다. 그러나 의두합은 규장각에 기대어 북향을 하고 있다. 이것은 효명세자가 철저하게 정조를 계승하겠다는 의미를 담아 의두합을 건립했다는 사실을 잘 보여준다. 의두합이라는 이름 자체도 "별에 기댄다."라는 뜻으로 여기서 별은 작게는 규장각, 크게는 정조를 의미한다. 실제로 효명세자가 직접 지은 의두합 상량문을 보면 규장각 창건과 함께 책이 다 모였다고 하면서, 의두합은 자신의 성경(聖經)과 현전(賢傳)을 보관하고 공부하는 장소로 사용할 것이라는 내용이 담겨있다.

효명세자가 계승하고자 했던 규장각은 정조가 왕정체제의 안정을 위해 국왕의 글과 유품을 보관하는 전각제도에 깊은 관심을 갖고 세운 건물

[그림 2] 동궐도내 규장각과 의두합 일대

이다. 그리고 그 안에 국왕의 어진과 어제를 모시고 규장각 일대에 『고금도서집성(古今圖書集成)』 등 많은 서적을 보관해 호학군주로서의 면모를 과시했다. 순수한 전각제도로 출발한 규장각은 1781년(정조 5)부터 정치적 선도기구로 모습을 일신했다. 규장각 각신은 과거시험과 초계문신제도 등을 주관하면서 많은 권한을 부여받았다.

효명세자는 정조대 규장각의 정치적 의미를 충분히 인식하고 있었다. 때문에 대리청정을 앞두고 자신의 왕권강화의지를 드러내기 위해 규장각에 기대어 의두합을 건립했던 것이다. 그러나 효명세자는 정작 규장각을 정조대처럼 이용하지는 못했다. 정조 홍서 후 19세기에 들어 규장각 각신에게 주어졌던 특별한 권한들은 대부분 철회되었고 규장각의 정치적인 기능이 대폭 축소되었다. 19세기 규장각은 역대 왕들의 글과 도서, 어진을 관리하고 간행하는 역할만 하였다. 이는 효명세자 대리청정기에도 마찬가지였다. 규장각에 기대어 의두합을 건립한 효명세자 역시 규장각을 통한 정조 계승에 있어 한계를 보였던 것이다.

효명세자는 의두합의 의미를 규장각뿐만 아니라 대보단과도 연결시켰다. 의두합 공사가 끝나자 효명세자는 공장·군인에게 유시하여 그들을 위로하면서 자신이 대보단 곁에 우거(寓居)하는 것이 오락을 위해서가 아니라고 밝혔다. 효명세자가 의두합 경치를 노래한 시에서도 의두합의 위치가 대보단과 가깝다고 표현하였다. 신하들 역시 의두합을 대보단과 연결시켜 이해하였다. 조병현(趙秉鉉)은 효명세자가 실시한 응제(應製)에서 '의두합'이란 글을 지어 지필묵(紙筆墨)을 하사받았다. 그 시에서 조병현은 '신종(神宗) 재조(再造)의 망극한 은혜를 생각하니 조선 만세(萬世)에 멸할 수 없는 마음이라……단을 지어 크게 보답한다.'고 서술하고 있다. 그러나 의두합과 대보단 사이의 실제 거리가 가깝다고 할 수는 없으며 굳이 관계를 설정할 만한 직접적인 관련이 있는 것도 아니다. 그럼에도 불구하고 효명세자는 의두합과 대보단의 관계를 긴밀하게 설정하여 의두합의 중요성을 부각시켰다. 이는 대보단이 영조대 이후 왕권강화를 상징하는 공간이었다는 사실과 관련이 있다. 즉 자신의 공간인 의두합을 대보단과 연결시킴으로써 스스로의 권위와 정통성을 높였던 것이다. 효명세자가 역관을 연경에 보내어 『황명실록(皇明實錄)』 400여 권을 사오게 하여 대보단에 봉안한 것도 같은 맥락에서 이루어졌다.

효명세자는 규장각에 기대어 의두합을 지어서 독서처로 삼았다. 그리고 의두합을 대보단과 긴밀하게 연결시킴으로써 자신의 권위와 정통성을 강조하였다. 의두합 건립은 대리청정을 앞둔 효명세자가 정조를 계승하여 왕권을 강화하겠다는 의지를 드러낸 것으로 볼 수 있다. 의두합은 규장각 뒤편에 여전히 존재하며, 이는 동궐도를 통해서도 확인할 수 있다.

연경당은 효명세자 대리청정기에 지어진 건물이다. 흔히 연경당은 순조가 효명세자에게 정무를 맡기고 한적하게 쉬기 위해, 99칸 사대부가를 본떠 세워졌다고 알려져 있다. 연경당을 한적하게 쉬기 위한 의도로 건립했다고 보는 가장 큰 이유는 후원 깊숙한 곳에 위치하기 때문이다. 그러나 정치적 입장을 나타내는 공간으로 후원 깊숙한 곳을 활용한 예는 이미 숙종대의 대보단과 정조대의 규장각에서 나타난다. 현재 남아있는 연경당은 99칸 사대부가가 아닌 120.5칸의 대군가(大君家)를 모방하여 지은 집이다. 그러나 현재 규모의 연경당은 헌종대에 만들어졌다. 효명세자 대리청정기 연경당의 모습은 현재 연경당의 모습과 그 규모와 형태가 완전히 다르다. 효명세자 대리청정기에 건립한 연경당의 모습은 동궐도와 『무자진작의궤(戊子進爵儀軌)』, 『궁궐지(宮闕志)』를 통해 확인할 수 있다. 동궐도의 연경당 모습은 1828년 6월에 설행된 진작례를 기록한 의궤인 무자진작의궤의 연경당 모습과 정확히 일치한다. 효명세자 대리청정기의 연경당은 36칸의 건물이었다. 효명세자가 연경당을 영건했던 이유는 고종 초에 간행된 『동국여지비고(東國輿地備攷)』에서 잘 드러난다.

> 연경당(演慶堂) 어수당 서북쪽에 있다. 순조 27년(1827) 익종(翼宗)이 동궁에 있을 때에 진장각 옛터에 창건하였는데, 그때 순조(純祖)에게 존호(尊號)를 올리는 경사스러운 예(禮)를 만났고 마침 연경당을 낙성하였으므로 그렇게 이름하였다.[2]

즉 효명세자는 연경당 영건을 통해 궁궐 내 연향 공간을 확장하고자 했던 것이다. 효명세자는 1827년(순조 27) 7월 18일 원손이 탄생하자 이것이 부왕(父王)과 모비(母妃)의 덕이라면서 순조와 순조비의 존호를 올릴 것을 청하였다. 9월 9일에 왕과 왕비에게 존호를 올리는 예를 행하고 9월 10일에 자경전에서 진작례를 설행했다. 『동국여지비고』에 따르면 1827년(순조 27) 진작례가 있었던 시기에 연경당 건립이 이루어지고 있었다.

연경(演慶)이라는 전각명에서도 드러나듯 연경당은 경사로운 예를 행하는 곳이었다. 연경당의 출입문인 장락문(長樂門)은 연경당이 왕대비나 대왕대비 등 웃어른을 위한 장소임을 나타낸다. 효명세자는 연경당 건립 이듬해 정월 20일 순원왕후의 40세를 기념하는 진작례(進爵禮) 설행(設行) 연습 장소로 연경당을 이용하였다. 1828년(순조 28) 2월 순조비인 순원왕후 김씨의 40세를 경축하여 자경전에서 왕과 왕비에게 진작례를 행하고, 6월 1일에 순조와 순원왕후의 탄신을 기념하는 진작례를 연경당에서 거행했다. 특히 1828년 2월에 개최된 연향이 창사(唱詞) 없이 공연되었다는 것과 달리 연경당에서 열린 6월 연향은 효명세자가 만든 한문 창사가 보강되고 새롭게 창제된 정재(呈才)가 공연되었다. 효명세자는 자신이 직접 만든 새로운 연향을 시도하는 장소로 연경당을 이용했던 것이다. 효명세

2 『東國輿地備考』 권1, 「京都」.

자가 연향 공간으로 연경당을 만들었다는 사실은, 연경당이 궁극적으로 왕권강화를 위한 공간임을 잘 보여준다. 왜냐하면 정조가 '효'를 명분으로 화려한 연향을 시행하여 왕실의 권위와 정통성을 높였듯이, 효명세자 역시 오랫동안 약화되었던 왕권을 다시 강화하기 위해 정조를 본받아 연향을 통해 왕실의 권위와 정통성을 높이고자 했기 때문이다. 또한 군주가 연향을 주도하는 것은 예악의 담당자인 성인군주를 몸소 실천하는 것이기도 했다.

이와 같이 효명세자는 할아버지 정조를 본받아 궁궐 영건을 통해 왕권강화를 시도하였다. 의두합이 규장각에 기대어 정조 계승 의지를 천명한 공간이라면, 연경당은 정조처럼 '효'를 강조하여 왕실의 권위와 정통성을 확립하는 공간이었다. 물론 신하들은 효명세자의 궁궐 영건에 부정적이었다. 연경당 영건 전후인 1827년 말과 1828년 중순 신하들은 효명세자가 궁궐 영건을 크게 하는 것을 비판하였다. 이는 궁궐 영건에 따른 비용 지출과 관련된 것이기도 하지만, 보다 본질적으로는 효명세자의 왕권강화 시도에 대한 신하들의 견제라고 할 수 있다. 특히 안동 김씨는 연경당을 기피하였다. 효명세자 사후 김조순이 찬한 지문에서도 효명세자가 연경당으로 추정되는 큰 건물을 짓고 후회했다는 기록이 나온다. 1837년(헌종 3) 김조순의 7촌 조카인 김조근의 딸이 헌종 비가 되면서 연경당에 봉안되어 있던 효명세자의 어진을 다른 곳으로 옮긴 것 역시, 안동 김씨가 연경당을 기피했다는 사실을 보여주는 단서이다. 그런 의미에서 연경당은 연향 공간을 넘어서서 안동 김씨에게 위협을 줄 정도의 정치적 의미를 담고 있었다고 할 수 있다.

'궁궐지도'의 활용

동궐도는 19세기 전반 정조를 계승하고자 했던 효명세자의 의지를 담아 제작하였다. 대리청정기 동궐도의 제작, 나아가 궁궐 건물의 영건과 궁궐 내의 연향에 대해 주목하면서 19세기 전반을 이해하는 작은 실마리를 찾아보고자 하였다. 그러나 동궐도와 같은 자료를 이용해 역사를 서술하는 것이 한계가 있다는 점도 고백하지 않을 수 없다. 또한 건물의 영건, 연향이 정치적 알력에서 당시 권력의 정점에 있던 안동 김씨를 견제하는 데 어느 정도 영향을 미쳤을 가능성도 있지만, 이것이 백성을 다스리고 다양한 세력의 이해관계를 조정하는 중요한 정치적 기제라고 볼 수도 없다.

그러나 건축 행위와 건물이 있는 장소는 건축 '주체'의 다양한 의지와 의도가 반영된 결과이므로, 건물의 신축과 활용이 어떻게 이루어졌는지 또는 좌절되었는지를 분석하여 건축 주체의 성격을 이해할 수 있다. 처음에 밝혔던 바와 같이 특정한 공간을 의미 있는 장소로 만들어내는 것은 인간의 의지에 달려있으며, 공간을 심층적으로 연구하기 위해서 다양한 지도를 활용하는 것은 시대를 좀 더 풍부하게 살펴볼 수 있는 중요한 자료가 될 수 있다. 앞으로 19세기 말, 20세기 초에 제작된 궁궐지도를 분석하여 지도의 제작 주체와 제작 의도를 파악하고, 건물이 형성된 장소와 형태를 분석하여 대한제국 정부의 성격을 규명하기 위한 실마리를 찾고자 한다. 그리고 건물의 성격이 어떻게 변화하는지 살펴봄으로써 대한제국에서 일제로 변화되는 시대상을 추적하고자 한다. 이를 통해 '전근대'와 '근대', '주체성'과 '식민성'을 넘어서는 다양한 시대적 맥락을 읽어낼 수 있기를 기대한다.

〈참고문헌〉

배우성, 1995「古地圖를 통해 본 18세기 北方政策」『규장각』 18.

신병주, 2007『규장각에서 찾은 조선의 명품들』, 책과 함께.

안휘준 외, 2005『동궐도읽기』, 창덕궁관리소.

이민아, 2007「孝明世子·憲宗代 宮闕 營建의 政治史的 의의」, 서울대학교 석사학위논문.

이성미 외, 2005『조선왕실의 미술문화』, 대원사.

전종한 외, 2005『인문지리학의 시선』, 논형.

한영우, 2003『昌德宮과 昌慶宮』, 효형출판.

홍순민, 1999『우리궁궐이야기』, 청년사.

______, 2011「조선후기 동궐 궐내각사 배치 체제의 변동-『어제 궁궐지』 및『궁궐지』의 분석을 중심으로」『서울학연구』 44.

한국무용예술학회 편, 2005『효명세자 연구』, 두솔.

한국역사연구회 19세기 정치사연구반, 1990『조선정치사 1800~1863』 상·하, 청년사.

안동군 『토지조사부』를 통해 본 19세기의 사회와 경제

정 성 학(鄭晟鶴)*

19세기와 민란, 그리고 향리

19세기를 설명하는 대표적인 단어들 가운데 하나가 민란이다. 19세기 내내 전국 각지에서 산발적으로 봉기가 일어났지만, 임술년(1862)의 민란과 갑오년(1894)의 동학농민전쟁은 19세기를 '민란의 시기'로 지칭하는데 결정적인 역할을 했다. 임술민란과 동학농민전쟁과 같은 민란 발발의 주요원인으로 '삼정(三政)의 문란(紊亂)'이라고 칭해지는 부세 수취 과정에서의 부정행위을 꼽았다. 이 과정에서 향리층이 민란 발생의 주요 원인을 제공한 것으로 이해되고 있다. 19세기 관찬사료나 민란의 기록을 살펴보면 정부와 백성들의 향리층에 대한 적대심은 어마어마했기 때문이다. 이들을 간리(奸吏) 혹은 활리(猾吏)라고 지칭했고, 민란이 발발했을 때 민들

* 서울대학교 국사학과 대학원 박사과정 수료.
대표논저 : 「조선후기 안동 상층 鄕吏의 鄕職繼承과 존재양상」(『韓國史論』 60, 2014).

의 분노는 주로 향리에게로 향했다. 향리층이 백성들에게 큰 원한을 샀던 이유는 이들이 지방에서 관의 실무를 담당하며 실제 부세 수취를 수행했기 때문이다. 이러한 사실 때문에 19세기에 수령–이향 수탈체제가 완성되었다고 보는 연구도 있다.[1]

그런데 최근 지방 재정에 대한 연구를 통해 수탈과 민란에 대해서도 새로운 해석이 내려지고 있다.[2] 민란의 발발 원인을 단순히 수령과 향리층과 같은 국가체제의 말단의 탓으로 돌리는 것이 아니라 국가의 구조적인 차원으로 확대시킨 것이다. 여러 연구들이 지적하듯이 19세기 이후 국가 재정이 파탄에 이르러 백성들에게 부과되는 세금의 절대 양이 급속도로 증가하게 된다. 구휼의 성격을 지닌 환곡이 19세기에 부세로 성격이 변한 것도 같은 맥락이다.[3]

19세기 민란 발발에 향리층이 얼마나 큰 영향을 미쳤느냐 라는 질문에 대한 해답을 찾는 방법은 여러 가지가 있다. 그 중 향리층의 토지소유규모를 추적하는 것도 하나의 방법이라고 생각한다. 만약 부세수취과정에서 백성과 관찬사료의 기록처럼 향리층이 부정과 부패를 저질렀다면 그들은 분명 큰 부를 축적할 수 있었을 것이다. 따라서 전근대 사회의 부의 척도라 이해되는 토지소유라는 측면에서 어떠한 특징을 발견할 수 있을 것이라는 가정을 했기 때문이다. 이것이 석사논문을 준비하며 가장 먼저 생긴 문제의식이었다.

필자의 문제의식을 해결 해 줄 수 있는 유력한 사료가 양안(量案)이다. 양안은 지역별 시기별로 차이가 나지만 대체로 토지의 가로·세로 길이,

1 고석규, 1998 『19세기 조선의 향촌사회연구』, 서울대학교 출판부.

2 손병규, 2008 『조선왕조 재정시스템의 재발견』, 역사비평사.

3 양진석, 1999 「17·18세기 還穀制度의 운영과 機能 변화」, 서울대학교 박사학위논문; 문용식, 2000 『朝鮮後期 賑政과 還穀運營』, 경인문화사.

그 토지에서 산출되는 곡식의 양을 나타내는 결부(結負), 토지의 소유자 혹은 경작자를 나타내는 시주(時主), 기주(記主) 등이 대부분 기재되어 있다.

이와 같이 토지에 대한 많은 정보가 기재되어 있는 양안이 발견된 이후 많은 역사 연구자들의 관심을 끌었다. 양안을 통해 개량적인 토지소유 현황을 파악하기 위해 노력했고, 결국 조선후기의 토지소유관계에 관한 많은 것을 밝혀냈다. 그 중 핵심은 주로 양반이 대토지를 소유하고 있었지만 하층신분에서도 그에 필적하는 토지소유자가 등장하고, 점차 신분에 따른 토지소유 관계가 해체되어 간다는 것이다.[4] 이러한 결과는 내재적 발전론의 핵심 근거로 사용되었다.

그러나 양안의 주(主)기재 양상에 대한 새로운 주장이 등장하며 기존의 양안 해석은 더 이상 설득력을 잃게 되었다. 그것은 양안의 주(主)에 기재된 인명을 실제 토지소유자로 볼 수 없다는 것이다. 양안을 동시대의 족보나 고문서와 비교해 본 결과 노비의 이름을 올리거나 다른 사람의 이름을 사용한 대록(代錄) 혹은 가족의 토지를 누군가 한명의 이름으로 기재한 합록(合錄)이 발견된다는 것이다.[5] 따라서 양안을 통해 조선후기 향리층의 토지소유규모를 파악하는 것은 불가능하다. 근대인의 시각에서 보았을 때 국가적 사업으로 시행한 양안에 자신의 이름을 기재하지 않는 것이 쉽게 이해가 되지 않지만 최소한 조선시대 사람들은 양안에 자신의 이름을 사용하지 않아도 소유권 증명에 큰 어려움이 없었던 것은 자명해 보인다. 그 이유가 무엇이든 간에 양안을 통해 19세기 향리층의 토지소유양상을 밝힐 수 없다는 것은 명백하다.

이와 같은 양안의 자료적 성격을 보완할 수 있는 것이 바로 일제시대

4 김용섭, 1974 『朝鮮後期農業史研究』, 일조각.
5 이영훈, 1988 『朝鮮後期社會經濟史』, 한길사.

토지조사사업을 통해 작성된 『토지조사부』이다. 주지하듯이 『토지조사부』는 토지조사사업의 결과물 중 하나이다. 토지조사사업 성격에 대해서는 여전히 이견이 있지만, 1지(地) 1주(主)의 원칙하에 기재되었다는 점은 많은 연구자들이 동의하는 바이다. 따라서 양안으로 확인할 수 없었던 개인과 집단의 토지소유규모를 계량적으로 파악할 수 있다. 그러나 『토지조사부』는 1910년대 초에 작성되어 19세기와 다소 떨어져 있다. 특히 그 기간은 민란, 동학농민운동, 개항과 같은 격변의 시기를 포함하고 있다. 따라서 많은 지역에서 1910년대 초와 19세기는 큰 차이가 있을 것이라고 생각된다. 그러나 그 기간 동안 격변의 소용돌이에 휘말리지 않고 안정적인 전통 사회를 유지한 곳도 분명 존재했다. 그 대표적인 곳 중 한 곳이 경상북도 안동이라고 생각된다. 안동은 임술년에 민란이 일어나지 않은 곳이며, 갑오년의 동학농민전쟁도 별다른 일 없이 지나갔다. 게다가 개항장과 거리가 멀었으며 양반을 중심으로 하는 향촌질서가 개항 이후에도 잔존해 있었던 곳이다. 따라서 안동군 『토지조사부』의 내용을 19세기의 것으로 소급하여도 큰 무리가 없다고 판단했다. 결정적으로 한국학자료센터에서 안동군 전체의 『토지조사부』를 데이터베이스화 한 상태라 접근에 용이하였다.

토지조사사업과 『토지조사부』에 대한 기존의 관심사

주지하듯이 『토지조사부』는 토지조사사업의 결과물 중 하나이다. 최근까지도 토지조사사업의 결과물인 『토지조사부』에 대한 관심보다는 토지조사사업에 대한 성격 규정에 더 큰 관심이 있었다. 그나마 『토지조사부』와 같은 사업 성과물에 대한 활용도 대부분 토지조사사업의 성격 규명을 위해 활용되었다.

토지조사사업의 성격을 연구한 초기 연구들은 하나같이 일제의 토지 수탈의 목적으로 자행되었고, 조사 과정에서 많은 토지의 수탈이 있었다는 것을 강조한다. 일제가 토지를 '신고' 하는 방식으로 조사를 진행하고 그 과정을 복잡하게 함으로써 민들의 토지를 수탈했으며, 사업의 실무자인 지주총대 역시 농간을 부려 많은 토지를 부당하게 취했다고 하는 소위 '토지조사사업의 수탈성'을 강조했다.[6] 그러나 이후 토지조사사업의 수탈성을 부정하는 연구들이 속속 등장했다. 토지조사사업의 과정에서 식민지 권력의 수탈적인 과정이 거의 없었다는 반박과 더불어 이 사업을 통해 근대적 토지소유제도와 그에 상응하는 근대적 지세제도가 형성되었다는 것이다.[7]

그렇지만 최근까지도 토지조사사업의 성과물인 장부의 내용을 통해 사회상을 파악하려하는 연구는 사실 그리 많지 않다. 최근 한국 역사 연구회 토지대장연구반에서 창원군 토지조사사업 장부를 통해 사회상을 추적했다.[8] 무라이 키치베(村井吉兵衛)라는 일본인이 창원 인근에서 대지주로 성장해나가는 과정을 추적한 연구[9]와, 일제시기 창원군 내서면의 토지소유구조의 변동을 추적한 연구가 있다.[10] 창원은 안동과 달리 이른 시기부터 식민지 권력의 침투가 이루어진 된 듯하다. 무라이 키치베(村井吉兵

6 신용하, 1982 『朝鮮土地調査事業硏究』, 지식산업사.

7 김홍식외, 1997 『조선토지조사사업의 연구』, 민음사.

8 한국역사연구회 토지대장 연구반, 2011 『일제의 창원군 토지조사와 장부』, 선인.

9 이세영, 2011 「한말 일제하 창원군 식민지주의 형성과 그 특질」 『일제의 창원군 토지조사와 장부』, 선인, 341~342쪽.

10 이세영, 2011 「1910~1945년 창원군 내서면의 토지소유구조 변동」 『일제의 창원군 토지조사와 장부』, 선인.

衛)는 창원·김해 인근에 1910년대 4,799정보(町步), 1914년에 6,100정보 가까이 소유했을 정도로 창원은 빠르게 변화하고 있었다. 반면 본고에서 살펴보고 안동군 『토지조사부』에는 1914년 당시 일본인 토지소유자가 총 50명밖에 없으며, 그들의 토지소유 역시 대체로 영세하다. 이러한 차이는 안동군 『토지조사부』를 19세기의 연장선상으로 이해하는 필자와 한국 역사 연구회의 장부 이용 방식이 달라진 결정적 요인으로 작용했다.

안동군 『토지조사부』를 통한 토지소유규모와 거주지 비교

『토지조사부』는 1910~1918년 일제가 시행한 토지조사사업의 결과물이다. 일제가 근대를 이식한다는 명분하에 시행된 이 사업은 양안과 달리 절대면적인 평(坪)을 사용했으며, 일물일권주의(一物一權主義)를 앞세워 토지를 소유자 본인의 명의로 신고하게 했다. 즉 근대인의 시각에서 소유자에 대한 정보가 매우 복잡하고 부정확하게 기재된 양안과 달리 토지소유자와 토지에 대한 접근이 훨씬 쉬워지게 된 것이다. 일단 안동군 『토지조사부』의 내용에 대해 알아보자.

『토지조사부』에는 ①지번(地番), ②가지번(假地番), ③지목(地目), ④지적(地積), ⑤신고와 통지연월일(申告又通知年月日), ⑥소유자 주소(所有者住所), ⑦소유자 이름과 명칭(氏名又名稱), ⑧적요(摘要) 총 8가지 항목이 기재되어 있다. 각 사항에 대해 간략히 설명을 하자면 ①지번(地番)은 순서대로 1, 2, 3, 4가 진행되는 반면 ②가지번(假地番)에는 순서가 오락가락한다. 예를 들면 안동군(安東郡) 남선면(南先面) 신석동(申石洞)은 가지번이 527부터 시작된다. 숫자도 일정하게 올라가는 것이 아니라 527－529－

530－532으로 진행된다. 그 다음 ③지목(地目), ④지적(地積)을 알아보자. 지목은 논(畓), 밭(田), 대지(垈), 임야(林野), 분묘지(墳墓地), 잡종지(雜種地), 연못(池沼), 절,사원토지(社寺地)로 구성되어 있고, ④지적은 땅의 넓이로 평(坪)으로 기재되어 있다. ⑤신고와 통지연월일(申告又通知年月日)는 대부분 1913년(대정 2) 혹은 1914년(대정 3)에 이루어졌다. 즉 안동군 『토지조사부』는 1913~1914년의 상황을 반영하고 있다고 볼 수 있다. 토지 소유자에 관련된 내용인 ⑥소유자 주소(所有者住所)에는 토지소유자의 주소가 동리(洞里)단위까지 기재가 되어 있으며, ⑦소유자 이름과 명칭(氏名又名稱)에는 소유자가 개인일 경우 개인의 이름이, 기관지일 경우 동양척식주식회사 혹은 국(國)과 같은 기관명이 적혀있다. ⑧적요(摘要)는 대부분 비어있는데 간혹 무신고지(無申告地)와 같은 특이사항을 기재해 두었다.

안동군 『토지조사부』를 통해 개인과 집단의 토지소유 면적을 추적하기 위해서는 몇 가지 추가 작업이 필요하다. 왜냐하면 토지소유자에 대한 정보가 이름, 주소밖에 없기 때문에 이들이 양반의 후손인지, 향리의 후손인지, 아니면 평범한 농부의 후손인지 『토지조사부』 만으로는 확인할 수 없기 때문이다. 이 문제는 족보를 통해 해결할 수 있다고 믿었다. 족보를 통해 가계도를 그리고 『토지조사부』가 작성된 1913,1914년에 생존한 자들을 『토지조사부』에서 검색하는 방식으로 진행한다면 토지소유자에 대한 추적이 가능하다. 다행히 안동의 유력 양반가계의 족보는 물론이고, 향리가계도 족보가 남아 있어 가계도를 그리는데 어려움이 없었다. 또 토지소유자의 주소가 기재되어 있다는 점도 토지소유자의 출신 신분을 파악하는데 매우 중요한 정보다. 왜냐하면 조선후기에는 반촌(班村)과 민촌(民村)처럼 신분에 따라 거주지가 구분되어 있기 때문이다. 안동의 경우 하회마을과 같은 명문 양반들의 세거지가 오늘날까지도 잘 보존되어 있다는 점을 감안하면 1910년대 초반에 급격한 거주지 이동은 없었을 것이라 추측할 수 있다. 양반들이 동성촌락을 형성해 거주하듯이, 향리층 역시 관이 있는 읍치(邑治)에 거주했다고 알려져 있다.

족보와 『토지조사부』에 기재된 인명, 주소를 통해 토지소유자에 대해 추적한다면 양반과 향리 후손의 토지 규모 비교 뿐만 아니라, 향리 가계별 토지소유의 비교도 가능할 것이라 생각했다. 향직을 독점한 가계와 그렇지 못한 가계의 비교를 통해 초기 관심사였던 부세수취과정에서의 수탈 문제와 관련한 내용도 어느 정도 실마리를 찾을 수 있을 것이라고 믿었다. 그러나 기대와 달리 족보와 『토지조사부』의 대조를 통해 토지소유자의 신분을 확인하는 것은 그렇게 간단하지 않았다. 조선후기 안동 향리직을 독점한 성씨는 안동 김씨와 안동 권씨다. 문제는 이 두 성씨가 안동 전체에 너무 많다는 점이다. 게다가 두 성씨 모두 1910년대 초반에 대동항렬자(大同行列字)를 사용했기 때문에 동명이인이 매우 많다. 족보에서 확인되는 수많은 동명이인을 『토지조사부』의 제한적인 정보 하에서 구분하기란 불가능하다. 그리고 족보의 이름과 『토지조사부』에 기재한 이름이 다른 경우도 있었다. 조선시대 사람들은 일생동안 이름을 여러 개 사용했다. 따라서 각종 문서에 사용하는 이름과 실제 사용하는 이름이 다른 경우도 왕왕 있다. 대표적으로 안동 향리 후손으로 안동 지역 최대의 부호라 알려진 권태연(權台淵)은 『토지조사부』에는 권태연으로, 족보에는 권병건(權丙鍵)으로 기재되어 있다. 이와 같이 『토지조사부』에 사용한 이름과 족보의 이름이 다른 경우 손쓸 방도가 없다. 권태연처럼 유명한 사람이라면 추적할 수 있겠으나 허다한 역사 속 무명인물을 일일이 추적하는 것은 필자의 능력 밖의 일이었다. 이와 같은 상황으로 인해 족보와 『토지조사부』를 통해 향리 개개인의 가계나 토지소유규모까지 파악하는 것을 포기해야만 했다. 그러나 제한적이지만 향리후손 일부의 토지소유규모를 파악하는 것은 가능했다. 안동지역에 전해져 내려오는 분봉기(分封

記)[11]를 통해 상층 향리들이 집중 거주한 지역을 파악할 수 있었기 때문이다. 분봉기란 삼공형(三公兄)을 지칭하는 삼행두(三行頭)가 승좌(陞座) 할 때 예전(禮錢)을 나누어 낸 것을 기록한 문서이다. 분봉기에는 19세기 약 50년 동안 예전을 낸 안동지역 향리들의 성(姓)과 직책, 거주 동리가 적혀 있고 그 아래에 호명(戶名)이 기재되어 있다. 이 분봉기를 통해 상층 향리들이 집중적으로 거주한 동리를 파악할 수 있었다. 이들 동리에 거주하는 권씨와 김씨는 향리의 후손으로 보아도 무방할 것이다.

이 작업을 통해 1913,4년에 생존했던 향리와 양반 후손의 경제력을 제한적으로나마 확인할 수 있었다. 그 결과를 간략히 말하자면 상층 향리 후손들은 양반 명문가와 비교했을 때 토지소유규모가 절대 뒤지지 않았다. 그러나 양반 가문에 비해 향리 가문에서 보다 심한 양극화가 발견되었다. 자료적 한계로 인해 애초에 기대했었던 부세수취를 담당했던 향리들의 토지소유규모가 더 컸는지에 대해서는 확인할 수는 없었지만, 지금까지 한 번도 계량적으로 접근하지 못했던 향리들의 토지소유규모를 양반과 비교해 보았다는데 그 의의를 찾을 수 있다.

안동에는 토지조사사업의 성과물 가운데 지적도도 남아있다. 지적도는 일종의 지도로 토지를 세분하여 필지별로 구분하고 땅의 경계를 그어 놓은 것이다. 지적도와 『토지조사부』에 기재된 논·밭·임야·대지의 지번을 연결시켜 토지의 분포를 한 눈에 파악할 수 있다. 필자는 지적도에서 『토지조사부』의 대지(垈地), 즉 가옥의 위치를 주목했다. 동성촌락을 형성했다고 알려진 양반들의 대지와 역시 읍치지역에 모여 살았다고 알려진

11 분봉기는 안동의 고(故) 김을동이 소장한 고문서 자료로 19세기 후반의 것으로 이훈상교수 개인 소장 자료이다. 이훈상, 2010 「19세기 후반 향리 출신 노년 연령집단과 읍치의 제의 그리고 포퓰러 문화의 확산」 『민속학연구』 제27호, 국립민속박물관.

향리들의 거주형태를 비교함으로써 두 집단의 공통점과 차이점을 확인해 보고자 한 것이다. 그 결과 양반들의 세거지로 알려진 동성촌락에는 타성(他姓)의 대지가 거의 발견되지 않을 뿐만 아니라 동성(同姓)들과 집터가 밀집되어 있다. 반면 상층향리들이 집중 거주한 동(洞)의 대지 분포를 살펴보면 양반과 달리 다양한 성씨의 가옥이 발견된다. 게다가 대지의 분포가 같은 성씨끼리 모여 사는 형태가 아니라 여러 성씨들과 섞여 있었다. 이를 통해 향리들이 같은 동에는 거주했지만 그 목적과 형태가 확연히 양반의 동성촌락과 달랐음을 확인할 수 있었다. 지금까지 관련 연구가 대부분 글로 작성된 기록에 의존해 진행된 반면 『토지조사부』와 지적도를 통해 보다 실증적이며 정확한 거주형태를 파악할 수 있었다.

안동군 『토지조사부』가 알려주는 새로운 역사상

안동군 『토지조사부』는 안동 전체의 토지에 대한 정보가 방대하게 기록되어 있기 때문에 그 시대의 상황을 객관적으로 알아보기에 유리한 점이 있는 것도 사실이다. 여기서는 안동군 『토지조사부』를 통해 확인할 수 있는 한 가지 흥미로운 사실에 대해 소개하고자 한다.

먼저 안동군 『토지조사부』에 기재된 개인 중에 가장 넓은 토지를 소유하고 있는 사람은 바로 김창동(金昶東)이다. 기관인 국(國)과 동양척식주식회사가 각각 3,886,096평, 656,779평을 소유해 최상위에 위치해 있고, 그 다음 김창동이 논 162,518평, 밭 186,320, 대지 7,978평, 총 356,816평을 소유하고 있다. 김창동만 토지가 많은 것이 아니다. 그의 아들 김두현(金斗顯) 역시 논, 밭, 대지 합쳐서 81,891평을 소유하고 있으며, 같은 동에 거주하는 친척들 모두 대토지 소유자로 확인된다. 일반적으로 10정보(町

步) 즉 30,000평 이상을 소유하고 있는 사람들을 대지주라 부른다는 점을 고려해보면 실로 많은 토지를 소유하고 있음을 알 수 있다. 김창동에 대해 추적해 보자. 그는 안동김씨 호장공(戶長公) 원수파(元水派) 출신이다. 호장공 원수파는 조선후기 안동의 호장(戶長)은 배출했으나 영리(營吏)는 배출하지 못한 가계로 알려져 있다.[12] 이 점을 본다면 김창동을 향리 후손으로 이해하기 쉽다. 그러나 김창동은 향리의 후손이라 부르기도 다소 애매하다. 왜냐하면 김창동의 조상 가운데 향직을 역임한 사람은 그로부터 15대를 거슬러 올라가야 등장하기 때문이다. 김창동의 15대조 김귀(金龜)가 호장을 맡은 이후로 그 후손들이 향직을 역임하지 않는다. 『토지조사부』에 따르면 김창동의 주소는 안동군 남선면(南善面) 강정동(江亭洞)이다. 강정동에 대해 간략히 설명하자면 현재는 안동시 정상동이며, 안동역 남쪽에 위치하고 있다. 이곳은 안동의 읍치와 불과 10km 정도 떨어져 있다. 향리들은 향직을 역임할 때는 읍치에서 거주하고, 향직을 더 이상 역임하지 못하면 읍치에서 약간 떨어진 곳으로 거주지를 옮기는 경우가 일반적인데, 이들 역시 비슷한 행보를 걸은 듯하다. 안동김씨 족보를 통해 김귀의 손자인 김하수(金河燧)의 묘가 남선면 정상동에 위치하고, 그의 후손들이 이곳에 계장(繼葬)한 것을 확인할 있다. 이것을 통해 김창동 가문이 남선면 정상동에 세거한지 꽤 오래되었다는 것까지는 알 수 있다. 그러나 안타까운 점은 김창동에 대해 추적할 사료가 더 이상 없다는 것이다. 김창동 일족이 소유하고 있는 엄청난 규모의 토지가 개항 이후 형성된 것인지, 아니면 조선시대부터 내려온 것인지 지금으로서는 단정할 수 없다. 다만 안동이 개항 이후에도 상당 기간 안정적인 사회였다는 점을 고려한다

12 이훈상, 1998 「鄕吏集團 威勢의 地域과 家系에 따른 中層的 構造의 形成」『조선후기의 향리』, 일조각, 135쪽.

면 후자일 가능성이 높다. 어쨌든 명문 양반가계도 아니고, 그렇다고 상층 향리직을 대대로 역임한 향리 출신도 아닌 김창동과 그의 일족이 막대한 토지를 소유했다는 사실은 우리가 기존에 알고 있던 조선후기 사회상과 다소 다르다. 만약 이들이 소유하고 있는 토지의 유래를 추적할 수 있다면 지금껏 밝혀내지 못한 조선시대의 새로운 사회상이 밝혀질 수도 있다.

〈참고문헌〉

고석규, 1998 『19세기 조선의 향촌사회연구』, 서울대학교 출판부.

김용섭, 1974 『朝鮮後期農業史硏究』, 일조각.

김홍식 외, 1997 『조선토지조사사업의 연구』, 민음사.

문용식, 2000 『朝鮮後期 賑政과 還穀運營』, 경인문화사.

손병규, 2008 『조선왕조 재정시스템의 재발견』, 역사비평사.

신용하, 1982 『朝鮮土地調査事業硏究』, 지식산업사.

양진석, 1999 「17·18세기 還穀制度의 운영과 機能 변화」, 서울대학교 박사학위 논문.

이세영, 2011 「1910~1945년 창원군 내서면의 토지소유구조 변동」 『일제의 창원군 토지조사와 장부』, 선인.

______, 2011 「한말 일제하 창원군 식민지주의 형성과 그 특질」 『일제의 창원군 토지조사와 장부』, 선인.

이영훈, 1988 『朝鮮後期社會經濟史』, 한길사.

이훈상, 1998 「鄕吏集團 威勢의 地域과 家系에 따른 中層的 構造의 形成」 『조선후기의 향리』, 일조각.

______, 2010 「19세기 후반 향리 출신 노년 연령집단과 읍치의 제의 그리고 포퓰러 문화의 확산」 『민속학연구』 제27호, 국립민속박물관.

한국역사연구회 토지대장 연구반, 2011 『일제의 창원군 토지조사와 장부』, 선인.

『하나부사 요시모토 관계문서』로 보는 '개화당'

김 홍 수(金興秀)*

하나부사 요시모토의 조선정책

하나부사 요시모토(花房義質, 1842~1917)는 근대 초기 한일관계를 언급할 때 빼 놓을 수 없는 인물이다. 특히 그는 일본의 강경한 조선정책의 실행자였다. 개항 전인 1872년엔 외무대승의 자격으로 군함을 이끌고 와서 대마도의 외교권을 접수하였으며, 조선 정부와 아무런 상의도 없이 왜관을 점령하였다. 이로 인해 일본 내에서 '정한론'이 비등하자 혹시 있을지 모를 '정한'에 일조하기 위해, 파리외방전교회의 달레(Dallet, C. C.) 신부가 지은 『한국천주교회사(Histoire de l'Eglise de Coree, 1874)』를 번역

* 홍익대학교 역사교육과 초빙교수.
대표논저 : 『한일관계의 근대적 개편과정』(서울대학교출판문화원, 2009), 『중·근세 동아시아 해역세계와 한일관계』(공저, 경인문화사, 2010), 『근대제국과 만난 인천』(공저, 인하대학교 한국학연구소, 2013), 『개항기 서울에 온 외국인들』(공저, 서울역사편찬원, 2016), 『근대한국외교문서』 1-11(공편, 동북아역사재단·서울대학교출판문화원, 2009~2015).

하였다. 1876년 1월, 러시아 주재 에노모토 다케아키(榎本武揚) 공사와 함께 『한국천주교회사』의 천주교 관련 부분을 제외하고 조선의 일반적 상황을 서술한 서설만 중역(重譯)하여 『조선사정(朝鮮事情)』이란 이름으로 간행하였다. 강화도조약 체결을 위해 구로다 사절단이 강화도에 상륙한 거의 동시기인 1876년 2월 10일, 에노모토 공사는 자신이 데리고 있던 하나부사 서기관의 조선 부임을 외무경 데라시마 무네노리(寺島宗則)에게 추천하였다. 조선의 정치적·전략적 가치에 주목하여 전문가인 하나부사를 추천한 것이다. 조선과의 교류에서 얻는 경제적 실익은 미미하지만 조선의 개항을 일본이 선취하는 것은 일본의 정치적 위광을 발휘하는 것이고, 부산의 부두를 거느리는 것은 전략상 매우 필요하다는 이유에서였다. 일본 외무성은 에노모토의 추천서를 접수하자마자 바로 하나부사에게 귀국명령을 내리고(1876년, 10월), 귀국한 하나부사는 대리공사(1877년 9월), 변리공사(1880년 4월)로 임명되어 강화도조약의 미결 현안이었던 원산과 인천의 개항, 사신주경 등을 매듭지었다. 조선의 반대에도 불구하고 개항장으로 원산과 인천을 고집한 것은 러시아와 중국을 견제한다는 일본의 전략적 이해를 반영한 것이며, 사신의 서울 주재는 일본의 정치적 영향력을 확대하기 위한 것이었다. 이러한 하나부사의 적극적 개입정책의 배경엔 국내의 내응세력이 있었다. 개화당으로 대표되는 국내의 내응세력은 외부의 충격을 통해 반개화파를 일소하고 권력을 장악하려 하였기에 하나부사의 조선정책에 적극 동조한 것이다.

『하나부사 요시모토 관계문서(花房義質關係文書)』

『하나부사 요시모토 관계문서』는 하나부사 요시모토의 장손인 하나부사 고타로(花房孝太郎)가 도쿄도립대학(현재의 首都大學東京) 부속도서관에 기증한 것으로, 주로 하나부사가 작성한 문서와 그가 받은 편지로 구성되어 있다. 1962년에 한국자료연구소 소장 김정주(金正柱)는 조선과 관련된 것 위주로 복사하여 7권의 『하나부사 문서(花房文書)』를 편집한 적이 있다. 기존의 연구는 주로 이 자료를 활용하여 진행되었기 때문에 소략함을 면치 못한 한계가 있었다. 다행히 도쿄도립대학 소장의 하나부사 문서가 『하나부사 요시모토 관계문서(花房義質關係文書)』란 이름으로 1996년과 2002년에 마이크로필름으로 제작되어 하나부사 문서의 전모를 파악할 수 있게 되었다. 국내에서도 국사편찬위원회가『花房文書』와 함께 전 23릴의 마이크로필름을 소장하고 있어 쉽게 접근할 수 있다. 그렇지만 지금까지 『하나부사 요시모토 관계문서』는 연구에 거의 활용되지 못했다. 대부분의 편지가 일본 초서로 작성되어 있어 전문적 훈련을 받지 않으면 판독과 해독이 불가능하기 때문이다.

1880년대 초반 본격적으로 추진한 조선의 개화정책을 이해함에『하나부사 요시모토 관계문서』는 자료의 보고이다. 특히 베일에 싸인 개화당의 비밀을 풀 수 있는 거의 유일한 자료라 할 수 있다. 개화당은 갑신정변을 일으킨 비밀 결사체를 말한다. 개화당의 결성시기에 대해서는 여러 설이 분분하지만, 필자는 1878년을 주목한다. 김옥균·박영효 등이 개화승 이동인을 일본에 밀파하기 위한 준비 작업으로 히가시혼간지(東本願寺) 부산 별원에 보낸 때가 1878년이고, 일제시기의 회고담이나 김옥균전기에서도 무인년 즉 1878년을 개화당의 결성 시기로 보기 때문이다.

『하나부사 요시모토 관계문서』에는 개화당과 관련된 많은 사료가 수록되어 있지만, 지면 관계로 지금까지 잘못 알려졌거나 잘 알려지지 않은 사료 몇 가지만 소개하려 한다.

○ 동인문서(東仁聞書)[1]

a) 4월 25일 아침에 동인(東仁)이 오다. 나아가 만나니 의복과 두발이 모두 보통의 관리 또는 서생과 같았으며 좌작(앉음과 일어남)과 언어 또한 우리나라 사람과 다른 것이 없었다. 다만 응답하는 사이에 말하고자 하여도 말하지 못하는 것이 있는 것 같았고, 그 뜻을 명확히 이해하기 어려운 것이 있음을 면하기 어려웠지만, 무릇 2시간 남짓 담화한 대략이 아래와 같다.[2]

b) 일찍이 마에다(前田, 前田獻吉)를 보고 뜻을 말했다. 조선이 빈약에 안주하고 부강을 힘쓰지 않아 탄식하기 그지없다. 때로는 지사가 없는 것이 아니지만 헛되이 걱정하는 마음을 품고 입을 열 수가 없다. 왜냐하면 입을 열면 화가 반드시 그 몸에 미침을 알기 때문이다.[3]

c) 내가 동지의 거벽(巨擘)으로 의지하는 이는 홍문관 교리 김옥균이다. 교리는 5품관이지만 김씨는 소봉(素封, 제후에 필적할 재산을 가진) 가문으로 몸에 재덕을 겸비하고 겸양으로 능히 지사들을 애경한다. 나이는 금년에 29세이다.[4]

오경석은 중인이라 칭하는 가문에 속한 청 역관이다. 역관 중에 유식자로 칭해진다. 김옥균도 오경석과 함께 유홍기의 가르침을 얻어 세계의 형세에 뜻을 기울이게 된 인물이다.[5]

---

1 『花房義質關係文書』 406~29.

2 四月卄五日朝、東仁來ル。出て面スルニ、衣袴頭髮全く尋常官吏又ハ書生と同しく、坐作言語又我人と異ナルナク、唯應答ノ間欲言て不能言ものあるか如く、其意明ニ解し難キものあるを免かれすと雖も、凡二時間餘談話せし大略、如左。

3 曾て前田ニ見て志を語れり。朝鮮ノ貧弱ニ安して富强を務めさる歎スルニ堪タリ。偶志士ナキニ非サルモ、徒ニ憂を情て口を開キ得す。コレロを開ケハ、禍必ス其身ニ及フヲ知レハ也。

4 予カ同志ノ巨擘と頼ムハ弘文館提(校?)理金玉均ナリ。提(校)理ハ五品官ニモ、金氏素封ノ家ニして、身才德を兼ね謙讓して、能く御志士を愛敬ス。齡今年二十九歲ニテ、

5 吳慶錫ハ中人ト稱スル家柄ニテ淸譯官也。譯官中有識ト稱セリ。金玉均も吳慶錫と同しく劉鴻基ノ教を得て、宇內ノ形勢ニ意を注クニ至リシ人ナリ。

조성하는 이조판서이고 조영하는 훈련대장이다. 형제 모두 대왕대비의 조카로 직위 역시 현요(顯要)에 있다. 세상의 형세를 완전히 모르는 것은 아니지만 역시 말할 것이 못되는 부류들이다.[6]

이유원은 전 영의정 즉 태정대신이고 지금은 영부사로, 위권(威權)이 최고인 인물이지만 금일의 세태를 모르기 때문에 쓸모가 없다.[7]

금릉위라고 하는 인물은 나이가 겨우 20세이지만 관이 1품관이고 재주와 학문이 있는 유지의 인물이다.[8]

강기(姜夔, 姜瑋로 보임)는 유홍기와 같이 우리가 선배로 우러러 보는 인물이다.[9]

d) 조선에서 세도라 칭함은 정부 중에서 골자가 되어 만기의 가장 중요한 것을 쥐고 있는 사람을 말한다. 금일 이 중요한 시절에 세도할 인물이 없고, 국왕, 왕비, 영의정, 왕비의 형 4명이 합의하여 겨우 세도를 하는 정도이다. 그러므로 정부의 일이 만사가 머뭇거리지 않는 것이 없다.[10]

e) 저번에 김옥균으로부터 편지를 얻었는데, (그 내용은) 최근에 이홍장의 편지가 이르러 서양의 두세 나라를 소개한다는 것이고, 이홍장의 말은 조선도 들을 것이 있지만 이를 거절했다고 한다.[11]

6 趙盛夏ハ吏曹判書ニして、趙寧夏ハ訓錬大將タリ。兄弟共ニ大王大妃ノ姪ニして、職亦顯要ニ在リ。宇內形勢も全く知ラサルニハ非サルモ、尙不能言もの〻部類中也。

7 李裕元ハ元ノ領議政、卽太政大臣。今日ハ領府事ニて、威權最高カルヘキ人ナレトモ、今日ノ世態を知サル故、用ニ立タス。

8 錦陵尉ト云人ハ、齡僅ニ二十歲ナレトモ、官ハ一品官ニて才學アリ有志ノ人ナリ。

9 姜夔ハ劉鴻基ト同ク我輩ノ先輩ト仰ク所也。

10 朝鮮ニて勢道ト稱フルハ、政府中ノ骨子トナリ萬機ノ樞要ヲ把持スル人ヲ云フナリ。今日此大切ナル時節ニ、勢道タルヘキ人ナク、國王・王妃・領議政・王妃ノ兄、四人ノ合議僅ニ勢道ヲナス位ノものナリ。故ニ政府ノコト百事因循ノ外ナシ。

11 過日金玉均より書を得タルニ、頃日李鴻章書アリ到ル、西洋二三ノ國を紹介スルノ

f) 조선 무역이 근래 크게 융성하는 것 같아도 십중팔구는 서양 물품이다. 그렇게 된 이유는, 일본 물품은 아름답지만 완롱물(玩弄物)이 많고 또 그 가격이 비싸기 때문이다. 금일의 조선인은 염가로 의식을 해결하면 만족하는 사람들이다. 그러므로 서양의 목면이 그 바람에 가장 적합하다. 지금 만약 두세 서양국 사람들이 와서 무역하면 조선 상인은 모두 그쪽에서 구입할 것이고 일본인의 상업은 갑자기 망할 것이다. 이는 상인이 오직 이익을 보고 의(義)를 생각하지 않기 때문이다. 무릇 저 서양인은 타인이다. 일본인은 형제이다. 이익을 함께하는 동안에는 타인도 간절하게 대해주지만, 일단 곤란에 직면하면 갑자기 돌보지 않게 된다. 형제는 이와 달리 평소에 다툼이 많아도 일단 위급한 일에 닥치면 반드시 서로 구원하는 자이다. 그러므로 나는 저 유사시에 의뢰할 수 없는 타인인 서양인에게 이익을 얻게 하는 것보다 형제들인 일본인에게 늘 이익을 나누고자 생각한다.[12]

조선은 광산이 풍부하지만 착수하지 않는다. 또 전야도 아직 개간되지 않은 것이 많다. 지금 일본과 힘을 합하여 전야를 개간하고 광산을 개발하여 나라를 부유하게 함으로써 무비를 엄하게 할 수 있다면 실로 양국의 경사이다.[13]

意ナリ。李ノ言ハ、朝鮮も聞クコトアレトモ、此義ハ斷リタル趣ニ聞ユ。

12 朝鮮貿易近來大ニ隆盛ヲ致スカ如キモ、十ノ八九ハ西洋物ナリ。何トナレハ、日本物ハ美ナリト雖も、翫物多ク且其價貴シ、今日ノ朝鮮人ハ廉價ナル衣食を得レハ其望足レル人也。故ニ西洋ノ木棉最其望ニ適セリ。今若シ二三ノ西洋國人來リ貿易セハ、朝鮮ノ商人ハ皆其方より買つベク、日本人ノ商ひハ忽ち滅スベシ。コレ商人ハ唯利ヲ見テ義の如何をおもわされハナリ。今夫レ西洋人ハ他人ナリ。日本人ハ兄弟ナリ。利ヲ共ニスル間コロ他人モ、懇切ニシテ呉ル也。一旦困難ニ際スレハ、忽ち顧ミサルニ至ルナリ。兄弟ハ之ト異リ平常ハ爭ひ多キモ、一旦寛急事アルニ當テハ、必ス相救援スル者ナリ。故ニ予ハカノマサカノ時ノ賴ミニナラヌ他人ナル西洋人ニ、利を得セシメンヨリ、兄弟中ナル日本人ニ、常カラシテ利を分ち度おもふなり。

13 朝鮮ハ鑛山ニ富ミナカラ着手セス。且田野ノ未タ墾セサルモノ多し。今日本と力を合セ、田野を墾シ鑛山を開キ以て、國を富シ以て武備を嚴ニするを得ハ、實ニ兩國の慶ナリ。

계동궁[이재원]도 어떤 인물인지 모른다. 그의 명령으로 증기선을 사려하지만 나는 알지 못하고 또 이해할 수 없다. 그렇지만 내 생각으로는 포를 주조하고 배를 건조함은 가장 급히 해야 할 무비(武備)로, 그 급무를 착수하려면 우선 광산이나 개간에 착수하지 않으면 안 된다.[14]

또한 조선에 육의전(육주비전)이라 부르는 것이 있다. 비단, 명주, 목면, 삼베, 쌀, 콩 등 일체를 갖추어 정부의 수요를 제공하는 상점이다. 일본의 용달과 비슷한 대상인이다. 이 육의전에서 군함을 사도록 해서 일본인을 고용하여 태우고 조선 내지와 개항장 사이에 통신의 길을 정하여 유지자가 손쉽게 개항장으로 왕래할 수 있게 하고, 아울러 내지의 광산과 신전 등의 개간 방법도 꾀하고 싶다. 그리고 쌀 또는 금은으로 지불할 예정으로 일시적으로 지폐를 일본 정부에서 빌리고, 그것으로 상인이 바로 배나 기계를 매입하는 것이 가능하지 않겠는가. 만약 이런 절차로 빌릴 수 있다면 육의전 물품은 모두 일본으로 넘어갈 수 있을 것이다. 그렇게 되면 육의전은 또한 광산이나 신전 등에도 뜻을 둘 수 있을 것이다. 그러므로 그렇게 하는 것이 가능하다면 나는 동지와 도모하여 육의전에 권하려 한다. 일본 공사나 관리관이 매년 많은 석탄을 소비하면서 만 리 파도를 건너 온갖 방법으로 설유하여도 듣지 않는 사람을 상대하여서는 소용이 없다. 그렇지만 내부의 사정을 알 수 없어 어쩔 수 없지만, 어쨌든 지금 정부는 도저히 일본의 설유를 기쁘게 듣는 일은 없을 것이다.[15]

14 桂洞宮モ如何ナル人カ不知。其命也トテ蒸氣船を買ントスルモ、予ハ知ラス。且解セス。乍去、予カ考案ヲ以テスレハ、礮を鑄、船を造ルハ、武備の最急ニスヘキモノ、其急務を着手センニハ、先ツ鑛山ナリ、開墾ナリニ着手セサルヘカラサル也。

15 且朝鮮ニ六矣廛(イユツチビゼン)ト云ふものあり。絹紬木棉麻米豆等ノもの一切を備えて、政府の用ニ供スルノ廛也。日本の用達ニ似タル大商賈ナルモノ也。此廛ニ艦を買セ、日本人を雇テ乘セ、朝鮮內地と開港場との間ニ通信ノ路を付け、有志ノ士ノ手易ク開港場ニ往來シ得ル抔ニなし、併て內地鑛山新田等ノ開墾ノ手立も計リタシ。且米又ハ

g) 이 밖에 아래와 같이 응답했다. 일본의 설유와 권고를 즐겨 듣게 되려면 한 차례 개혁한 뒤가 아니면 바랄 수 없다. 개혁을 하려면 먼저 그 개혁할 목적을 정하지 않을 수 없다. 그 목적을 정함에 일본을 모범으로 하지 않을 수 없다. 모범으로 하기 위해서는 동지 중에 십 수 명을 데리고 와서 일을 나누어 육해군이나 외무나 회계나 권업 등의 사업은 물론 제도의 대체도 자세하게 조사하도록 하지 않을 수 없다. 이 십 수명의 자가 오는 것을 허락할 수 있는가. 또 여러 관·성에 들어가 친히 그 사업을 다루고 견습하는 것이 가능한가라는 물음이 있었다.[16]

"조선인이 일본에 오는 것은 죄인 등을 제외하고 원하면 허락할 터이다. 가령 허락하지 않더라도 타고난 성품을 알 수 있는 유지자라면 어떻든 보호할 수 있는 길이 있다. 매우 좋은 생각이다. 우리들도 그렇게 되도록 도모할 것이다"라고 대답하였다.[17]

金銀を以て拂ヒ戻ス筈ニシテ、一時楮幣を日本政府より借リ、ソレヲ以テ商人よりハ直ニ船ナリ器械ナリ買ひ取ル等ノ事ハ、出來ヌコトナランカ。若し此手續ニテ借ルコト出來ナハ、六矣廛ノ物品ハ皆ト日本ニ渡スコト出來ルナルヘク、然スレハ六矣廛ハ又鑛山ナリ新田ナリノコトヘモ意を向ケルコト出來ルベシ。故ニ出來ソフナコトナラハ、予ハ同志ト計リ六矣廛ニ勸メント欲ス。日本公使ヤ管理官カ、年々多クノ石炭を費し萬里の波濤を渉りて百方說諭スルモ、聞カヌ人を相手ニシテハ役ニ立ズ。ソレト云モ內情カ譯ラヌ故、是非モナキ次第ナレトモ、何ニセヨ今の政府ニテハ、トテモ日本の說諭を喜ひ聞クコトハナカルヘシ。

16 此他左ノ應答アリ。日本ノ說諭勸告を喜ひ聞く抔ニナルハ、一改革ノ後ニアラサレハ望ムヘカラス。改革を行ントスルニハ、先其改革ナスヘキ目的を定メサルヘカラス。其目的を定ルニハ、日本を模範とせさるへカラス。模範ニ得ルタメニハ、同志中拾數人ノ者を伴ひ來り、事分ケシテ陸海軍ヤラ外務ヤラ會計ヤラ勸業ヤラノ事業ハ素より、制度ノ大體も委敷取調ヘル様ニセサルヘカラス。此十數人ノ者來ルヲ許サルヘキヤ。又諸官省ニ入テ親敷其事業を取扱見習ふ事出來ヘキヤトノ問アリ。

17 朝鮮人の日本ニ來ルコトハ、罪人ナトを除くの外、願ヘハ許サルヽ筈ナリ。假令許サレストモ素性ノ分リタル有志者ナラハ、如何トモ保護シ得ル道アリ。極て好分別ナリ。予等も其成ルヲ計ルヘシト答タリ。

위의 동인문서(東仁聞書, 『花房義質關係文書』 406~29)는 하나부사가 이 동인으로부터 들은 얘기를 적어놓은 것이다. 이 문건은 일찍이 이광린이 「'개화승 이동인'에 관한 새 史料」(『韓國開化史의 諸問題』)에서 소개한 적이 있지만, 몇 글자의 판독 오류로 문맥이 매끄럽지 못한 곳이 있고, 또 번역문만 실었기 때문에 이 기회에 원문을 탈초하여 다시 번역하였다.

이광린은 이 문건의 작성 시기를 1879년 4월 25일로 추정하였는데, 이는 잘못된 추정이다. '동인문서'에서 언급된 내용을 토대로 연대를 추정하면 1880년 4월 25일이 분명하다. 이동인이 일본인 모습을 하였고 일어가 어느 정도 가능하였다는 점(a), 마에다 겐키치(前田獻吉)가 부산항 관리관으로 임명된 시점이 1879년 5월 17일이라는 점을 고려하면(b) 이동인이 아직 일본으로 건너가기 전인 1879년 4월 25일에 대담이 이루어졌다고 보기는 어렵다.

무엇보다도 이홍장 서한의 내용을 전한 김옥균의 편지를 언급한 대목(e)이 연대 추정의 결정적 단서이다. 1875년부터 이유원과 여러 차례 비밀리에 서신을 교환한 이홍장은 1879년 8월 26일자(음력 7월 9일) 서한에서 조선이 서양 각국과 조약을 체결하도록 권유하였다. 이전 서한에서도 이홍장이 서양과 조약 체결을 권유한 적이 있었지만, 이번의 서한은 차원을 달리했다. 단순히 권고한 것이 아니라 조선 조정에서 비밀리에 논의하여 그 가부를 알려달라고까지 한 것이었다. 1879년 3월 류큐(琉球)를 차지한 일본과 이리(伊犁)에서 청나라와 분쟁 중인 러시아를 막기 위해서 서양 세력을 끌어들이라는 '이독제독(以毒制毒)'의 방책을 제안한 것이다. 1880년 4월 25일 부산 영사 곤도 마스키(近藤眞鋤)가 하나부사 공사에게 보낸 서신(『花房義質關係文書』 110~13)에서 "혼간지(本願寺)에 기우(寄寓)하는 이동인의 동지 아무개가 우라세 유타카(浦瀨裕)에게 전한 바에 따르면, 이홍장이 전한 서신은 확실히 허언이 아닙니다. 아울러 그 서간 사본을 가져오게 할 것을 우라세에게 부탁" 해두었다는 보고서를 볼 때 1880년 4월경에 이홍장 서한 소식을 가지고 이동인의 동지가 부산에 출현한 것을 알 수 있다. 여기서 말하는 이동인의 동지는 무불 탁정식이고, 그가 김옥균의 서한을 우편선으로 이동인에게 먼저 전하고 이어서 자세한 전말을 직접 설명하기 위해 일본으로 건너갔다.

조선 조정의 입장에서 이홍장의 서한은 청천벽력과 같은 것이었다. 이제 더 이상 청이 조선을 보호해줄 수 없으니 알아서 살길을 도모하라는 것으로 받아들여졌다. 내부 논의를 거친 조선 조정은 이홍장의 제안을 거부하고 대신 자강책을 모색하게 된다. 청에 영선사를 파견하여 자강책을 강구하고 제2차수신사를 파견하여 일본의 정세를 탐문한 것은 바로 이 이홍장 서신의 파문에서 비롯되었다 할 수 있다.

(e)는 개화당 그룹이 조선 조정의 공식적 입장에 비판적이었음을 보여준다. 개화당은 한걸음 더 나아가 이홍장이 권유한 서양과의 조약체결 가능성을 적극적으로 모색한 것이다. '균세(均勢)'를 통해 조선의 독립을 유지하려는 대외정책이라 할 수 있다. 김옥균이 일본에 있는 이동인에게 서한을 보내고 급히 탁정식을 밀파한 것은 모두 이 때문이다. 이후 이동인과 탁정식은 일본에 있는 영국, 미국, 독일 공사관을 방문하여 수교 가능성을 타진하고 외국의 군사력으로 개항을 반대하는 세력을 일소해야 한다고까지 주장하고 다녔다.

(c)와 (d)는 당시 조선의 정치정세를 언급한 것인데, (d)에서 개화당의 정치적 지향을 읽을 수 있다. 강력한 개화정책을 추진하기 위해서는 무엇보다 권력의 일원화, 즉 자신들이 권력을 장악해야 한다는 것이다. (f)와 (g)는 개화당의 개혁구상을 피력한 것이다. 일본에 시찰단을 파견하여 개혁주체 세력을 형성하고, 일본의 자금을 빌려와서 광산개발과 전야(田野) 개척을 통해 부국강병을 달성한다는 내용이다.

이헌우(李獻愚)의 밀파

1881년 1월 21일 곤도 영사가 하나부사 공사에게 보낸 편지와 1881년 2월 14일 와타나베 히로모토(渡邊洪基)가 하나부사에게 보낸 편지는 이헌우의 밀파 소식을 전하고 있다.[18] 개화당을 칭하는 이재긍, 박영효, 김옥균, 서광범 4명이 이재긍의 일족인 이헌우를 밀파하여 이와쿠라 도모미(岩倉具視) 우대신과 이노우에 가오루(井上馨) 외무경에게 밀서를 전했다는 내용이다([그림 1] 참조). 이재긍은 당시의 영의정 이최응의 아들이다. 이동인을 밀파한 사실이 드러나자 새로운 비선으로 이헌우를 밀파한 것이다. 와타나베의 편지에 따르면, 1881년 1월말 일본에 도착한 이헌우는 군함을 동반한 대사절(大使節)을 파견하여 쇄항파를 압박해 줄 것과 20만 엔의 차금을 이와쿠라에게 요청했다 한다. 이 요청은 그 전해에 이동인의 제2차 방일 때 이와쿠라와 이토 히로부미 등에게 요청한

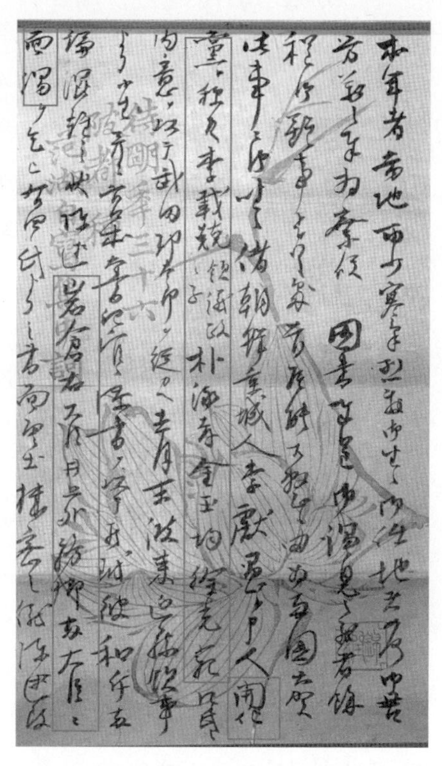

[그림 1] 와타나베가 하나부사에게 보낸 편지 제1면

18 『花房義質關係文書』 110－22; 『花房義質關係文書』 281－4.

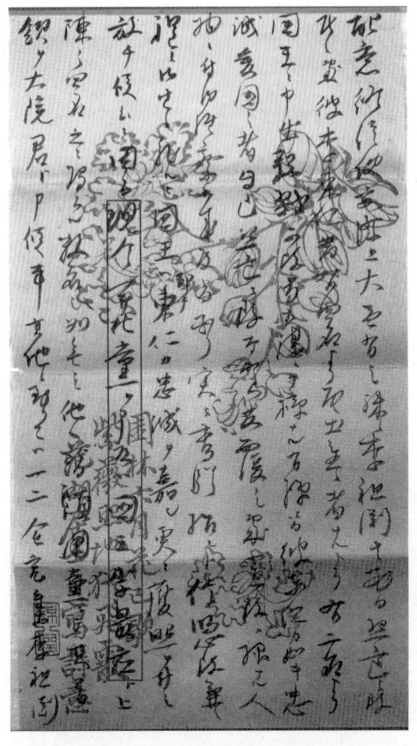

[그림 2] 와타나베가 하나부사에게 보낸 편지 제5면

것인데 받아들여지지 않아서 다시 요청한 것이다. 더욱 충격적인 내용은 고종과 이최응도 개화당의 일원으로 소개하고 있는 점이다([그림 2] 참조). 고종과 이최응이 비밀조직인 개화당의 일원일리는 없지만, 김홍집 수신사가 『조선책략』을 가져왔을 때 미국과의 수교를 가장 적극적으로 추진한 인물이 고종과 이최응이었다는 사실을 고려하면 이들이 암묵적으로 개화당을 지지했음을 알 수 있다. 한편 담보가 확실하지 않은 상태에서 차금의 알선은 어렵다고 소극적인 태도를 보여 차금이 성사되지는 않았다. 20만 엔이 현재의 가치로 대략 500억 원 정도인 것을 고려하면, 개혁자금이라기보다 거사자금일 가능성이 높다. 외세의 충격을 활용하여 반개화파 세력을 일소하고 권력을 장악한다는 구상이다. 그렇지만 당시 개화당의 영수 격인 이재긍의 갑작스런 사망(1881년 2월 21일)으로 정변을 실행에 옮기지 못한 것으로 보인다. 이재긍의 사망은 병사로 기록되어 있지만 당시에는 대원군 세력에 의해 독살된 것이라는 소문이 자자하였다.

김옥균의 제1차 일본 방문

김옥균은 일찍부터 일본 방문을 원했다. 1879년 이동인의 일본 밀파는 김옥균 방일을 위한 사전 작업이었다. 하나부사 문서를 읽다보면 개화당에서 제2차수신사로 김옥균의 파견을 추진했음을 느낄 수 있다. 개화당의 영수인 이재긍이 자기 아버지인 영의정 이최응을 움직인다면 전혀 불가능한 일도 아니었다. 그러나 수신사 파견 전에 치러진 과거에서 시험부정이 발생하여 감독관인 김옥균이 유배 가는 바람에 수신사로 발탁되지 못했다. 1881년 조사시찰단 파견 때에도 천안에 거주하는 생부의 병환으로 참여하지 못했다.

1881년 이재선 사건이 마무리 된 이후에 김옥균과 서광범은 일본을 방문한다. 김옥균의 제1차 일본 방문의 목적은 지금까지 베일에 싸여 있었는데, 『하나부사 요시모토 관계문서』는 그 베일을 벗겨준다. 1881년 11월 13일 곤도 영사가 하나부사 공사에게 보낸 편지에서 조만간 김옥균이 도일하고 그 목적이 50만 엔을 일본정부로부터 빌리는 것이라고 보고하였다.[19] 이 50만 엔도 개혁자금이라기보다는 거사자금인 것으로 보인다.

1882년 4월 나가사키에 도착한 김옥균 일행은 우정(禹鼎)과 김동억(金東億)을 미리 도쿄로 보내 하나부사와 필담하도록 했다. 이들은 하나부사에게 일본군 3,4천 명의 지원을 요청하였다.[20] 일본군의 위세를 배경으로 "정부의 공무를 빙자하여 사리를 영위하는 자를 쫓아내어 어진 이를 등용하고, 인민들이 자신이 원하는 직업에 종사할 수 있도록 하여 나라의 부강을 달성"하기 위해서였다.[21]

19 『花房義質關係文書』 110－45.
20 『花房義質關係文書』 408－8.

이상에서 살펴본 것처럼 외세를 활용하여 정권을 장악하려는 개화당의 기도가 매우 뿌리 깊음을 확인할 수 있었다. 흔히 임오군란을 계기로 온건개화파와 급진개화파로 분화하는 것으로 설명하지만 이 통설은 근거가 박약하다. 급진개화파로 알려진 개화당은 이미 1878년부터 비밀 조직을 결성하여 권력을 장악하려 시도하였다. 그리고 대중적 기반이 약한 개화당은 권력을 잡기 위해서는 외세와 결탁하는 것도 서슴지 않았다. 다시 말해 외세를 활용하여 정권을 장악하려는 구상은 개화당의 태생에서부터 내포한 불가결한 객관적 조건이었다는 의미이고, 그것이 실현된 것이 갑신정변이었다.

〈참고문헌〉

권석봉, 1986 『清末對朝鮮政策史研究』, 일조각.
권혁수, 2007 『근대 한중관계사의 재조명』, 혜안.
김종학, 2016 「이동인(李東仁)의 비밀외교」 『한국동양정치사상사연구』 15－2.
송병기, 1985 『근대한중관계사연구』, 단국대학교 출판부.
유영익, 1980 「李東仁에 관한 Satow의 文書」 『史學研究』 31.
이광린, 1973 『개화당 연구』, 일조각.
_____, 1986 『韓國開化史의 諸問題』, 일조각.
이용희, 1973 「東仁僧의 行績(上)－金玉均派開化黨의 形成에 沿하여」 『국제문제연구』 1.
조동걸, 1985 「奧村의 『朝鮮國布教日誌』」 『한국학논총』 7.
Ruxton Ian(ed.), 2010, A Diplomat in Japan Part II : The Diaries of Ernest Satow. 1870~1883. North Carolina : Lulu Press. Inc.
萩原延壽, 2001 『離日, 遠い崖－アーネスト·サトウ日記抄』, 朝日新聞社.

21 『花房義質關係文書』 408－7.

내장원 자료로 살펴본 대한제국 광산 관리

양 상 현(楊尙弦)*

내장원 자료와 대한제국 광산 연구

서울대학교 규장각한국학연구원에는 내장원이 생산하고 수집한 공문서가 많이 남아 있다. 당시 내장원이 관찰사, 부윤, 군수 등의 지방 수령에게 보낸 훈령(訓令)과 중앙 각사(各司)와 거래한 조회(照會)·조복(照覆) 등의 공문서를 편집한 『훈령조회존안(訓令照會存案)』과 내장원의 훈령에 대해 지방 수령이 내장원에 보고한 『경기각군보고(京畿各郡報告)』와 같이 전국 각 도, 각 군의 보고서류가 있으며, 『경기각군소장(京畿各郡訴狀)』과 같이 일반 민인(民人)이 내장원에 보낸 청원서류, 『각부부래첩(各府部來牒)』과 같이 내장원과 중앙 각사 사이에 거래된 공문을 편집한 서류 등이 남아 있다. 이들 자료들은 내장원 관련 연대기(年代記) 역할을 하는 것으로

* 울산대학교 역사문화학과 교수.
대표논저 : 「대한제국기 내장원의 광산관리와 광산 경영」(『역사와 현실』 제27호, 1998), 「대한제국의 군제 개편과 군사 예산 운영」(『역사와 경계』 제61집, 2006), 「<울산안핵록>을 통해서 본 1875년 울산농민항쟁」(『고문서연구』 제35집, 2009).

내장원이 왕실 재산과 세원(稅源)을 관리하고 운영한 실태를 시기별로 잘 보여주고 있을 뿐만 아니라, 내장원과 이해를 달리하는 반대자 사이의 대립과 갈등도 알려주고 있어 내장원의 활동상을 살펴보고자 할 때 좋은 근거가 되고 있다. 이점은 이 시기 광산 관리 연구에도 예외가 아니다.

이 시기 광산에서 거두는 광세에 대해서는 기존의 논문이 내장원의 주체적인 광산 관리에 관심을 두지 않았기 때문에 언급조차 하지 않는 경우가 많았다. 그러나 규장각에 남아 있는 『경리원각군자문축(經理院各軍尺文軸)』은 수년 간에 걸쳐 내장원에 보고된 광산의 궤군성책(掛軍成冊)이고, 『각세실입일람표(各稅實入一覽表)』와 『탁지부각항봉상조사초록(度支部各項捧上調査抄錄)』에 실려 있는 광세 항목은 농상공부가 탁지부에 상납된 광세액과 그 추이를 보여주는 자료로서 이 시기 광세액과 그 추이를 알 수 있는 일차 자료이다.

대한제국 광산에 대한 연구로서는 먼저 일본을 포함한 서구 열강들이 한국 광산을 침탈한 과정에 주목한 연구가 있다.[1] 이 연구 결과 열강의 이권 침탈이 집중적으로 이루어진 것이 광산이었다는 점과 열강의 광산 침탈과정과 광산 채굴 실태 등이 해명되었다. 그러나 이 연구는 대한제국의 주체적인 광산 관리를 다룬 것은 아니었고, 내장원 자료를 연구에 이용하지도 못하였다. 따라서 대한제국이 전국 주요 광산을 내장원으로 이속하고, 내장원이 주체가 되어 이 광산을 관리하고 운영한 실태에 대해서는 전혀 밝혀내지 못하였다. 이는 열강, 특히 일제가 한국의 광업을 얼마나 파괴하고 침탈하였는가를 일제의 침탈 이전과 이후로 비교하며 조명하는 것을 가로막은 걸림돌이 되었다.

한편, 개항 이후 금광업의 실태와 일제의 광산 침략에 관한 연구가 있

1 李培鎔, 1993 『韓國近代鑛業侵奪史研究』, 一潮閣.

다.[2] 이 연구 결과 농상공부가 사금개채조례(砂金開採條例)를 제정하여 광산 관리를 시작한 과정, 대한제국 시기 황실 권력의 강화에 발맞추어 내장원이 전국 주요 광산을 장악하여, 광산 관리가 내장원과 농상공부로 이원화된 과정, 광산 폐단 문제, 일제가 광업권을 빼앗아 간 과정 등이 해명되었다. 그러나 이 연구는 내장원 광산 관리 실태를 염두에 두었음에도 내장원이 생산하고 수집한 자료를 거의 이용하지 않아, 내장원 광산 관리의 실태를 제대로 파악할 수 없었다. 농상공부가 광산 관리를 주관하고 있을 때에도 광산 관리의 실질적인 책임자는 이용익이었음을 밝히지 못함으로써 농상공부와 궁내부라는 광산 관리 기관의 이원화라는 형식적인 구분에 매몰되는 한계를 벗어나지 못하였다. 광산 폐단 문제도 자료를 주로 황성신문에 의존함으로써 사회문제화된 광산 폐단 문제만을 일방적으로 부각시켰을 뿐, 광산과 관련한 민원에 대해 내장원이 지녔던 원칙적인 자세를 분석하지 못하였다. 게다가 이해 당사자 양쪽의 입장을 드러내지 못하고 내장원의 정책을 일방적으로 매도하는 데 머무르고 말았다.

개항기 조선인 금광업의 실태에 관한 연구가 있다.[3] 이 연구는 감리나 위원뿐만 아니라 파원까지를 징세인(徵稅人)으로 규정하였다. 그런데 이 연구는 징세인이 광세 징수만 하는 것이 아니라, 광산을 개발하는 데 필요한 자금을 조달하고, 광부를 모으고 그들에게 작업에 필요한 자금을 선대(先貸)하였다고 해서 이들의 투자자, 경영인으로서의 성격도 주목하고 있다. 그러나 이 연구는 이들의 투자자금 대부분이 공전(公錢)임을 주장하는 오류를 범하였다. 징세인이 투자한 공적자금에 대한 책임은 징세인 개인에게 있고, 징세인은 개인 자금도 투자하였다고 했다. 이 연구는 내장원

2 朴萬圭, 1984「開港以後의 金礦業實態와 日帝侵略」『韓國史論』10.

3 朴基炷, 1996「開港期 朝鮮人 金礦業의 實態－徵稅人의 鑛山管理를 중심으로」『經濟史學』20.

으로부터 광산 채굴권을 취득한 후 자신이 직접 조달한 자금을 투자하여 광산을 경영하면서 내장원에는 광세만을 납부한 후 이윤을 추구하는 당시 대부분의 파원들을, 내장원의 공적 자금을 이용하여 광산을 직접 경영하는 내장원 직영 광산의 파원과 구별하여 파악하지 못하고 혼동함으로써 이들을 단순한 징세인으로 규정하는 한계를 드러내었다.

대한제국기 황실 재정운영을 전반적으로 검토한 연구[4]에서도 광산에 대한 내장원의 관리와 세금 징수구조를 구체적으로 다루지 못하였으며, 내장원의 주체적인 광산 경영을 염두에 두지 않아, 대한제국이 열강에게 채굴권을 양도하고 광세를 징수하는 데 머물렀다고 보거나, 잡세 징수와 관련하여 내장원이 수세원(收稅源)의 확보와 징수에만 치중하여 소상인과 소상품생산자에게 심각한 타격을 입혔다고 보는 등 기존의 연구시각을 답습하는 아쉬움을 던져주었다.

내장원의 광산 관리권 장악

개항 이후 광업에 대한 관심이 고조되자 조선 정부도 광업개발 정책을 추진하였다. 이에 따라 광산 관리 기관도 여러 차례 바뀌었다. 1884년 고종은 통리군국사무아문에 지시하여 광산 업무를 담당할 부서를 설치하라고 하였다. 그러나 갑신정변으로 이 조치는 실행에 옮겨지지 못하였다. 1885년부터 통리교섭통상사무아문이 광업을 관리하였다. 1887년 정부는 내무부(內務府) 안에 광무국을 설치하여 광산 업무를 담당하게 하였다. 광무국은 각 도에 광무감리를 파견하여 광산 관리를 보다 체계화하려고 노

4 李潤相, 1996 『1894~1910년 제정 제도와 운영의 변화』, 서울대 박사학위논문.

력하였다.

1894년 정부는 공무아문에 광산국을 설치하여 광물의 측량, 시험, 수집, 보존 등을 담당하게 하고, 농상아문에 지질국을 설치하여 광물 분석을 담당하게 하였다. 공무아문은 광산을 관리하고, 광세도 징수하였으며 거둔 세금은 탁지아문으로 보냈다. 1894년 이용익은 함경도광무감리로 임명되어 함경도 광무를 감독하고 있었다. 1895년에는 농상아문과 공무아문을 통합하여 농상공부로 개편하고, 농상공부에 광산국을 설치하여 이 광산국이 전국의 광산을 일괄적으로 관리하게 하였다. 1895년 5월 29일 운산금광이 궁내부로 이속되었다. 그러나 이때까지 운산 금광을 제외한 나머지 광산은 농상공부가 관리하고 있었다.

이 당시 광산 관리의 핵심 인물은 이용익이었다. 그는 1896년 4월 27일부터 1897년 4월 9일까지 감리서북제부금광사무(監理西北諸府金礦事務)로 서북 지방의 금광을 관리하고 있었으나 사실상 광무감리로 농상공부가 관리하는 광산의 광무를 관할하고 있었으며, 1897년 12월 3일에는 감독각도각군금은동철매탄각광사무(監督各道各郡金銀銅鐵煤炭各礦事務)로 임명되어 농상공부가 관리하는 광산을 책임지게 되었다. 이용익의 직책은 농상공부대신과 광산국장의 지휘를 받도록 되어 있었으나 사실은 농상공부대신과 광산국장과는 별개로 전국 광산을 관리하고 있었다.

1898년 6월 23일 농상공부는 이전부터 사실상 궁내부가 관리하고 있던 43개 군 광산 관리권을 궁내부로 이관하였다. 이 광산들은 각 도 광산 중에서 가장 우수한 광산들이었다. 1898년 6월 24일 궁내부관제가 개정되어 내장사(內藏司)가 소속 광산을 관리하게 되었다. 이어 7월 18일 이용익은 농상공부 소속의 감독각도각군금은동철매탄각광사무의 직책을 사직하고, 7월 20일 궁내부소관각도각광감독사무(宮內府所管各道各礦監督事務)를 맡아 이제 궁내부 소속 광산을 위해 일하게 되었다. 1898년 11월 13일관민공동회의 건의에 따라 궁내부로 이관된 43개 군 광산 관리권을 다시 농상공부로 이속하라는 조칙을 내렸으나, 이 조치는 이행되지 않았다. 오히려 1899년 2월 7일 이용익이 궁내부 내장사장에 임명된 직후인 1899년 2월 21일 다시 황해도, 평안도, 함경도의 광산이 모두 궁내부로 이관되었다. 당시 농상공부가 관리하고 있던 광산 중에서 황해도, 평안도, 함경도의 광산에는 신계, 가산, 개천, 평산, 해주, 삼수, 안변, 북청, 희천, 태천, 삭녕, 정평 광산 등이 있었는데, 이들 광산이 궁내부로 이속되었다고 여겨진다. 황해도, 평안도, 함경도는 당시 가장 광물 매장량이 풍부한 지역이었다. 1901년 6월 27일 양성, 백천, 천안, 전의, 순안, 음성, 창성 등 7개 군의 금광과 철원 철광이 궁내부로 이속되었다. 이 가운데 앞서 농상공부가 관리하고 있던 광산은 양성, 천안, 철원 광산뿐이었고, 나머지 광산들은 새로 개발된 광산이었다. 1904년 9월 26일 합천 금광이 내장원에 이속되었다.

이로써 농상공부 소관의 광산과 새로 개채된 광산은 점차 내장원으로 그 관리권이 이속되었고, 농상공부는 강원도 지역의 광산만 관리하게 되었다. 광산 관리의 중심이 농상공부에서 내장원으로 이관되었지만 농상공부가 광산을 관리할 때는 물론이고, 내장원이 광산을 관리할 때에도 광산 관리를 책임지고 있던 핵심 인물은 이용익이었다. 당시 그는 고종이 신임하는 측근이었다는 점에서 전국 주요 광산은 국왕의 주요 관심 사항이었음을 알 수 있다. 이용익이 1897년 12월 3일부터 맡은 '감독각도각군금은동철매탄각광사무'의 직책은 농상공부 대신과 광산국장의 지휘를 받도록 되어 있었으나 사실은 농상공부 대신과 광산국장과는 별개로 전국 광산을 관리하고 있었다. 그의 이러한 역할은 궁내부소관각도각광감독사무 →궁내부 내장사장 →내장원경으로 그의 직위가 변경됨에 따라 더 강화되었다.

광산 관리 및 경영 조직

광산을 관리하기 위한 도 단위 이상의 조직은 감독→감리→위원의 순서로 짜여져 있었다. 농상공부가 전국 광산을 관리하던 시기에는 각 도 각 군의 광산 사무를 감독각도각군금은동철매탄각광사무(監督各道各郡金銀銅鐵煤炭各礦事務)가 담당하고 있었고, 이 감독의 업무를 보좌하기 위해 각도각군금은동철매탄각광사무위원(各道各郡金銀銅鐵煤炭各礦事務委員)이 있었으며, 그 아래로 도(道) 단위에 감리가 파견되었다. 감리 중에는 2개 이상의 도를 관할하는 감리도 있었다. 감리 아래에는 도(道) 단위로 위원이 파견되었다.

이러한 광산 관리체계는 내장원이 광산을 관리하던 시기에도 계승되고 있었다. 내장원경이 겸직하고 있던 각도각광감독사무(各道各礦監督事務) 아래 각 도에 감리를 파견하였다. 전라북도와 경상남북도에는 전라경상남북도각광감리를 파견하다가 전라북도의 경우에는 관찰사가 관리하게 하고, 경북에 경북각광감리를 파견하였다. 평안남북도에는 평안남북도각광감리 1명이 관리하다가 1906년 7월 평안남도에 따로 평안남도각광감리를 파견하였다. 경기도나 전라남도에는 개설된 광산이 거의 없었으므로 감리를 파견하지 않고, 개설된 광산의 위원이나 군수가 관리하게 하였다. 감리 아래에는 필요에 따라 도(道) 단위로 위원을 파견하여 감리 사무에 협조하게 하였다. 그리고 세금 독촉을 위해 도 단위로 특별히 세관(稅官)을 파견하기도 하였다.

내장원은 광산을 관리하면서 군 단위의 광산 경영을 원하는 자에게 해당 광산 채굴을 허가하고, 그를 파원으로 파견하였다. 이때 파견되는 파원은 그 광산의 경영을 책임지는 경영자임과 동시에 내장원이 따로 관리인을 파견하지 않은 상황에서 그 광산의 관리 책임자이기도 하였다. 이 파원의 임무는 자본을 마련하여 광산을 경영하고, 광세를 납부하는 데 있었다. 파원은 광산 경영을 위해 적지 않은 자본을 투자하였다. 내장원도 파원에게 자금을 투자할 것을 요구하였다. 파원이 자본을 투자하여 광산을 운영하고 있었기 때문에 채굴 성과가 부진할 때는 파원이 경제적으로 어려운 처지에 빠질 가능성이 많았고, 심지어는 파원이 자살하는 경우도 있었다. 파원은 광세를 납부할 책임을 지고 있었기 때문에 파원으로 임명될 때는 재정 보증인을 내세워야 했다. 파원이 세금을 체납하였을 경우에는 그 보증인이 대신 부담하지 않으면 안되었다. 파원중에는 청원에 따라서가 아니라 내장원에 의하여 특정한 광산으로 파견되어 해당 광산의 채굴을 관리하는 자도 있었다. 이 경우 파원은 광산 경영자라기 보다는 광산 관리 책임자의 성격을 지니고 있었다고 볼 수 있다. 파원은 이전에 광산 경영과 관련이 있는 사람이 하는 경우가 많았다. 광산의 세감이나 별장을

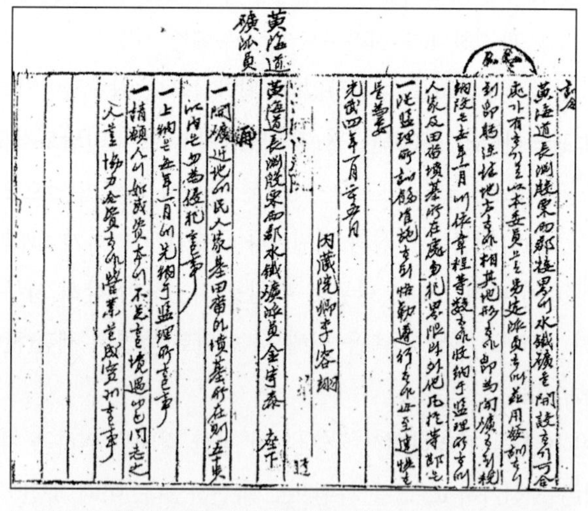
黃海道長淵殷栗兩郡水鐵鑛派員金時泰

光武四年一月二十五日

內藏院卿李容翊

[그림 1] 『훈령조회존안(訓令照會存案)』(奎 19143) 제6책, 1900년 1월 25일 황해도 장연·은율 수철광(水鐵鑛) 파원(派員)에 대한 훈령

역임한 사람이 파원이 되기도 하였다.

파원 아래에는 별장과 세감이 있어 파원의 업무를 보좌하였다. 별장은 파원이 관장하는 광산에 속한 광산의 경영을 담당하는 책임자였다. 별장은 파원이 임명하였다. 별장은 덕대 출신이 담당하거나 덕대가 겸하기도 하였다. 세감 출신이 별장이 되기도 하였다. 파원은 세감도 임명하였다. 덕대 출신이 세감이 되기도 하였다. 채굴에 참여한 광부의 숫자를 계산하여 세금을 징수하는 것이 세감의 업무였으므로 세감과 덕대 및 광부는 마찰과 갈등을 자아낼 가능성이 컸고 광부와 덕대가 세감을 구타하기도 하였다.

광부를 이끌고 채광을 담당하는 광산 경영의 말단 담당자는 덕대였다. 덕대는 파원이나 별장의 관리하에 채굴을 담당하고, 채굴에 참여한 광부의 수에 따라 세금을 세감에게 납부하였다. 덕대는 파원→(별장)→세감→덕대→광부로 연결된 광산 조직의 하부조직 책임자이기도 하였다. 덕대가 광세 납부의 담당자였기 때문에 파원이 관할하는 광산에서 채굴허가를 얻기 위해서는 보증인을 내세워야 했다. 이 보증인은 덕대가 광세를 내지 못했을 때 광세를 대신 납부하여야만 했다. 덕대가 자금을 출자하여 채광을 하는 경우도 있었지만 타인으로부터 자금을 빌려서 채광에 종사하는 경우도 있었다. 덕대에게 자금을 빌려주는 사람을 재주(財主)라고 불렀고, 덕대가 광세를 납부하지 못하면 재주가 광세를 납부하여야 했다. 세금 납부와 관련하여 보증인과 재주가 대신 납부를 하는 경우가 있는 것으로 보아 일반적으로는 재주가 덕대의 보증인이 된 것으로 추측된다. 덕대들은 따로 자신들의 조직을 구성하여 반수(班首), 존위(尊位), 검독(檢督) 등의 임원을 두었다.

세감은 1개월을 전후반으로 나누어 각 덕대의 이름 밑에 일한 광부의 숫자를 매겨 이 숫자에 따라 덕대로부터 월말에 광세를 징수하였다. 괘군의 숫자는 광물 채굴에 동원된 자연인 광부의 숫자를 그대로 기록한 것이 아니었다. 괘군은 세금을 거두는 단위를 정하는 것이고, 괘군수는 그 단위 수를 가리키는 것이다. 괘군의 숫자에는 0.5명도 있었는데, 이는 하루 노동시간의 50%를 일한 광부에게 적용한 기준이라고 할 수 있다. 광세는 광부가 채굴한 광물의 양과 관련이 있었다. 세금을 징수하기 위해 채광에 동원된 광부의 숫자를 매기는 궤군(掛軍)을 시행하였다. 괘군 1명당 광세는 고정된 것은 아니었다. 같은 광산에서도 채굴 시기에 따라 차이가 있었고, 금광의 경우 석금광이냐 사금광이냐에 따라서도 차이가 나기도 하였다. 광부가 원군(原軍)이냐 '뜨내기'인 걸군(乞軍)이냐에 따라서도 차이가 나기도 하였다. 기계를 사용하였을 경우에는 '기계세'를 징수하였다. 광세는 채굴량의 10%를 징수하였다.

괘군수에 따라 세금을 거두는 것이 세금 징수의 일반적인 원칙이었지만, 파원이 미리 매달 혹은 1년 세금을 약정하여 상납하기도 하였다.

광산 관리

일반적으로 대한제국이 광산 이권을 외국인에게 많이 양도하였고, 광산 관리를 대단히 소홀하게 하였다고 알고 있다. 그러나 이 때에도 정치 외교적인 이유가 있거나 당시 우리의 채광 기술 수준으로 채광에 어려움이 예상되는 경우를 제외하고 우리 기술로 채광할 수 있는 광산은 우리가 직접 채굴하였다. 1896년에 미국인에게 채굴권을 넘긴 운산 금광의 경우에도 석금광 채굴권만 넘겨주었을 뿐이지, 사금광 채굴권은 여전히 우리가 장악하면서 한국인이 채굴하고 있었다. 1900년에 영국인에게 채굴권을 넘긴 은산 금광에서도 마찬가지였다.

내장원은 외국인의 한국 광산 침해에 대해서 매우 원칙적이고 강력한 자세를 유지하고 있었다. 내장원은 외국인이 한국 광산에 간여하는 것은 어떤 경우에도 허용하지 않았다. 내장원은 광산 채굴을 허가할 때 외국인과 합자하는 것은 물론이고 외국인으로부터 자본을 빌리지도 못하게 하였다. 일본인 광산 기술자를 고용하여 채광을 하다가 채광 허가가 취소되기도 하였다. 심지어는 외국인이 우리 광산을 관람하는 것도 허용하지 않았다. 한국인이 외국인에게 채굴권을 양도하였을 경우에도 처벌하였다.

광산이 개발되고 이익이 발생하자 이로 말미암아 파생된 잉여물을 둘러싸고 중앙세력과 지방세력 사이에 알력이 발생하고 있었다. 지방세력들이 광산에 관여하여 여러 가지로 '폐단'을 일으키고 있었다. 1897년 1월에 지방 수령이 광산 채굴 사무 감독에 참가할 수 있게 되자 수령이 광산에 개입하는 것을 막기가 더욱 어려워졌다. 지방 수령이 아전과 결탁하여 함부로 금광 채굴을 허가하고는 채굴한 금을 자신들이 상납받기도 하였다. 이에 내장원은 수령이 광산에 직접 간여하는 것을 막고, 광산감리가 관리하게 하였다. 지방 수령 중에는 내장원이 허가하여 광산을 개채하면 여러 가지 폐단을 내세워 광산을 폐쇄할 것을 요청하고, 이 요청에 부응하여 내장원이 그 광산을 폐쇄하면, 몰래 채광을 허가하여 사익을 추구하기도 하였다. 내장원은 수령, 이서배, 광산경영인 등의 중간세력이 내장원의 허가 없이 광산 개발에 간여하여 수탈하거나, 무명잡세를 징수하는 것을 차단하려고 노력하였다.

각 군 광산에 해당 수령과 아전이 간여한 것은 광산 개발과 관련하여 발생한 잉여물이 있었기 때문이다. 이들 중간세력의 수탈로 말미암아 이들 분야에서의 잉여가 약탈되고, 성장 잠재력이 상실되어 민에게 도움이 되지 못하고, 국가에도 도움이 되지 못하는 실정이었다. 이에 내장원은 이러한 중간 수탈을 배제하고자 하였고, 중간 수탈분을 내장원이 공식적으

[그림 2] 『충청남북도각군소장(忠淸南北道各郡訴狀)』(奎 19150) 제6책
(1903년 2월 청주금광 덕대의 소장)

로 관리하고자 하였다. 이러한 시도는 내장원이 등장하기 이전에도 있었지만, 정부의 추진력이 약했으므로 제대로 시행되지 못하였다. 내장원이 중간 수탈을 배제하고, 중간 수탈 부분을 공식적으로 관리하는 데 성과를 거둔 것은 그만큼 내장원이 추진력을 지니고 있었기 때문이다.

내장원은 광산 관리를 위해 법적 장치로서 광산장정을 마련하고, 장정에 근거한 시책을 펼쳐 나가고 있었다. 이로써 지역민의 터무니없는 반발과 유관기관의 방해로부터 광업이 성장할 수 있는 방어막을 구축할 수 있었다. 광부들이 광산장정을 어겨 민원이 발생하였을 때는 앞으로는 장정대로 하게 하겠다고 하여 광산 봉폐 등의 요구에 대해 광산 장정을 바람막이로 하여 광업을 보호하였다. 광부들이 광산장정을 지키는 데도 주민들이 간섭을 하고 시비를 걸어 광산 경영을 방해할 때는 역시 장정을 내세워 국가 광산의 소중함을 망각한 행위라고 견제하였다. 광산 채굴로 피해를 입은 주민의 전답에 대해서는 시가대로 배상하게 하여 민원이 발생하지 않게 하였다.

내장원은 광산을 개발하기 위해 필요한 지원 사업을 펼치기도 하였다.

채굴 자금이 고갈되어 어려움을 겪고 있던 광산경영인에게 자금을 제공하였다. 내장원이 광산 기계를 구입, 채굴에 이용하게 하여 광산 경영을 지원하였다. 내장원은 경영 상태가 어려운 광산에 대해서 세금을 감액하는 조치를 취하기도 하였다. 흉년으로 광부에게 공급될 식량 공급이 원할하지 못하여 어려움을 겪고 있는 광산에 대하여 수입미를 제공하고, 방곡령을 풀어 식량을 구입할 수 있도록 하였다.

광산 직접 경영

내장원은 직접 광산을 경영하기도 하였다. 1903~1904년 사이에 황해도 수안 금광과 순안 금광을 직접 경영하였다. 이를 위해 수안 금광에 금광파원을 파견하였고, 일본 기계 구입비와 채굴 비용을 제공하였을 뿐만 아니라, 폭약 등 물품을 제공하였다. 그러나 내장원의 수안 금광 직영은, 내장원이 광부산에 자금을 지원하는 방식이었지 내장원이 광부를 직접 고용하고, 그들에게 임금을 지불하면서 채굴된 광물을 판매하여 이익을 거두는 방식은 아니었다. 따라서 광산에서의 실질적인 채광은 다른 금광과 마찬가지로 덕대에 의해서 이루어졌고, 내장원은 덕대로부터 광세를 징수하였다. 순안 금광에서는 광산감리가 광부를 정하여 채굴하게 하고 세금을 거둔 결과 1903년 8월에서 12월까지 여러 가지 비용을 제하고도 160냥중의 금을 얻을 수 있었다.

내장원은 석탄광[煤礦]에서 직영을 하였다. 석탄광은 금광과는 달리 대규모의 투자 비용이 요구되기 때문에 민간업자가 쉽게 참가할 수 없는 것이었다. 내장원은 1901년부터 1907년까지 평양 매광을 직영하였다. 이 광산에는 내장원이 파견한 광산감리가 직접 경영하였다. 내장원은 이곳 석탄 채굴에 사용할 기계를 수입하였고, 프랑스 광산 기술자를 고용하기도 하였으며, 1903～1904년에는 모두 35만냥의 운영비를 제공하였다. 채굴된 석탄은 내장원이 사용하거나, 청국인에게 팔았다. 1901년부터 1903년까지 함경북도 경성 매광도 직영하였다.

〈참고문헌〉

김은정, 2007『일제의 한국 석탄산업 침탈 연구』, 이화여대 박사학위논문.

朴基炷, 1996「開港期 朝鮮人 金礦業의 實態－徵稅人의 鑛山管理를 중심으로」『經濟史學』 20.

朴萬圭, 1984「開港以後의 金礦業實態와 日帝侵略」『韓國史論』 10.

양상현, 1997「대한제국기 내장원의 鑛稅 징수와 鑛物 독점 구입」『울산사학』 제7집.

_____, 1998「대한제국기 내장원의 광산관리와 광산 경영」『역사와 현실』 제27호.

李培鎔, 1993『韓國近代鑛業侵奪史硏究』, 一潮閣.

李潤相, 1996『1894~1910년 제정 제도와 운영의 변화』, 서울대 박사학위논문.

불구(不具)의 세속(世俗), '자유(自由)'와 '필연' 사이에서 한용운이 누락시킨 것

장 용 경(張龍經)*

말한 것과 누락시킨 것

한용운은 일제시기 대중불교를 설파하면서 "불교는 반드시 애(愛)를 버리고 친(親)을 떠나 인간사회를 격리한 뒤에 행하는 것이 아니라, 인간사회의 만분 현실을 조금도 여의지 아니하고 번뇌(煩惱) 중에 보리를 얻고 생사(生死) 중에서 열반을 얻는 것인 즉 그것을 인식하고 실천하는 것이 대중불교의 건설"[1]이라고 주장한 적이 있다. 이러한 대중 불교에 대한 강조는 1930년대 뿐 아니라, 1910년대부터 이어져 온 것이었다. 그는 1910년대에 간행된 『조선불교유신론』에서 구세주의(救世主義)를 논하면서 "두

* 국사편찬위원회 편사연구관.
대표논저 : 『민중사를 다시 말한다』(공저, 역사비평사, 2013), 「한국 근현대 역사학의 反植民 主體와 역사의 '正常化'」(『역사문제연구』 31, 2014), 『민중 경험과 마이너리티』(공저, 경인문화사, 2016).

1 한용운, 1931 「조선불교의 개혁안」 전집2.

루 세태 인정의 희비(喜悲)를 관찰하여 그 폐단을 구하고자 함"이라고 하면서 염세주의가 저자에 살지 않는 것은 '세속의 고락(苦樂)을 외면하고 그 정을 끊고자 함'때문이라고 하였던 것이다.

그렇다면 세태인정의 희비와 세속의 고락을 떠나지 않고 그것을 자체에 포함하는 열반, 초월은 어떻게 가능할까? 가능하다면 그 세속의 모양새와 논리, 그리고 초월의 모양새와 논리는 어떤 관계일 수 있는가? 이 글은 한용운이 논한 '필연'-'자유' 관계에 초점을 맞추어 그는 필연-자유의 일원화(一元化)를 어떻게 이루려고 했는지, 그 과정에서 누락된 측면은 무엇인지를 살피고자 한다. 즉 한용운은 '자유'를 '필연' 세계의 물질성, 욕망, 물리적 법칙에의 종속 등과의 관련성에서 어떻게 위치시키고 있는지를 살펴보고자 한다. 서로 다른 차원들을 일원화하는 과정에서 누락된 부분을 읽는 것이야 말로, 한국 사상사를 세속적인 지평에서 다시 사고할 수 있는 가능성을 여는 방편이기도 하다고 생각한다.

[그림 1] 한용운

이 글에서는 한용운이 1913년에 간행한 『조선불교유신론』의 「불교의 장래와 僧尼의 결혼문제」에서 욕망과 자유의 관계를, 그리고 1931년 『불교(佛敎)』 90호의 「우주의 인과율」에서의 인과성과 자유의 관계를 어떻게 관계시키는지 살펴보고 그 과정에서 누락되는 것은 무엇이고, 그 영역에 다가가는 통로를 어떻게 열 수 있는지에 대해 간략히 서술하겠다.

'필연'으로서의 욕망 긍정과 '자유'의 위상

한용운은 1913년 『조선불교유신론』에서 불교의 대중화를 필두로 조선의 불교가 유신할 수 있는 여러 방안들을 제시하는데, 그 하나의 주요한 방편이 승려 결혼 허용론이었다. 그는 승려의 결혼을 허용해야 하는 이유를 다음과 같이 들고 있다.

> 첫째, 윤리에 해롭다는 점을 들 수 있다. 듣건대 사람의 죄 중에서 불효를 크다 하고, 무후(無後)를 더욱 크다고 하니, 제사가 끊어지고 자손이 단절되는 까닭으로 그렇게 보는 것이리라. 내 일신이 과거 천백세의 조상과 미래 천백세의 자손으로 이어지지 않는다면 그 죄를 어찌 용서할 수 있겠는가?
>
> 다음으로 국가에 해롭다는 점을 들 수 있다.… 대저 국가란 사람들로 조직되어 있는 까닭에 문명한 나라에서는 모두 결혼의 자유를 허가하고 있다. …
>
> 다음으로 교화에 해롭다는 점을 들 수 있다. 세상 사람의 욕망이 다양하지만 지우(智愚)와 현불초(賢不肖)를 통해 누구나 가지고 있는 것은 식욕과 색욕이며, 한 사람의 욕망도 다양하지만 희로애락을 아울러 가지고 있는 것은 식욕·색욕이다. 그러므로 육체를 이 세상에 타고 나서 식욕·색욕이 없다고 말하는 것은 헛소리일 뿐이요 아첨하

> 는 말일 따름이니…[2]

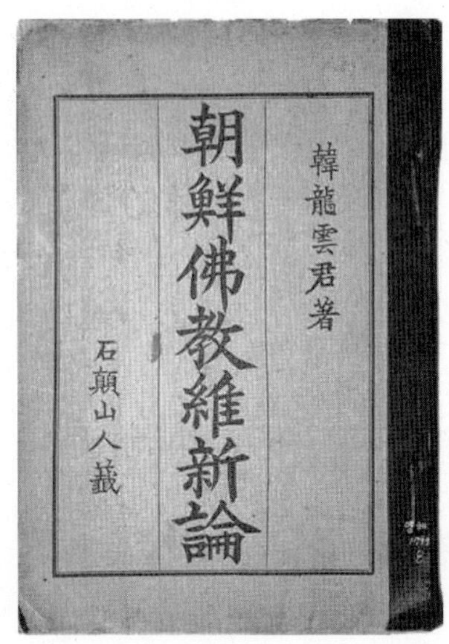

[그림 2] 한용운 저, 『조선불교유신론』

위 인용문에서 유교적 사상의 영향을 지적할 수 있겠지만 이는 차치하고, 욕망의 문제에만 집중하기로 하겠다. 한용운은 승려결혼 허용론의 한 이유로 색욕은 누구나 가지고 있고 "억제할수록 더 심해지는 것으로서", "계율이라는 이유만으로 억지로 그 욕망을 눌러서 사람으로 하여금 길이 그 향락의 그림자까지 끊게" 할 수는 없다고 주장한다. 오히려 교화를 위해서는 육체의 욕망을 향락케 하여, "오래 억눌리어 뜻을 펴고자 하는 마음이 왕성"해지지 않게 하는 것이 이롭다고도 하였다. 당시엔 파장이 많은 주장이었지만, 불교의 부흥이라는 측면에서 상당한 고심 끝에 나온 주장이라고 할 수 있다.

그렇다면 한용운은 이러한 세간의 욕망 충족을 '필연'으로 인정한 바탕에서 종교적 영역 혹은 그 자신이 '자유'라고 불렀던 초월의 영역을 어떻게 설정할 수 있었을까?

> 진정한 자아는 반드시 활발 자유로와서 육체가 언제나 필연의 법칙

2 한용운, 앞의 책, 85쪽.

에 매여 있는 것과는 같지 않음이 명백하다.[3]

> 진정한 자아는 결코 다른 무엇에 의해 구애되든지 가리어지든지 하는 것이 아니었으며, 구애를 받고 가림을 받는 이상 그것은 자유의 상실을 의미하는 것으로 믿어진다.[4]

위 인용문을 통해 한용운의 사고 구조 몇 가지를 확인할 수 있다. 첫째, 한용운은 필연의 법칙에 매여있는 육체와 자유로운 자아를 대비시켜 사고하고 있으며 둘째, 자유란 다른 무엇에 의해 "구애되든지 가리어지"는 상태가 아닌 '활발 자유'로운 상태를 지시하고 있다는 점이다. 자유의 문제를 필연의 법칙에 매여있는 육체와의 관계성을 통하여 설명하려 했다는 점에서 의의가 있다고 할 것이다.

그러나 정작 중요한 문제는 이 자아의 자유가 필연에 매여있는 육체와 어떤 관계성을 형성하고 있는지의 문제일 것이다. 청의 찌아오쉰(焦循)은 "절기지욕즉불능통천하지지 비소이위인야(絶己之欲則不能通天下之志 非所以爲仁也)"(『論語補疏』)라 하여, 인(仁)이란 것이 존재론적으로나 인식론적으로 욕망의 문제마저 회로에 넣어 도달하는 어떤 상태로 설정한 바 있다. 그것이 어떻게 가능한지 차치하고, 이런 경지는 한용운의 경우와는 대비되는 것이다. 한용운의 자유는 필연의 법칙에서의 '벗어남'을 통해 달성되는 무엇이었기 때문이다.

그렇다면 기껏 역설한 한용운의 세간 욕망 긍정의 의미는 어디에 있다고 할 것인가? 아마도 한용운은 세속의 삶 혹은 육체적 욕망의 긍정과 초월 혹은 자유의 가능성을 같이 사고하려 했지만, 세속의 모양새와 그

---

3 한용운, 위의 책, 39쪽.
4 한용운, 위의 책, 40쪽.

논리가 어떻게 자유의 모양새 및 논리와 관계될지에 대해서는 진지하게 고려하지 않은 것으로 보인다. 즉 필연 곧 세속은 자유롭기 위해서 벗어나거나 충족되어야 하는 전제조건 이상의 위상은 아니었다고 할 것이다. 한용운의 비습오니(卑濕汚泥)에 나되 거기에 물들지 않은 연꽃이라는 비유를 차용한다면, 한용운은 비습오니와 연꽃을 상대적인 관계성 속에서 일원적으로(不二) 파악했다기보다는, 자유는 비습오니를 조건으로 하지만 그것을 초탈해야 하는 것으로 위치 지었던 것이다. 필연의 세계인 세속은 특수하고 불완전한 채로 남아있다.

'우연'의 논리화와 자유

한용운은 1910년대 『조선불교유신론』 간행 이후에도 자유와 필연의 관계를 계속해서 숙고했던 것으로 보인다. 시집 『님의 침묵』에 "복종하고 싶은데 복종하는 것은 아름다운 자유보다도 달콤하다"는 「복종」이라는 시도 그러한 고민의 결과이다. 그런데 시 「복종」에서의 자유와 복종의 변증법적 관계 설정에서 보듯이, 어느 시점엔가 한용운은 세속의 논리와 자유의 논리를, 『조선불교유신론』과 같이 벗어남으로서가 아닌 다른 방식으로 연계시켜야 한다고 생각한 것으로 보인다. 그래서 이제 모든 물질적인 것들을 관통하는 인과론의 설정 및 여기서 자유가 어떻게 가능할 것인가 하는 문제가 대두된다. 그의 이러한 고민이 집대성된 글이 1931년 『佛敎』 90호의 「우주의 인과율」이다. 그는 이 글에서 자유와 인과율(필연), 그리고 우연이라는 삼각관계를 설정하고, 부하린의 '친구의 해후'란 일화를 통해, 우연이란 '인지되지 않은 필연'이라는 주장을 펼친다.

그런데 어째서 이 [친구와의 우연한 – 인용자] 해후가 내게는 우연으로 보이는가? 어째서 내게는 아무 인과적 필연성도 없는 줄로 보이는가. 어째서 나는 2인의 해후를 우연으로 이름하는가. 그 이유는 극히 간단하다. 나는 친구를 움직이게 한 원인을 알지 못하였던 까닭이다. 나는 친구가 나와 같은 거리에 있는 것도 모르고, 따라서 나는 우리의 해후를 예견치 못하였던 까닭이다.[5]

한용운은 그 뒤에 "부하린의 말을 빌어서 '우연적'이라는 것이 없는 것을 증명하기 족하다."고 단언한다. 그런데 만약 한용운의 말대로 우연이란 것이 인지되지 않은 필연일 뿐이라면, 이 세상에 자유는 어떻게 가능한가? 즉 인과관계로 꽉 짜인 사실 속에서 자유가 어떻게 가능할 것인지를 한용운은 논증해야 하는 것이다.

인과율은 조금도 인류의 자유를 구속하는 것으로 볼 수 없는 것이다. 왜 그러냐 하면, 사람의 여하한 자유행동이라도 하나도 인과율이 아닌 것이 없는 까닭이다. 여하한 자유행동이라 하더라도 동시 동 위치에 2개 이상의 물체를 둘 수가 없고, 동시에 동일물로 2종 이상의 작용을 할 수가 없는 것이다.[6]

… 여하한 복잡한 자유행동이라도 반드시 호리불차(毫釐不差)의 차서(次序)가 있는 것이다. … 그러면 인과율은 자유를 구속하는 명령적 규정이 아니라 만유의 자유를 문란치 않게 한 보안법(保安法)이다.[7]

더 이상 구체적인 설명이 없기 때문에, 주어진 말을 이해 가능하도록

5 한용운, 1931 「宇宙의 因果律」(『한용운 전집』 2, 297쪽).
6 한용운, 위의 글, 298쪽.
7 한용운, 위의 책, 299쪽.

요약하자면 이렇다. 인간이 자유롭게 의지하여 행동을 하였더라도 그 행동이 어떤 하나의 행동이 되기 위해서는 결과적으로 인과율을 따를 수밖에 없었을 것이다. 그렇지 않다면 어떤 행동도 일어날 수 없을 것이었기 때문이다. 그래서 한용운은 인과율(=필연)은 자유를 구속하는 명령적 규정이 아니라 자유를 문란케 하지 않는 보안법이라고 했던 것이다.

그렇지만 한용운이 우발을 배제하고, 자유와 인과율을 일원화(一元化)하는 과정에서 개념적 조작이 있었음을 쉽게 알 수 있다. 먼저 친구와의 해후가 우발인지 여부에 대해서는, 한용운은 친구를 움직이게 한 원인을 알지 못하는 '나'의 관점에서의 우발을 전지적인 관점의 '인과' 차원의 필연으로 치환하고 있음을 알 수 있다. 그런데 친구와의 만남에서 중요한 것은 나의 시점에서의 우발이지 전지적 시점의 인과가 아니다. 시점을 바꿈으로써 나의 시점에서의 우발을 없애버린 것이다. 그러나 세속에서는 우발을 인과로 치환하는 그런 시점 조작은 있을 수 없으며, "우리가 그것들이 어떻게 이루어졌는가를 안다는 조건으로 다시 해체될 수 있"는 '자유'만이 가능할 뿐이다. 둘째, 사전(事前)에는 어떻게 될지 모르는 우발, 또는 선택하여 행한 인간의 자유행동을 사후에 결국 어떻게 되었든 인과율을 따랐던 것이라고 인지한다는 것은 사전의 우발을 사후의 인과로 뒤집어 설명하는 것으로서, 이 또한 자유를 사후적인 인과율로 구속하는 것이라고 할 수 있다.

여하튼 두 과정 모두 인간의 선택과 자유－우발－가 의미 있게 적용될 수 있는 차원과 영역을 사후적 또는 전지적 시점에서나 인지 가능한 인과율로 폐쇄하는 것이었다. 그렇다면 한용운이 자유와 우발의 과정과 영역을 결과로서의 인과율로 논리화하려는 까닭은 무엇일까? 추측컨대, 조선의 불교가 처해있던 상황에서 비롯된, 어떤 사건이나 사고가 특수함과 일시적 우발로 게토화되는 것에 대한 두려움 또는 역으로 말하면 그렇기 때문에 보편화 가능성에 대한 욕망이 '자유'를 인과율로 치환시키는 작업에 깔려 있었던 것은 아닐까? 한용운이 자유 개념과 마찬가지로 중요하게 생각한 것이 '불성(佛性)의 평등'이었는데, 불성의 평등이란 우발적이고 현상적으로 기품의 구애를 받는 것들이라고 하더라도 합리성과 인과율이 통과하는, 그래서 존재론적으로 평등한 존재가 될 잠재력을 품고 있다는 것이었다. "평등한 견지에서 바라본다면 무엇 하나 평등하지 않음이 없을 것"이라는 한용운이 말이 단적으로 이를 보여준다.

그렇지만 아무리 사람이 능수능란하더라도 망치를 칼처럼 쓸 수 없는 것과 마찬가지로, 그리고 모든 길이 산의 정상으로 통하는 것은 아닌 것과 마찬가지로, 동등한 잠재력이라는 측면에서 포착하려는 자유 개념은 그 의도를 달성하지 못할 수도 있다고 생각한다. 불교의 인과론을 비판하는 정도전은 이 지점을 잘 포착한 듯 하다.

> 음양의 기는 서로 교차되면서 운행되고 서로 드나들어 고르지 않다. 그래서 인간과 사물이 생성되는 수많은 변화가 만들어지는 것이고 … 성현이 가르침을 베풀어 배우는 자들의 기질을 변화시켜 선현에 이르게 하거나, 나라를 다스리는 자로 하여금 나라가 쇠퇴하는 길을 벗어나 편안하게 다스려지는 길로 나아가게 한다. 이것이 성인께서 음양의 기운을 돌려서 천지의 화육을 돕고 우리가 천지와 더불어 설 수 있도록 돕는 이유이다. 그러니 불교의 인과설이 어찌 이 세상에서 통용될 수 있겠는가?[8]

고르지 않기 때문에 생성과 변화가 가능하고, 사람이 개입하여 교화와 변전이 가능하다는 것이다. 어쩌면 이 '고르지 않는' 곳이야말로 선택 가

8 정도전·김병환 역해, 2013 『불씨잡변』, 58~59쪽.

능성과 새로운 상황을 창조할 수 있는 능력으로 표현되는 인간의 자유가 서식할 수 있는 영역이라고 할 수 있다.

요컨대, 1930년대 한용운은 현상적인 우발과 특수함을 인과율로 논리화하여 보편화시키고자 했는데, 이는 역으로 어떤 논리적 뒷받침이 없는 특수함과 우발, 혹은 세속의 세계는 결여되어 불완전하다는 생각을 가지고 있었음을 보여주는 것이기도 하였다.

'자유'와 '필연' 사이-'불구(不具)'의 세속

지금까지의 이야기를 정리하면 다음과 같다.

첫째, 1910년대 한용운은 자유를 필연에 얽매인, 그래서 구애받는 세속에서의 초월로 생각하였다. 구애받고 가리어진 특수로서의 세속의 세계는 그 자체의 필연을 좇겠지만, 그 속에 자유가 내재하는 것은 아니고 연꽃을 피워주는 진흙이라는 차원에서 의미가 있었다.

둘째, 1930년대 한용운은 여러 개념 조작을 통해 우발적으로 보이는 세속적인 것들도 다름 아닌 인과율의 지배를 받고 있다고 하여 자유와 인과율을 일원화시켰는데, 이 경우 자유가 세속을 벗어나는 것으로 설정된 것은 아니었지만, 대타자 논리의 보충을 받아야만 하는 결여된 존재로 보았다는 점은 여전하였다.

초대 조계종 총무원장을 지낸 청담은 한용운을 "고뇌를 새롭게 하는 무애의 경지 속에서 俗된 것과 聖스런 것을 자유자재(自由自在)로 오간 것"으로 평가한 바 있다. 그런데 위에서 말한 자유와 필연의 관계라는 관점에서 '자유자재로 오간 것'을 판단한다면, 한용운은 얽매이고 불구하고 일시적인 세속의 세계를, 초월해야 되는 대상으로 누락시키거나 인과율이라는 보편적 논리를 덧씌워 폐쇄했는데, 어쩌면 이 누락과 덧씌움이 자유자재로 오간 것의 조건이었는지 모른다. 일시적이고 특수한 것들에 집착했다면 벗어남과 보편화는 불가능 했을 것이고, 그렇게 해서는 자유와 필연 세계 사이의 교통은 불가능했을 것이기 때문이다.

그런데 여기서 관심을 가지고자 하는 것은 우발과 특수에 어떻게 접근할 수 있을 것인가 하는 점이다. 한용운은 이러한 영역과 대상들은 '자유'와 보편에 대한 부정적인 참조로서 언급하고 인식하였는데, '문란(紊亂)'하고 '구애(拘礙)받고' '불구(不具)'하다는 것이 그러한 표현들이다. 이러한 태도는 푸코가 말한 "로고스의 무궁한 현존, 순수 주체의 주권, 태초의 이상향"이라는 기원이나 목적론적 관점에서 현실을 인식하는 것과 마찬가지일 것이다.

이러한 '초월적' 관점 없이 이 특수와 우발을 가시화 할 수 있는 다른 방법은 없을까? 다음과 같은 지적은 그 포착의 적절한 시점이 될 수 있으리라 생각한다.

> 인간에 대해서라면 그의 역사만 알면 그만이다. 그 역사는 영원한 실증성이자 긍정성이다. 그것은 단계적으로 끼어들면서 인간을 결국 총체성에로 이끌어가고야 말 부정성이라는 외부동력을 가지지 않는다.[9]

여기서 인간의 역사란 "인간 경험의 세상이며, 오직 그것만이 실재하는"[10] 세계로서, '일반자가 특수를 온전하게 아우를 수 없는'[11] 세계이기

9 폴 벤느·이상길 옮김, 2009 『푸코, 인간과 사유』, 118쪽.
10 마이클 이그나티에프·이화여대 통역번역연구소 옮김, 2012 『이사야 벌린』, 329쪽.
11 지그프리트 크라카우어·김정아 옮김, 2012 『역사』, 221쪽.

도 하다. 일시적이어서 덧없고 불구하고 '종속'되어 있는 세속 안에서 어떻게 자유가 가능하고, 또 이 자유의 가능성을 인지하기 위한 세속적 진리는 어떠해야 하는지에 대한 탐색이 이제 필요하다고 생각한다.

〈참고문헌〉

한용운, 2006『韓龍雲 全集(1~6)』, 불교문화연구원.

김광식, 2011『만해 한용운 연구』, 동국대학교 출판부.

김삼웅, 2011『만해 한용운 평전』, 시대의 창.

고 은, 2004『한용운 평전』, 향연.

정도전·김병환 역해, 2013『불씨잡변』, 아카넷.

조성택, 2012『불교와 불교학』, 돌베개.

폴 벤느·이상길 옮김, 2009『푸코, 인간과 사유』, 산책자.

지그프리트 크라카우어·김정아 옮김, 2012『역사』, 문학동네.

비동시성의 동시성, 근현대 동계(洞契) 자료

이 용 기(李庸起)*

근현대 동계 자료가 눈에 들어오다.

한국 근현대사 전공자인 내가 동계 자료에 관심을 갖게 된 것은 우연한 계기를 통해서였다. 동계는 통상 조선시대의 산물로 이해되기 때문에 근현대사 전공자들은 이에 별로 주목하지 않았고, 나 또한 마찬가지였다. 내가 원래 준비하던 박사논문 주제는 일제말기 전시총동원체제에서 해방과 한국전쟁을 거쳐 전후(戰後) 질서가 성립될 때까지 전개된 '국민 만들기' 과정을 민중의 일상적 삶의 공간인 마을 차원에서 바라보는 것이었다. 일제말기 황국신민화라는 '일본 국민' 만들기와 해방 후 좌익·북한에 대항하면서 추진된 '대한민국 국민' 만들기를 연결시켜 바라보고, 이를 통해 '국가의 지배'라는 자장(磁場)에서 자유롭지 못하면서도 나름의 자율

* 한국교원대학교 역사교육과 부교수.
대표논저 : 『민중사를 다시 말한다』(공저, 역사비평사, 2013), 「19세기 후반~20세기 중반 洞契와 마을자치－전남 장흥군 용산면 어서리 사례를 중심으로」(서울대학교 국사학과 박사학위논문, 2007), 「식민지기 민중의 셈법과 '자율적' 생활세계－생활문서의 화폐기록을 통하여」(『역사문제연구』 23호, 2010).

적 판단과 행위를 해나가는 '민중의 역동성'을 그려내고 싶었다. '아래로부터의 역사'라는 관점에 입각하여 마을 단위를 중심으로 민중의 구체적 경험에 천착하는 연구를 하고 싶었지만, 이를 파악할 수 있는 문헌자료는 거의 부재하다시피 했다. 그래서 이전부터 관심을 갖고 있던 구술사 방법을 활용하면서도 최대한 문헌자료를 발굴하자는 결심을 하고서, 마을 차원의 문헌자료가 상대적으로 많이 남아 있을 것으로 기대되는 전남 장흥군 일대를 돌아다니며 현지조사를 시작했다. 그러나 조사가 진행될수록 해방~전쟁의 격동기에 관한 주민들의 진술이 공동체(그게 마을이든 문중이든)적 단합으로만 수렴되면서, 박사논문 준비가 난항에 빠져들었다.

그러던 어느 날 '지역을 바꾸어야 할까?'라는 절망감에 빠진 채 그동안 여러 마을을 돌아다니며 촬영해놓은 자료들을 멍하니 넘겨나가고 있었는데, 한 순간 뒤통수를 맞은 것 같은 충격을 받았다. 아무 생각 없이 바라보던 어느 마을의 동계 자료에 일제말기 전시총동원체제에 관한 내용이 있음을 알게 된 것이다. 사실 장흥 지역을 현지조사하면서 어지간한 마을에는 동계 자료가 소장되어 있다는 사실을 알고 역사학자의 버릇대로 일단 촬영부터 해두었지만, 이들 자료를 내가 박사논문에서 활용하리라고는 생각지 못했다. 다수의 동계 자료, 특히 후술할 동계수지부(洞契收支簿)는 한자로 심하게 휘갈겨 써져 있어서 근현대사 전공자인 나로서는 해독할 능력이 없었다. 더구나 연도가 간지(干支)로 표기되어 있고 화폐단위가 '냥(兩)－전(錢)－푼(分)'으로 되어 있어서 조선시대 자료일 것이라고 막연하게 추측하고 있었다. 그런데 자료 곳곳에 '황군위문품', '보국대', '애국연맹', '애국반장', '군인환송' 등 일제말기 전시총동원체제와 관련된 항목이 보이더니, 이어서 '입법의원 선거', '국민반', '국민증', '대한청년단 결성식', '부락 소동(騷動)' 등 해방 직후의 정치적 움직임과 관련된 항목들이 나오기 시작했다. 급하게 연도를 따져보니 해방 전후의 격동기에 해당하는 기록이었다. 여전히 휘갈겨 쓴 한자를 읽기 힘들었지만 일단 아는 단어가 눈에 들어오기 시작한 것이다. 이렇게 해서 근현대 동계에 관심을 갖게 되었고, 조사대상 마을의 동계 자료가 시작되는 1860년대부터 전후 질서가 형성되는 1950년대까지 약 1백년에 걸친 거대한 사회변동에 한 마을공동체가 대응해 나가는 양상을 파악하여 박사논문을 완성하였다.[1]

연구의 불모지, 근현대 동계

근현대 동계에 관한 연구는 거의 불모지에 가깝다고 할 만하다. 앞에서 언급했듯이, 근현대사 전공자들은 '전통사회'의 유제(遺制)인 동계가 근대시기에 들어오면서 사라졌을 것이라는 선입견을 갖고 있었기 때문이다. 근현대 시기 동계에 관심을 갖는 경우가 일부 있었지만, 20세기 초에 동유재산 정리 과정에서 동계가 대부분 해체되었다거나 농촌진흥운동 같은 관제적 농촌근대화 정책으로 인해 관제조직으로 전환되었다고 인식하는 경향이 강하다.[2] 그러나 이러한 연구는 주로 일제 식민당국이 생산한 관변 자료를 활용하다 보니 지배자의 정책 의도를 확대해석한 결과로 실제적인 현실의 일면만을 부각시킨 것이라고 생각된다.

사실 일제시기 계(契)에 관한 여러 조사 자료에서 동계는 동리 단위의 공공사업이나 촌락자치를 위한 조직으로 대단히 광범하게 존재한다고 파악되었다.[3] 윤해동은 동계가 일제시기에 관제조직으로 재편되는 경향을

1 이용기, 2007 「19세기 후반~20세기 중반 洞契와 마을자치 – 전남 장흥군 용산면 어서리 사례를 중심으로」, 서울대학교 국사학과 박사학위논문.

2 김필동, 1992 『한국사회조직사연구』, 일조각; 김경일, 1984 「朝鮮末에서 日帝下의 농촌사회의 '洞契'에 관한 연구」 『韓國學報』 35, 일지사.

가지면서도 여전히 마을 단위 자치기구로 존속하는 경우가 적지 않았음을 밝혔다.[4] 최근에는 근현대 시기에도 동계가 장기지속하고 있음에 주목하는 사례연구가 조금씩 이루어지고 있으며,[5] 국사편찬위원회의 지방사료 수집사업에서도 전남 장흥군과 강진군을 비롯하여 여러 지역에서 근대 이후의 동계 자료가 다수 수집되었다.[6]

이러한 점들을 고려한다면, 동계는 단지 전근대 시기에 존재했던 과거의 유물이 아니라, 근대 이후에도 상당 지역에서 마을공동체 운영의 중심 조직으로 기능했을 가능성이 크다. 따라서 우리는 동계 자료를 통해 전통적 마을공동체의 근대적 변용과 현대적 전환을 파악할 수 있다. 더 나아가서는 마을 차원에 부과·침투되는 지배체제의 힘과 그에 대한 마을 주민들의 대응을 살펴봄으로써 지배와 자치의 역동성을 역사적으로 추적할 수 있다.

나의 박사논문은 이런 문제의식을 바탕으로 동계의 성격과 변화를 탐구하는 연구였다. 결론적으로 동계는 조선중기 사족지배체제 하에서 양반

3 李覺鍾, 1923『契に關する調査』, 朝鮮總督府; 善生永助, 1926『朝鮮の契』, 朝鮮總督府; 鈴木榮太郎, 1973『朝鮮農村社會の硏究』, 未來社. 이들 조사·연구에 관한 비판적 검토는 이용기, 2008「일제의 동계 조사와 식민주의적 시선」『사림』31, 수선사학회 참조.

4 윤해동, 2006『지배와 자치－식민지기 촌락의 삼국면구조』, 역사비평사.

5 정승진, 2006「羅州 草洞洞契의 장기지속과 변화, 1601~2001」『대동문화연구』54, 대동문화연구원; 김경옥, 2005「19세기 후반~20세기 전반 金塘島 車牛里 木契의 조직과 기능」『고문서연구』27, 한국고문서학회; 2008「19~20세기 장흥 유치 상포계의 조직과 운영」『인천학연구』8, 인천학연구원; 2010「20세기 전반 長興 老力島 大同契의 조직과 운영」『역사민속학』33, 한국역사민속학회.

6 국사편찬위원회는 2004년부터 시작된 지방사료 수집사업을 수행하였으며, 그 성과 및 자료목록과 자료유형별 활용방법을 정리하여『지역사 자료 편람』(2016, 국사편찬위원회)을 발간했다.

층의 향촌통제기구였던 성격을 탈각하고 19세기 이래 20세기까지도 마을 공동체 운영에서 핵심적 역할을 하는 '마을자치조직'으로 기능했음을 밝혔다. 결국 근현대 동계를 발견한 것은 우연이었지만, 민중의 일상적 삶의 층위로 깊게 들어가서 더 장기적인 시간대에 걸쳐 '국가와 민중'의 관계를 바라볼 수 있었다는 점에서 근현대 동계에 관한 연구는 기존 문제의식이 확장·심화되는 계기가 되었다.

동계 운영의 원칙을 보여주는 동계안(洞契案)

향촌 촌락문서에 조예가 깊은 이해준은 조선시대 동계의 자료를 ① 조직 운영 원칙을 담은 '규약(規約)', ② 마을 주민들의 합의 사항을 문서화한 '완의(完議)', ③ 동계 구성원의 명단인 '좌목(座目)', ④ 동계의 수입 지출부에 해당하는 '치부책(置簿冊)', ⑤ 동계 소유 전답에 관한 정보를 정리한 '동중전답안(洞中田畓案)', ⑥ 동계 소유 전답의 소작료 징수나 계원들에게 갹출한 내역을 정리한 '동계수조록(洞契收租錄)' 등 6개 종류로 구분하였다.[7] 이러한 분류는 동계 자료의 다양한 유형을 종합적으로 이해하기 위한 것인데, 현존하는 근현대 동계 자료는 대체로 ①~③을 포함하는 동계안(洞契案)과 ④~⑥에 해당하는 동계수지부(洞契收支簿)로 구분할 수 있다.[8]

동계안은 동계가 (재)조직되거나 대대적으로 정비될 때 작성되는데,

7 이해준, 1996 『조선시기 촌락사회사』, 민족문화사, 336~338쪽.

8 이하 동계안과 동계수지부에 관한 소개는 이용기, 2016 「근현대 동계 자료의 구성과 동계의 추이」, 국사편찬위원회 편, 앞의 책을 본서의 취지에 맞게 대폭 축약·보완한 것이다.

대개 동계의 설립 취지를 담은 서문, 동계의 운영원칙을 정리한 규약[약조(約條), 조목(條目), 계칙(契則) 등으로 불림], 동계 구성원의 인적 사항을 기록한 계원 명단[좌목(座目) 또는 명안(名案) 등으로 불림] 등으로 구성된다. 동계는 근현대 시기에도 전통적 형식을 상당 기간 답습하는 경향이 있으며, 한번 동계안이 작성된 이후에는 오래 동안 자료를 보존하면서 새로 가입하는 계원의 인적 사항을 계속 이어서 명단에 기록하곤 한다. 이와 같은 동계안의 기본적인 구성과 형식은 해방 이후에 조직된 동계까지도 큰 변화 없이 이어진다.

동계안은 동계의 성격에 관한 기본적인 정보를 제공하기 때문에 조선시대 동계에 관한 연구에서 집중적으로 조명되어 왔다. 그런데 시야를 근현대 동계로 확장한다면, 동계의 설립 취지(서문)와 운영원칙(규약), 그리고 구성원의 성격(명단) 등에서 이른바 '전통과 근대'의 연속과 단절이 어떻게 나타나는가를 파악할 수 있다. 19세기에 작성된 동계안의 서문과 규약에서는 대체로 상하관계의 수직적 질서와 상부상조의 수평적 질서가 결합하는 방식으로 유교적 이념이 강조되면서도 각종 부세에 대한 공동납의 기능이 담겨 있다. 반면에 20세기에 작성된 동계안은 유교적 명분과 담론이 지속되는 가운데 새로운 근대적 질서에 따른 변화상이 흥미롭게 담겨 있다. 이 점을 잘 보여주는 대목이 1950년대 '전후(戰後) 농촌의 재전통화' 현상이다. 전남 장흥군의 반촌인 접정리 사례를 살펴보자.[9]

9 '전후 농촌의 재전통화'라는 개념은 강인철이 전후 농촌의 보수화 테제에 대한 비판적 재해석을 통해 제시한 것이다(강인철, 1999 「한국전쟁과 사회의식 및 문화의 변화」, 정신문화연구원 편, 『한국전쟁과 사회구조의 변화』, 백산서당, 282~290쪽). 이하의 접정리 사례는 강인철의 문제의식을 심화시킨 논문(이용기, 2014 「전후(戰後) 한국 농촌사회의 '재전통화'와 그 이면」 『역사와 현실』 93, 한국역사연구회) 중 일부이다.

접정리는 1881년부터 운영되던 동계가 일제말기 전시동원체제와 한국전쟁을 경과하면서 중단되고 자료도 모두 망실되었는데, 종전 직후인 1954년에 동계를 재조직하였다. 이 때 새로 작성한 동계안을 보면 반촌인 접정리가 대단히 전통적인 이념과 원칙에 따라 동계를 정비했음을 알 수 있다. 우선 동계안은 한지로 제책한 고문서 형식에 순한문으로 깨끗하게 정서되었다. 내용면에서도 유교적 도덕률에 대한 강조가 두드러졌다.

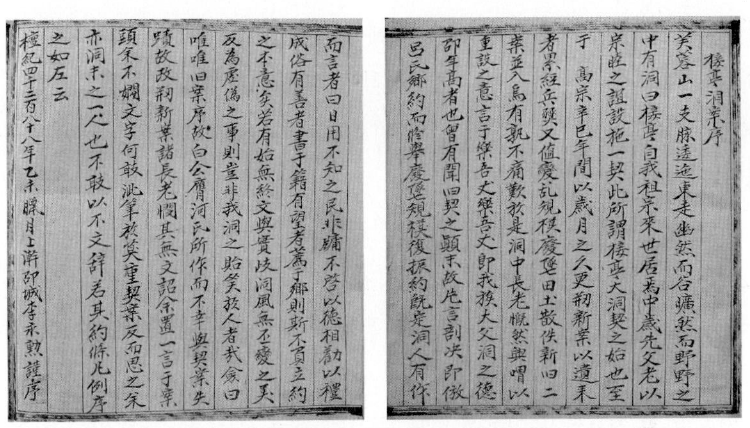

[그림 1] 접정리 동계안 서문(1954)

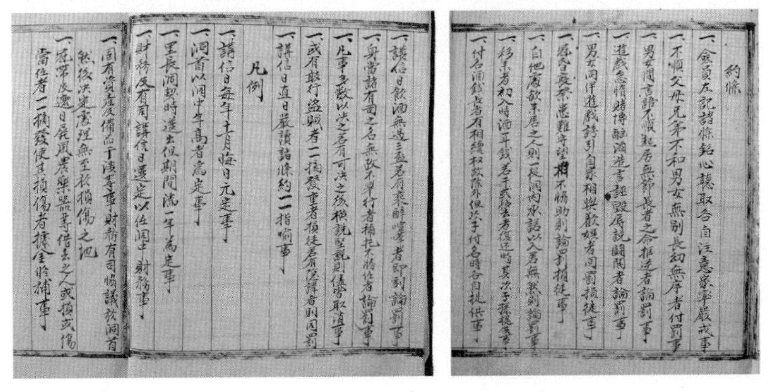

[그림 2] 접정리 동계안 규약(1954)

서문에서는 중국의 여씨향약을 본받아 "덕으로써 서로 권장하고 예로써 풍속을 이룬다(以德相勸 以禮成俗)"는 원칙을 강조했다. 그리고 14개 항의 규약 중에서 사실상 첫 번째 항목인 2항은 "부모에게 순종하지 않고, 형제간에 화합하지 않고, 남녀간에 구별이 없고, 장유간에 순서가 없는 자는 벌을 준다."고 하여, 유교적 도덕률의 핵심인 오륜(五倫)에서 '군신유의'를 제외한 나머지 4개 덕목을 강조하였다. 그리고 3~5항 역시 유교적 가치를 담은 도덕률에 관한 사항이었으며, 6항은 마을 주민의 관혼상제와 환란시에 주민들이 협조하여 상호구제할 것을 규정했다. 그 다음에는 동계 운영과 동유재산 운영에 관한 원칙이 정리되어 있다. 이처럼 접정리 동계안은 얼핏 보아서는 조선시대 자료와 구별하기 힘들만큼 전통적인 이념과 형식에 입각해 있다.

반촌인 접정리는 전통적 가치를 강조하면서 동계를 중수했지만, 한편으로는 단지 복고적인 전통으로의 회귀가 아니라 전후라는 특정한 시대 상황을 반영한 측면도 보인다. 마을공동체의 도덕률을 규정한 규약 4항에는 도박을 금지하는 내용이 포함되어 있으며, 5항은 "남녀가 함께 어울려 놀거나, 자기 집으로 유인하여 함께 즐기는 자는 모두 벌을 준다."고 하여 남녀간의 성적 문란을 경계하는 조항이 있었다. 이러한 내용은 이전 시기 동계 규약에서는 좀처럼 찾아보기 힘든 것으로 전후의 도덕적 아노미 상황에 대처하는 나름의 대응논리를 담고 있다. 이보다 더욱 주목되는 점은 동계 운영방식에 관한 규정 중에서 "모든 사항은 다수결에 따른다."고 규정되어 있는 것이다. 전통적 권위를 중시하던 반촌이지만 신분·혈연·연령 등의 위계와 관계없이 전체 주민의 다수 의사에 따라 마을공동체를 운영한다는 '근대적' 원칙을 분명하게 표현한 것이다.

동계 운영의 실상을 보여주는 동계수지부(洞契收支簿)

동계수지부는 대개 매년 연말 총회에서 한 해의 수입 및 지출 사항과 잔액을 마을 주민들에게 대부한 상황을 정리하고, 다음해의 동계 운영 책임자로 선정된 사람을 기록하고 있다. 동유 전답의 소작료 징수 상황을 정리한 장부를 별도로 비치하기도 하지만, 근현대 시기에는 대개 동유 전답의 규모가 그리 크지 않기 때문에 동계수지부에 간단하게 기록되는 경향이 있다. 동계안이 동계의 공식적 표방을 담고 있는 자료라면, 동계수지부는 동계의 실제 운영 상황을 보여주는 자료라는 점에서 중요한 사료적 가치를 갖는다. 그런데 동계수지부는 해방 이후까지도 전통적 회계 방식으로 정리가 되어 있고, 한자를 심하게 흘려 쓰거나 정확한 의미를 파악하기 힘든 암호 같은 용어가 많이 나온다([그림 3] 참조).[10] 이 때문에 자료의 해독에 어려움이 있어서 아직 사료로써 널리 활용되지는 않고 있다.

기존의 동계 연구가 대부분 동계안의 분석에 제한되었던 것과 달리 나는 동계의 실제 운영을 파악하고자 동계수지부의 수입·지출 규모와 내역, 동계 책임자인 공사원의 인적 사항, 동계의 식리 방식 등을 시계열적으로 분석하였다. 한 마을의 사례 연구라는 한계가 있음에도 내가 박사논문을

10 나는 동계 자료를 해독하기 위해 초서에 능통한 조선시대 전공자의 도움을 크게 받았는데, 그에 따르면 내가 현지에서 촬영했던 동계수지부의 기록은 초서가 아니라 그냥 '휘갈겨 쓴' 한자라며 본인도 해독에 어려움이 있다고 했다. 동계수지부는 마을 주민들이 알아볼 수 있으면 되는 자료이기 때문에 실용성과 관행이 짙게 드리워져 있다. 예를 들어, 세금이나 기금 등을 거둔다는 의미의 '수(收)'를 대신해서 발음이 같은 '수(水)'를 쓰는 경우도 많고, 해마다 이장에게 주는 수고비를 관행적으로 '나가세(羅家稅)'라고 쓰면서도 왜 한자로 그렇게 쓰는지는 현지 주민들도 모르고 있었다.

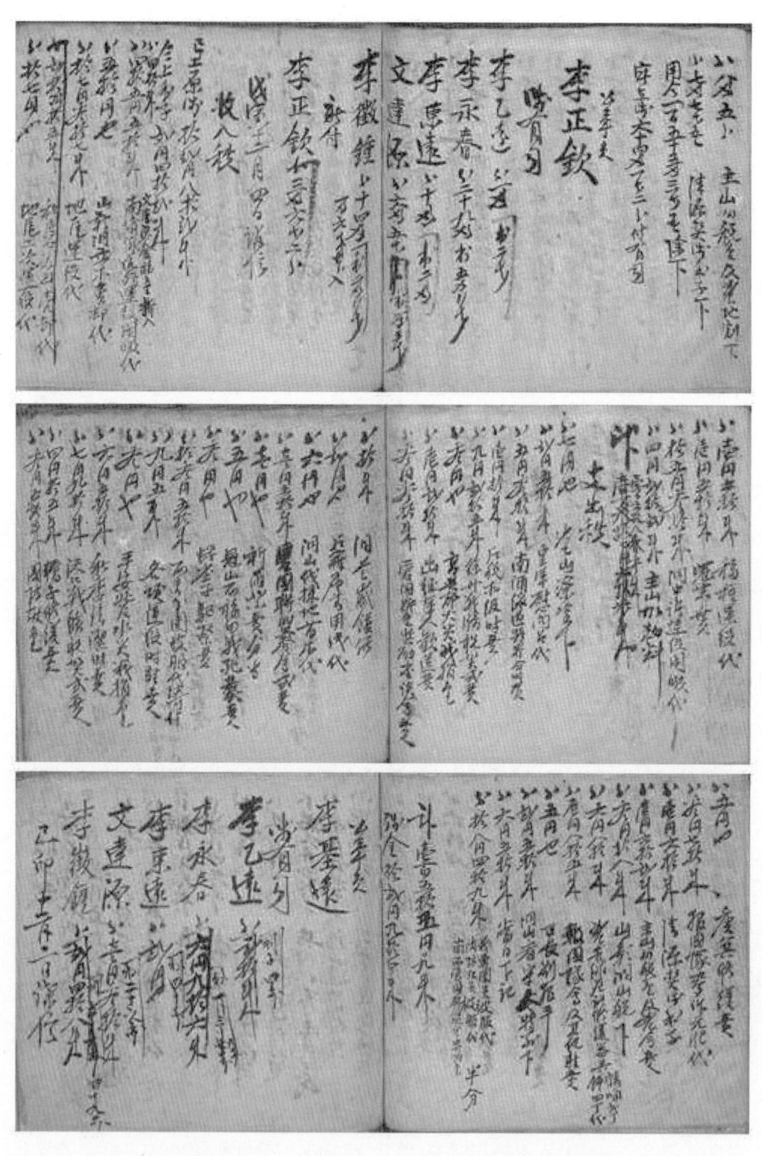

[그림 3] 어서리 동계수지부 1938(戊寅)년 기록

통해 밝힌 바를 간단하게 정리해보면 다음과 같다.

동계는 마을공동체 운영의 중심 조직, 즉 마을자치조직이기 때문에 동계의 수지 상황을 분석하면 마을공동체의 내적 운영 방식과 외부(특히 국가)의 압력에 대한 마을공동체의 대응 방식을 파악할 수 있다. 19세기에는 동계가 공동납에 대한 대응을 중심으로 기능하다가 20세기에 들어서면 마을공동체의 내적 결속을 유지하고 주민들의 후생복리에 일정하게 개입하는 양상을 보였다. 일제말기 전시체제 이후부터는 강력한 국가의 동원·통제에 공동으로 대응하는 기능이 대폭 강화되었으며, 한국전쟁을 경과한 뒤에는 이장을 중심으로 하는 마을행정과 공사원을 중심으로 하는 동계가 분리되면서도 후자가 전자를 뒷받침하는 역할을 하였다.

동계는 연말에 재정을 결산한 뒤에 잔금을 주민들에게 대부하여 식리활동을 벌이는데, 그 장기추세를 살펴보면 전통과 근대의 흥미로운 접합양상을 엿볼 수 있다. 동계수지부에는 계전(契錢)을 대부받는 자들을 '전유사(錢有司)'라고 기록하고 있다. '유사'가 특정한 임무나 책임을 맡은 자들을 가리키는 용어라는 점을 고려하면, 계전을 대부받은 사람이 단지 채무자가 아니라 공동자산인 계전의 안정적·효율적 운영을 위해 적기(適期)에 대부금을 전액 상환해야 하는 공적 책임을 지닌 존재로 규정되어 있다고 볼 수 있다. 19세기에는 대체로 30명 내외의 주민들이 적은 금액을 대부받다가 20세기에 들어서면서 전유사가 10명 이하로 급감한다. 이는 대부 금액이 줄어들어서가 아니라 '다수 소액 대부'에서 '소수 고액 대부'로 계전의 식리 방식이 변화한 것을 의미한다. 19세기에는 주민 대다수가 돌아가면서 전유사가 되어 저리 대부의 혜택을 받으면서도 동계 재정에 대한 공동책임을 지는 방식이었다. 그러나 20세기에는 적시 전액 상환을 강화함으로써 재정의 안정성과 효율성을 높이고자 신용이 높은 소수 인물에게 동계 재정상의 책임이 집중된 것이다. 이는 동계 운영에서 근대적

효율성을 강화하는 대가로 공동체적 운영원리가 약화되는 양상을 보여준다.[11]

동계 운영의 책임자인 공사원은 19세기 이래 마을의 '유지'라고 불릴 만한 인물들이 맡았으며, 일제시기 중반까지도 이러한 경향이 지속되었다. 그러나 일제말기 전시총동원체제가 작동하면서부터 젊고 실무적인 능력이 있는 자들이 공사원을 맡았다. 마을 내부까지 침투해 들어오는 (식민)국가의 동원에 대응하기 위해 동계 운영이 '중견인물'이라 할 만한 자들 중심으로 이루어지게 된 것이다. 그러나 1950년대부터는 이와 같은 '중견인물'들이 이장을 맡아 행정부문을 책임지는 대신에 공사원은 다시 '유지' 성향의 인물이 맡는다. 이는 동계가 실질적인 마을 운영의 중심 역할에서 벗어나면서도 마을공동체의 유지를 위한 일종의 안전장치이자 후원자로서 기능하는 양상을 보여준다.

기록 방식에서 나타나는 민중의 '식민지 근대' 인식

근현대 동계 자료의 내용 분석 외에도 기록 방식에서 보이는 특성을 통해 '식민지 근대'와 민중의 관계에 대한 시사를 얻을 수 있다. 여기에서는 내가 홍미를 가졌던 두 가지 점을 간단하게 소개한다.[12]

내가 근현대 동계수지부를 조선시대 자료일 것으로 착각했던 가장 중

11 이용기, 2011 「1860~1970년대 동계의 식리방식의 변화와 '합리성'의 이면 – 전남 장흥군 어서리 동계의 사례를 통하여」 『역사문제연구』 25, 역사문제연구소.

12 이하 내용은 이용기, 2010 「식민지기 민중의 셈법과 '자율적' 생활세계 – 생활문서의 화폐기록을 통하여」 『역사문제연구』 23, 역사문제연구소를 축약 정리한 것이다.

요한 이유는 일제시기에도 상당 기간 전통적 화폐단위로 기록되기 때문이었다. 20세기 벽두에 근대적 화폐제도가 성립되고 구화폐를 회수하면서 화폐단위가 '냥(兩)'에서 '원'으로 바뀌었음에도 농촌사회에서는 1920~30년대까지도 계 문서가 '냥-전-푼' 체제로 작성되는 것이 일반적이었다. 구화폐와 신화폐가 5대 1의 비가(比價)를 갖기 때문에 공식적 화폐단위인 '원'을 전통적 화폐단위인 '냥'으로 환산하는 것은 대단히 복잡한 계산 과정을 거쳐야 한다. 그럼에도 농민들이 현실에서 거의 쓰이지 않는 엽전(전통적 화폐) 단위로 회계 처리를 하는 행위는 식민지 근대에 대한 거부감에서 오는 '전통의 고집'이라는 측면을 보여준다. 이는 식민지 근대에 의식적으로 '거리두기'를 하려는 민중의 실천 전략이자, 식민지 근대에 일방적으로 포섭되지 않는 민중의 독자적인 가치체계와 자율적인 생활문화가 존속되고 있음을 말해준다.

내가 현지조사 과정이나 기존 자료집을 통해 확인한 50여 개의 근현대 (동)계 문서는 일제시기에도 거의 모두 연호를 간지(干支)로 쓰고 있다.[13] 장흥군 금자리의 관제조직인 진흥회 장부가 기록 첫 해인 1927년에 소화(昭和) 연호를 간지와 병기한 것을 제외한다면, 극히 일부 자료에서만 일제말기 전시체제 하에서 소화 연호를 사용했을 뿐이다. 그마저 해방과 동시에 대부분 간지로 환원되며, 일부가 해방 직후 잠시 '건국(建國)'을 사용하거나 간지와 서기를 병기하였다. 일제의 농촌통제가 가장 극심했던 전시체제기에 일부에서 일탈적으로 전통적 간지 대신에 일본식 연호가 사용되었다가 해방과 더불어 곧바로 원상복구된다는 사실은 간지의 사용이 그저 무의식적 관행이 아니라 나름의 '의식적 선택'임을 보여준다. 전통

13 이들 자료의 목록과 연호 표기 현황에 관해서는 이용기, 2010 앞의 논문, 127~128쪽을 참조.

적 화폐단위를 '고집'하던 것과 마찬가지로, 농민들은 '제국' 차원에서 시행되던 공식적인 연호에 의식적으로 '거리두기'를 하면서 간지=전통을 '고집'했던 것이다.

향후 자료 활용의 가능성

동계는 조선시대에 재지사족의 향촌지배기구로 출발했지만 19세기 무렵부터 마을자치조직으로 성격이 변했으며, 근대 이후에도 많은 곳에서 존속하였다. 물론 일제시기와 해방이후 관제조직으로 전환되거나 흡수되기도 했고, 이장을 중심으로 하는 행정조직과 혼재되기도 했다. 그래서 지금까지 동계라는 독자적인 조직적 실체를 유지하는 경우는 어쩌면 일부 지역의 특수한 사례일 수도 있다. 그러나 나는 한국사회가 본격적인 산업화 시대로 접어드는 1960년대 이전까지는, 그리고 상당 지역에서는 최근까지도 동계 또는 그 변형태가 마을 행정조직으로 해소되지 않고 나름의 생명력을 지속시켰을 것으로 본다.

따라서 향후에는 민중의 일상적 생활공간에서 공동체적 결속과 주민자치의 중심 조직으로 기능했던 근현대 동계에 대한 관심과 연구가 심화될 것으로 기대한다. 또한 지금까지는 근현대 동계 자료가 활용되었다고 해도 대개 일제시기까지로 제한되곤 하는데, 해방 이후 동계에 관해서도 연구가 이루어져야 한다. 여기에서는 동계와 마을 행정조직의 관계를 파악하는 것이 무엇보다 중요하다. 이 부분을 해명한다면 행정체제를 통해 마을에 침투하는 지배의 벡터와 마을공동체의 자율성이라는 벡터가 만나고 충돌하고 접합되는 양상을 더욱 생생하고 선명하게 그려낼 수 있을 것이다. 나아가 조선후기에서 근대이행기를 거쳐 현대 시기에 이르는 시간대 속에서 민중의 일상적 삶이 어떻게 지속·변화하였는지를 장기적으로 추적함으로써 '식민지 근대성'에 관한 논의를 장기사적 안목에서 그리고 '아래로부터의 역사'라는 관점에서 발전시킬 수 있을 것이다.

〈참고문헌〉

김경옥, 2005「19세기 후반~20세기 전반 金塘島 車牛里 木契의 조직과 기능」『고문서연구』27, 한국고문서학회.

_____, 2008「19~20세기 장흥 유치 상포계의 조직과 운영」『인천학연구』8, 인천학연구원.

_____, 2010「20세기 전반 長興 老力島 大同契의 조직과 운영」『역사민속학』33, 한국역사민속학회.

김경일, 1984「朝鮮末에서 日帝下의 농촌사회의 '洞契'에 관한 연구」『韓國學報』35, 일지사.

김필동, 1992『한국사회조직사연구』, 일조각.

윤해동, 2006『지배와 자치－식민지기 촌락의 삼국면구조』, 역사비평사.

이용기, 2007「19세기 후반~20세기 중반 洞契와 마을자치－전남 장흥군 용산면 어서리 사례를 중심으로」, 서울대학교 국사학과 박사학위논문.

_____, 2008「일제의 동계 조사와 식민주의적 시선」『사림』31, 수선사학회.

_____, 2010「식민지기 민중의 셈법과 '자율적' 생활세계－생활문서의 화폐기록을 통하여」『역사문제연구』23, 역사문제연구소.

_____, 2011「1860~1970년대 동계의 식리방식의 변화와 '합리성'의 이면－전남 장흥군 어서리 동계의 사례를 통하여」『역사문제연구』25, 역사문제연구소.

_____, 2014「전후(戰後) 한국 농촌사회의 '재전통화'와 그 이면」『역사와 현실』93, 한국역사연구회.

_____, 2016「근현대 동계 자료의 구성과 동계의 추이」, 국사편찬위원회 편,『지역사 자료 편람』, 국사편찬위원회.

이해준, 1996『조선시기 촌락사회사』, 민족문화사.

정승진, 2006「羅州 草洞洞契의 장기지속과 변화, 1601~2001」『대동문화연구』54, 대동문화연구원.

여론 조사 또는 여론 왜곡?
-점령기 미군정의 토지개혁 관련 여론 조사와 그 성격

정 용 욱(鄭容郁)*

들어가며

각종 선거를 치를 때마다 정당과 후보에 대한 유권자의 지지여부를 묻는 여론조사가 활발하다. 조선왕조실록이 조선시대 연구에서 편년체 기초자료 구실을 하는 것과 비슷하게 근대 이후에는 신문이 일종의 연대기 구실을 하는 편년체 기초자료 역할을 한다. 그리고 근대에 들어서면서 여론조사가 신문이나 잡지가 미처 담지 못하는 일반 대중의 동향과 의견을 조사하는 효과적인 수단으로 제기되었다. 최근 한국 사회에서 여론조사에 의지한 선거결과 예측이 번번이 틀리거나 미국 대선에서도 여론조사 결

* 서울대학교 국사학과 교수.
대표논저 : 『해방 전후 미국의 대한정책』(서울대학교 출판부, 2003), 『강압의 과학』(선인, 2009), 「역사교과서, 역사인식, 그리고 시민의식」(『내일을 여는 역사』 61집, 2015).

과와 달리 트럼프가 대통령에 당선된 사례에서 보듯이 그 신뢰도가 많이 손상되었지만 그러한 제한성에도 불구하고 여론조사는 여전히 유용한 사회조사 수단이자 인간의 집단적 행동을 예측하는 효율적인 도구 역할을 하고 있다. 그런 의미에서 근현대사 연구에서 여론조사 결과를 어떻게 읽고 해석할 것인가는 해당 시대의 조류와 인간의 활동을 이해하는데 중요한 문제라고 할 수 있다.

흥미롭게도 해방 직후 남한을 점령한 미군은 남한 사회의 동향과 남한 주민의 여론을 다양한 방법으로 조사했다. 신문 등 언론기관에 의한 여론조사 활동이 없지 않았지만 점령군 당국에 의한 여론조사, 또 근대적인 조사 기법을 동원한 여론조사 활동은 그 이전 일제 강점기에는 좀처럼 없던 일이었다. 미군의 여론조사는 그런 의미에서 여론조사가 한국 사회에서 대중화되는 출발점이 되었다고 할 수 있다. 미군정이 피점령민의 태도와 행동이 가진 정치사회적 의미를 보다 객관적인 방법으로 계측하고자 했고, 어떤 의미에서 점령통치에 대한 남한 주민의 반응을 보다 실용적인 태도로 파악하려 했음을 보여준다. 이 글은 미군정의 여론조사 활동을 간단히 개관하고, 특히 1946년 봄과 여름에 걸쳐 집중적으로 실시된 토지개혁에 관한 여론조사를 통해서 미군정 여론조사의 성격을 살펴보고자 한다.

점령기 미군정의 여론 조사 개요

미군정은 여론조사가 남한의 국사(國事)에 대한 한국인의 의견을 수집할 수 있게 해줄 것이라는 취지에서 미군정 공보부 내에 여론조사 기구를 설치했다. 또 미군정은 한국인의 의견이 미군정 정책 형성에 영향을 주고, 미군정은 여론조사를 통해 민주정부가 하는 것처럼 한국인의 여론에 응답할 것이라고 표명했다. 표면적으로 내건 기구 설치의 목적과 상관없이 미군정은 여론조사 또는 여론조사 방법을 동원한 자료 수집이 점령통치에 긴요하다고 생각했다. 여론조사과, 여론처, 여론국 등 시기에 따라 명칭이 조금씩 달랐지만 이 기구는 다양한 방법으로 한국인들의 여론을 수집했다. 이 기구가 수행한 여론조사는 수집 방법상 크게 청취조사, 가두조사로 나눌 수 있다. 이 기구는 수집된 자료를 토대로 물가를 추적하는 등 자료의 수집과 분석, 가공 활동을 벌였으며, 수시로 첩보를 수집하기도 했다. 청취조사(opinion sampling trip)는 미군정 관리들이 조사 대상 지역으로 나가서 직접 한국인들의 의견을 청취하고, 그 결과를 보고서의 형태로 작성한 것이다. 가두조사는 한국인 조사원들이 거리에서 미군정이 작성한 설문에 대해 불특정 한국인의 응답을 기록한 뒤 그것을 취합하여 가공한 것이다.

청취조사는 미군정기 내내 활용되었지만 점령 초기에 여론수집 방식이 미처 공식화 되지 않은 상태에서 주로 수행되었으며 예비적 조사의 성격이 강했다. 관리들이 현장에서 주로 확인하고자 했던 것은 쌀 부족과 쌀값 등락 등 식량문제, 미군정 정책에 대한 반응, 미국과 점령군에 대한 태도, 한국인 정치지도자에 대한 견해, 38선 이북 동정, 여론전파의 매개가 되는 현지 매체의 존재 여부, 라디오 방송과 『농민주보』 등 미군정 홍보수단에 대한 반응 등이었다. 관리들이 현지 조사에서 확인하려고 했던 주제들은 이후 다른 보고서들에서도 일관되게 유지되는 조사 항목들이었고, 그런 면에서 미군정 여론조사가 가진 기본적 관심사를 보여준다.

1946년 2~3월경부터 초기 단계 활동이었던 청취조사 대신 가두조사(街頭調査) 방식의 여론조사가 본격적으로 실시되기 시작했다. 청취조사가 면대면(face-to-face)으로 한국인의 의견을 직접 듣는다는 이점이 있지만 청취 대상의 숫자가 제한된 반면 조사원을 동원한 가두조사는 설문조사

위주의 대규모 조사로 그 결과의 계량화가 가능했고, 또 같은 설문으로 조사를 반복함으로써 여론의 추이를 살필 수 있다는 이점이 있다. 그런 면에서 질적으로나 양적으로 청취조사보다 앞선 여론수집 방법이었다. 그러나 미군정이 실시한 가두조사 방식의 여론조사는 조사방법 자체로나 지역적 제한성으로 인해 일정한 한계가 있다. 우선 미군정이 사용한 가두조사는 길거리의 행인을 임의로 선택하여 의견을 묻는 방식이었고, 여론조사 대상인 길거리의 행인들이 남한 주민의 여론을 충분히 대표할 수 있는가의 문제가 제기된다. 즉, 여론조사에 응한 행인들이 성별, 나이, 사회적 지위, 정치성향, 직업 등의 측면에서 반드시 서울 주민이나 남한 주민의 여론을 대표한다고 할 수 없고, 그런 면에서 대표성의 문제가 제기될 수 있다. 또 미군정기 가두조사는 주로 서울이나 도시에서 이루어졌는데 그곳에 살고 있는 주민들이 남한 인구의 대부분을 차지하는 농민들의 의견을 대표한다고 말할 수도 없다.

가두조사는 이러한 제한성이 있지만 당시 조건과 조사 기법으로는 불가피한 측면이 없지 않았다. 어쨌든 미군정은 이를 통해 특정 조사 대상과 항목들을 체계적이고, 정기적으로 추적했으며, 정책 수립에 필요한 기초자료들을 얻었다. 미군정은 한국 사회의 여론을 몇몇 항목과 지표를 통해 정기 또는 부정기로 조사했고, 그 결과를 『여론동향(Public Opinion Trend)』이라는 보고서로 만들어서 관련기관에 배포했다. 정기조사를 통해 미군정이 꾸준히 확인한 항목들은 1) 쌀값을 중심으로 한 물가 변동, 2) 미군정 정책에 대한 만족도, 3) 토지개혁(귀속농지 또는 한국인 대지주 농지 처분), 산업국유화, 노조 선호도 등 경제적 이슈, 4) 매체 선호도, 특히 미군정 간행물인 『농민주보』와 『주간다이제스트』에 대한 선호도 조사 등이다. 초기의 청취조사와 비슷하게 쌀값 등 민생과 민심에 직접 영향을 주는 요소, 토지개혁처럼 한국의 정치·사회·경제 상황에 영향을 끼치는

HEADQUARTERS
UNITED STATES ARMY MILITARY GOVERNMENT IN KOREA
Bureau of Public Information
Seoul, Korea

25 March 1946

PUBLIC OPINION TRENDS #4

The material contained in this report is a compilation of the results of opinion sampling in all provinces in South Korea. It cannot be too strongly stressed that this is public opinion as reported by the interviewers and that it may not represent actual fact. Unless otherwise indicated, opinion is that of both urban and rural areas.

(Note: All references to "percent of people" means "percent of people interviewed".)

General
Discussion in Seoul is centered around the US-USSR Joint Commission, although the food problem was still uppermost in the minds of the average Korean. 85% of the people were pessimistic regarding the results of this second series of conferences and this same tendency was noted in their opinion of the speed with which they would realize independence. But it should be added that no one doubted that independence would eventually be forthcoming.
The free distribution of land in the Russian zone of occupation and the distribution of formerly Japanese-owned farmlands in American zone of occupation were other popular topics of conversation.
The proffered resignation of Dr. Rhee, Syngman from the Representative Democratic Council of South Korea and the underlying reasons for this action was fourth on the list of current topics of interest.

Economics
The rice problem continues to grow more critical daily. People tend to label Military Government as irresponsible in the light of no apparent working plan for rice distribution. Many feel that the ceiling price on rice would be a good thing if it could be effectively enforced, but that as things are now, all rice has been forced into the black market. This black market price continues in an unchecked steady rise, and all people expect no halt in this inflationary trend. This week in Seoul its price is ¥ 250 per small mal as compared with ¥ 210 last week. Barley and wheat are now selling at ¥ 110 and ¥ 125 per small mal respectively. In Pusan the price of rice is reported to be ¥ 300 per small mal.
This week 60% of the people in Seoul as compared to 75% last week, were in favor of a collective farm system. In rural areas most people professed ignorance on this subject, but those who would offer an opinion were generally opposed to collective farming.
Nationalization of industry met with the approval of 90% of the people. They thought this imperative with large industries, but many thought government supervision sufficient for smaller industries.
People are generally displeased with the activities of organized labor. This is overwhelmingly true of Seoul. The fact that they are believed to be linked to political parties and to leftist groups in particular, is the main reason given for this attitude.
Unanimous dissatisfaction is voiced on the operation of mines and industries. It is pointed out that many such instal-

[그림 1]『여론동향(Public Opinion Trend)』4호(1946. 3. 23). 내용 중 러시아군 점령지역에서 토지 무상 분배와 미군 점령지역에서 귀속농지 분배가 여론의 주요 주제가 되고 있음을 적고 있다.

중요한 주제, 미군정 정책에 대한 반응, 여론에 영향을 끼치는 매체와 미군정 홍보물에 대한 선호도 등이 조사의 중요한 항목이었다. 특히 미군정 정책에 대한 반응은 북한의 소련군에 대한 반응과 비교를 염두에 둔 것이 많았고, 이북 동정과 그에 대한 여론의 추이도 미군정이 지속적으로 관심을 가진 주제의 하나였다.

미군정은 가두조사를 통해 특정 항목을 정기적으로 조사하는 한편 주요한 현안이 제기될 때마다 부정기 여론조사 보고서를 생산했다. 정세에 따라 가변성이 큰 정치적 주제들이 그러했다. 남조선대한국민대표민주의원, 남조선과도입법의원 등 미군정이 주도하여 만든 주요 정치기구에 대한 선호도 조사, 미소공동위원회 결렬처럼 특별한 정세 변화를 전후해서 실시되는 조사, 중요한 정치적 국면마다 실시되는 한국인 정치지도자들과 정당·사회단체에 대한 선호도 조사 등이 대표적인 사례다. 부정기 가두조사는 특정 현안 조사 또는 현안을 이해하고 정책을 마련하기 위해 실시하는 배경 조사의 성격을 띠었다. 아래에서 살펴볼 토지개혁에 관한 여론조사도 사안 자체의 중대성 때문에 미군정이 꾸준히 관심을 가진 주제였고, 상황 변화에 따라 그것이 가지는 정치적·사회적 의미가 달라졌기 때문에 제목과 설문 내용을 조금씩 바꾸면서 조사를 계속했다.

미군정 여론조사 기구는 임무 수행의 일환으로 첩보도 수집했다. 그러나 미군정의 첩보 수집 활동에서 보다 주목해야 할 것은 주한미군이 남한 전역에 걸쳐, 그리고 북한을 상대로 전개한 치밀하고 체계적인 수집 활동이다. 주한미군사령부 정보부(G-2)는 남한 각지에 주둔한 전술군 사단 정보부, 또는 지방군정청으로부터 일상적이고 체계적으로 첩보를 수집했고, 특히 방첩대(CIC, Counter Intelligence Corps), 주한민간통신첩보대(CCIG-K, Civil Communication Intelligence Group-Korea) 등을 통해 조직적으로 대민첩보 활동을 벌였다. 미군정은 이 기구들을 통해 남한 내정은 물론 북한 상황에 관해 다량의 정보를 매일매일 수집, 분석, 가공했다. 어찌 보면 여론조사 기구의 여론조사 활동이나 첩보 수집은 미군정이 조직적으로 진행한 정보 수집 활동에 비하면 극히 일부에 불과했고, 이렇게 수집된 다양한 첩보들을 여론조사를 통해 확인하는 과정이었다고도 할 수 있다.

흥미롭게도 미군정은 한국의 여론동향을 감시하기 위해 한국인들이 사사로이 주고받은 편지들을 검열하는 것도 마다하지 않았다. 미군정은 진주하자마자 서울과 부산에 민간통신첩보대(CCIG-K)를 상주시키고 한국 내에서 오고가거나 한국을 들고나는 편지들을 검열하기 시작했다. 먼저 검열해야 할 주요 인물과 조직의 명부가 작성되어 그들의 편지를 우선적, 통상적으로 검열했고, 일반인들의 편지도 전수 조사는 아니지만 임의 추출을 통해서 일정 비율의 편지들을 일상적으로 검열했다. 검열한 편지들은 하나하나마다 검열관의 감정서(Comment Sheet)가 붙었으며, 그 감정서들은 편지 내용에 따라 일정하게 주제를 분류했다. 미군정은 그 가운데 특정 주제를 '주요 검열 항목'으로 설정하여 특별히 주목했고, 검열 요원들에게 정기적 또는 부정기적으로 그것들을 환기시켰다. 또『검열 정보 요약(A Digest of Information Obtained from Censorship)』과 같이 검열 결과 또는 그것을 통계적으로 처리해서 만든 정기 보고서를 관련기관에 배포했다.

주요 검열 항목은 시기와 정세 변화에 따라 출입이 있지만 '점령 지역 내 정치활동', '연합국의 활동'(미군과 소련군 모두 포함, 이 경우 특히 이북의 소련군 동정과 소련군에 대한 한국인의 태도와 반응), '범법행위', '민생'(한국인 생활실태), '암거래', '점령군에 대한 태도', '전염병', '경제상황', '금융(활동)', '유언비어' 등이 상위 항목으로 기록되어 있다. 이 항목들은 한국인들의 편지가 자주 다루었던 내용들이자, 미군정이 각별히 주목했던 주제들을 반영한다. 여기에서 지적된 상위 항목들은 주요 여론 조사 주제들과 비슷하게 미군정이 일상적으로 관심을 가진 주제였다. 특히 '경제상황' 항목으로 분류된 편지들은 해방 직후의 경제적 혼란으로 한국인들이 부딪힌 생활고와 그로부터 비롯된 생활감정, 민심의 동향을 당대 소설 못지않게 사실적으로 전달한다. 그런 면에서 미군정의 서신 검열은 한국 사회의 상황과 한국인들의 의식을 조사하는 일종의 사회 조사, 여론 수집 기능을 했다.

미군정의 농지개혁 관련 여론 조사

해방 직후 한국 사회가 당면한 가장 큰 역사적 과제는 일제의 식민 유제와 잔재를 청산하는 것이었다. 청산 작업은 크게 인적 청산과 물적 청산으로 나눌 수 있는데 인적 청산의 핵심 과제가 매국노(national traitor), 부일협력자(collaborator), 친일간상배(profiteer)를 처단하는 것이라고 한다면 물적 청산의 핵심 과제는 토지개혁이었다. 토지개혁은 인구의 절대 다수가 농민이고, 또 그 대부분이 소작농인 상황에서 토지소유권을 경작자에게 이양하여 농촌의 봉건적 사회관계를 극복하고, 농업 경영의 합리화와 농촌의 민주화·근대화를 이룩하기 위한 필수 과정이었다.

미군정이 토지개혁에 대한 여론을 본격적으로 조사한 첫 번째 보고서는 아마 1946년 3월 12일 작성된 <농지 처분, 산업과 기타 자산의 국유화에 대한 한국의 여론>일 것이다. 이후 미군정은 토지개혁에 대한 한국인의 여론 동향에 지속적인 관심을 기울였다. 그 가운데 비교적 초기에 해당하는 1946년 3~6월 사이에 작성된 보고서 몇 건을 살펴보자.

<표 1>에서 먼저 눈에 띄는 것은 토지개혁에 관한 첫 번째 여론조사 시점이다. 토지개혁이 해방 직후부터 한국 사회에서 가장 화급하고 중요한 문제로 제기되었음에도 불구하고, 미군정은 진주한지 6개월이 지나서야 처음으로 여론조사를 실시했다. 미군정이 가두조사 형식의 여론조사를 본격적으로 시행한 것이 3월부터였다는 점을 본격적 조사가 늦어진 이유로 들 수도 있겠다. 그러나 미군정은 이미 1945년 늦가을부터 청취조사

〈표 1〉 미군정의 토지개혁 관련 여론조사 (1946. 3~1946. 6)

작성일	보고서 제목	조사 일시와 지역	조사 대상 인원(명)
A 1946. 3. 12	Survey of Korean Public Opinion on the Disposition of Farmlands and the Nationalization of Industry and other Properties	3월 5~11일, 서울과 근교 경기도 지역	사업가(자영업자?)·전문직 928, 농업노동 이외의 노동자 930, 농민 789/총 2647. 경기도 인구 구성(10 : 40 : 50), 전국 인구 구성(3 : 25 : 70)에 따라 2차례 보정
B 1946. 5. 15	Korean Public Opinion on the Disposition of Farmlands	전국적으로 2주간 수집된 여론조사 보고서 수합	농업 492(67), 비농업 246(33), 총 738인. 실제 직업별 인구 구성(70 : 30)으로 보정.
C 1946. 5. 23	Public opinion in Kyonggi-do relative to the Disposition of Farmlands	서울, 문산과 인천 일대. 조사 일시 불명.	서울의 사업가·전문직 1057, 서울의 노동자 1426, 경기도 농민 1003/총 3486. 경기도 인구 구성에 따라 보정
D 1946. 6. 4	Disposal of Farmlands	5월 24~31일, 전국	농촌지역 1069, 도시지역 369/총 1438. 도농별 인구구성(25 : 75)에 따라 보정

출전 : NA II, RG 554 Records of General Headquarters, Far East Command, Supreme Commander Allied Powers, and United Nations Command, USAFIK : XXIV Corps, G-2 Historical Section, 1945~1948, Box 29.

형식의 여론조사를 벌였고, 그 과정에서 토지개혁이 가지는 역사적 중요성이나 토지개혁에 관한 한국인들의 열망을 확인할 기회가 있었다. 그럼에도 불구하고 그에 관한 조사가 굳이 3월 12일에 실시된 이유는 무엇일까? 아무래도 그 이유는 3월 5일 북한에 새로 설치된 임시인민위원회가 무상몰수 무상분배의 토지개혁 법령을 발표한 뒤, 3주 만에 전격적으로 개혁을 마무리한 사실과 무관하지 않을 것이다. 뒤에 살펴보겠지만 이 점을 무시하고는 설문지의 이상한 문항 구성을 이해할 수 없다.

미군정이 이 시점에서 가장 우려한 것은 북한에서 실시한 토지개혁이 남한 사회에 얼마나 영향을 끼칠 것인가, 또 남한에서 토지개혁의 연기가 미군정에 대한 한국인들의 불신과 비우호적 태도를 강화하지는 않을까 하는 점이었다. 특히 남한에서 식량위기가 계속되고 점차 악화되는 가운데 미군정 식량정책에 대한 한국인들의 불만이 강화되고 확대되었으나 미군정은 뚜렷한 해결책을 제시하지 못한 채 정책적 혼란만 가중시켜왔다. 미군정은 1945년 10월 5일 식량 통제를 철폐하고 미곡 자유시장 체제를 선언했다가 쌀이 매점매석되는 등 식량위기가 발생하자 한 달 만에 다시 '국가적 비상사태'를 선포하고 통제정책으로 회귀했다. 그러다가 1946년 1월 25일 미곡수집령을 발표하여 강제공출제를 실시했고, 몇 달 뒤에는 하곡수집령을 공포하는 등 경제정책에서 큰 변동과 혼란을 반복했고, 이러한 사정은 북한의 토지개혁 실시와 뚜렷한 대조를 이루었다.

3월 12일의 첫 번째 보고서는 일본인 소유 귀속농지 처리 외에 한국인 대지주 소유 농지의 처리, 산업과 토지의 국유화를 설문 항목으로 제시했고, 이어서 5월 15일과 23일, 그리고 6월 4일의 조사는 모두 귀속농지와 한국인 대지주 소유 농지의 처리를 설문 항목으로 제시했다. <표 1>에는 들어 있지 않으나 『여론동향』도 16호(1946. 6. 22)부터 19호(1946. 7. 18)까지 연속하여 이 두 개 항목에 관한 여론조사 결과를 실었다. 첫 번째 조사가 있은 뒤 2개월 후에 다시 조사가 재개되었고, 그 이후에는 7월 중순까지 두 달 동안 대략 열흘 간격으로 같은 설문 항목을 지속적으로 조사한 셈이다. 이후에도 미군정은 토지개혁에 관한 여론조사를 간헐적으로 실시했다.

조사 결과보다 주목해야 할 것은 질문 항목의 내용적 적실성, 추출된 표본의 대표성, 조사 방식의 적절성 문제이다. 이 문제들은 사실은 서로 연결되어 있다. 그런데 위의 표는 추출된 표본과 조사 방식이 적절했는지 고개를 갸웃거리게 한다. 토지개혁 또는 귀속농지 처분의 1차적인 이해 당사자는 지주와 소작농이다. 일본인 소유 농지는 대부분 미군정이 신한

공사를 설치하여 관리했고, 그 처분에 관해서는 미군정의 의지가 실질적으로 가장 중요했다. 마찬가지로 중요한 것이 귀속농지를 경작하는 소작농의 견해일 텐데 위의 여론조사들은 정작 이들의 의견을 제쳐두고 일반인들의 의견을 조사했다. 그것도 서울과 근교의 경기도 지역에서 조사를 실시했는데 당시 서울은 농촌 사회와는 전혀 다른 사회경제적 환경에 있고, 서울과 근교 지역의 주민들이 농촌 사회의 여론을 대표한다고 말하기는 어렵다.

지역적 대표성의 문제 외에도 실제 조사 인원수에서 사업가·전문직과 노동자가 농민의 두 배 이상이다. 물론 보고서 작성자는 이를 경기도와 남한의 인구 구성 비율로 보정했다고 쓰고 있지만 지역적 대표성과 함께 표본 추출에서 심각한 문제를 안고 있다. 이 시기 가두조사의 기술적 제한성을 감안해야겠지만 이 시점부터 각지에서 조사원을 고용하여 지역별로 가두조사를 시작했고, 조사원이 충분히 마련된 5월의 시점에도 계속 서울과 근교 지역에서, 또 농민의 두 배가 넘는 다른 사회계층을 표본으로 추출한 이유를 이해하기 어렵다. 주한미군사령관 하지(John R. Hodge) 장군도 표본의 대표성 문제를 눈치챘는지 5월 15일 보고서의 여백에 당시 군정장관이었던 러취(Archer L. Lerch)에게 "러취 장군, 전적으로 농민들만을 대상으로 조사할 것을 제안합니다."라는 지시사항을 적고 있다. 5월 24일에서 31일까지 일주일 간 전국에서 여론을 조사했다는 6월 4일의 보고서는 아마 하지 사령관의 지시 때문이었을 것이다. 그러나 이 조사는 농민의 인구 구성을 표본 추출에 적용한 것이 아니라 단지 공간적으로 도시와 농촌 지역으로 나누어 표본을 추출했고, 이로 보아 아마 5월 15일 보고서와 비슷하게 각지의 조사원들이 해당 기간에 작성한 조사보고서를 수합한 것이 아닌가 싶다.

여론조사 자료를 분석할 때는 설문 결과 분석에 앞서 설문 내용을 먼

HEADQUARTERS
UNITED STATES ARMY MILITARY GOVERNMENT IN KOREA
Department of Public Information
Seoul, Korea

First Report

15 May 1946

MEMORANDUM FOR GENERAL LERCH:

SUBJECT: Korean Public Opinion on the Disposition of Farmlands.

Reference: Request dated 15 May for new opinion sampling survey on Sale of Jap Land and Sale of Korean Land of Large Land Owners.

1. The following figures as yet unreported, have been compiled from presently available reports of surveys taken throughout South Korea during the past two weeks by interviewers of the Opinion Sampling Section. For purposes of this survey, the population was divided into two classes, farming and non-farming. 492 (67%) members of the farming population and 246 (33%) of the non-farming population were interviewed.

Question #1. Which policy do you favor in reference to the disposition of formerly Japanese-owned farmlands?

a. Given to the tenant farmers by Military Government...152 (20.6%)
b. Sold to the tennant farmers by Military Government...162 (22.0%)
c. Maintain as is for a Korean government to decide later....424 (57.4%)
738 (100.0%)

Question #2. Which policy do you favor in reference to the disposition of those farmlands owned by large Korean landlords?

a. Given to the tenant farmers by Military Government...120 (17%)
b. Sold to the tenant farmers by Military Government....146 (19%)
c. Maintain as is for a Korean government to decide later....472 (64%)
738 (100%)

2. Evaluation. The results of this particular survey, conducted as part of the opinion trends survey submitted each week by the interviewers of this section, are consistent with the results reported during previous weeks. The percentages have remained practically the same since the original survey run on this subject on 12 March 1946. At that time, 67.2% (a weighted figure representative of the total population) indicated a desire for the land to be held by Military Government and turned over to the first Korean government established. This consistency leads one to believe that the surveys are an accurate reflection of public opinion on this question. In order further to verify these findings, however, a much larger sampling of public opinion, both in Seoul and in the provinces, is being taken. This survey will be based on several thousand interviews and will be statistically refined by economic class so as to accurately represent the total population.

Gen Lerch -
Suggest a poll exclusively
among farmers - Hodge

GLENN NEWMAN
Colonel, CAC
Director

[그림 2] 〈농지 처분에 관한 한국인 여론조사〉(1946. 5. 15). 하단에 군정장관 러취에게 보내는 주한미군사령관 하지의 친필 지시사항이 적혀 있다.

저 분석해야 한다. 설문 내용을 통해 조사자의 문항 설계 목적과 조사 의도를 짐작할 수 있기 때문이다. 미군정의 귀속농지 관련 여론조사에서 우선 눈에 띄는 것은 용어의 선택이다. 이 보고서들은 당시 한국인이 일반적으로 사용한 '토지개혁'(land reform) 대신 '농지 처분'(disposition of farmlands)이라는 용어를 선택했다. 당시 북한은 일본인 소유 토지와 한국

〈표 2〉 농지개혁 관련 미군정 여론조사 보고서 분석(1946. 3~1946. 6)

(단위 : %)

	조사 대상별	일본인 소유 귀속농지 처리			한국인 대지주 소유 농지 처리		
		미군정 하 매각	미군정 하 분배	한국 정부 수립 후 처리	미군정 하 매각	미군정 하 분배	한국 정부 수립 후 처리
A	사업가·전문직	12	7	81	한국인 대지주 소유 농지 개혁		
	노동자	17	17	66	사업가·전문직 54(필요) : 46(불필요)		
	농민	19	14	67	노동자 66 : 34		
					농민 69 : 31		
	경기도	17.5	14.5	68.0	경기도 66.3 : 33.7		
	남한 전체	18.3	14.5	67.2	남한 전체 67.8 : 32.2		
B	전국	22.0	20.6	57.4	19	17	64
C	사업가·전문직	9	5	8	12	9.0	12
	노동자	12	27	8	7	8.5	5
	농민	79	68	84	81	82.5	83
	경기도	7	16	77	10	7	83
D	전국	16	27	57	15	10	75

인 지주의 토지 가운데 5정보 이상의 토지를 몰수하여 경작자에게 분배하며 이를 '토지개혁'이라 불렀고, 남한은 정부 수립 후 한국인 지주의 농지 가운데 3정보 이상의 농지를 유상 몰수하여 경작자에게 유상 분배했는데 이를 '농지개혁'이라 불렀다. 토지개혁과 농지개혁이라는 서로 다른 용어는 개혁 대상의 차이를 반영한다. 남한의 농지개혁이 농경지를 분배 대상으로 삼았다면 북한의 토지개혁은 분배 대상으로 농경지 외에 과수원은 물론 산림과 임야를 모두 포함했다.

미군정은 토지개혁을 묻는 첫 번째 여론조사에서 개혁 자체에 대한 의견은 확인하지 않은 채 개혁의 대상 중 일본인 소유 농지, 이른바 귀속농지와 한국인 대지주 소유 농지의 처리 시점과 처분 방법, 산업과 토지 등 자산의 국유화 문제를 조사 대상으로 삼았다. 용어의 차이야 조사자의 관점과 정책적 태도의 차이를 반영하는 것이니 그렇다 치더라도 토지개혁 문제를 산업과 자산의 국유화 문제와 연관시켜 조사한 것이 흥미롭다. 북한에서는 1946년 8월에 주요산업 국유화 법령이 발표되었는데, 이미 3월의 여론조사에서 국유화 문제를 조사한 것은 미군정이 식민유제를 극복하는 데 필요한 경제개혁 조치들의 체제 간 차별성을 의식하면서 조사를 실시했음을 짐작케 한다.

특기할 것은 설문 항목이 귀속농지 처분 시기와 주체, 그리고 처분 방법을 한 문항으로 합친 이상한 구성으로 되어 있다는 점이다. 토지개혁이 되었든 귀속농지 처리가 되었든 일차적으로 그것에 대한 지지 여부를 물은 뒤, 그 결과에 따라 처리 방식을 물어야 할 텐데 미군정 여론조사는 전자는 생략한 채 질문을 미군정 하에서 지금 할 것인가 아니면 미래에 한국 정부 수립 후에 할 것인가로 바꾼 뒤, 지금 한다면 무상 분배로 할 것인가 유상 분배로 할 것인가를 같은 항목에서 묻고 있다. 누가 보아도 귀속농지 처분보다 누가, 언제 이것을 실시할 것인가에 질문의 초점이 있음을 어렵지 않게 알 수 있다. 범주와 성격이 전혀 다른 질문들을 조합하는 것은 항목 설계에서 1차적으로 경계하고 피해야 할 일이지만 이 설문은 그런 여론조사의 기본을 망각했다. 3월 12일 실시된 같은 조사에서 한국인 대지주 소유 농지의 처분에 대한 의견을 묻는 항목은 먼저 처분의 필요성을 물은 뒤, 긍정적 답변과 부정적 답변에 대해 각각 어떤 방식으로 처분할지를 묻고 있다. 이것과 비교하면 귀속농지 처분에 관한 문항 설계의 비합리성이 더욱 두드러져 보이고, 항목 설계의 의도가 과연 무엇인지 의심하게 만든다.

설문 결과에서 우선 눈에 띄는 것은 귀속농지나 한국인 지주 소유 농지나 그 처분을 모두 한국 정부 수립 후로 미루자는 의견이 압도적으로 많다. 귀속농지의 경우 6~7월의 『여론동향』에서도 한국 정부 수립 후로 미루자는 의견이 대체로 60% 이상이다. 어찌 보면 조사자의 설문 취지와 의도를 조사 결과가 그대로 반영한 느낌이 없지 않다. 특히 식량정책 등 미군정 경제정책의 거듭되는 실수로 인해 미군정에 대한 불신이 증폭되었다는 사정과 미군정 하에서 처분된 농지가 한국 정부 수립 후에 어찌 될지 모른다는 불안감도 가세했을 것을 감안한다면 이런 결과는 충분히 예상할 수 있는 반응이다. 실제로 3월 하순 강원도와 경상북도 각지를 순회하며 여론을 청취한 여론조사과 로빈슨(Richard D. Robinson)의 보고서는 이러한 조사 결과가 미군정에 대한 불신 때문임을 보여준다.[1]

흥미 있는 것은 전국 단위 조사에서 한국 정부 수립 후로 미루자는 의견의 비율이 서울과 경기도만 조사했을 때보다 다소 낮아지고, 사업가·전문직의 경우 다른 계층보다 한국 정부 수립 후로 미루자는 의견이 더 높은 비율을 차지한다는 점이다. 상대적으로 농민층의 의견이 더 많이 반영되었을 전국 단위의 여론은 당장 처분하자는 의견이 더 높고, 그 자신이 지주거나 지주층의 의견에 가까울 것으로 여겨지는 사업가·전문직은 어쨌든 한국 정부 수립 후로 처분을 미루자는 의견이 더 많았던 경향성을 보여준다.

1 Department of Public Information, "Report of Situation in Kangwon-do and Kyungsang-pukto,"(1946. 3. 29) 이 보고서는 리처드 로빈슨이 3월 22~27일 사이에 춘천, 원주, 강능, 삼척 등 강원도 각지와 영덕, 포항, 경주, 대구, 상주 등 경상북도 각지를 돌며 수집한 여론을 수록했다. 미군정 식량정책에 대한 한국인들의 불신이 잘 나타나 있다.

미군정 토지개혁 관련 여론 조사의 성격

1946년 3~6월 사이에 실시된 미군정의 토지개혁 여론조사 결과를 어떻게 해석할 것인가? 기존 연구들은 한국인들이 토지개혁 자체를 반대한 것은 아니나 미군정 진주 후 소작료 인하 조치로 인해 1946년에는 토지개혁 요구가 다소 약화되었다거나, 어쨌든 농지개혁에 미군정이 개입하는 것을 반대한 것이며, 농지개혁의 방법도 무상분배를 찬성하는 비율은 높지 않았다고 보았다.[2] 이 연구들은 보고서 문면에 나타난 내용을 그대로 당시 한국 사회의 여론동향으로 간주한 셈이다. 다른 자료와 교차 검토의 결여는 그렇다 하더라도 조금만 주의하면 설문 항목이 가진 내적 모순이나 표본 추출의 문제 등을 알아챌 수 있을 터인데 자료에 대한 분석과 비판이 없어 아쉽다. 참고로 이 조사보다 1년이 훌쩍 지난 1947년 7월 3일 조선신문기자회가 서울의 10개 지역에서 2,495명의 행인을 대상으로 실시한 가두조사에 따르면 토지개혁 방식에 대한 선호도는 무상몰수 무상분배(68%강), 유상몰수 유상분배(17%강), 유상몰수 무상분배(10%강), 기권(5%약) 순이다. 굳이 미군정 조사와 비교하자면 한국 정부 수립 후로 미루자는 의견이 그대로 무상몰수 무상분배로 옮겨간 듯하다. 1년 뒤이긴 하지만 비슷하게 서울의 행인을 대상으로 한 조사인데 조사 주체에 따라 결과가 전혀 달랐다. 1년 뒤에 여론 경향이 바뀐 것인가, 아니면 둘 중 하나가 엉터리 조사인가? 그것도 아니라면 여론은 조사자에 따라 얼마든지 결과가 바뀌는 것인가?

2 전상인, 1997 「1946년경 남한 주민의 사회 의식」 『사회와 역사』 52, 한국사회사학회; 함한희, 1998 「미군정의 농지개혁과 한국 농민의 대응」 『한국문화인류학』 31, 한국문화인류학회.

앞에서 3월부터 비롯된 미군정의 토지개혁에 관한 여론조사, 정확하게는 귀속농지 처분 관련 여론조사가 이북 지역의 토지개혁 실시로부터 자극을 받았을 것이라는 점을 지적했지만 그것과 함께 살펴보아야 할 것이 귀속농지 처분을 둘러싼 미군정 내부의 대립과 미군정 측의 토지개혁에 대한 부정적 태도이다. 미군정은 3월부터 지속적으로 이북의 토지개혁에 대한 남한 주민의 인지 여부를 조사했고, 그 결과는 남한 주민들이 대부분 그 사실을 인지한 것으로 나왔다.[3] 또 미국 국무부는 1946년 1월 남한에서 토지개혁 방침을 표명했고, 2월에는 번스(Arthur Bunce)를 단장으로 하는 경제고문단을 파견하여 귀속농지 분배를 중심으로 하는 농지개혁안 실행을 추진했다. 이 고문단의 일원인 키니(Robert A. Kinney)는 3월 9일 미군정 공보처가 주최한 내외신 기자들과의 정례 기자회견장에 나와 신한공사 소유의 귀속농지를 소작농들에게 크게 부담이 되지 않을 상환 조건으로 분배하겠다는 방침을 공개적으로 표명했다.[4]

이 기자회견 이후 귀속농지 분배는 남한 사회의 중심적 화제가 되었으나 번스 사절단의 그러한 구상은 미군정 고위층의 반대에 직면하여 제대로 추진될 수 없었다. 그리고 군정장관 러취는 1946년 6월 25일 기자회견에서 귀속농지의 매각을 보류한다고 발표했다. 러취는 그 이유를 여론조사 결과 한국인들의 '조선임시정부 수립까지 보류' 의견이 80%에 달했기 때문이라고 밝혔다. 미군정은 이때는 한국인들의 여론을 핑계로 귀속농지

---

3 일례로 미군정 공보부가 실시한 아래의 여론조사 보고서 참고. 이 조사에서는 전국 평균 70% 이상이 그 사실을 알고 있고, 서울의 경우 89%가 알고 있다고 응답했다. Department of Public Information, "Effectiveness of Japanese and Soviet Propaganda in the Provinces and in Seoul,"(1946. 5. 20) 3월 25일의 『여론동향』 4호도 북한에서 토지 무상분배와 남한에서 일본인 토지 분배가 여전히 남한 사회의 중심 화제라고 적고 있다.

4 Bureau of Public Information, "Press Conference : March 9, 1946".

분배를 한국 정부 수립 이후로 미루었으나 정부 수립 이전인 1948년 3월 신한공사를 해체하고 중앙토지행정처를 설치한 뒤 미군정이 관리하던 귀속농지의 약 85%를 소작농들에게 매각하는 방식으로 분배했다.

하지 장군의 경제고문이었던 번스는 부임 초부터 토지개혁의 필요성을 역설했다. 그는 토지개혁이 남한의 정치적, 사회적, 경제적 혼란을 종식시키는 첩경이고, 이를 통해서만 미군정과 미국의 점령통치에 대한 한국인의 지지를 획득할 수 있다는 점을 강조했다. 번스는 한국인 지주 소유 토지에 대한 개혁은 한국 정부 수립 후로 미루더라도 일본인 소유였던 귀속농지만이라도 서둘러 개혁하여 농민들에게 분배할 것을 주장했다. 반면 완고한 반공주의자였던 하지 장군과 러취 군정장관 등 미군정 고위층은 식민유제의 청산보다는 현상 유지에 관심을 가졌고, 토지개혁에 대해 부정적 견해를 가졌다. 그리고 1946년 3월에서 6월 사이에 실시된 미군정의 귀속농지 처분에 관한 여론조사는 토지개혁에 관한 한국 사회 민심의 소재를 밝혀내기보다 미군정의 토지개혁 실시 유보를 합리화하는 근거로 활용되었다.

귀속농지 처분에 관한 여론조사가 보여주듯이 미군정이 실시한 각종 여론조사 자료는 점령기 한국 사회의 동향, 한국인의 인식과 지향을 날것 그대로 보여주는 객관적 지표가 결코 아니다. 여론조사 방법과 기술상의 한계로 인한 미비점과 부정확성도 없지 않겠지만 그것보다 설문 항목의 작성 단계부터 조사 주체인 미군정의 관점과 의도가 작용했다는 점을 감안해야 한다. 여론조사 자료 문면에만 의존하면 그 보고서가 작성된 역사적 상황과 맥락을 제대로 파악할 수 없게 될 것이다. 당시 미군정이 생산한 여론조사 자료들은 한국인의 여론을 일정하게 반영했지만 동시에 미군정의 태도와 정치적 의도 또한 반영한 일종의 구성물이다. 해당 자료가 생산된 시점의 정치·사회 상황을 전체적으로 이해한 위에서 조사 수행

과정과 방식, 조사의 배경과 맥락, 조사자의 목적과 의도, 보고서 내용, 조사 결과의 사후 활용 등을 종합적으로 분석해야 비로소 해당 자료가 지닌 진실의 일부나마 끄집어낼 수 있을 것이다.

〈참고문헌〉

김보미, 2014 「미군정기 정치적 의사소통 구조와 여론조사」 『사회와역사』 103.

박수현, 2010 「미 군정 공보기구 조직의 변천(1945.8~1948.5)」 『한국사론』 56.

송재경, 2014 「미군정 여론조사로 본 한국의 정치·사회 동향(1945~1947)」 『한국사론』 60.

이성근, 1985 「해방직후 미군정치하의 여론동향에 관한 연구」 『국제정치논총』 25.

전상인, 1997 「1946년경 남한 주민의 사회 의식」 『사회와 역사』 52.

조민지, 2016 「미군정기 후반전, 현지조사와 지방여론」 『한국사론』 62.

함한희, 1998 「미군정의 농지개혁과 한국 농민의 대응」 『한국문화인류학』 31.

황윤희, 2010 「번스(Arthur C. Bunce)의 내한활동과 한국문제 인식」 『숭실사학』 23.

한림대 아시아문화연구소, 1995 『미군정기 정보자료집 : 시민소요·여론조사 보고서 1945. 9~1948. 6』, 한림대 아시아문화연구소.

대학을 통해 한국 현대사를 읽다
–각 대학 '학교신문(학보)'

오 제 연(吳瑅淵)*

대학 '학보'의 추억

대학생이 된다는 것은 예나 지금이나 가슴 설레는 일이다. 치열한 입시 경쟁에서 벗어났다는 해방감, 당당한 '성인'이 되어 무엇이든 자유롭게 할 수 있다는 자신감, 그러면서도 새로운 환경과 불확실한 미래에 대한 두려움 등이 뒤섞인 상태로 대학 생활을 시작하는 것이 보통이다. 특히 동년배 중 대학에 진학하는 비율이 지금보다 훨씬 적었고 대학문화가 자기만의 독특한 색깔을 간직하고 있던 1990년대 이전의 경우, 새내기들은 캠퍼스 밖에서는 맛볼 수 없는 다양한 대학 내 활동들을 통해 대학생으로서 정체성을 형성해 나갔다.

* 성균관대학교 사학과 조교수.
대표논저 : 「1960~1971년 대학 학생운동 연구」(서울대학교 국사학과 박사학위논문, 2014), 「1960년대 한국 대학축제의 정치풍자와 학생운동」(『사림』 55, 2016), 『6월 민주항쟁 : 전개와 의의』(공저, 한울아카데미, 2017).

신입생 환영회, 동아리 활동, 학회 세미나 활동, MT, 농활, 그리고 각종 집회와 시위 등과 더불어 당시 대학생들이라면 한 번쯤 해봤을 독특한 문화가 바로 우편을 통해 흔히 '학보'라 불리는 각 대학 학교신문을 주고받는 일이었다. 1990년대 중반 무선호출기(삐삐)와 PC통신, 2000년대 핸드폰과 인터넷이 보급되기 이전에 대학생들은 친구들과 자신이 다니는 대학의 학보를 주고받으며 서로의 안부를 묻고 소식을 전하곤 했다. 좀 더 구체적으로 이야기하자면, 학보를 친구에게 우편으로 보내면서 1면의 '제호'가 드러나도록 접은 뒤 이를 하얀색 띠지로 둘러싸고, 하얀색 띠지 안쪽에 친구에게 전하는 사연을 적는 것이다. 이런 문화가 언제부터 시작되었는지 확실치 않지만 최소한 1990년대 전반기까지는 대학생들 사이에 보편화되어 있었다.

그렇다면 왜 대학생들은 친구들에게 자기 대학의 학보를 보냈을까? 여기에는 두 가지 이유가 있는 듯하다. 하나는 한국사회에서 '대학'이 갖는 의미가 그만큼 컸기 때문이다. 긍정적으로 보면 학생들이 대학생활을 통해 이전과 구별되는 새로운 삶을 살아갔기 때문에, 부정적으로 보면 대학의 '간판'으로 자신을 드러내려 했기 때문에, 학생들은 학보를 전달하는 방식으로, 더 정확히는 학보 속에 담긴 자기 대학의 이름을 앞세우는 방식으로 소통을 하고자 했던 것이다. 다른 하나는 각 대학 학보가 갖고 있는 독특한 특성 때문이다. 각 대학의 학보는 보통 학기 중에 일주일에 한 차례씩 발행된다. 학보에는 일상적인 학내 소식은 물론, 교수와 학생들의 학술 혹은 시사 관련 기고와 칼럼, 학보사 자체의 기획 기사 및 학내 여론조사, 학생들의 문화 동정 등 다채로운 내용들이 실린다. 이를 통해 대학 학보는 학생들에게 대학생으로서 공동체의식과 정체성을 주기적으로 확인시켰다. 일례로 1975년 관악캠퍼스로 종합화하기 이전까지 서울대생들은 단과대학 별로 상이한 전통과 분리된 캠퍼스 때문에, 한 학교 학생이라는 정체성을 제대로 형성하지 못했지만, 당시에도 입학식과 졸업식, 그리고 서울대 학보인 『대학신문』을 받아볼 때만은 한 학교 학생이라는 인식을 가질 수 있었다고 한다. 한마디로 학보는 각 대학의 눈과 귀, 그리고 모든 소식들의 집합소로서 학생들을 비롯한 대학 구성원들의 삶과 밀접한 연관을 맺고 있었던 것이다.

1990년대 중반 이후 무선호출기(삐삐)의 등장, 그리고 2000년대 이후 핸드폰과 이메일의 등장으로, 손으로 편지를 쓰는 일 자체가 구시대의 유물처럼 사라지면서 대학생들이 자기 대학 학보를 친구에게 우편으로 보내는 문화는 완전히 자취를 감췄다. 또한 학내 소식을 전하고 여론을 모으는 학보의 기능은, 같은 시기에 등장한 다양한 인터넷 매체에 의해 상당수 대체되었다. 학보도 종이신문 형태보다 인터넷을 통해 더 많이 제공되고 있다. 그 결과 오늘날에는 대학 학보의 위상, 역할, 중요성이 과거 같지 않다. 하지만 그것이 갖는 '역사 자료'로서의 의미는 여전히 남아 있다.

대학 학보에서 '역사'를 접하다

1945년 해방 이후 한국의 현대사 연구에서 이용되는 주요 자료는 한국과 미국의 공적 기관들이 작성한 각종 문서와, 신문과 잡지 등 언론매체이다. 주요 중앙과 지방의 일간지들은 당대에 일어난 여러 사건들을 상세하게 기록한 한국 현대사 연구의 가장 기초적인 자료라 할 수 있다. 그러나 일간지들이 정치, 경제, 사회, 문화의 다양한 소식들을 전한다 하더라도, 사회 곳곳에서 벌어진 수많은 일들을 한정된 지면 속에 모두 다 담아낼 수는 없다. 또 몇몇 주요 기사를 제외하고는 그 내용이 단편적이고 소략한 경우가 많다.

반면, 각 기관이나 단위에서 자체적으로 발간하는 신문, 잡지, 소식지 등은 그 범위와 대상이 제한되어 있는 대신, 관련 내용은 비교적 상세한 편이다. 각 대학에서 발행하는 학보가 그 대표적인 예라고 할 수 있다. 일간지처럼 매일 발행되는 것도 아니고 방학 때는 오랜 기간 동안 나오지도 않지만, 다른 자료에서는 좀처럼 찾아보기 힘든 대학 내의 여러 소식들이 비교적 상세하게 실려 있다. 거의 모든 대학에서 학보를 발행하는 만큼, 그 자료의 양은 생각보다 많다. 그럼에도 불구하고 기존 한국 현대사 연구에서 대학 학보는 일간지 중심의 연구 풍토 속에서 적극적으로 활용되지 않았다. 주로 학생운동사 연구와 각 대학 교사 편찬 과정에서만 자료로 활용되는 정도였다.

내가 역사 자료로서 대학 학보를 접하게 된 계기 역시 학생운동 관련 논문 집필과 대학 교사 편찬 과정에서였다. 학부 4학년이 되자 누구나 그렇듯 나도 졸업 논문을 써야 했다. 대학원 진학을 목표로 하고 있었던 만큼 졸업 논문을 잘 쓰고 싶었고, 또 잘 써야만 했다. 하지만 한국 현대사를 공부하고 싶다는 것 이외에 아직 구체적인 연구 방향이 서 있지 않은 상황에서 졸업 논문의 주제를 정하는 일조차 쉽지 않았다. 특히 학부 과정에서 연구서와 연구논문 위주로 공부해 온 탓에 논문 작성에 필요한 '자료' 선정에 애를 먹었다. 어떤 자료로 무엇을 어떻게 써야할지 모든 게 막막한 상황에서, 일단 학과 자료실부터 먼저 뒤져보기로 작정을 했다.

이때 학과 자료실에서 발견한 것이 서울대 학보인 『대학신문』의 축쇄판 영인본이었다. 1986년 서울대 개교 40주년을 맞이하여 총 10권으로 간행된 『대학신문』 축쇄판 영인본은 나에게 여러 가지 흥미로운 사실들을 보여줬다. 전설처럼 전해지던 1980년대 대학가 무용담들의 흔적을 『대학신문』에서 발견할 수 있었다. 1970년대 대학문화를 둘러싼 논쟁도 흥미로웠다. 한국전쟁 직후 1950년대 대학생들의 실존적 고민들 역시 눈에 띄었다. 특히 관심을 끈 주제는 4.19혁명을 비롯한 1960년대 학생운동에 대한 기사들이었다. 여러 지면을 통해 상세하면서도 꾸준히 이어진 이 시기 학생운동에 대한 이야기들은 재미있었을 뿐만 아니라 새롭고 구체적이었다.

그 중 가장 흥미로운 기사는 1961년 5.16군사쿠데타 직후 서울대생들이 보인 반응과 관련한 것들이었다. 주지하듯이 1960년 4.19혁명 이후 약 1년 동안 학생운동이 활발하게 전개되었다. 무엇보다 학생들에 의한 '민족통일연맹(민통련)' 조직과 남북학생회담 제의 등 통일운동이 급속히 고양되었다. 5.16쿠데타는 바로 이러한 상황에서 발생했다. 그런데 5.16쿠데타 직후 학생들의 반응은 내 예상과 달랐다. 1961년 5월 18일자 『대학신문』 1면 머리기사의 제목은 「당연감 속에 사태 주시. 17일 각 대학마다 자율적으로 강의 계속」이었다. '당연감', '사태 주시', '강의 계속'이라는 단어들은 그 하나하나가 심상치 않은 의미를 띠고 있었다. '당연감'이라는 단어는 쿠데타 당시 윤보선 대통령이 했다고 알려진 "올 것이 왔다"는 말과 더불어, 당시의 사회 분위기를 '혼란'으로 규정하고 자신들이 이를 수습하기 나섰다는 쿠데타 세력의 주장을 뒷받침하는 것처럼 보였다. 하지만 '사태 주시'라는 말은 5.16 직후 학

大學新聞

民族精神의 昂揚

懸賞 英文 募集

[그림 1] 서울대학교 학보 『대학신문』 창간호 (1952. 2. 4)

생들이 결코 쿠데타를 환영하거나 지지한 것은 아니라는 점을 시사했다. 또 '강의 계속'이라는 말은 학생 시위나 유신 선포와 같은 큰 사건이 벌어질 경우 빈번하게 발동되었던 '휴업령' 등의 통제 조치가 5.16때에는 시행되지 않았다는 사실을 알려줬다.

며칠 후인 5월 25일자 『대학신문』 1면에는 이틀 전인 23일 서울대 총학생회가 발표한 쿠데타 지지 성명이, 「4.19와 5.16은 동일목표. 국가이익에 적극적 동조. 학원의 자유 보장과 민주 조국의 유지 희망」이라는 제목하에 소개되었다. 이 성명은 쿠데타에 대한 학생들의 반응이 일단 '지지' 쪽으로 기울어진 인상을 주지만, 단순하게 '지지'로만 단정하기 어려운 맥락들이 곳곳에 담겨 있었다. 왜 5.16쿠데타를 지지하면서 '4.19와 동일목표'라는 근거를 들었을까? '학원의 자유'와 '민주 조국의 유지'라는 전제조건은 무슨 의미를 갖고 있을까? 나는 이러한 물음을 가지고 『대학신문』의 관련기사들을 꼼꼼하게 읽기 시작했다.

그러다가 눈에 띈 것이 1961년 6월 5일자 『대학신문』이었다. 우선 1면에 「대한민국 학도건설단(가칭) 구체화. '생활혁명은 우리 손으로' 3일 15개 단과대표들이 모여서 발기」라는 기사가 실렸다. '대한민국 학도건설단'은 누가 무슨 목적으로 만든 단체일까라는 의문이 먼저 들었다. 군부에 의해 강요된 단체인지, 아니면 4.19혁명 직후 등장했던 수많은 계몽운동 단체들처럼 학생들이 자발적으로 만든 단체인지 분명치 않았다. 또 이미 6월 1일자 『대학신문』에서는 이 단체 결성을 위해 서울 시내 30여 개 대학 대표들이 모였다는 기사가 실린 바 있었는데, 불과 며칠 뒤 실제 발기 과정에서는 이 중 고려대, 연세대, 성균관대 등 주요 사립대학들이 모두 이탈하였다. 왜 이들 대학들은 연합조직 건설 대열에서 이탈했을까? 의문이 꼬리에 꼬리를 물었다.

2면에는 5.16쿠데타에 대한 여러 칼럼이 실렸다. 그 중 당시 ROTC 교관으로 서울대에 파견 나와 있던 육군대령 문태준이 쓴 「'측면에서 본 서울대학생'－특히 5.16과 관련하여」가 흥미로웠다. 군 장교로서 그는 학생들이 지식인의 선봉에 서서 5.16의 목표를 완수해 줄 것을 요구했다. 그 역시 '4.19와 5.16은 동일목표'라는 것을 자기 주장의 근거로 내세웠다. 이 칼럼에서 주목되었던 점은 그가 학군단 단장으로서 쿠데타 직후 목격한 학생들의 반응이었다. 쿠데타 옹호를 위해 학생들의 '지지'라는 측면을 강조했을 법도 한데, 그는 오히려 학생들의 반응을 다음과 같이 정리했다. "첫째, 혁명의 의의가 명확치 못하다는 느낌. 둘째, 무관심 내지는 군인들을 경원하는 듯한 느낌. 셋째, 어떠한 태도를 가져야 하는가에 대한 주저감." 이는 쿠데타 직후 5월 18일자 『대학신문』이 전한 분위기보다 학생들의 반응이 훨씬 더 소극적 혹은 부정적이었음을 암시하는 중요한 언급이었다.

3면에는 「5.16혁명과 우리의 반성－혁명에 대한 최초의 발언」이라는 제목으로 5.16쿠데타에 대해 여러 학생들이 함께 이야기를 나눈 대담이 정리되어 실렸다. 이 대담은 5.16쿠데타 직후 학생들의 생각을 직접적으로 보여줬다. 여기서 주목되었던 부분은 그들 스스로 5.16 직후에는 "군사혁명의 필연성에 대한 막연한 느낌", "각종집회의 금지와 행동의 구속", "학우들을 민통련 관계로 잡아들여간 것에 대한 공포감", "군부에 대한 견제심리" 때문에 쿠데타에 대해 방관적 태도를 취했다고 정리한 부분과, "반공과 4.19혁명의 완수를 위해 군사혁명을 적극 지지"하지만 "경제와 민족주의 확립 이후 정권을 이양"해야 하며 "기본적인 자유는 최대한 보장해야"한다는 부분, 그리고 끝으로 "부정부패에 과감"하고 "선의의 독재는 필요"하다는 부분이었다.

여기서 나는 5.16쿠데타에 대한 대학생들의 반응이 단순히 '지지'나 '저항'이라는 틀로는 설명하기 어려운 복합적인 측면이 있음을 확인할 수 있었다. 더 나아가 학생들의 생각 중 어떤 측면이 군부의 입장과 '친화성'이 있으며, 또 어떤 측면에서 '균열적 요소'가 있는지 일정하게 알 수 있었다. 또 학생들의 인식에서 기본적으로 계속 견지되는 것과, 시간이나 상황의 변화에 따라 달라지는 것, 또 모순적으로 공존하는 것 등도 각각 발견할 수 있었다.

나는 고려대와 연세대 등 다른 대학 학생들의 반응이 궁금해졌다. 고려대 학보인 『고대신문』과 연세대 학보인 『연세춘추』의 같은 기간 기사들을 찾아보았다. 각론에서 약간의 차이도 있었지만, 대체적인 분위기나 흐름은 비슷하였다. 그래서 나는 이 주제를 가지고 학부 졸업을 쓰기로 결심을 했다. 당시 나는 막연하지만 군부와 대학생 등 엘리트에 관심이 많았는데, '5.16쿠데타에 대한 대학생들의 반응'은 이 두 집단의 관계를 정리할 수 있는 좋은 주제였다.

학부 졸업반에 불과했던 내가 이 주제와 관련한 모든 사실과 논점들을 하나의 글로서 풀어낼 능력은 많이 부족했다. 일단 5.16쿠데타에 대한 대학생들의 반응의 추이를 정리하는 작업에 집중하기로 했다. 이렇게 해서 나의 학부 졸업 논문 「5.16쿠데타에 대한 대학생들의 인식 연구 – 결합과 균열 지점을 중심으로」가 탄생했다. 지금 다시 읽어보면, 깊이 있고 구체적인 분석보다는 단순 사실들을 도식적으로 나열하는 수준이었다. 대학원 입시 면접시험 과정에서는 4.19혁명에 참여하셨던 학과 교수님에게 군부와 학생들의 '결합'을 강조했다는 '오해(?)'를 사 곤혹스러운 상황에 처하기도 했다. 그래도 이 학부 졸업 논문은 나에게, 역사 속 모든 주체들은 상호 '결합'과 '균열'의 지점들을 갖고 있으며, 이것이 항시 모순적으로 얽혀있고 또 그 모순에 따라 이후 역사가 변동한다는 통찰을 갖게 해 주었다. 무엇보다 대학 학보라는 중요한 역사 자료를 접하는 소중한 기회를 제공해 줬다.

'학생운동사'에서 '대학문화사'로

학부 졸업 이후 나는 대학원에 진학해서 한국 현대사를 본격적으로 공부하기 시작했다. 그러나 석사과정 때는 '1950년대 후반 자유당'을 주제로 학위논문을 썼던 관계로 대학 학보를 볼 기회가 별로 없었다. 1950년대 정치권의 동향이나 구조를 보여주는 기사가 대학 학보에는 거의 실리지 않았기 때문이었다.

내가 대학 학보를 다시 접하게 된 때는 석사과정을 마치고 박사과정에 진학한 다음이었다. 2006년 서울대 개교 60주년을 앞두고 학교 대학본부에서는 60주년 기념사업의 일환으로 『서울대학교 60년사』(이하 『60년사』) 편찬 작업에 착수했다. 『60년사』 편찬을 위해 편집위원회와 편수진이 구성되었는데, 나는 여기에 편수원으로 참여하게 되었다.

서울대의 교사는 『60년사』 이전에도 10년 단위로 여러 차례 편찬된 바 있었다. 즉 1966년에 나온 『서울대학교 20년사』를 시작으로, 『서울대학교 30년사』(1976), 『서울대학교 40년사』(1986), 『서울대학교 50년사』(1996)가 계속 간행되었던 것이다. 이전 서울대 교사들은 모두 학교의 역사를 시간의 흐름에 따라 몇 시기로 구분한 뒤, 각 시기를 크게 '운영', '교육', '연구', '학생' 등 4개의 파트로 나누어 기술하였다. 반면 『60년사』의 경우 시기 구분을 없애고 60년의 서울대 역사 전체를 위의 4개 파트로 나눠서 본격적인 '분야사' 서술을 지향했다. 이때 내가 맡은 분야가 바로 '학생'이었다. 서울대 개교 이래 60년 동안 있었던 서울대생들의 여러 가지 동향과 특징들을 정리하고 서술하는 작업이었다.

교사 편찬 과정에서 많은 자료가 활용되었다. 그 중 가장 기본적인 자료가 서울대 학보 『대학신문』이었다. 특히 '학생' 파트의 경우, 학교 당국이 생산한 학생 관련 자료가 상대적으로 적었기 때문에 『대학신문』에 크게 의존할 수밖에 없었다. 1980년대 이후에는 학생회 등을 중심으로 학생들이 자체적으로 만들어낸 자료도 비교적 많이 남아있었지만, 그래도 수십 년 동안 체계적으로 꾸준히 만들어진 『대학신문』에 비할 바가 아니었다. 덕분에 나는 학부 졸업 논문 작성 이후 다시 『대학신문』을 검토할 기회를 가졌다. 이번에는 단지 4.19혁명과 5.16쿠데타를 전후로 한 시기가 아니라, 1952년 창간 이후 당시까지 간행된 『대학신문』 전체를 검토하는 방대한 작업이었다.

『60년사』 이전 서울대 교사에서 다룬 학생 파트 관련 내용은 대부분 '학생운동'에 대한 것이었다. 1960년 4.19혁명 이후 1990년대 전반기까지 대학생 사회에서 학생운동이 차지하는 위상, 역할, 비중은 매우 컸다. 또한 학생운동은 한국사회의 민주화에 있어 결정적인 원동력이었다. 때문에 교사에서 학생과 관련한 내용 중 학생운동의 비중은 클 수밖에 없었다. 자연히 『60년사』에서도 학생운동 관련 서술이 큰 비중을 차지하게 되었다.

단, 1960년대 이후의 시기를 '학생운동의 시대'라고 규정할 정도로 한국 현대사에서 학생운동의 역할이 중요했고, 학생들에게도 학생운동이 큰 의미가 있었다 하더라도, 학생운동만으로 학생들의 역사를 모두 설명할 수는 없다. 학생의 역사를 제대로 이해하고 정리하기 위해서는 학생들이 살아가는 일상과 그들이 가지고 있는 문화에 대한 분석이 필요하다. 학생운동도 그 시대를 살아갔던 학생들의 일상과 문화 속에서 전개되었다. 따라서 학생의 역사를 정리하면서 지나치게 학생운동 위주의 서술을 하는 것은 지양할 필요가 있었다. 이에 나를 비롯한 『60년사』 편찬진에서는 『60년사』의 학생 파트에서 학생운동과 더불어, 그동안 많이 다루어지지 않았던 학생 관련 '대학문화'에 대한 서술 비중을 높이기로 방침을 정했다.

문제는 학생운동에 비해 대학문화를 보여주는 명시적인 자료들이 훨씬 적다는 사실이었다. "과거 대학생들은 어떻게 살았을까?" 선배들의

'회고' 내지 '무용담'은 술자리와 같은 사석에서 쉽게 들을 수 있었지만 이를 역사 서술의 자료로 사용하는 데는 많은 난점이 따랐다. 정식 구술 면담 인터뷰를 수행할 수도 있었으나, 수십 년 동안 대학을 거쳐 간 많은 사람들을 모두 다 인터뷰할 수는 없는 노릇이었다. 그렇다고 소수의 구술 자료에 대표성을 부여해 일반화하기도 어려웠다. 무엇보다 학생운동에 비해 대학문화의 대상과 범주가 너무 넓고 추상적이기 때문에 구체적인 대답을 이끌어내는 일 자체가 만만치 않은 작업이었다. 구술사가 기본적으로 갖고 있는 '기억'의 불완전성의 문제 역시 고민거리였다.

결국 대학문화를 파악할 수 있는 가장 기초적이고 적절한 자료 역시 대학 학보가 될 수밖에 없었다. 대학 학보에는 당시 대학생들의 일상, 문화, 특징들을 보여주는 기사들이 종종 실렸다. 대표적인 것이 학생들을 대상으로 한 다양한 설문 조사 기사다. 일례로 1952년 3월 3일자『대학신문』의 설문 조사에 따르면, 당시 서울대생 중에서 직업을 가지고 있는 학생들이 전체의 50~60%에 이르렀다. 이를 업종별로 보면 군(軍)관계 20%, 경찰관계 8%, 관공서·은행·회사 32%, 미국기관 8%, 부두노동 7%, 개인기업체 점원 혹은 잡무종사자 12%, 교원·기자·악사·기타 13% 등이었다. 이 때문에 당시 학생들의 강의 출석률은 극히 저조하였다고 한다. 이 밖에도 각 대학 학보에는 무수히 많은 학생 설문 조사 기사가 실려 있다. 물론 설문 조사 시 표본추출, 질문지 작성, 결과분석 등 여러 과정에서 엄밀한 과학적 통계처리가 이루어졌다고 보기는 힘들다. 그러나 이들 설문 조사 기사들을 통해 당시 학생사회의 대체적 분위기를 파악하는 데는 큰 무리가 없다.

학보사가 학생들의 생활과 문화를 주제로 자체 '기획'한 기사들도 당시 학생들을 이해하는 데 큰 도움이 된다. 일단 학보사가 특정한 주제로 기획을 한다는 것 자체가, 당시 학생들 사이에서 무엇이 이슈가 되고 있는지를 알 수 있게 해준다. 또 기획 기사들 속에는 당시 대학문화의 주요 측면들을 보여주는 구체적인 사례들이 다수 제시되어 있다. 기획과 관련한 학보사 측의 분석과 논평도 문제를 깊이 있게 파악하는데 유용하다. 『대학신문』의 경우 대표적인 기획 기사로 들 수 있는 것이, 1963년 4월 29일부터 7월 1일까지 연재된 「대학가 카리카츄어」다. 이 기획 기사는 당시 서울대에 소속된 11개 단과대학 학생들의 기질을 신랄하게 풍자하였다. 즉, 문리대를 "성격이 없는 곳이다. 따라서 줏대도 실속도 없이 그저 연(然)하기를 좋아하는 게 문리대생들이다"라고 풍자했는가 하면, 사대는 "꽁초 같은 남학생과 막대기 같은 여학생이 있는 대학"이라고 풍자했다. 법대는 "어떻게 살 것인가 보다는 무엇이 될 것인가를 더 많이 생각하는 출세광의 집단"이라 비판했고, 의대에 대해서는 "히포크라테스 선서 같은 것은 이미 현대적 감각에 비추어 고리타분하다고 생각하는 집단"이라고 꼬집었다. 이 연재기사는 학내에 파문을 일으켜서 『대학신문』에는 해당 단과대학 학생들의 반박투고가 줄을 이었을 뿐만 아니라, 심지어 교수회의에서 관련 학생에 대한 징계가 거론되고 학보사가 일부 학생들의 습격을 받기까지 했다.

대학문화의 꽃이라고 할 수 있는 '축제'에 대해서도 학보를 통해 그 양상을 자세하게 확인할 수 있다. 축제의 경우 매년 주기적으로 행사가 열리는 만큼, 학보의 연도별 축제 기사들을 시계열적으로 놓고 비교 분석하면 대학문화의 흐름이 잘 드러난다. 대학 학보에는 축제 외에도 다양한 형태의 학내 학술, 문화행사 관련 기사들이 실리는데, 이들 기사 역시 대학문화의 일단과 흐름을 엿보는데 유용한 자료라 하겠다. 대학 행사에 있어서 가장 중심이 되는 단위인 서클(동아리)에 대한 정보도 학보에서는 어렵지 않게 찾을 수 있다.

그러나 역사 연구 전반에 걸쳐 문화사적인 접근이 본격화되지 않은 상황에서, 짧은 교사 편찬 기간 내에 학보를 통해 대학문화 전반을 정리하고 분석하는 작업은 쉬운 일이 아니었다. 대학 학보 역시 독재 권력의 감시와 통제 속에서 보도에 제약이 많았고, 심지어 왜곡된 기사들까지 실어야 했기 때문에 다른 역사 자료와 마찬가지로 엄밀한 자료 비판이 필요했다. 결국 『60년사』는 이전 서울대 교사들보다 대학문화에 대한 서술을 대폭 늘려 별도의 장으로 구성하는 데까지 나아갔으나, 전체적으로 봤을 때 학생운동 및 이와 연동된 학생회 관련 서술이 여전히 학생 파트에서 더 큰 비중을 차지할 수밖에 없었다. 하지만 개인적으로는 『60년사』 편찬 작업을 통해 대학 학보가 가지고 있는 역사 자료로서의 가치와 잠재력, 특히 학생운동은 물론 대학문화를 깊이 있게 파악할 수 있는 가능성들을 확인하는 성과가 있었다. 이러한 성과는 곧 박사학위논문 구상과 작성으로 이어졌다.

『서울대학교 60년사』 편찬 이후 나는 연구의 방향과 주제를 '대학'과 '학생'으로 잡았다. 내심 대학문화에 대한 본격적인 연구가 하고 싶었지만, 우선은 자료적 뒷받침이 가장 탄탄하고 그 대상과 범위가 비교적 분명한 학생운동 연구에 집중하기로 했다. 서울대의 교사들이 잘 보여주듯, 학생운동에 대한 정리는 이미 어느 정도 이루어진 바 있었다. 하지만 기존 대학 학생운동 연구는 사건 중심의 일지식 서술을 벗어나지 못함으로써 현상적인 시위 및 활동에 대한 개설적인 정리에 머물렀다. 학생운동과 관련한 여러 사건들 사이의 관계도 시대적 맥락과 학생운동사의 흐름 속에서 유기적으로 연결하여 설명하지 못하는 경우가 많았다. 또한 과도한 정치사 혹은 구조사적 접근으로 학생운동 주체에 대한 분석을 결여함으로써, 정치적 억압과 사회경제적 모순 속에서 어떻게 학생운동이 추동, 지속, 변화될 수 있었는지 거의 설명하지 못했다. 주체를 경시하는 이러한 무매개적 접근은 학생운동사를 정치사와 구조사에 종속시키고, 학생운동

연구가 사건 중심의 일지식 정리 수준에서 벗어나지 못하게 하는 악순환을 만들었다.

나는 이러한 기존 연구의 한계를 극복하고자 그동안 상대적으로 소홀하게 다루어졌던 대학생 '주체'의 조건과 상황에 초점을 맞추어 학생운동을 전체적인 흐름과 맥락 속에서 보다 총체적으로 분석하고자 했다. 이를 위해 학생운동사를 대학사 및 대학문화사와 최대한 연결시키려 했다. 그래서 당시 대학의 상황과 그 속에서 살아가던 학생들의 생각들, 그리고 학생들의 현실참여 의지를 고양시킨 몇 가지 정치적 경험과 문화들에 관심을 가졌다. 특히 대학생들의 정치적 경험과 문화가 학생운동에 있어 구심력(학생들로 하여금 학생운동으로 나아가게 하는 힘)과 원심력(학생들로 하여금 학생운동에서 멀어지게 하는 힘)으로 동시에 작용하고 있었다는 사실에 주목했다.

이와 같은 문제의식 속에서 나는 학생운동을 대학문화와 접목시킨 일련의 연구를 진행하고 논문을 썼다. 그리고 이를 기반으로 하여, 1960년 4.19혁명을 계기로 본격 전개된 학생운동의 초기 국면(1971년까지)을 정리한 박사학위논문 「1960~1971년 대학 학생운동 연구」를 제출할 수 있었다. 물론 대학-대학생-대학문화-학생운동을 하나로 묶어서 이 시기 학생운동사를 정리하고자 했던 애초의 문제의식이 박사학위논문에서 의도대로 잘 관철되었다고 자신있게 말하기는 어려울 것 같다. 하지만 이러한 시도와 노력 자체만으로도 연구사적인 의미가 있다고 생각한다. 각 대학의 학보는 바로 그 시도와 노력을 가능하게 해 준 소중한 역사 자료이다.

총체적인 '대학사' 연구를 위해

박사학위를 받은 후에도 나는 대학 학보에 기반하여 '대학'과 '학생'에 대한 연구를 계속 진행하고 있다. 최근에는 '대학생들의 동학농민전쟁 인식' 연구, '대학축제와 학생운동' 연구 등을 진행하였다. '대학'과 '학생' 문제와 관련해서는 여전히 많은 연구 과제들이 놓여 있다. 예를 들어 대학 학보에는 일간지처럼 수많은 '광고'가 실리는데, 시대에 따른 이들 '광고'들의 변모 양상을 분석하면 대학문화, 그 중에서도 학생 소비문화의 흐름을 정리할 수 있다. 이와 함께 학보에 실린 학생들의 생활방식이나 소비성에 대해 기획 기사 혹은 설문 조사 기사 등을 이용하면, 대학문화나 학생 소비문화에 대한 심도 있는 분석과 접근이 가능하다.

近代「바이얼린」의 大家

서울大學生은 에고이스트인가

JAP 日語

時事英語

TIME DIGEST

佛文學史

民主政治에의 길

[그림 2] 『대학신문』 연재기사 「대학가 카리카추어」 1(1963. 4. 29)

대학 학보를 통해 다양한 주제에 대한 학생 인식의 변천 과정도 파악할 수 있다. '정치'에 대한 학생들의 인식 조사 및 분석은 각 대학 학보가 자주 다루는 기획 기사로서, 학생운동의 양상 변화와 연결해서 의미 있는 자료로 활용 가능하다. '취업'에 대한 인식 조사 및 분석 기사는 학생들의 경제관념의 변화와 이에 대응하는 생활방식의 변화를 파악하는데 유용하다. 또 이는 한국사회에서 대학의 성격 변화를 이해하는데도 도움을 준다. '성(性)'에 대한 인식 조사 및 분석 기사들은 대학사회를 넘어 한국사회 전체의 거대한 인식의 변화 지점을 포착할 수 있게 해준다. 대학 학보에 학생회 등 각종 학생자치단위에서 만드는 『교지』와 같은 다양한 간행물, 각 대학에 부설된 '학생조사연구' 기관에서 생산한 자료들, 학내 커뮤니티나 페이스북 등 인터넷 공간에서 오고가는 다양한 컨텐츠들까지 더한다면, '대학'과 '학생' 연구를 위한 역사 자료들은 비교적 풍부하게 확보할 수 있을 것이다.

최종적으로는 대학 학보를 통해 총체적 차원에서의 대학사 연구를 지향할 수 있다. 학보에는 대학생 관련 기사만 실리는 것이 아니다. 대학과 관련한 다양한 문제들이 대부분 거론된다. 대개 이러한 문제들은 대학에만 국한된 것이 아니라, 대학이 기반하고 있는 한국사회의 변동과 직결되어 있다. 따라서 대학의 역사를 총체적으로 이해한다는 것은 대학이 기반한 현대 한국사회를 제대로 이해한다는 것과 다른 말이 아니다. 대학 학보는 이러한 총체적 대학사 이해를 가능케 해 줄 가장 기초적이고 중요한 자료이다. 학보 등의 자료를 통해 총체적인 대학사를 재구성하고, 나아가 이렇게 만들어진 한국 대학의 역사상을 미국, 유럽, 일본, 중국 등 다른 지역 대학사와 비교 검토해야 할 것이다. 앞으로 대학사 연구가 갈 길은 멀기만 하다. 이제 막 첫 걸음을 떼었을 뿐이다.

〈참고문헌〉

김상진, 1988 「한국대학신문의 보도성향 분석 – 국립종합대신문 '기획·특집기사'를 중심으로」 『경상대 논문집(사회계 편)』 27 – 2.

정계정, 1995 「'4월 혁명기' 학생운동의 배경과 전개 – 학원민주화운동과 국민계몽운동을 중심으로」, 성균관대학교 사학과 석사학위논문.

연정은, 2004 「감시에서 동원으로, 동원에서 규율로－1950년대 학도호국단을 중심으로」 『역사연구』 14.

서울대학교 대학신문사·차배근, 2004 『서울대학교 대학신문사(大學新聞史) : 1952~1961, 1』, 서울대학교 출판부.

서울대학교 60년사 편찬위원회, 2006 『서울대학교 60년사』, 서울대학교.

오제연, 2008 「1950년대 대학생 집단의 정치적 성장」 『역사문제연구』 19.

______, 2012 「1970년대 대학문화의 형성과 학생운동－'청년문화'와 '민속'을 중심으로」 『역사문제연구』 28.

______, 2013 「전인적 지도자 양성에서 고급 기술인력 양성으로－해방 이후 1970년대까지 대학의 위상 변화」 『역사비평』 104.

______, 2014 「1960~1971년 대학 학생운동 연구」, 서울대학교 국사학과 박사학위논문.

강명숙, 2014 「1960~1970년대 대학과 국가 통제」 『한국교육사학』 36－1.

오제연, 2015 「1960~1970년대 박정희 정권과 대학생의 '동학농민전쟁' 인식」 『역사문제연구』 33.

______, 2016 「1960년대 한국 대학축제의 정치풍자와 학생운동」 『사림』 55.

서울대학교 70년사 편찬위원회, 2016 『서울대학교 70년사』, 서울대학교.

성균관대학교 사학과 70년사 편집위원회, 2016 『성균관대학교 사학과 70년사』, 성균관대학교 사학과.

필자 소개(집필순)

김인걸(金仁杰) 서울대학교 국사학과 명예교수
이민우(李民友) 서울대학교 규장각한국학연구원 학예연구사
장지연(張志連) 대전대학교 역사문화학과 교수
양택관(梁擇寬) 서울대학교 국사학과 대학원 박사과정 수료, 서울 현대고등학교 교사
송웅섭(宋雄燮) 서울대학교 규장각한국학연구원 책임연구원
김영인(金映印) 서울대학교 국사학과 대학원 박사과정 수료
김경래(金慶來) 서울대학교 국사학과 강사
허태구(許泰玖) 가톨릭대학교 인문학부 국사학전공 조교수
김태훈(金泰勳) 단국대학교 사학과 박사후연구원
이민정(李敏貞) 서울대학교 국사학과 대학원 박사과정 수료
권기석(權奇奭) 서울대학교 규장각한국학연구원 학예연구사
최　숙(崔　淑) 서울대학교 국사학과 대학원 박사과정 수료, 장승중학교 교사
최형보(崔亨輔) 서울대학교 규장각한국학연구원 연구원
양진석(梁晋碩) 서울대학교 규장각한국학연구원 학예연구관
최성환(崔誠桓) 수원시정연구원 수원학연구센터 연구위원
김경록(金暻綠) 군사편찬연구소 선임연구원
박현순(朴賢淳) 서울대학교 규장각한국학연구원 HK부교수
심재우(沈載祐) 한국학중앙연구원 인문학부 교수
유현재(兪昡在) 서울대학교 규장각한국학연구원 연구원
조낙영(趙樂玲) 숭실대학교 강사
이민아(李珉婀) 서울대학교 국사학과 대학원 박사과정 수료
정성학(鄭晟鶴) 서울대학교 국사학과 대학원 박사과정 수료
김흥수(金興秀) 홍익대학교 역사교육과 초빙교수
양상현(楊尙弦) 울산대학교 역사문화학과 교수
장용경(張龍經) 국사편찬위원회 편사연구관
이용기(李庸起) 한국교원대학교 역사교육과 부교수
정용욱(鄭容郁) 서울대학교 국사학과 교수
오제연(吳瑅淵) 성균관대학교 사학과 조교수

나의 자료 읽기, 나의 역사 쓰기

2017년 12월 05일 초판 인쇄
2017년 12월 12일 초판 발행

지 은 이　김인걸·양진석 외
발 행 인　한정희
발 행 처　경인문화사
총괄이사　김환기
편 집 부　김지선 박수진 한명진 유지혜
마 케 팅　김선규 하재일 유인순
출판신고　제406-1973-000003호
주　　소　파주시 회동길 445-1 경인빌딩 B동 4층
대표전화　031-955-9300　팩 스　031-955-9310
홈페이지　http://www.kyunginp.co.kr
이 메 일　kyungin@kyunginp.co.kr

ISBN 978-89-499-4309-1 93910
값 18,000원

* 파본 및 훼손된 책은 교환해 드립니다.